KB111202

OPERATIONS AND SUPPLY CHAIN **MANAGEMENT**

제2판

운영·공급사슬 관리

강금식

圖書出版 오래

제2판 머리말

생산·운영관리의 내용과 범위는 물론 강조하는 핵심도 발전하고 확대되어 왔다. 생산·운영관리의 명칭도 제조관리(공장관리) → 생산·운영관리 → 운영관리 → 운영·공급사슬 관리로 바뀌어 오고 있다.

제1차 산업혁명 이후 1970년대 후반까지만 해도 기업은 자원의 효율적인 사용과 비용절감 노력을 통한 가격경쟁력에 주로 의존하였다. 그러다가 1970년대 말부터 미국의 제품이 일본 제품에 밀리고 시장점유율의 상실에 직면하면서 미국 기업들은 품질경쟁력의 중요성을 인식하기 시작하였다.

그후 기업들은 글로벌 시장에서 경쟁력을 갖기 위하여 가격과 품질 외에도 스피드, 유연성, 서비스, 이노베이션 등에도 많은 노력을 경주해 오고 있다. 1980년대에는 일본에서 개발한 린 생산시스템이 글로벌 시장에서 경쟁우위를 확보하는 수단으로 등장하였고 1990년대 이후에는 글로벌화와 정보기술의 발달로 공급사슬관리가 전략적 수단으로 각광을 받고 있다.

오늘날 많은 기업은 디지털 혁명으로 다양한 정보기술 기기의 사용으로 쏟아져 나오는 빅 데이터를 가공하고 분석하여 기업의 의사결정에 활용하고 있다. 이에 따라 데이터 마이닝과 비즈니스 분석론이 새로운 분야로 떠오르고 있다. 이들은 IT와 스마트 혁명 시기에 기업의 이노베이션과 경쟁력 강화, 생산성 향상 등을 위해 더욱 발전해 갈 것이다.

한편 기업들은 규모가 확대되고 힘이 강해지면서 기업윤리와 사회적 책임을 준수하고 지속가능성을 증진하도록 사회로부터 심한 압박을 받고 있다. 따라서 기업들은 환경친화적 기업경영에 많은 노력을 경주하고 있다.

근래 글로벌 경영환경이 급격히 변화하고 있다. 전혀 예상치 못했던 코로나바이러스감염증-19(COVID-19)가 세계적으로 창궐하여 장기적인 경기침체가 이어지고 글로벌 공급사슬 재편과 기업도산 등 경영환경은 물론 개인의 삶과 행동에 큰 변화를 초래하고 있다. 전 산업계에 지각변동을 몰고 오고 있다. 여기에 미국과 중국 사이에 벌어지고 있는 군사적·경제적 패권경쟁의 지속으로 결국 중국경제가 엄청난 파탄의 길로 접어들어 세계의 공장으로서의 역할에 종지부를 찍게 될 것이다. 그런데 우리 경제의 대 중국 수출 의존도는 25% 정도나 되어 앞으로 수출기업들의 경영층은 공급사슬 재편 등의 곤혹스런 결정에 직면할 것이다.

코로나 19의 미래는 한창 진행되고 있는 4차 산업혁명 및 디지털 경제로의 전환과 결부되어 기업에 엄청난 변화를 야기할 것으로 예상된다. 인공지능과 5G가 연동되어 진행되는 4차 산업혁명 시대에는 전 산업에 걸쳐 디지털 전환이 이루어져 기업경영의 방식에 변화가 오고 제품과 제품, 산업과 산업의 융합을 통해 모든 것이 연결되는 새로운 세상으로 바뀌게 될 것이다. 인터넷이나 컴퓨터 기술이 발전하고 로봇 등 인공지능을 이용하는 기술들이 작업자들을 대신하는 시대가 오면 생산관리의 내용도 많이 달라질 것으로 예상된다.

따라서 본 개정판에서는 생산·운영관리의 최근 흐름에 맞추어 새로운 내용들을 추가하도록 하였다.

독자들과 강사님들의 편의를 위하여 만든 내용을 「도서출판 오래」의 Home page에서 download하여 사용하도록 하였다.

독자들을 위하여
1. 각 장의 「본문」에 나오는 「예」들의 「Excel 해법」
2. 각 장의 「연습문제」에 대한 「손 사용 문제풀이」와 「Excel 활용 문제풀이」

강사님들을 위하여 CD에 담은 것

1. PowerPoint를 이용한 강의안
2. 각 장의 「본문」에 나오는 「예」들의 「Excel 해법」
3. 「연습문제」에 대한 「손 사용 문제풀이」
4. 「연습문제」에 대한 「Excel 활용 문제풀이」

따라서 본서를 교재로 채택하는 강사님들은 「도서출판 오래」에 연락하여 CD를 요구하시기 바랍니다.

끝으로 본서가 햇빛을 볼 때까지 아낌없이 협조를 해 주신 황인욱 사장님과 편집부의 노고에 감사하다는 말을 전하고자 한다.

2021. 1. 10.

강 금 식

문제풀이 download하는 방법

① www.orebook.com에 접속한다.
② 「자료실」을 클릭한다.
③ 「운영 · 공급사슬 관리」를 클릭한다.
④ 「손 사용 문제풀이」 또는 「Excel 활용 문제풀이」를 download한다.

차 례

제2편 품질경영

제 1 편

글로벌 경쟁시대의
운영 · 공급사슬 관리

제 **1** 장

운영 · 공급사슬 관리의 개념

지난 30여 년 동안 진행되어 온 컴퓨터와 정보기술 혁명으로 기업은 생산 · 운영관리에서 많은 변화를 추구하지 않으면 안 되었다. 새로운 통신기술의 발달로 기업은 빠르게 의사결정을 내리게 되었고 기업의 글로벌화가 증진되었다.

생산 · 운영관리의 내용은 시대의 흐름에 따라 그 범위가 점차 확대되었다. 과거에는 제조업체에서 제품생산을 통한 가치창출 활동에만 국한하였다. 그러나 근래에는 제조과정에 사용되는 생산개념이나 기법이 서비스를 제공하는 기업의 활동에도 폭넓게 적용되고 있다. 경제가 발전함에 따라 국민경제에서 차지하는 서비스부문의 비중이 커지고 서비스업에 종사하는 노동인구도 제조업에 종사하는 인구보다 훨씬 많아졌다.

기업이 경쟁우위를 확보하기 위하여 그동안 기업들은 자사의 생산 · 운영측면에서 역량을 강화하는 데만 노력을 해 왔다. 즉 다른 기업의 도움 없이 자체 기능으로 충분히 할 수 있다고 보았다. 그런데 한 기업의 생산 · 운영은 공급사슬 내 파트너(구성원)들과 영향을 받고 주는 관계이다. 따라서 최근에는 한 기업의 운영과 관련된 공급업체들, 유통센터, 소매점들, 고객들을 포함하는 공급사슬의 운영에도 관심을 갖기 시작하였다.

이에 따라 생산 · 운영관리의 명칭도 공장관리 → 제조관리 → 생산관리 → 생산 · 운영관리 → 운영관리 → 운영 · 공급사슬 관리로 진보해 오고 있다. 본서는 이러한 추세에 맞추어 운영 · 공급사슬 관리(operations and supply chain management)라고 작명하였다. 사실 운영 · 공급사슬 관리는 과거에 사용하던 생산 · 운영관리 또는 운영관리보다 폭넓은 개념이다.

본장에서는 운영관리와 공급사슬관리의 의미, 생산성과 경쟁력, 운영 · 공급사슬 관리의 역사적 발전과 최근 동향, 데이터 마이닝과 비즈니스 분석론 등을 공부할 것이다.

1. 생산 · 운영관리의 의미

　　모든 기업은 지속적인 성장을 위하여 고객들이 원하는 값싸고 품질 좋은 제품을 신속하게 생산하거나 서비스를 제공한다. 이것이 기업의 존재이유이기도 하다. 제품을 생산하거나 서비스를 제공하기 위해서는 사람, 자재, 자본, 기술, 에너지, 정보와 같은 생산자원(resources)이 필요하다. 이는 [그림 1-1]에서 보는 바와 같다. 기업에서 생산 · 운영관리자(operations manager)는 여러 가지 투입물을 사용하여 제품이나 서비스와 같은 산출물로 변환시킨다. 그리고 이를 통제하는 과정에서 기업 내 · 외의 많은 활동들을 조정하게 된다.

　　여기서 제품(goods)이란 자재, 부품, 구성품, 완성재와 같은 물체를 말하고, 서비스(service)란 시간, 위치, 형태, 혹은 심리적 가치 등을 제공하는 무형의 행위를 말한다.

　　여러 가지 투입물은 변환 프로세스(transformation process)를 통하여 산출물로 전환된다. 예를 들면 공장에서 원자재가 완성재로 변화하는 것, 비행기를

그림 1-1　생산 · 운영시스템

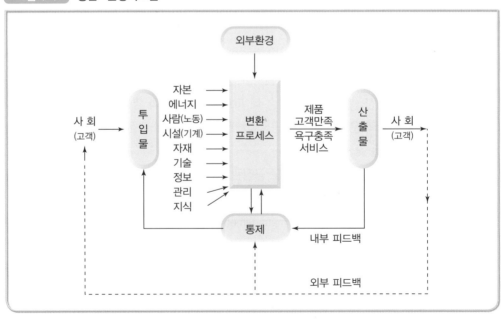

이용하여 여행객과 그들의 짐을 한 장소에서 다른 장소로 이동하는 것 등은 변환 프로세스에 해당한다. 환자는 병원의 투입물이고 치료과정을 거쳐 완쾌되면 이 사람은 산출물이 된다. 이러한 프로세스를 통하여 투입물의 가치보다 높은 가치를 갖는 산출물이 결과한다.

다시 말하면 변환 프로세스는 부가가치를 창출하는 생산적인 과정이어야 한다. 변환 프로세스를 운영이라고도 한다. 제조운영(manufacturing operations)에 있어서는 여러 가지 투입물을 완성재로 변환시키고 서비스운영(service operations)에 있어서는 똑같은 투입물(주로 고객, 지식, 정보 등)을 사용하여 서비스 산출물(고객만족, 고객과 관련된 정보와 제품)로 변환시키게 된다. 이때 제품을 생산하거나 서비스를 제공하는 생산기능을 효과적이고 효율적으로 관리하기 위하여 여러 가지 의사결정을 수행하는 것이 어떤 조직에 있어서나 생산 · 운영관리자의 임무이다.

우리는 여기서 생산 · 운영관리를 구체적으로 정의할 수 있다. 생산 · 운영관리(operations management: OM)란 여러 가지 투입물을 효율적이고 효과적으로 더욱 가치 있는 산출물로 전환시키는 생산 · 운영시스템, 즉 변환 프로세스의 설계뿐만 아니라 생산 · 운영 및 통제와 관련된 다양한 의사결정 문제를 취급하는 관리기능을 말한다. 이와 같이 생산 · 운영관리를 정의하는 것은 전통적인 견해이다. 여기서는 특정 조직이 자신만의 운영을 관리할 때 수행해야 하는 활동들에만 초점을 맞추고 있다.

이렇게 생산 · 운영관리를 정의할 때 특히 강조할 사항은 의사결정, 기능, 프로세스이다.

■ 의사결정

생산 · 운영관리 부문에서의 의사결정(decision making)이란 변환 시스템의 설계, 운영, 통제에 관한 것이다. 이러한 의사결정은 매일매일 수없이 진행하는 것도 있고, 어떤 결정은 장기적이고 전략적으로 수행하기도 한다.

생산 · 운영부문에 있어서의 의사결정을 분류하기는 쉽지 않지만 보통 전략적 결정, 전술적 결정, 운영계획과 통제적 결정으로 구분한다.

전략적 결정(strategic decision)은

- 제품/서비스 결정 및 설계
- 프로세스 선정

- 시설계획
- 시설입지
- 시설배치
- 기술도입과 관리
- 경쟁시장의 결정

등 생산시스템의 설계에 관한 결정을 의미한다. 이러한 결정은 기업 전체가 나아갈 방향을 설정하고 기업의 경영전략 및 장기적 목표달성과 관련이 있기 때문에 최고경영층에 의해서 수행된다. 전략적 결정은 성격상 폭넓은 결정으로서 다른 구체적인 결정들의 길잡이가 된다.

전술적 결정(tactical decision)은 전략적 결정과 보조를 맞추면서 고객의 수요를 만족시킬

- 수요예측
- 생산계획
- 작업시스템 설계
- 노동력 관리

등에 관한 중기적 결정을 의미한다. 고객으로부터 제품과 서비스의 주문을 받아 적정가격으로 적시에 고객을 만족시키는 책임을 중간관리층은 갖는다.

[그림 1-2]는 전략적 결정과 전술적 결정의 관계를 나타내고 있다.

운영계획(operational planning)과 통제적 결정(control decision)은 전략적, 전술적 결정과 일관성 있도록 생산·운영을 계획하고 통제하는 것에 관한 단기적 결정을 의미한다. 이러한 결정은

그림 1-2 전략적 결정과 전술적 결정의 관계

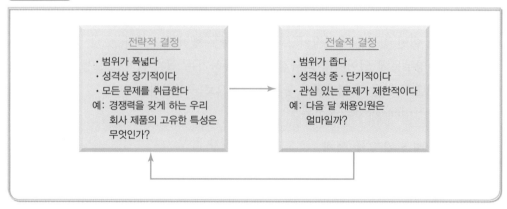

- 스케줄링(scheduling)
- 작업자들의 매일매일의 활동
- 제품과 서비스의 품질관리
- 주문과 재고관리
- 생산비 및 간접비 관리
- 장비의 보수
- 자재관리

등과 관련이 있다. 이러한 결정은 하위관리층이 담당한다.

생산·운영관리자는 여러 가지 생산 의사결정을 끊임 없이 수행하지만 이 가운데서 주요한 의사결정 분야는 프로세스, 품질, 생산능력, 재고 등이다.

■ 기능

모든 기업은 생산·운영, 마케팅, 재무 등 3대 기능(function)을 수행한다. 마케팅기능(marketing function)이란 기업에서 생산한 제품이나 서비스에 대한 고객의 수요를 유발하고, 고객의 욕구와 기대를 이해하며, 제품이나 서비스를 판매하는 활동을 일컫는다. 재무기능(finance function)은 기업에서 제품이나 서비스의 생산에 필요한 자금을 조달하고 현금흐름(cash flow)과 자본투자를 관리하는 활동을 말한다.

생산·운영기능(operations function)은 기업의 제품이나 서비스를 생산하고 배송하는 데 필요한 여러 가지 자원을 계획·조직·조정·통제하는 기업의 기능을 말한다. 생산·운영기능은 사람, 장비, 기술, 정보, 기타 여러 가지 자원을 관리하는 경영기능(management function)이다.

인적·물적 자원의 효율적·효과적 사용을 통해서만 기업의 목적을 달성하고 부가가치(value added)를 창출할 수 있기 때문에 생산·운영기능은 모든 기업에서 핵심기능으로 여겨진다. 생산·운영은 기업에서 이익을 창출하는 엔진이다. 엔진이 자동차가 하는 일의 핵심이듯 생산·운영도 비즈니스 조직에서의 핵심이다. 생산·운영이 없으면 고객에 판매할 제품이나 서비스도 없게 된다. 기업의 생존도 발전도 기대할 수 없다. 따라서 실제로는 기업의 모든 다른 기능이 생산·운영기능을 지원한다고 할 수 있다.

사실 많은 기업에서 생산·운영기능은 대부분의 인력을 고용하고 그 기업이 통제가능한 자산의 대부분에 책임을 지고 있다. 뿐만 아니라 소득의 원천이 되기 때문에 기업의 목적을 가장 효율적이고 효과적으로 달성하기 위하여 생산·운영활동을 가장 중요시하는 추세이다.

■ 프로세스

변환 프로세스에서 사용되는 방법으로서는

- 물리적인 변화(alter)(예: TV생산, 이발)
- 운반을 통한 변화(transport)(예: 우편물 배달, 재공품 수송)
- 저장을 통한 변화(store)(예: 창고 보관, 호텔 숙박)
- 검사를 통한 변화(inspect)(예: 품질검사, 신체검사)

등을 들 수 있다.

일반적으로 제조업체에서의 변환활동을 생산이라 하고 이를 담당한 사람을 생산관리자라 하는 반면, 서비스 업체에서의 변환활동은 운영이라 하고 이를 담당한 사람을 운영관리자라고 한다. 그러함에도 불구하고 오늘날 기업에 따라서는 생산관리자를 운영관리자라고 부르기도 한다.

프로세스 관리(process management)가 어떻게 작용하는지는 [그림 1-3]이 보여 주고 있다. 어떤 프로세스도 투입물과 산출물을 갖는다. 프로세스(process)란 여러 투입물을 기술(technology)을 이용하여 산출물로 변환시키는 일련의 활동(activities)들을 말한다.

예를 들면 제품을 생산하기 위하여 어떤 원자재와 부품을 사용할 것인가? 여러 가지 투입물을 어떻게 혼합하여야 하는가? 투입물은 무엇으로 할 것인

그림 1-3 일반적 프로세스 요소

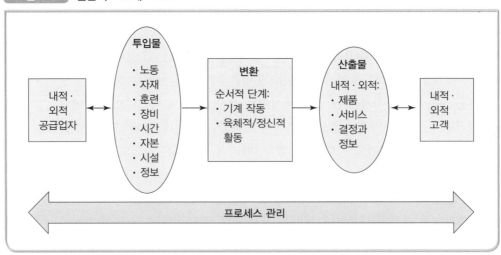

가? 어떤 생산방법을 사용할 것인가? 작업의 흐름은 어떻게 할 것인가? 어느 정도의 기술수준을 사용할 것인가? 기계와 설비는 어떤 것을 사용할 것인가? 시설의 배치와 직무설계는 어떻게 해야 하는가? 등 프로세스에 대한 결정을 최고경영층은 전략적으로, 장기적으로 수행하게 된다.

프로세스 결정은 끊임 없이 이루어져야 한다. 오늘날 기업환경이 급속도로 변하고 자재, 기술, 고객요구, 경쟁 등이 매우 빠르게 변화하기 때문에 수요도 변동하고 프로세스의 교체도 요구하고 있다. 이러한 변화의 물결에 적절히 대응하는 것은 생산관리자의 몫이다. 특히 고객이 빠른 반응을 원하면 프로세스는 빠르고 유연해야 한다. 이와 같이 프로세스 설계와 고객요구 사이에는 밀접한 관계가 있다.

[그림 1-1]에서 보는 바와 같이 모든 변환 프로세스는 외부환경(external environment)에 의하여 영향을 받는다. 이는 생산·운영관리자가 통제할 수 없는 것이다. 예를 들면 이자율, 자연재해, 경기변동, 정부정책과 법의 변경, 고객 취향의 변화, 계절성 등이다.

생산·운영시스템에서는 원하는 제품이나 서비스를 생산하기 위하여 변환 프로세스의 여러 곳에서 그리고 그의 결과인 산출물에 대해서 품질과 수량에 관한 측정(measurement)이 이루어지고 이 산출물을 사용하는 고객과 시장에 대한 조사가 이루어져 시스템에 반영하는데 이를 피드백(feedback)이라 한다. 이러한 고객 피드백과 성과에 관한 정보(information on performance)를 사전에 결정한 표준(standards)과 비교하여 차이가 발견되면 투입물, 프로세스, 산출물의 특성에 조정이나 시정조치를 취하는데 이것을 통제(control)라고 한다. [그림 1-1]에서 보는 바와 같이 변환 프로세스는 환경의 변화에 적응하는 동태적 성격을 갖는다.

2. 제조업과 서비스업의 차이

제품을 생산하는 시스템을 제조업이라고 하고 서비스를 제공하는 시스템을 서비스업이라고 한다. 서비스는 고객에 만족을 주기 위한 어떤 행위(acts)를 말하는데, 예를 들면 보험, 금융, 교육, 행정, 의료, 항공, 컨설팅, 도매, 소매, 구매, 이발, 유통, 음식제공 등 헤아릴 수 없이 많다.

제조업과 서비스업의 차이를 요약하면 다음과 같다.

• 제조업은 실물적이고 유형인 제품을 생산하지만 서비스업은 무형의 서

비스를 제공한다.
- 제조업은 실제로 수요가 있기 전에 재고로 쌓아 둘 수 있는 제품을 생산하지만 서비스업은 필요하기 전에 재고로 쌓아 둘 수 없는 서비스를 제공한다. 즉 서비스는 병원에서 수술하는 것처럼 생산과 동시에 소비가 이루어진다.
- 제조업에서 대부분의 고객들은 생산·운영과 직접적인 접촉을 갖지 않지만 서비스업에서 고객들은 서비스의 창출 시에 직·간접으로 접촉하게 된다.
- 제조업은 품질수준의 설정과 평가에 있어서 서비스업보다 용이하다.
- 제조업에서는 표준화된 제품을 생산하지만 서비스업에서는 이발처럼 사람에 따라 고유한 서비스를 제공하는 경우가 많다.
- 서비스업에서는 교육, 의료, 법률 서비스처럼 지식기반 서비스를 제공하는 경우가 있다.
- 고객의 욕구변화에 반응하는 시간이 제조업은 서비스업보다 길다.
- 제조업은 자본집약적이고 서비스업은 노동집약적이다.

그러나 이러한 차이가 분명하지 않고 중복되는 경우도 발견할 수 있다. 많은 기업에서는 제품과 서비스를 동시에 생산하기 때문이다. 예컨대 현실적으로 컨설팅 서비스는 유형의 보고서를 필요로 하고 자동차 판매의 경우 할부금융, 보험, 품질보증, 수리, 수송 같은 서비스를 제공한다. 이제 서비스 활동은 없어서는 안 될 생산의 중요한 부분이 되었다. 또한 대부분의 제조업에서 물류, 회계, 수리, 훈련 등 모든 서비스 활동이 이루어지고 있다.

3. 공급사슬관리

① 공급사슬관리의 의미

오늘날 기업환경은 매우 복잡하고 빠른 속도로 변화하고 있다. 경쟁은 날로 심화되고, 제품 수명주기는 단축되고, 고객의 기대수준은 향상되어 경쟁력 있는 제품과 서비스의 개발·공급이 이루어져야 한다. 이를 위해서는 가치창출의 원천인 고객의 수요를 정확히 예측하고 변화하는 고객수요에 신속히 대응할 수 있는 능력을 갖추어야 한다. 이렇게 해야 기업은 글로벌 시장에서 경쟁우위를 확보할 수 있는 것이다.

기업이 경쟁우위를 확보하기 위해서 그동안 기업들은 자사의 생산·운영

측면에서 역량을 강화하는 데만 노력을 해 왔다.

생산·운영관리란 가치 있는 제품이나 서비스를 설계, 공급, 생산하여 고객에 배송하는 프로세스의 관리라고 정의할 수 있다. 생산·운영관리의 전통적 관점은 [그림 1-1]에서 보는 바와 같이 기업이 운영을 관리할 때 그 기업이 수행해야 하는 변환 시스템의 활동만 강조한다는 것이다. 즉 다른 기업의 도움 없이 생산·운영을 자체 기능으로 충분히 할 수 있다고 보는 것이다. 예를 들면 주문은 마케팅기능이 창출하고, 자재는 구매기능이, 장비구매에 필요한 자본은 재무기능이, 노동력은 인적자원기능이, 제품배송은 분배기능이 담당하면 된다는 것이다. 이와 같이 대부분의 기업들이 자사 내에서 이루어지고 있는 활동들에만 관심을 기울여 왔다. 즉 제조업체가 주도권을 잡고 공급업체들과의 관계가 일방적이었다.

그런데 한 기업의 생산·운영은 다른 기업들의 생산·운영과 독립적이 아니다. 즉 다른 기업들의 생산·운영으로부터 영향을 받는다는 것이다. 모든 기업은 자신의 운영과 공급사슬과의 관계 없이는 존재할 수 없다. 따라서 관리자들은 한 기업의 생산·운영이 경계를 넘어 다른 기업, 예컨대 공급업자들, 유통업체들, 소매점들의 운영과 어떻게 연결(link)되어 있는지를 이해해야 한다. 대부분의 제품과 서비스는 이러한 기업간 일련의 활동을 거치면서 생산되고 운송된다.

한 기업이 생산하는 제품에 필요한 자재는 기본적 원자재로부터 시작하여 여러 기업을 통과하여 부품이나 구성품으로 흘러들어 온다. 이 자재들을 사용하여 생산된 완성된 제품은 유통업자와 소매점을 통하여 최종소비자에 이른다. 이때 특정 제품생산에 관련된 모든 공급업자, 생산자, 유통업자, 소매점, 고객들의 글로벌 네트워크를 공급사슬(supply chain)이라고 한다.

이와 같이 이들이 마치 하나의 사슬처럼 엮어져 서로 긴밀한 협력체제를 형성하는 것이다. 따라서 여러 제품을 생산하는 기업은 서로 다른 공급사슬을 갖게 된다. 한 기업의 생산·운영과 공급사슬은 언제나 함께 존재한다. 그러므로 대부분의 기업은 큰 공급사슬의 한 부분으로 기능한다. 다시 말하면 공급사슬은 다른 여러 기업의 생산·운영을 서로 연결시키는 고리가 된다. 이러한 공급사슬은 사회가 기술화함에 따라 전문화가 심화되고 빠른 통신과 저렴한 수송비를 기반으로 날로 확대되고 있다.

[그림 1-4]는 전형적인 공급사슬을 보여 주고 있다. 공급사슬 속에 포함되는 많은 파트너(구성원)들은 구매, 생산, 유통의 과정 속에서 자재, 정보, 자금의 흐름을 통하여 서로 연결된다([그림 1-5] 참조). 이러한 흐름은 사슬을 따라

그림 1-4 전형적인 공급사슬

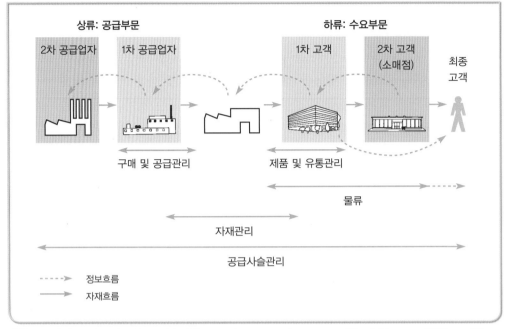

자료 : N. Slack, A. Brandon-Jones & R. Johnson, *Operations Management*, 7th ed.(Pearson, 2013), p. 410.

그림 1-5 공급사슬 내 흐름

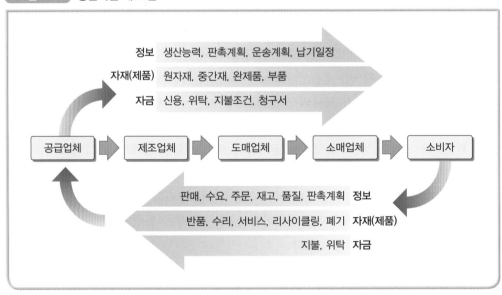

위와 아래로 진행한다. 각종 원자재와 부품 등을 공급하는 업체들은 강물의 흐름에 비유하여 상류(upstream)라 하고, 기업의 제품이 흐르는 유통업체, 창고, 도매업, 소매점, 최종소비자들은 하류(downstream)라고 한다.

오늘날 경영자들은 공급사슬에 속하는 많은 파트너들의 생산·운영을 조정할 기술을 보유해야 한다. 사실 과거에는 공급사슬을 관리하는 데 별로 신경을 쓰지 않았다. 오로지 자기 회사의 계획, 마케팅, 생산, 재고, 품질 등의 관리를 독립적으로 수행하였다. 이런 결과 재고과잉, 재고품절, 늦은 배송, 품질문제 등 한 기업이 통제할 수 없는 문제들이 발생하게 되었다. 따라서 이제는 수주, 생산, 판매, 구매, 재고, 배송, 고객관리 등을 통합적으로 운영할 필요가 있다.

여기에 공급사슬관리의 필요성이 대두되었다. 공급사슬관리(supply chain management: SCM)란 공급사슬 속 파트너들 사이에서 벌어지는 자재, 정보, 자금의 흐름 등의 활동과 관계를 적극적으로 관리하여 고객가치[1]를 극대화하고 지속적인 경쟁우위를 달성하려는 것이라고 정의할 수 있다. 즉 공급사슬관리란 공급사슬 속에서 이루어지는 자재, 정보, 자금의 흐름과 프로세스들을 전체 시스템의 관점에서 관리하는 기능을 말한다. 생산·운영관리가 프로세스(설계, 공급, 생산, 배송)를 관리하고 공급사슬관리가 흐름과 관계를 관리한다는 점을 볼 때 두 개념은 상당 부분 중복되는 점이 있다. 공급사슬은 운영활동이 수행되는 개별 기업들의 네트워크이다.

모든 파트너들이 함께 일을 함으로써 자재의 흐름을 효율적·효과적으로 관리하여 위험과 불확실성을 줄이고 재고수준, 리드타임, 품질수준, 고객 서비스 수준을 전반적으로 향상시키려는 목표를 달성하고자 한다. 일반적으로 원자재가 공급사슬 전체를 흐르는 데는 6개월 이상 1년 정도 소모되기 때문에 자재의 흐름을 잘 관리하면 비용은 감소시키고 고객만족과 품질은 향상시킬 수 있는 것이다.

이러한 공급사슬관리가 가능하게 된 계기는 정보기술(information technology: IT)의 개발이다. 통신, 컴퓨터, 교통수단의 발전이 공급사슬의 성장과 연결성을 강화시킨다. 정보처리가 쉬워져 생산·운영을 한 기업의 경계 내에서 수행할 필요가 적어진다. 공급사슬 파트너 사이의 정보공유로 계획수립과 자재이동에 있어 효율성을 증진할 수 있다. 동시에 교통수단의 기술발달로 제품과 사람의

---

1 고객가치란 제품과 서비스의 판매에 따른 고객들로부터 발생하는 총수입과 전체 공급사슬에 걸쳐 발생하는 총비용과의 차이를 말한다. 제품의 가치는 전체 공급사슬을 흐르면서 증가한다.

수송을 빠르고 신뢰할 수 있고 경제적으로 할 수 있게 되었다.

② 공급사슬 파트너들의 생산·운영관리

우리는 앞에서 매우 경쟁적인 시장에서 경쟁우위를 갖기 위해서는 자기 회사의 생산·운영관리를 성공적으로 수행하는 것만으로는 충분하지 않다는 것을 알았다. 어떤 기업도 같은 공급사슬 속의 다른 파트너와 독립해서 존재하지 않는다. 기업이 값싸고 품질 좋은 제품을 제때에 최종고객에 배송하기 위해서는 유통업체와 소매점의 도움을 받아야 한다.

제품이 제때에 배송이 되지 않거나, 수송 도중에 하자가 발생하거나, 소매점에서 제대로 진열하지 못하는 경우에는 판매에 문제가 발생할 수 있다. 한편 기업이 생산계획에 맞춰 제품을 제때에 효율적으로 생산하기 위해서는 원자재나 구성품이 높은 품질수준을 유지하여 적시에 적량으로 배송되는 공급업자의 도움이 절대적으로 필요하다. 만일 이러한 자재가 적시에 도착하지 않는다든가 품질에 문제가 있게 되면 생산에 차질이 발생하게 된다.

공급사슬에 있는 다른 파트너가 생산·운영관리를 적절히 수행하지 못하면 초과비용(excess costs)이 초래되어 이는 다른 파트너에게 영향을 미쳐 높은 가격을 부과하도록 만들게 된다. 따라서 공급사슬에 있는 모든 파트너들은 자신의 생산·운영기능을 성공적으로 수행하도록 해야 한다.

한편 파트너들은 서로의 생산·운영관리를 조정하고 연결시켜 공급사슬 전체의 파트너들이 효율적으로 운영하여 공생하도록 해야 한다. 공급사슬 속의 어떤 한 기업만이 성공할 수는 없는 것이다. 서로 영향을 미치고 영향을 받으면서 운영해 가기 때문에 서로의 협력이 꼭 필요한 것이다. 이렇게 함으로써 오늘날에는 개별 회사 간의 경쟁이 아니라 공급사슬 간의 경쟁으로 확대되었다. 예를 들면 현대자동차와 도요타 자동차의 경쟁이 아니라 현대자동차 공급사슬과 도요타 자동차 공급사슬의 경쟁으로 범위가 확대되었다.

공급사슬관리에 대해서는 제9장에서 자세히 공부할 것이다.

1.2 생산 · 운영관리의 목표

생산 · 운영관리자는 고객이 원하는 품질 좋은 제품이나 서비스를 값싸게, 그리고 제때에 공급하는 일을 담당한다. 이렇게만 할 수 있다면 경쟁제품에 비하여 더욱 많이 판매할 수 있는 것이다. 따라서 기업에서 생산하는 제품이나 서비스에 대해 가격, 품질, 시간, 유연성, 이노베이션을 바탕으로 경쟁기업과 경쟁우위를 통한 판매경쟁을 계속하는 것이다.

물론 기업이 경쟁력 확보를 위하여 이 다섯 가지 경쟁능력을 동시에 추구할 수 있다면 더할 나위 없이 좋지만 현실은 그렇지 못하다. 즉 기업은 이러한 다섯 가지 목표를 동시에 추구하고 싶지만 실제로는 이들이 서로 상충하는 경우가 많기 때문에 기업이 세우는 비즈니스 전략에 따라 이들의 상대적 우선순위가 결정된다. 이러한 우선순위에 따라 프로세스, 생산능력, 품질, 재고 등 4대 분야에 있어서 일관성 있는 일련의 의사결정을 해야 한다. 이 점에 대해서는 제2장 운영 · 공급사슬 전략에서 공부할 것이다.

■ 비용

저렴한 비용(cost)으로 자원을 투입하여 제품이나 서비스를 생산하려는 목표이다. 비용을 목표로 경쟁한다는 것은 경쟁자보다 저렴한 비용, 즉 저렴한 가격으로 프로세스나 공급사슬의 제품을 공급하겠다는 것을 뜻한다. 저가전략은 낮은 마진의 이익을 초래한다. 저가라고 해서 낮은 품질을 의미하지는 않는다. 저가가 가능하려면 노무비, 자재비, 시설비 등 비용을 절감하고 시스템에서의 가치를 부가하지 않는 모든 낭비, 재작업, 폐기물, 검사 등을 제거해야 한다. 생산성을 증대시키기 위하여 작업자 훈련이 필요하고 자동화시설과 정보시스템에 투자를 해야 한다. 일반적으로 저가를 목표로 하는 기업에서는 제품특성의 수가 적은 몇 가지 표준화된 제품을 대량으로 생산하기 때문에 프로세스의 효율을 강조하게 된다.

일부 기업들이 생산설비를 동남아 등 세계 각지로 글로벌화하는 이유는 저렴한 임금이나 수송비의 절감을 통하여 가격경쟁력을 높이려는 의도이다.

■ 품질

품질(quality)은 고객이 제품에 대해 느끼는 가치를 의미한다. 이러한 개념은 규격에의 적합도뿐만 아니라 제품의 설계도 포함한다.

경쟁 우선순위로서의 품질은 첫째, 고급의 특성, 작은 오차 허용, 높은 내구성, 우수한 대고객 서비스 등과 같은 최고급 품질(top quality)을 의미한다. 둘째, 꾸준히 설계규격(design specification)을 준수하는 제품이나 서비스를 생산하는 일관된 품질(consistent quality)을 의미한다. 예를 들면 McDonald 햄버거는 세계 어느 곳에서든 똑같다. 품질을 목표로 경쟁을 하기 위해서는 경쟁회사의 제품보다 품질수준이 월등히 높아야 한다. 이를 위해서는 고객의 욕구를 충족시킬 제품설계, 프로세스 설계, 작업자 훈련 등 행동이나 정책을 통하여 고객이 원하는 제품이나 서비스를 공급하도록 해야 한다.

■ 시간

시간(time) 또는 속도는 오늘날 중요한 경쟁 우선순위이다. 고객이 원하는 제품을 때와 장소에 맞추어서 빠른 기간 내에 납품해야 한다(delivery speed). 이를 위해서는 재작업, 폐기물, 검사, 기타 가치를 부가하지 않는 활동을 제거함으로써 생산과정에서 낭비되는 시간을 단축하는 품질향상이 이루어져야 한다. 이 외에 기계 교체시간을 단축한다든가, 자재의 흐름을 원활하게 한다든가, 빠른 생산을 위한 제품이나 서비스의 재설계를 추가한다든가 등을 통하여 시간 자체를 공략해야 한다. 계획생산의 경우 품절의 가능성을 줄여야 하고 주문생산의 경우 약속된 납기일을 꼭 지키도록 해야 한다(on-time delivery).

둘째, 아이디어 창출로부터 최종설계에 이르는 새로운 제품 및 서비스의 개발속도(development speed)는 특히 제품의 수명주기가 짧은 경우에는 매우 중요하다. 시장에서의 빠르고 다양한 고객욕구를 효과적으로 충족시켜 주기 위해서는 신속하게 신제품을 출시하도록 해야 한다.

■ 유연성

유연성(flexibility)이란 환경의 변화, 예컨대 고객수요의 변화가 있을 때 설계변경과 생산변화에 효율적으로 대응할 수 있는 능력을 말한다.

제품이나 서비스의 설계를 변경하여 각 고객이 원하는 고유한 특성을 만족시키는 맞춤생산(customization production)이 가능해야 한다. 맞춤생산이란 고객의 요구에 따라 주문을 받아 대량생산처럼 신속히 값싸게 만드는 방식으로서 과거의 주문생산방식과 대량생산방식의 장점을 취하는 것이다.

고객의 요구와 같은 환경이 급변하면 이를 빨리 수용할 유연성이 필요하다. 다양한 종류의 제품과 서비스를 소량으로 적기에 생산하는 것을 제품유연성(product flexibility)이라고 한다. 유연생산시스템을 사용하면 새로운 제품을 쉽게 추가할 수 있다. 한편 수요의 변화를 수용하기 위하여 생산량을 증감하는 수량유연성(volume flexibility)도 필요하다.

즉 새로운 제품이나 새로운 생산방법의 도입이 효율적으로 이루어질 수 있으려면 유연성이 높은 생산시스템의 설계가 이루어져야 한다. 이를 위해서는 설비와 기계의 유연성뿐만 아니라 작업자의 유연성도 필요하다.

■ 이노베이션

이노베이션(innovation)이란 고객이 원하는 새롭거나 향상된 제품과 서비스를 창출하거나, 새로운 생산방식을 개발하여 공급하거나, 기존 방법과 전혀 다른 아이디어나 프로세스를 발견하는 것을 말한다. 최근 전화기, 자동차, 컴퓨터, 인공위성, 휴대폰 같은 제품과 셀프 서비스, Internet 뱅킹 같은 서비스는 기술적 이노베이션의 결과로서 우리들의 전반적인 생활의 질을 높여주고 있다.

직업장에서 제조 장비의 이노베이션으로 컴퓨터 지원 설계(computer-aided design), 로봇, 자동화, 스마트 태그(smart tags) 등의 사용과 경영실무로서 고객만족도 서베이, 계량결정모델 등의 사용으로 제품을 더욱 효율적으로 생산하여 고객의 요구를 충족시키고 있다.

4차 산업혁명이 진행되면서 생산기술에 정보통신기술(ICT)을 융합하여 제조업의 이노베이션을 통한 고부가가치화가 가능해지고 있다. 예를 들면 사물인터넷(IOT)을 통해 소비자의 다양한 요구와 수요 파악이 가능해졌고, 모듈 시스템을 통해 각기 다른 개인 맞춤형 제품의 대량생산이 가능해지고 있다. 이러한 스마트 공장(smart factory)의 출현이 근래 일반화되고 있다.

이노베이션을 위해서 많은 기업들은 R&D에 투자를 하고 있다. 이러한 기업들은 제품기술에 앞서 새로운 제품을 도입하여 성공하고 있다. 제품 성능은 중요한 판매요인이기 때문이다. 이러한 기업들은 뛰어난 제품 연구 설계, 개발과 우수한 제품 품질에 집중함으로써 새로운 제품을 자주 생산하기 위하여 생산시설을 개량할 능력을 보유하고 있다.

1. 효율 · 효과 · 가치창출

우리는 앞절에서 생산 · 운영관리의 역할은 물적자원, 인적자원, 재무자원, 정보자원 등 여러 가지 자원을 효율적이고 효과적으로 이용하여 가치창출을 이루고 고객이 필요로 하는 제품과 서비스를 생산 · 납품하는 것이라고 공부하였다. 이와 같이 생산 · 운영을 잘 하여 투입자원에 가치를 부가하면 이익을 남기게 된다.

가치(value)란 고객이 제품이나 서비스를 구매하기 위하여 기꺼이 지불하고자 하는 가격에 대한 효익 또는 기능을 말한다. 즉 가치란 제품의 비용에 대한 유용성(usefulness)의 비율을 고객이 제품의 품질, 신뢰성 및 성능을 통하여 인식하는 것이다. 가치는 제품의 최종가치와 모든 투입물의 가치의 차이로 측정하는데, 총효익(최종가치)이 총비용보다 크면 클수록 그 제품은 더 많은 가치를 제공한다고 할 수 있다. 또한 자원의 효율적 사용의 결과 부가가치(value added)가 발생하고 부가가치가 증가할수록 기업은 더욱 생산적이라고 할 수 있다.

여기서 효율성(efficiency)이란 일정한 산출물을 생산하기 위하여 더욱 적은 자원과 시간을 사용하는 것을 말한다. 효율을 달성하기 위해서는 가치부가에 도움이 되지 않는 낭비적 활동을 제거하거나 프로세스를 재조정함으로써 변환과정에서 발생하는 비용을 감축해야 한다. 따라서 자원을 효율적으로 사용하면 비교적 낮은 원가로 제품을 생산할 수 있다.

한편 효과성(effectiveness)이란 조직 목표의 달성 정도를 의미하는데 옳은 결정을 내리고 이를 성공적으로 수행하려는 것을 말한다.

Peter F. Drucker의 설명에 의하면 효율은 어떤 일을 바르게 하는 것(doing things right)을 의미하고 효과란 바른 일을 하는 것(doing the right things)을 의미한다.

2. 경쟁력과 경쟁우위

오늘날 기업들은 글로벌 시장에서 경쟁업체보다 더 많은 제품과 서비스를 고객들에 판매하기 위하여 치열한 경쟁을 피할 길이 없다. 따라서 기업들은 경쟁력을 유지하려는 노력을 끊임 없이 계속하게 된다.

경쟁력(competitiveness)이란 시장에서 기업, 산업, 국가가 제공하는 제품 또는 서비스가 경쟁제품보다 더욱 잘 팔리거나 공급되는 힘을 말한다. 즉 경쟁력이란 글로벌 시장에서 경쟁기업에 대한 상대적 지위를 일컫는다. 기업이 경쟁력을 향상시키기 위해서는 우선 마케팅기능에서 고객욕구와 기대의 규명, 가격정책, 광고 및 판매촉진 같은 방법을 사용하고 생산·운영기능에서 제품 및 서비스설계, 비용, 입지, 품질, 속도(시간), 유연성, 서비스, 재고관리, 공급사슬관리, 유능한 관리자와 작업자 등에서 경쟁능력을 갖추어야 한다.

경쟁력과 유사한 개념에 경쟁우위가 있다. 경쟁력은 특정 산업이나 국가의 국제경쟁력을 판단하는 경우에 사용되지만 경쟁우위는 개별 기업에 한정된 개념이다. 즉 경쟁우위는 어느 특정 기업이 다른 기업과의 경쟁에서 우위에 설 수 있는가의 여부를 판단할 때 주로 사용하는 개념이다.

경쟁우위(competitive advantage)란 고객이 원하는 제품이나 서비스를 효율적이고 효과적으로 생산함으로써 더욱 많은 양을 판매함으로써 경쟁기업에 비해 시장점유와 재무적 측면에서 우월적 지위를 확보할 수 있는 능력을 말한다. 이는 기업의 생존에 필수적 요소가 된다. 그런데 기업은 경쟁기업에 비교한 경쟁우위를 확보하기 위하여 제2장에서 공부할 몇 가지 전략을 수립하게 된다. 예를 들면 저가전략이나 차별화전략 등을 추구한다. 경쟁우위를 확보하기 위하여 기업이 비용을 낮추고 차별화를 증진하기 위하여 취하는 방법은

- 효율
- 품질
- 이노베이션, 스피드, 유연성
- 고객에의 대응

등이다. [그림 1-6]은 경쟁우위를 확보하기 위한 네 가지 방법을 보여주고 있다.

그림 1-6　경쟁우위 확보방법

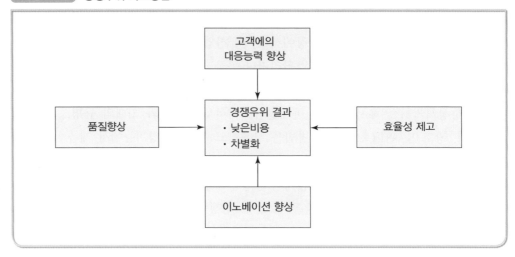

3. 경영성과 측정

모든 기업은 다음과 같은 몇 개 분야에서 경영성과(management performance)를 측정한다.

- 재무
- 고객과 시장
- 품질
- 시간
- 유연성
- 이노베이션
- 생산성과 경영효율
- 지속가능성

이러한 분야의 측정치는 경영성과를 평가하는 성적표로서 목표와 결과의 갭이 있는지를 규명하고 업적은 작업자, 주식시장, 다른 이해당사자들에게 보여주는 역할을 한다.

- 재무 측정치 : 비용, 수입, 투자수익률, 영업이익, 자산이용도, 주당 이익, 기타 유동성 지표 등을 포함한다.
- 고객 및 시장 측정치 : 제품이나 서비스에 대한 고객 만족도 조사, 고객

충성도, 고객의 획득과 상실, 고객불만, 보증 클레임, 고객관계 진척 등에 관한 측정과 시장점유율, 신제품과 시장의 진입 등 시장에 관해 측정한다.

- 품질 : 제품에 대한 품질은 도구, 기술, 데이터 수집 프로세스를 통해서, 그리고 서비스에 대한 품질은 고객 서베이, 인터뷰 등을 통해 수행한다.
- 시간 : 어떤 프로세스를 처리하는 데 소요되는 스피드를 측정하는 표준편차 또는 분산은 고객 유치에 영향을 준다.
- 유연성 : 고객의 욕구변동에 따른 설계 유연성과 수량 유연성은 경쟁우위를 유지하는 데 필요하다.
- 이노베이션 : 새롭거나 독특한 제품과 서비스를 창출하는 것 또한 고객을 기쁘게 해주고 경쟁우위를 확보하는 수단이 된다. 경쟁업체의 유사제품 생산을 막기 위해 이노베이션은 iphone처럼 꾸준히 계속되어야 한다.
- 생산성과 경영효율 : 생산성은 기업 자원을 잘 사용하여 제품을 생산하는가를 측정하고 경영효율은 낭비는 최소로 하고 자원이용은 최대로 하면서 고객에 제품과 서비스를 제공하는가를 측정한다. 예컨대 주문의 완료시간, 기계와 장비의 설치시간, 조립라인에서 제품 변경시간 등이다.

4. 생산성 측정

기업의 전반적인 성과(performance)를 기술하는 공통적인 방법이 생산성(productivity)의 측정이다. 그런데 생산성은 [그림 1-7]에서 보는 바와 같이 효

그림 1-7 기업성과와 생산성

		효과적, 비효율적	효과적, 효율적(높은 생산성)
목적달성	높음	• 목적달성 • 자원낭비	• 목적달성 • 자원낭비 없음
	낮음	비효과적, 비효율적 • 목적 미달성 • 자원낭비	비효과적, 효율적 • 목적 미달성 • 자원낭비 없음
		나쁨	좋음
		자원이용	

율성과 효과성이라는 두 가지의 성과측정을 포함한다. 생산성을 통한 효율성과 효과성이 증가할수록 기업의 성과는 증가한다.

오늘날 기업환경이 더욱 경쟁적이기 때문에 생산·운영관리자는 부가가치와 효율성을 증진함으로써 경쟁력을 제고시키는 역할을 수행해야 한다.

생산성은 개인, 부, 기업, 산업, 국가를 대상으로 하여 측정할 수 있다. 이는 생산활동의 종합적인 성과를 표시하는 지표이다. 생산성은 경쟁력을 결정하는 중요한 요소이다.

기업경쟁력은 국가경쟁력을 결정한다. 글로벌 시장에서 기업들이 경쟁력을 갖게 되면 국가의 경제는 부강하게 되고 국민들의 삶의 질은 향상된다.

생산성은 재화나 서비스를 생산하기 위하여 여러 가지 투입물을 얼마나 효율적으로 사용하였는가를 측정한다. 자원이 효율적으로 잘 사용되면 더욱 생산적이고 가치는 제품이나 서비스에 더욱 부가된다. 생산성 향상은 효율성 증대를 뜻한다.

생산성이 향상되면 인플레이션을 유발하지 않고 임금인상을 가져와 근로자들의 생활수준이 향상된다. 한편 수출증대를 통하여 국제수지 개선효과가 나타난다.

생산성은 일정 기간 동안 생산과정에서 소비된 자원의 투입물과 생산된 산출물의 비율로서 다음과 같은 공식이 이용된다.

$$생산성 = \frac{산출물(outputs)}{투입물(inputs)}$$

공식에서 분자는 전체 산출물, 예컨대 판매액, 생산량, 봉사한 고객 수, 전화 통화 수 등과 같이 수량 또는 화폐가치로 표현하고, 분모는 전체 투입물의 수량 또는 비용을 나타낸다. 생산성을 향상시키기 위해서는 일정한 투입물에 비하여 산출물을 증대시키거나 반대로 일정한 산출물에 비하여 투입물을 감소시켜야 한다.

생산성은 공식에서 분모의 투입물(예: 노동력, 자본, 에너지, 자재사용 등)을 단일 생산요소로 하느냐, 몇 가지 생산요소로 하느냐, 또는 전체 생산요소로 하느냐에 따라 요소생산성(factor productivity), 복합요소생산성(multifactor productivity), 총생산성(total productivity)으로 구분할 수 있다. 요소생산성은 부분생산성(partial productivity)이라고도 한다.

[표 1-1]은 여러 가지 생산성을 측정하는 공식을 보여 주고 있다.

표 1-1 **생산성 측정**

요소생산성(부분생산성)

$$\frac{\text{산출물}}{\text{노동시간}} \qquad \frac{\text{산출물}}{\text{자재사용량}} \qquad \frac{\text{산출물}}{\text{자본투입액}} \qquad \frac{\text{산출물}}{\text{에너지사용량}} \qquad \frac{\text{산출물}}{\text{기계사용량}}$$

복합요소생산성

$$\frac{\text{산출물}}{\text{노동} + \text{자재} + \text{경상비}} \qquad \frac{\text{산출물}}{\text{노동} + \text{에너지} + \text{자본}}$$

총생산성

$$\frac{\text{생산된 모든 산출물}}{\text{사용된 모든 투입물}}$$

✱ 예 1-1

Excel 은행에서는 대출담당 직원 3명을 고용하고 있다. 그들은 하루 8시간 근무하면서 각자 하루 평균 6건씩 처리하고 있다. 은행은 각 직원에게 하루 일당으로 100,000원을 지급한다. 은행은 경상비로 하루에 50,000원을 지출한다. 그런데 은행은 최근 사무능률을 증진시키기 위하여 컴퓨터 소프트웨어를 구입한 결과 각 직원이 하루에 9건씩 처리할 수 있게 되었다. 한편 경상비는 하루에 80,000원으로 증가하였다.

① 컴퓨터 소프트웨어의 구입으로 노동생산성은 몇 %나 증가하였는가?
② 컴퓨터 소프트웨어의 구입으로 복합요소생산성은 몇 %나 증가하였는가?

| 해답

① 노동생산성(전) $= \dfrac{3명 \times 6건}{3명 \times 8시간} = 0.75$건/시간

노동생산성(후) $= \dfrac{3명 \times 9건}{3명 \times 8시간} = 1.125$건/시간

노동생산성 증가율 $= \dfrac{1.125}{0.75} - 1 = 50\%$

② 복합요소생산성(전) $= \dfrac{3명 \times 6건}{3(100,000)원 + 50,000원} = 0.0000514$건/원

복합요소생산성(후) $= \dfrac{3명 \times 9건}{3(100,000)원 + 80,000원} = 0.0000711$건/원

복합요소생산성 증가율 $= \dfrac{0.0000711}{0.0000514} - 1 = 38\%$

현대 사회에 있어서 기업은 가장 많은 자원을 가지고 있으며 사회발전에 근간을 이루는 힘 있는 조직으로 부상하였다. 이제 기업이 사회적 정당성을 획득하기 위해서는 자신이 기능하고 있는 사회 시스템의 목표와 가치에 부합되는 활동을 하여야 한다는 것이다. 기업은 단순한 경제적 활동에만 국한한 것이 아니라 그 경제적 활동이 사회 전반에 미치는 역기능적인 결과에 대하여 책임을 지도록 강요받고 있다.

따라서 기업은 기업윤리(business ethics)를 준수하고 기업의 사회적 책임(social responsibility)을 망각해서는 안 되며 나아가 지속가능성(sustainability) 증진에 전념해야 한다는 폭넓은 공감대를 외면할 수 없게 되었다.

이제 기업은 비용을 절감하고 품질을 향상하여 대고객 서비스 수준을 증진하여 이윤을 추구하려는 전략수립 못지 않게 윤리적, 환경적 명성도 높여야할 필요성을 인식하고 있다. 기업의 사회적 역할과 책임에 대한 고객들의 요구와 압력이 점점 거세지고 있다.

기업윤리란 일반적인 윤리적 원칙과 사고를 기업경영 활동에 적용하는 것을 뜻한다. 기업윤리는 사회적 윤리에 기반을 두고 기업경영 과정에서 발생하는 여러 가지 도덕적 문제들을 규명하거나 해결하는 길잡이가 된다.

기업이 윤리적이기 위해서는 그 기업이 속한 사회의 모든 구성원이 윤리적이라고 인정하는 규범을 따라야 하며 그렇지 않으면 비윤리적 기업이 된다. 오늘날 제품과 서비스의 생산과 제공이라는 기업의 경제적 활동이 안전문제, 공해문제, 부의 편재문제, 정경유착문제 등 부정적인 결과를 초래하는 경우도 있기 때문에 기업의 경영윤리의 실천과 사회적 책임의 완수가 절대적으로 요구되고 있다. 따라서 기업의 역할이나 활동이 사회의 윤리적 기준에 맞게 준수하는 것은 생존과 성장의 사회적 정당성을 획득하는 한 방법임을 기업들은 인식해야 한다.

기업에서 생산·운영관리자를 포함한 모든 경영자들은 기업을 생산·운영함에 있어서 특히 다음과 같은 사항에 대해 윤리적 결정을 내려야 한다.

- 기업의 재무상태를 정확하게 나타내도록 재무제표를 작성한다,
- 충분한 훈련, 적절한 장비 사용, 안전한 작업환경을 통해 작업자 안전을

보장한다.
- 사용자에 부상을 주지 않고 재산이나 환경에 손해를 끼치지 않도록 제품 안전을 기한다.
- 품질보증을 약속한다.
- 환경을 해치지 않는다.
- 지역사회에 좋은 이웃이 되도록 한다.
- 작업자의 채용 또는 해고에 있어 엄격한 룰을 준수한다.
- 작업자들의 권리를 존중한다.
- 에너지 사용을 줄인다.

기업의 사회적 책임이란 기업은 물론 사회 전체의 이익·발전·보호·복리 등을 증진하는 방향으로 의사결정을 해야 할 기업의 책무를 말한다. 이와 같이 오늘날에는 사회적 책임이나 기업윤리같은 사회적 목적도 추구하는 범위 내에서 기업의 이윤극대화(profit maximization)라는 경제적 목적도 달성하도록 강요받고 있는 것이다.

근래 지구의 온난화(global warming)와 오염 등 환경의 급격한 변화(자연재해와 인재)로 국가, 산업, 기업은 장기적으로 국민과 사업체의 건강을 고려하지 않으면 안 되었다. 이러한 환경보호의 차원에서 기업이 사회로부터 심한 압력을 받는 중요한 주제의 하나는 지속가능성이다.

지속가능성이란 한마디로 표현하면 기업경영을 함에 있어 인체에 도움이 되는 생태학적 시스템을 해치지 않도록 자원을 사용함으로써 환경적 나쁜 영향을 제거 또는 최소화하자는 것이다. 이는 그린경영(green operation)이라고도 한다. 넓은 의미로 지속가능성은 폐기물을 줄이고 재활용하고 제품과 부품을 재사용하는 등 자원을 현명하게 사용하고 사람을 존중하며 공평하게 대하고 가치를 공유하도록 하는 것이다. 기업은 공기와 물의 품질, 폐기물 처리, 포장, 물과 에너지 사용, 사용한 장비의 재판매와 재활용, 지구 온난화, 이산화탄소 배출 등 환경적 이슈에 관심을 갖도록 사회로부터 심한 압력을 받고 있다.

지속가능성은 세 관점에 따라 다음과 같이 분류할 수 있다.

- 환경적 지속가능성 : 환경의 장기적 품질에 관심을 갖는다. 예를 들면 에너지 소비, 재활용 등 자원보전, 공기 방출, 위험물 폐기율 등을 측정한다.
- 사회적 지속가능성 : 삶의 질을 향상시키기 위하여 건강한 사회와 공동

체를 유지한다. 예를 들면 소비자 안전, 작업장 안전, 지역사회 관계, 기업윤리와 지배구조 등을 조사한다.

* 경제적 지속가능성 : 장기적으로 기업을 경영하고 시장을 확장하고 일자리를 제공하는 것은 국가경제에 필수적이다. 예를 들면 재무감사 결과, 규제준수, 시민단체에의 기부금, 환경위반에 따른 벌금 등을 측정한다.

지속가능성은 기업의 모든 분야에 영향을 미치고 있다. 가장 큰 영향을 받는 분야는 제품과 서비스의 설계, 프로세스 설계, 구매, 제조, 완제품 수송, 소비자 교육 프로그램, 재난 예방과 대응, 공급사슬 폐기물 관리, 아웃소싱 결정 등이다.

1.5 빅 데이터와 비즈니스 분석론

오늘날 모든 기업은 방대한 양의 데이터와 정보에 자유롭게 접속할 수 있다. 디지털 혁명으로 스마트 폰이나 태블릿, 컴퓨터 등 다양한 정보기술 기기의 사용으로 수치 데이터 같은 정형 데이터(structured data)는 물론 과거에는 데이터로 취급하지 않았던 구조화되지 않은 예컨대 문자, 동영상, 음성 같은 비정형 데이터(unstructured data)가 쏟아져 나오고 있는 것이다. 생산·운영관리 분야에서 데이터는 운영성과, 수요예측, 품질, 주문 정확성, 고객만족, 배송, 비용, 환경보호 등을 평가하기 위하여 사용된다. 데이터는 생산 프로세스로부터는 물론 웹사이트, 신용카드, 판매시점 기록, 소셜 미디어 등으로부터 자동적으로 수집할 수 있지만 이들을 저장하고 가공하고 분석하기 위해서는 정교한 기술이 요구된다.

문제는 전통적인 분석방법이나 도구로는 이러한 정형, 비정형, 반정형의 빅 데이터(big data)를 수집·저장·분석하기가 어렵다는 것이다. 이러한 문제를 해결하기 위하여 최근에는 비즈니스 분석론(business analytics)이라든가 데이터 마이닝이라고 하는 새로운 분야가 떠오르고 있다. 여기서 데이터 마이닝(data mining)이란 빅 데이터로부터 유용한 데이터만 선별해서 분석해 기업경영에 필요한 의미 있고 가치 있는 정보를 도출하는 과정을 말하고 비즈니스 분석론이란 통계적 분석방법, 경영과학(management science), 정보시스템을 결합하여 빅데이터를 분석하고 사실에 기반한 의사결정을 지원하려는 학제적 도구이다.

비즈니스 분석론은 과거와 현재의 기업성과를 이해하는 데 사용되는 기술적 분석론(descriptive analytics), 데이터 속에 숨어있는 패턴과 관계를 찾아내어 미래를 예측하는 데 사용되는 예측적 분석론(predictive analytics), 가장 좋은 결정을 규명하는 데 사용되는 규범적 분석론(prescriptive analytics)으로 분류할 수 있다.

기업은 비즈니스 분석론을 이용하여 의사결정과 문제해결 시 데이터를 행동으로 변형시킨다. 비즈니스 분석론을 이용하여 과거와 현재의 성과를 이해할 수 있고 데이터 속에 있는 패턴이나 관계를 규명하여 미래를 예측하기도 하며 가장 좋은 결정을 찾아내기도 한다. 따라서 빅 데이터의 활용은 기업이 경쟁우위를 확보하는 수단이 되고 있다. 즉 빅 데이터를 이용한 데이터 마이닝의 결과는 IT와 스마트 혁명 시기에 기업의 이노베이션과 경쟁력 강화, 생산성 향상 등을 위한 값진 가치를 생성할 수 있는 자원으로 활용할 수 있음을 많은 보고서들은 강조하고 있다. 생산·운영관리 부문에서는 다양한 수학적 모델과 분석적 기법이 사용되는데 우리는 이들에 관해서 계속 공부할 것이다.

1.6 운영 · 공급사슬 관리의 역사적 발전

1. 산업혁명

18세기 후반 영국에서 시작한 산업혁명(industrial revolution)은 노동력 대신 기계의 힘을 이용하여 제품을 생산하는 데에 큰 영향을 미쳤다. 증기기관차의 발명과 공장시스템의 출현으로 교통이 발전하고 시장이 확대되었다. 1776년 Adam Smith의 『국부론』(*The Wealth of Nation*)의 출간으로 노동의 분업과 직무의 전문화로 생산성이 향상되었다.

2. 과학적 관리법

1900년대 초 F. W. Taylor는 과학적 관리법(scientific management)을 통하여 유일최선의 작업방법을 추구하고 조직 효율과 작업자 생산성의 증가를 꾀하였다. 이러한 개념은 작업자는 금전적 보상에 의하여 동기유발되고 관리와 노동의 분리를 강조함으로써 노동자는 오직 생산에만 전념해야 했다.

3. 인간관계운동

1930년대 실시한 호오손 연구(Hawthorne studies)의 결과 사회학자와 심리학자들 사이에 인간관계운동(human relations movement)이 전개되었는데 이는 금전 외의 다른 요인들이 작업자 생산성에 기여한다는 것이었다. 이 운동에서는 직무를 재미 있고 의미 있게 만들어, 예컨대 직무확대와 직무충실화를 통하여 작업자를 동기유발토록 해야 한다고 주장하였다.

4. 경영과학과 컴퓨터 시대

1940년대 재고관리, 품질관리 등 생산·운영문제의 해결을 위하여 모델과 계량적 기법의 사용을 강조하는 경영과학(management science)이 개발되었다. 제2차 세계대전 중에는 병참문제, 무기시스템 설계, 미사일 개발 등을 위해 계량적 기법이 폭넓게 사용되었지만 1970년대 컴퓨터의 개발로 수요예측, 스케줄링, 재고관리 등에 수리모델을 사용하게 되었다.

5. JIT와 TQM

1980년대 일본에서는 필요한 부품과 자재가 적시에 적량으로 도착함으로써 최소의 재고로 소량의 반복생산을 가능케 하는 적시생산시스템(just-in-time system)이 개발되었다. 이는 낭비를 제거함으로써 프로세스의 지속적 개선과 조직 효율을 달성하려는 철학이다.
또한 기업간 경쟁이 치열해짐에 따라 제품의 품질을 지속적으로 향상시키고 불량원인을 제거하는 데 조직의 전 구성원이 책임을 져야 한다는 종합적 품질경영(total quality management: TQM)이 실천되고 있다.

6. 유연성

고객의 욕구가 다양화되고 환경의 변화가 심해지자 기업들은 생산시설의 유연성(flexibility)을 추구하게 되었다. 전통적으로 기업은 표준화된 제품을 대량생산하였지만 유연생산시스템의 도입으로 대량맞춤(mass customization)이 가능하게 되었다.

7. 시간경쟁

기업은 품질, 가격, 서비스, 설계 등 외에도 신제품의 개발속도와 납기의 단축 등 시간에 의한 경쟁(time-based competition)을 경험하고 있다.

8. 공급사슬관리

1970년대에는 품질경영이 기업의 주된 전략적 관심이었고 1980년대에는 린 생산시스템(lean system)이 글로벌 시장에서 경쟁우위를 확보할 수단으로 등장하였다. 그러나 1990년대 이후에는 글로벌화와 정보기술의 발달로 공급사슬관리(supply chain management: SCM)가 전략적 수단으로 각광을 받고 있다.

9. 글로벌 시장 · 전자 상거래 · 아웃소싱

과거에는 산업이 특정 지역에 집중하는 경향이 있었지만 오늘날에는 통신시설과 교통수단의 발달로 인하여 거리와 국경이 문제시되지 않고 있다. 팩스기, e-mail, 화상회의, 밤샘배송 등으로 글로벌 시장(global marketplace)에서 경쟁하고 있다.

Internet의 사용을 통해서 제조자, 공급업자, 분배자, 고객 사이에 커뮤니케이션, 상행위, 자료전송이 빠른 속도로 행해지고 있다.

이러한 전자 상거래(electronic commerce)는 기업간(business-to-business: B2B), 기업과 고객간(business-to-customer: B2C), 고객간(customer-to-customer: C2C) 상거래를 포함하면서 가상의 시장을 확대해 나가고 있다.

오늘날 기업은 경쟁력을 갖추는 데 필요한 속도와 유연성을 확보하기 위하여 핵심활동에만 전념하고 다른 활동들은 다른 기업에 아웃소싱(outsourcing)

표 1-2 생산·운영관리의 역사적 발전

개념	시기	내용
산업혁명	1700년대 후반	노동력 대신 기계 사용에 의한 생산혁명
과학적 관리법	1900년대 초	작업설계의 기술 측면의 분석과 측정의 개념 및 이동식 조립라인과 대량생산방식의 개발
인간관계운동	1930~1960년대	작업자 모티베이션과 직무만족과 같은 직무설계의 인간적 요소 강조
경영과학	1940~1960년대	생산·운영문제 해결을 위한 계량적 기법의 개발
컴퓨터 시대	1960년대	방대한 양의 자료처리와 계량적 절차의 광범위한 사용
환경 이슈	1970년대	폐기물 감소, 재활용의 필요성, 제품 재사용
적시생산시스템	1980년대	최소의 재고로 소량생산 달성
종합적 품질경영	1980년대	불량품 생산의 원인 제거
리엔지니어링	1980년대	효율증진과 비용감소를 위한 프로세스의 재설계
글로벌 경쟁	1980년대	글로벌 시장에서의 경쟁 치열
유연성	1990년대	대량 맞춤생산의 강조
시간경쟁	1990년대	제품개발속도와 납기단축의 강조
공급사슬관리	1990년대	공급업자로부터 최종소비자에 이르는 동안 자재와 정보의 흐름을 관리하는 시스템의 전반적 비용감축을 강조
전자 상거래	2000년대	Internet과 월드 와이드 웹(www)을 이용한 상거래 성행
아웃소싱	2000년대	기술의 개발로 세계 어느 곳으로도 활동과 직무를 아웃소싱할 수 있음
지속가능성	2005년대	기업은 국민건강을 위하여 환경의 변화에 적극 대처하고 공기와 물의 오염을 방지하고 이산화탄소의 배출 감소 등 친환경보호에 전념해야 함
빅 데이터 및 비즈니스 분석론	2010년대	방대한 빅 데이터와 정보를 경영분석 기법으로 활용하여 경영 문제해결과 의사결정을 위해 사용함

하는 것이 일반적인 추세이다.

이상에서 설명한 생산·운영관리 부문에서 발생한 역사적·획기적 사건은 [표 1-2]에서 보는 바와 같다.

10. 기업윤리와 지속가능성

기업의 규모가 확대되고 힘이 강해지면서 사회와 사람들에 미치는 영향이 증대해짐에 따라 기업은 윤리와 사회적 책임을 준수하고 지속가능성을 증진하도록 사회로부터 심한 압박을 받고 있다.

우리나라 대기업들은 과거정부와의 유착을 통해 온갖 특혜를 받아온 것이 부인할 수 없는 사실이다. 이러한 과정에서 몇몇 대기업 총수들이 법의 심판을 받는 일이 종종 있어 왔다. 이러한 사건 외에도 남몰래 폐수를 방류하는 염색 공장, 자동차의 연비조작 사건, 가습기 살균제 사건 등은 기업 경영자들의 사회적 책임과 윤리의식이 결여된 결과라고 볼 수 있다.

기업은 성공하고 기업으로 계속 존속하기 위하여 환경적, 사회적, 경제적 지속가능성을 증진함과 동시에 자재, 에너지, 물, 폐기물 등은 최소로 줄이도록 해야 한다. 이는 [그림 1-8]이 보여 주고 있다.

지속가능성이란 사람(people), 지구(planet), 이익(profit)이라는 3핵심(triple bottom line)을 지원하는 것이다. 3핵심은 3P라고도 한다. 기업은 종업원과 고객은 물론 지역사회 주민들에게 나쁜 영향을 미치는 의사결정을 해서는 안된다. 예를 들면 기업은 물론 공급사슬에 걸쳐 작업환경에서의 안전이 보장되어야 한다. 또한 위험한 화학 폐기물을 처리할 때 종업원과 지역사회에 해를 끼치지 않도록 해야 한다.

경영자들은 지구 환경에 미치는 영향을 줄이기 위하여 희소자원을 보존하고 환경친화적 기업경영을 영위하여야 한다. 예를 들면 이산화탄소 배출량을 줄이도록 노력해야 한다.

사회적, 환경적 지속가능성은 경제 지속가능성 없이는 존재할 수 없다. 경제적 지속가능성이란 기업이 어떻게 기업으로 계속 존속하느냐 하는 것을 말

그림 1-8　지속가능성에 의한 세 핵심의 증진

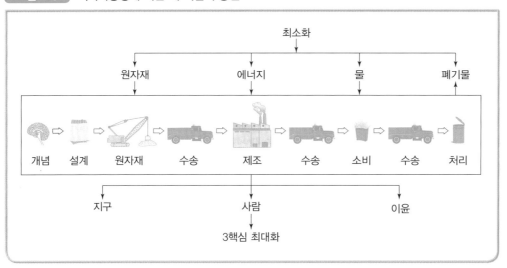

한다. 이를 위해서는 수익성 외에도 위기관리, 지적재산권, 종업원 사기, 회사 평가액 등도 기업 성공의 척도가 될 수 있다.

1.7 운영·공급사슬 관리의 최근 동향

1980년대 이후 생산·운영관리분야에서 일본의 린 생산시스템과 품질경영이념이 성공적으로 사용되고 있다. 동시에 글로벌화, 컴퓨터 관련 생산기술, 시간에 기초한 경쟁, 공급사슬관리 등에 관한 관심이 점증하고 있다. 이외에 윤리 및 환경문제, 생산자원의 희소, 서비스부문의 확장 등도 진행되고 있다.

1. 생산·운영의 글로벌화

과거에는 산업이 특정 지역에 집중하는 경향이 있었지만 오늘날에는 지역과 거리는 입지결정과의 관련이 점점 줄어들고 있어 세계 곳곳으로 분산되고 있다. 오늘날 세계는 지구촌(global village)이 되어 하나의 글로벌 경제(world economy, global economy)를 형성하고 있다.

글로벌화(globalization)란 기업이 존속·발전을 위하여 세계 곳곳으로 시설과 운영을 전개하는 것을 말한다. 글로벌화는 제품을 외국시장에 판매하고, 외국에서 직접 생산하고, 외국 공급업자로부터 구매하고, 외국기업과 제휴하는 형태를 취한다. 시장은 이제 국내기업뿐만 아니라 세계의 기업이 참여하는 글로벌 경쟁을 피할 수 없게 되었다.

글로벌화의 경향은 여러 가지 이유로 촉진되고 있다. Internet, e-mail, 팩스, 화상회의(video conferencing)와 같은 정보기술의 발달, WTO와 NAFTA, 우리나라와 미국, 중국, EU, 칠레, 페루, 인도 등 52여 개국과 FTA 등의 기구설립을 통한 무역장벽의 완화, 교통시설의 발달로 인한 저렴한 수송비, 신흥공업국가(newly industrialized countries)에서처럼 높은 이윤을 실현할 수 있는 매력적인 시장의 출현, 자원과 기능의 확보 등을 지적할 수 있다.

오늘날 우리나라의 경우는 물론 선진국의 다국적 기업은 해외에 생산시설을 건설하는 투자계획을 확충하고 있다. 이러한 경향은 노사관계, 임금, 세제, 국가의 경제정책, 외국시장 침투 등 여러 가지 요인이 복합적으로 작용하기 때문이기도 하지만 고객에 품질 좋은 제품과 서비스를 적시에 저렴한 가격으로 공급하기 위함이기도 하다.

2. 컴퓨터 관련 정보기술

컴퓨터 혁명을 통하여 제조업에서도 제품설계와 제조 프로세스에 영향을 미치는 컴퓨터 관련 생산기술이 널리 사용되고 있다. 예를 들면 컴퓨터에 의한 설계 및 제조(CAD/CAM), 유연생산시스템(FMS), 컴퓨터 통합제조시스템(CIM) 등이 많은 기업에서 활용되고 있는 것이다. 이들에 대해서는 제6장에서 공부하게 될 것이다.

e-비즈니스(e-business)는 Internet상에서 고객, 파트너, 공급업자, 종업원들이 전자적으로 연계되어 기업의 제품설계, 생산, 유통, 판매, 소비 등 다양한 경영활동을 수행함으로써 수익창출이나 원가절감을 달성하고자 하는 것이다. 전자 상거래(e-commerce)는 기업에서 제품의 판매와 원자재와 부품 등 구매과정의 변화를 초래하고 있다.

3. 시간경쟁

제품과 서비스가 가격과 품질로서만 경쟁하는 것은 아니다. 시간도 중요한 요소이다. 시간에 의한 경쟁(time-based competition: TBC)은 고객에 대한 제품과 서비스의 배송속도와 제품개발을 통한 시장에의 출하속도를 의미한다. 이와 같이 속도(speed)는 기업이 경쟁우위를 확보할 수 있는 중요한 수단이 되고 있다.

TBC라는 차별화는 오늘날 많은 기업이 채택하는 경쟁능력이다. 고객의 주문을 빨리 만족시키는 것은 그렇지 않은 경우보다 고객을 유치할 수 있는 값진 경쟁능력이다. 특히 첨단산업의 경우 제품 수명주기의 단축은 제품개발과 시장 출하속도를 빠르게 하여 시장을 선점하고 경쟁상품을 물리치는 효과를 가져온다.

TBC를 조장하는 새로운 방식으로 개발된 것 중의 하나가 동시공학(concurrent

engineering: CE)이다. 이는 연속공학(sequential engineering: SE)과 대립되는 개념이다. 과거에는 제품의 개발, 설계, 제조, 판매 등을 담당하는 사람들이 서로 협조 없이 제품개발을 연속적 과정으로 진행하여 왔다.

CE는 제품개념부터 판매에 이르는 제품개발과정에 관련되는 모든 주요 기능부서로부터 전문가가 동시에 참여하여 제품설계, 생산방법, 프로세스 설계, 생산계획 등을 한 번에 수행토록 함으로써 제품이 고객의 욕구와 기대를 완전히 만족시키도록 하는 방법이다.

4. 공급사슬관리

최근 선진기업에서는 경영전략의 초점을 가격과 품질로부터 공급사슬관리(supply chain management: SCM)로 이동하여 기업경쟁력을 확보하려고 한다. 이는 기업이 원가절감, 글로벌화, 물류체계의 신속성, 소비자 욕구의 불확실한 변화 등에 대처하는 데 한계를 느끼기 때문이다.

공급사슬관리란 부품과 원자재의 공급업자와 생산자, 나아가서는 이들을 사용하여 생산한 제품의 최종소비자에 이르기까지, 공급의 앞에서 소비의 끝까지를 하나의 사슬로 연결하여 이들 사이에서 흐르는 모든 자재와 정보를 관리하는 것을 말한다. 이것은 생산·운영의 초점을 기업 내부뿐만 아니라 외부의 공급업자들과 최종소비자들에게 맞추려는 것이다.

5. 아웃소싱

과거에는 기업의 규모가 곧 성공을 의미하여 기업은 수직적 통합(vertical integration)을 통한 규모의 경제를 추구할 뿐만 아니라 고객이 원하는 제품과 서비스 모두를 기업 스스로 생산·배송하는 인소싱(insourcing)에 전념하였다.

그러나 오늘날 이러한 크고 복잡한 조직은 환경의 변화에 대한 유연성과 적응성을 가질 수 없다. 특히 고객의 수요와 성장 기회의 변화에 빨리 대처하기 위해서는 유연한 시스템의 유지를 통한 기민성(agility)이 절대적인 기업 성공의 조건이 되고 있다.

기업들은 기민성을 확보하는 수단으로 외부 공급업자로부터 제품과 서비스를 획득하는 아웃소싱(outsourcing)을 추구하는 경향이 있다. 성공적인 기업에서는 자본과 귀중한 자원을 핵심역량(core competence)의 개발에 집중하고 생산, 마케팅, 유통 등에서의 나머지 비핵심활동은 아웃소싱함으로써 비용의 감소를 통한 경쟁우위를 확보하려고 한다.

6. 빅 데이터 마이닝

빅 데이터와 비즈니스 분석론에 관한 언급이 최근 저널이나 잡지에 자주 나타나고 있는 그야말로 떠오르는 분야가 되고 있다. 빅 데이터는 매니저로 하여금 그의 사업체에 대해 더욱 많이 알게 만들고 이러한 지식은 의사결정을 더욱 현명하게 만들고 비용감소를 통한 성과증진을 유도하고 있다.

이러한 빅 데이터의 원천은 생산·운영관리 측면에서 볼 때 소셜 네트워크, 웹사이트 클릭, e-mail, 판매정보, 보험정보, 청구서 정보, 보증정보 등 다방면에 해당한다. 지난 15년여 동안 진행된 컴퓨터 메모리와 스피드는 데이터 마이닝을 더욱 발전시켰다.

그림 1-9 생산·운영관리의 시대별 주요 주제

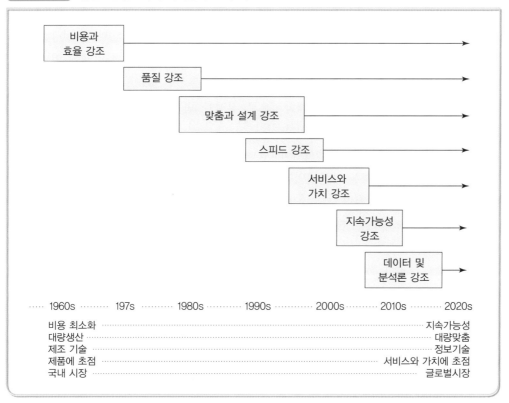

많은 경우에 비즈니스 분석론은 마케팅 분야에서 고객들의 소비행태를 예측하는 데 이용되고 있다. Amazon과 같은 대규모 소매상은 고객의 과거 구매행태를 분석해서 그에게 다른 제품의 구매를 권유하고 있다. 이러한 빅 데이터 분석론은 다방면에서 응용되는데 예를 들면 의료분야, 농업분야, 보안분야 등에서도 진가를 발휘하고 있다.

[그림 1-9]는 지난 반세기 동안 생산·운영관리의 범위와 방향에 변화를 초래하였던 주요한 주제를 연대순으로 나타내는 그림이다.

7. 디지털화

2020년에 시작한 코로나 19 대유행으로 경제가 큰 타격을 받아 기업이 도산하고 일자리가 사라져 소득이 줄어들고 개인 삶과 행동에 변화가 초래되어 많은 기업들이 위기를 맞고 있다.

여기에 미·중간 패권경쟁으로 인한 중국경제의 심각한 파탄으로 우리 수출기업의 공급사슬 재편 등 글로벌 경영환경이 극도로 악화되고 있는게 현실이다.

코로나 19 이후 지금 한창 진행하고 있는 4차 산업혁명(the fourth industrial revolution)이 인공지능(artificial intelligence: AI)과 연동되어 산업계에 엄청난 변화를 몰고 올 것으로 예상된다. 차세대 이동통신인 5G와 인공지능이 주도하는 자동화는 수 십년 동안 계속적으로 경제를 변화시키면서 일자리와 노동력에 엄청난 충격을 초래할 것이다.

3차 산업혁명은 정보화(informatization) 사회, 또는 지식기반 사회로서 정보와 지식이 핵심 자산이었고 핵심 기술로 컴퓨터, 모바일, 초고속 통신망, 클라우드(cloud) 등을 사용하였다. 정보화 시대에는 데이터를 기반으로 해서 온라인과 컴퓨터를 잘 활용해 제조업, 병원, 의류산업 등을 운영하는 데 사용하였다.

그러나 4차 산업혁명은 디지털화(digitalization) 사회 또는 지능기반 사회로서 물체와 가상과 지능의 결합이 핵심 자산이고 핵심 기술로 인공지능, 5G, 3D 프린터 등을 사용한다. 4차 산업혁명은 알고리즘(algorithm) 기반으로 실체(예: 제품, 장소, 사물)에 가상(예: AI, 로봇)을 융합하여 혁신을 추구한다.

3차 산업혁명 시대에는 사물인터넷(internet of things: IoT), 클라우드, 빅데이터(big data), 모바일, 소셜 미디어 같은 정보기술(information technology: IT)

이 사용되었지만 4차 산업혁명 시대에는 위 정보기술을 포함한 인공지능, 로봇, 3D 프린터, 증강현실/가상현실, 바이오와 같은 디지털 기술(digital technology: DT)이 사용된다.

이러한 초연결성과 초지능성을 합친 디지털 기술을 사용해서 디지털 기업으로 대전환하는 것을 디지털화(digitalization) 또는 디지털 전환(digital transformation)이라고 부른다.[2] 다시 말하면 디지털 전환이란 기업 등 사회 전반에 디지털 기술을 적용하여 전통적인 운영방식이나 서비스 등 사회구조를 완전하게 개조하는 것을 말한다.

전 산업에 걸쳐 디지털 변환이 되면 산업과 산업이 융합하고 제품과 제품이 융합하여 모든 것이 연결되는 새로운 세상으로 바뀌게 된다. 디지털 기업으로 전환하게 되면 제품, 서비스, 프로세스, 조직, 제도, 인사, 문화 등 모든 것을 바꾸게 되어 새로운 기업형태가 된다. 이렇게 되면 산업과 산업이 융합되는데 5G를 통해 초연결, 초지능 사회로 진행되어 고객을 두고 기업간 경쟁이 아니라 산업간 경쟁이 불가피하게 된다.

따라서 기업들은 이러한 새로운 시대로의 변화에 서둘러 준비하는 노력을 해야 살아 남는다는 것이다. 특히 인공지능의 등장으로 제품이나 서비스의 공급자뿐만 아니라 기업의 운영이나 절차의 개선으로 효율성이 높아지고 새로운 비즈니스 기회가 창출된다.

---

2 인공지능 : 인간의 지능으로 할 수 있는 사고, 학습, 자기개발 등을 컴퓨터가 스스로 할 수 있도록 하는 정보기술
빅 데이터 : 기존에 사용되었던 Excel의 데이터 수집·처리·저장·관리·분석 기법으로는 감당할 수 없는 정도로 어마어마하게 쏟아져 나오는 정형·반정형·비정형 데이터를 모두 포함한 것
사물인터넷 : 사물에 센서를 부착해서 데이터를 실시간으로 인터넷으로 주고받는 기술. 세상의 모든 사물들이 네트워크로 연결되어 서로 소통할 수 있다.
클라우드 : 인터넷 서비스를 통해 빅 데이터를 저장하고 네트워크 및 콘텐츠 사용 등 IT 관련 서비스를 사용할 수 있도록 하는 컴퓨팅 환경
3D 프린팅 : 사진이나 책을 프린터로 인쇄하듯 제품의 설계도를 내려 받아 3차원으로 인쇄하는 것. 3차원 도면 데이터를 이용하여 입체적인 물품을 생성한다.
가상현실(virtual reality) : 현실과 유사한 체험을 할 수 있도록 구현된 가상의 공간
증강현실(augmented reality) : 실제 현실에 가상의 영상을 가미했다는 뜻

1. 생산·운영관리와 공급사슬관리를 설명하라.

2. 기업의 3대 기능을 설명하고 그 가운데 생산·운영기능이 가장 핵심적인 이유를 설명하라.

3. 생산·운영관리자가 수행하는 의사결정에 관하여 설명하라.

4. 변환 시스템의 구조에 관하여 설명하라.

5. 공급사슬관리의 필요성과 목표를 설명하라.

6. 프로세스를 정의하라.

7. 제조업과 서비스업의 차이점을 설명하라.

8. 생산·운영관리의 5대 목표를 설명하라.

9. 생산성과 경쟁력을 설명하고 그들의 관계를 설명하라.

10. 운영·공급사슬 관리의 역사적 발전과정을 설명하라.

11. 운영·공급사슬 관리의 최근 동향, 특히 디지털화에 관해 간단히 설명하라.

12. 지속가능성의 의미와 내용을 설명하라.

13. 빅 데이터, 데이터 마이닝, 비즈니스 분석론에 관하여 설명하라.

14. 사과 담는 상자를 생산하는 김씨는 개당 100원씩 지불하고 하루에 100개의 통나무를 구입한다. 이 100개의 통나무에 근로자들이 하루 300시간의 노동을 투입하여 240개의 상자를 생산한다.

　김씨는 같은 가격으로 좀 더 좋은 통나무를 구입할 수 있는 전문가를 채용하려고 한다. 그는 하루에 8시간 근무하면서 다른 근로자들과 함께 100개의 통나무를 사용하여 260개의 상자를 생산할 수 있다고 한다.

한편 비용자료를 보면 인건비는 시간당 200원이고 하루에 자본비용은 1,350원, 에너지비용은 450원으로 일정하다고 한다.

① 전문가를 채용함으로써 노동생산성은 몇 % 증가하는가?

② 전문가를 채용함으로써 복합요소생산성은 몇 % 증가하는가?

15. 냉장고를 생산하는 종로제조(주)는 다음과 같은 자료를 가지고 있다. 노동생산성 및 총생산성을 계산하라.

산출 :	매출액	₩33,000
투입 :	노무비	20,000
	원자재비	8,000
	감가상각비	700
	기타	1,300

16. Excel 대학교의 학생 수업료는 1학점에 100,000원이다. 교육부에서는 학교 수입을 보전하기 위하여 현금으로 학생 수업료만큼 지원한다. 보통 3학점짜리 과목의 수강 학생은 50명이다. 노무비는 4,000,000원/학급, 자재비는 20,000원/학생/학급, 경상비는 25,000,000원/학급이라고 한다.

① 복합요소생산성을 계산하라.

② 강사들은 50명 수강 3학점짜리 한 과목을 위하여 한 학기 16주 동안 주당 평균 14시간 연구를 한다고 할 때 노동생산성을 구하라.

17. 종로패션(주)에서는 양복을 생산한다. 3월 첫 주일 동안 작업자들은 420시간 작업하여 양복 150벌을 생산하였다. 그런데 이 가운데 60벌은 부적합품이라서 한 벌에 90,000원씩 받고 소매상에 팔아넘겼고, 나머지 양복 90벌은 한 벌에 250,000원씩 받고 도매상에 팔아넘겼다. 작업자들의 노동생산성을 계산하라.

18. 종로가구(주)는 5명의 작업자를 고용하여 시간당 평균 80개의 의자를 생산한다. 노무비는 시간당 $10씩이고 기계비용은 시간당 $40이다. 그런데 새로운 장비를 도입하여 작업자 1명을 다른 부서로 보내어 기계비용은 시간당 $10 증가하였지만 의자는 시간당 4개를 더 생산할 수 있게 되었다.

① 장비 도입 전과 후의 노동생산성을 작업자 1명의 시간당 의자 생산량으로 측정하라.

② 장비 도입 전과 후의 복합요소생산성을 달러 비용당(노무비와 기계비용 포함) 의자 생산량으로 측정하라.

19. 새만금(주)는 군산과 울산에 생산시설을 갖고 있다. 두 도시의 월평균 비용자료(단위 : 원)와 생산량(단위 : 개)은 다음과 같다.

	군산	울산
완제품	11,000	8,000
재공품	1,000	5,000
노무비	4,200	4,300
자재비	3,100	3,000
에너지비용	1,500	2,000
수송비	2,500	3,000
경상비	3,000	4,000

① 두 공장의 노동생산성을 구하라.

② 두 공장의 총생산성을 구하라.

③ 한 공장을 폐쇄한다면 어느 공장을 선택하겠는가?

20. 최 사장은 강남과 강북에 핏자집을 운영하고 있다. 어느 주의 자료가 다음과 같다.

	강북	강남
판매액	$9,000	$12,500
고객 수	2,000	4,000
노동시간	450	550
총면적(m²)	50	60

① 모든 요소생산성을 구하라.

② 두 가게의 생산성을 비교하라.

③ 두 가게의 생산성에 차이가 있는 이유는 무엇인가?

21. ① 마석가구(주)는 식당용 의자를 생산하는 소기업이다. 한 주일에 생산하는 완제품과 재공품의 가치는 15,000달러이고 노동, 자재, 자본 등 투입비용은 14,000달러이다. 마석가구(주)의 총생산성을 구하라.

② 마석가구(주)는 최근 문지르고 광내는 기계를 구입하였다. 이 기계는 하루 8시간 동안 20개의 의자를 처리한다. 이 기계의 생산성을 구하라.

③ 마석가구(주)는 의자에 페인트를 칠할 작업자 2명을 새로 채용하였다. 그들은 5시간 동안 10개의 의자에 페인트를 칠한다. 그들의 노동생산성을 구하라.

④ 마석가구(주)는 하루에 40개의 의자를 생산하여 개당 80달러에 판매하고 있다. 이에 소요되는 비용은 노무비 500달러, 자재비 200달러, 경상비 200달러이다. 총생산성을 구하라.

⑤ 지난 주 마석가구(주)의 작업자들은 200시간 작업하면서 50개의 의자를 생산하였

다. 그런데 최근에 구입한 기계의 잘못으로 10개가 부적합품이었다. 부적합품은 25달러에 할인하여 판매하고 양품은 80달러에 판매하였다. 지난 주 마석가구(주)의 노동생산성은 얼마인가?

22. 고려제지주식회사는 연령이 다른 세 개의 기계를 사용하여 고급지와 저급지를 생산하고 있다. 지난 6개월 동안의 생산자료(단위 : 톤)는 다음과 같다.

기계	총생산시간	총생산량	고급지	저급지	노동시간
197A	5,000	41,000	5,000	36,000	6,000
199B	4,500	39,000	39,000	0	5,000
201C	4,000	35,000	15,000	20,000	4,000

① 생산시간을 기준으로 할 때 생산성이 가장 높은 기계는 어느 것인가?
② 노동시간을 기준으로 할 때 생산성이 가장 높은 기계는 어느 것인가?
③ 고급지의 이익이 저급지의 이익보다 두 배라고 할 때 노동시간을 기준으로 생산성이 가장 높은 기계는 어느 것인가?

23. ① 한양보험회사는 1주일에 평균 600건의 신청서를 처리한다. 현재 직원은 6명인데 그들은 1주일에 40시간씩 근무하며 시간당 임금은 18천 원이다. 회사는 컴퓨터 기술에 투자하였는데 1주일에 1,300천 원의 비용이 소요된다. 복합요소생산성을 구하라.
② 회사는 컴퓨터 장비에 추가로 투자하여 비용은 1주일에 2,000천 원으로 증가하였다. 직원 한 명이 퇴직하였으나 충원은 하지 않으려고 한다. 나머지 직원들이 새로운 기술을 사용하여 1주일에 630건의 서류를 처리해야 한다. 생산성에 미치는 영향은 무엇인가?
③ 컴퓨터 기술에 대한 추가적인 투자로 생산성은 얼마나 증가하였는가?

24. 태양전지(주)는 건전지를 생산하는데 다음과 같은 자료를 이용하여 생산성을 측정하려고 한다. 시간당 평균임금은 100원, 시간당 기계비용은 150원이라고 한다.

	작년 5월	금년 5월
생 산 량	100,000	100,000
노동시간	1,000	900
기계시간	500	500
자재비용	359원	350원
에너지비용	100원	100원
자본비용	80원	100원

① 노동생산성의 증가율을 구하라.
② 복합요소생산성의 증가율을 구하라.

25. 다음 각 문제를 읽고 답을 구하라.

① 작업자 두 명이 「도서출판 오래」에서 인쇄한 책들에 인지를 부착하고 있다. 작업자 A는 30분에 1,200장을 부착하였고 작업자 B는 20분에 780장을 부착하였다. 어떤 작업자의 생산성이 높은가?

② 두 생산시설에서 주방용 의자를 생산하고 있다. 시설 A에서는 여섯 명의 작업자가 300개의 의자를 생산하였고 시설 B에서는 네 명의 작업자가 같은 시간 동안 240개의 의자를 생산하였다. 어떤 시설의 생산성이 높은가?

③ 데스코(주)는 농구공을 생산한다. 지난 달 일주일에 40시간씩 작업하여 30,000개를 생산하였는데 그 가운데 불량품은 5%이었다. 그런데 회사는 새로운 생산방법과 품질향상 프로그램을 도입하여 이번 달 32,000개를 생산하였는데 불량률은 4%로 낮아졌다. 생산성은 향상되었는가?

26. 동아케미컬 회사는 수영장에서 사용할 물 정화용 크리스탈을 생산하여 판매한다. 생산 프로세스에 사용되는 주 원료는 노동력, 원자재, 에너지 등이다. 202A년과 202B년에 사용된 투입량과 생산량은 다음과 같다. 202B년의 생산성은 202A년에 비하여 증가하였는가?

	202A년	202B년
노무비	180,000원	350,000원
원자재	30,000	40,000
에너지	5,000	6,000
생산량	100,000kg	150,000kg

제2장

운영 · 공급사슬 전략

생산 · 운영전략(operations strategy)의 개념이 학계, 그리고 산업계에서 본격적인 관심의 대상이 된 것은 1970년대 후반부터인데, 미국의 제품이 세계시장에서 일본 제품에 밀리기 시작하면서 마케팅전략과 재무전략에 못지않은 생산 · 운영전략의 중요성을 깨우치게 되었다. 1960~70년대 미국 기업들은 주로 재무전략과 마케팅전략에 중점을 두고 생산기능의 중요성을 소홀히 한 결과 제조업에서 경쟁력을 상실하였다. 반면 일본 기업들은 품질 좋고 저렴한 제품의 생산에 전념함으로써 생산전략과 생산활동의 중요성을 인식하고 꾸준히 실천해 왔다. 1980년대 중반부터 미국 기업들은 생산부문의 경쟁력 강화를 위해 생산전략과 장기계획의 필요성을 실천하여 오고 있다. 이러한 노력의 결과 1990년대 이후 미국 기업들의 대외경쟁력은 크게 향상되었다. 이로써 생산전략이 글로벌 시장에서 경쟁무기가 될 수 있음을 인정하게 되었다.

글로벌 시장에서 경쟁적 지위를 유지하기 위해서 기업은 장기적 계획을 수립해야 한다. 이러한 계획은 기업의 장기적 목표, 시장의 이해, 경쟁기업과 차별화하는 방법 등을 포함한다. 기업 내에서의 다른 모든 결정은 이러한 장기적 계획을 지원해야 한다.

생산 · 운영은 단순히 제품이나 서비스를 생산하는 역할을 넘어 글로벌 경쟁력을 확보하는 수단이 되어야 한다. 이를 위해서는 핵심역량을 키우고 제품과 프로세스의 개선에 지속적 노력을 경주해야 한다.

주주가치를 지속적으로 제공하도록 기업에서 수립하는 장기적 계획을 기업전략 또는 비즈니스 전략이라고 한다. 기업이 성공하려면 비즈니스 전략은 기능전략에 의해 지원을 받아야 한다. 생산 · 운영전략은 비즈니스 전략의 틀 내에서 수립되어야 한다. 생산 의사결정은 비즈니스 전략과 연계되어야만 기업의 경쟁우위 달성에 생산 · 운영전략이 기여할 수 있다.

본장에서는 생산 · 운영전략의 역할의 중요성, 비즈니스 전략과의 관계, 그의 수립과정, 글로벌 전략과 생산 · 운영전략의 전체 공급사슬에의 확대 등을 설명할 것이다.

장기적 목표와 이를 달성할 계획이 없는 조직이란 지도와 나침반은 물론 방향타도 없는 배에 있는 선원들과 같다. 조직의 전략(strategy)이란 바로 배의 지도, 나침반, 방향타와 같이 조직의 구성원들에게 조직이 어디로 어떻게 가야 할 것인가를 말해 주고 이 조직을 조종하는 메커니즘이라고 할 수 있다. 조직의 구성원들은 배의 엔진이요 선원이다. 즉 그들은 배를 움직일 힘을 제공하고 방향타를 통제한다고 할 수 있다. 그러나 전략이 없으면 아무리 훌륭한 종업원들이라고 해도 조직의 목표를 달성할 수단을 찾을 수 없게 된다.

　　원래 전략이란 군사용어로서 희랍어의 'strategos'(장군의 기술)에서 어원을 찾을 수 있다. 그러나 전략이란 개념이 기업경영에 도입됨으로써 경영전략(management strategy)이라든가 전략적 경영(strategic management)이라는 용어가 자주 사용되고 있다.

　　모든 조직은 그의 비전(vision)과 사명(mission)을 가지고 있다. 비전, 즉 사명이란 조직의 목적, 즉 그의 존재이유를 말한다. 사명은 사명기술서(mission statement)에 조직이 추구하는 핵심가치와 욕망을 나타낸다. 따라서 서로 다른 조직은 다른 사명을 갖는다. 예컨대 우리나라 삼성그룹의 사명은 "인재와 기술을 바탕으로 최고의 제품과 서비스를 창출하여 인류사회에 공헌한다"이고 한화그룹의 사명은 "끊임 없는 변화와 혁신으로 세계 수준의 제품과 서비스를 창출한다"이다.

　　사명은 기업이 나아갈 기본 방향을 제시하고, 그 기업의 장기적 목적(goal) 설정의 기초가 된다.

　　사명은 기업을 정의한다. 기업이 장기계획을 수립하기 위해서는 기업이 지금 어떤 비즈니스를 영위하고 있는가? 어떤 고객을 서브(serve)하고 있는가? 어떤 가치를 추구하고 있는가? 등을 분명하게 이해하고 있어야 한다.

　　비전과 사명의 목적은 기업이 추구하는 가치, 욕망, 목적을 구성원들에게 알려 줌으로써 모든 구성원들로 하여금 일관성 있는 의사결정이 이루어지도록 하려는 것이다. 이를 위해 전략이 필요하고 전략의 방향이 결정된다.

　　전략이란 바로 기업의 사명과 목적을 달성하기 위한 활동계획이요 의사결정이기 때문에 기업전략은 그 기업의 사명과 목적을 달성하기 위한 로드맵

(road map)이다. 이와 같이 전략은 그의 자원을 변화하는 환경, 특히 시장과 고객에 맞추기 위해 기업이 장기적으로 나아가는 방향과 범위를 제시한다. 이렇게 함으로써 전략은 기업에서 수행하는 모든 활동과 결정을 조정하는 역할을 수행한다.

2.2 전략의 계층구조

전략적 의사결정은 조직의 여러 계층에서 이루어진다. 전략은 기업의 조직계층에 따라

- 기업전략
- 비즈니스 전략
- 기능전략

등으로 구분된다. 이는 [그림 2-1]과 같다.

그림 2-1 전략의 형태

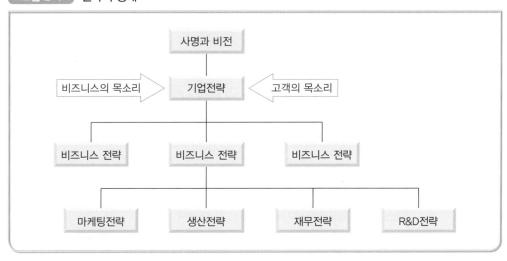

1. 기업전략

기업전략(corporate strategy)은 기업의 최고경영자가 기업의 사명과 이념, 철학, 목적을 달성하기 위하여 기업을 이끌 전반적인 방향을 결정하고 고객요구(고객의 소리)와 비즈니스 조건(비즈니스의 소리)을 감안하면서 자원의 획득과 배분에 관해 수립하는 전략이다. 다시 말하면 기업전략은 기업의 비즈니스 이념과 비즈니스 내용을 결정하게 된다. 기업전략은 기업의 생존을 위한 개별 기업, 즉 비즈니스 단위(business unit)의 종류 선택을 신중하게 결정해야 한다. 따라서 기업전략은 종업원, 시장, 고객, 자본과 금융, 수익성, 경쟁, 이미지 등 기업 전체에 영향을 미치는 문제를 다루어야 한다.

기업전략은 그 기업이 수행하고자 하는 새로운 비즈니스가 무엇인지, 그 비즈니스를 어느 나라에서 할 것인지, 목표로 하는 시장과 고객은 무엇인지, 이익 및 시장점유율 목표는 얼마인지 등에 관한 결정은 물론 시장으로부터 철수해야 할 비즈니스는 무엇인지, 현행 비즈니스가 이용해야 할 기회는 무엇인지 등에 관한 결정과 행동을 포함한다.

McDonald's 회사는 세계적으로 유명한 음식서비스 소매점이다. 그 회사의 비젼은 다음과 같다.

- Be the world's best quick-service restaurant experience

   여기서 최고가 된다는 것은 고객에 뛰어난 품질, 서비스, 청결, 그리고 가치를 제공함으로써 고객들이 즐겁게 음식을 즐기도록 하는 것을 말한다.

   회사는 이러한 비젼을 달성하기 위하여 다음의 세 가지 전략에 집중하고 있다.

- Be the best employer

   세계 속의 각 공동체에 속한 사람들을 위한 최선의 고용주가 되겠다. 이 회사는 가장 좋은 직장의 하나로 인정을 받는데 그것은 채용기준, 보상 프로그램, 훈련, 승진기준 등이 좋기 때문이다.

- Deliver operational excellence

   가치사슬, 프로세스, 장비, 직무 효율성 등을 통해 맛있는 음식을 탁월한 서비스로 제공하여 고객들에 만족감을 부여한다.

- Achieve enduring profitable growth

   저가와 빠른 서비스를 유지하고 이노베이션과 기술을 향상시켜 회사의 브랜드를 확장시킴으로써 이윤을 내는 성장기업으로 육성하겠다.

2. 비즈니스 전략

① 의의

일단 기업전략이 수립되면 이 범위 내에서 비즈니스 전략(business strategy)이 수립된다. 비즈니스 전략은 사명기술서에 따라 결정되는 특정 비즈니스 단위가 어떤 방법(차별적 능력)과 강점으로 시장에서 경쟁하여야 하고(시장분석) 시장의 고객들에게 어떻게 가치를 제공할 것이며 또 이 비즈니스 단위가 어디로 나아가야 할지 방향을 결정하는 활동계획이다. 이와 같이 비즈니스 전략을 수립하는 데는 사명, 환경분석, 차별적 능력이라는 세 가지 요인이 중요하다. 환경분석과 차별적 능력에 대해서는 곧 설명이 있을 것이다. [그림 2-2]는 비즈니스 전략을 수립할 때 고려하는 요인을 나타내고 있다. 비즈니스 전략은 외부환경이 바뀌면 수정되어야 하는 계속적 과정이다.

많은 재벌기업과 대기업들은 전자, 금융, 건설, 조선, 보험 등 연관성이 없는 독립된 비즈니스 단위들로 구성되어 있다.[1] 그런데 이러한 비즈니스 단위는 각각의 목표시장과 제품에 따라 경쟁전략을 수립해야 한다. 예를 들면 삼성그룹은 그룹 전체의 기업전략을 수립하고 전자부문, 증권부문 등은 비즈니스 전략을 별도로 수립한다. 이때 비즈니스 전략은 기업전략과 일관성을 가지면서 각자의 비즈니스 범위를 명시해야 하고, 각 비즈니스 단위들이 목표시장에서

그림 2-2 비즈니스 전략수립의 3대 요인

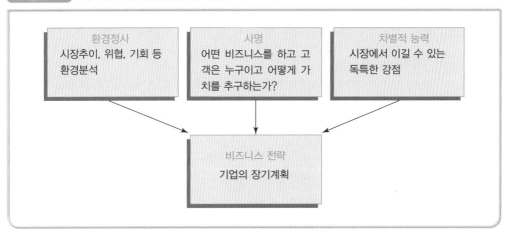

---

1   대부분의 중소기업의 경우에는 단일 비즈니스의 영역에서만 활동하기 때문에 기업전략을 수립하면 비즈니스 전략을 별도로 수립할 필요가 없다.

경쟁에서 이기기 위해 비교우위를 확보하기 위한 수단을 명시해야 한다. 다시 말하면 비즈니스 전략은 생산·운영 및 공급사슬 영역에서 사용할 핵심능력을 개발하는 데 지원을 아낌 없이 해야 한다.

Michael Porter는 비즈니스 전략으로 취할 수 있는 전략으로 다음 세 가지를 명시하고 있다.[2]

- 저가 전략
- 차별화 전략
- 시장집중화 전략

저가(cost leadership) 전략은 단위당 원가의 최소화를 통한 가격경쟁력으로 경쟁자를 물리치고 매출액의 극대화를 도모하고자 하는 전략이다. 원가우위를 확보하기 위해서는 규모의 경제에 입각한 대량생산체제를 구축하고 연구개발, 광고, 판매원, 서비스 등 각 분야에서 원가를 최소화하려는 노력이 필요하다.

제품차별화(differentiation) 전략이란 어떤 산업분야에서 독특한 제품이나 서비스를 공급함으로써 경쟁제품과는 뚜렷하게 특징지우는 전략을 말한다. 예를 들면 TV 분야에서는 Sony, 아스피린 분야에서는 Bayer 등이 차별화 전략을 구사하여 성공한 기업들이다.

시장집중화(market focus) 전략이란 특정 시장, 특정 구매자 집단이나 특정 지역의 특수한 요구, 예컨대 광범위하게 경쟁하는 경쟁기업보다 빠른 납기준수, 주문생산 등을 통하여 시장의 한 부분(틈새)을 집중적인 목표로 삼는 전략이다. 이러한 집중화는 저렴한 원가전략 내지 차별화 전략을 통하여 달성할 수 있다.

② 환경분석

비즈니스 전략은 물론 생산·운영전략을 수립할 때 외적 환경과 내적 환경에 대한 분석이 필연적으로 선행되어야 한다. 외적 환경에는 시장에서의 추세와 경제적·정치적·사회적·기술적 환경의 추세를 포함한다. 이러한 추세는 기업의 기회(opportunities)와 위협(threats)을 결정하기 위하여 분석해야 한다.

환경정사(環境精査, environmental scanning)란 외적 환경을 감시하는 과정을 말한다. 기업이 경쟁력을 유지하기 위해서는 환경정사를 계속하여 환경의 변화가 있을 때에는 이에 맞춰 모든 전략을 수정해야 한다.

---

2   M. E. Porter, *Competitive Strategy: Techniques for Analyzing Industries and Competitors*(New York, N.Y.: Free Press, 1980), p. 35.

환경정사의 결과 규명되는 기회의 한 예는 경쟁기업이 고객의 욕구를 제대로 만족시키지 못하여 갭이 존재한다면 이는 어떤 기업의 기회가 될 수 있다. 반면 경쟁기업이 다양한 서비스를 제공함으로써 고객의 욕구를 더 잘 충족시킨다면 이는 그 기업의 위협이 될 수 있다.

외적 환경은 계속 변화하기 때문에 변화의 추세나 패턴을 감시할 필요가 있다. 즉 고객의 욕구변화와 경쟁기업의 이러한 욕구충족 방식 등 시장의 추세를 분석해야 한다.

시장에서의 다른 한 형태의 추세는 scanner, 전자구매, 전자주문추적 등 기술사용의 변화이고 최근 급속도로 성장추세에 있는 전자 상거래이다. 기업은 Internet을 통하여 제품이나 서비스의 판매와 구매와 같은 상거래를 수행한다.

시장추세(marketplace trends) 외에 경제적·정치적·사회적·기술적 요인에 대한 환경정사도 실시해야 한다.

- 경제적 요인 : 침체, 인플레이션, 이자율, 고용수준, 세법, 관세, 환율, 무역장벽, FTA 체결
- 정치적 요인 : 정치적 안정, 노동정책
- 사회적 요인 : 소비생활의 태도, 여성의 지위 및 결혼에 대한 태도
- 기술적 요인 : 신상품 및 신프로세스
- 시장요인 : 고객욕구, 시장장벽, 제품의 비용구조, 성장잠재력
- 공중 : 투자자, 대출자, 은행, 공급업자, 고객, 경쟁기업

기업은 기회와 위협을 평가하기 위하여 외적 환경을 정사하는 반면 기업 내의 강점(strengths)과 약점(weaknesses)을 평가하기 위하여 내적 환경을 정사한다.

평가할 내적 환경은 다음과 같다.

- 시장이해와 마케팅 능력
- 현존제품
- 유통시스템
- 공급업자 및 그와의 관계
- 인적자원 – 경영능력, 작업자 기술 및 사기
- 자연자원의 소유
- 시설, 장비, 프로세스 및 입지
- 특수한 기술
- 특허

• 재무구조

　비즈니스 전략을 수립하는 과정에서 위협(T), 기회(O), 약점(W), 강점(S) 등 SWOT분석이 이루어져야 한다. 환경정사의 결과 기업이 직면하는 위협과 기회는 무엇인가? 그리고 내적 환경의 분석결과 기업의 약점과 강점은 무엇인가?를 면밀히 검토하여 회사의 강점과 짝을 이루는 기회를 살리도록 해야 한다. 기회를 최대화하고 위협을 최소화하도록 자원을 효율적으로 사용해야 한다.

　이러한 환경적 변수를 모두 평가한 후에는 시장에서의 경쟁우위를 확보할 전략적 및 전술적 의사결정을 통하여 기업 자신의 위치를 설정한다. 전략개발은 환경에 있어서의 기회를 포착하고, 이러한 기회를 현실화시킬 수 있는 합당한 차별적인 능력을 발굴하는 것이다. 그런데 이러한 환경은 자주 변화하고 경쟁적 반응이 달라지기 때문에 전략개발은 계속적 활동이라 할 수 있다.

2.3　생산 · 운영전략의 개념

　비즈니스 전략은 개별 기업(사업단위)이 나아가야 할 전반적인 방향을 제시하는데 구체적으로 마케팅전략, 생산 · 운영전략, 재무/회계전략, 인적자원전략, MIS전략 등 기능전략을 수립할 기초를 제공한다. 이와 같이 생산 · 운영전략은 Porter가 말한 위의 세 가지 비즈니스 전략에 따라 달리 결정된다. 그런데 생산 · 운영전략 및 공급사슬 전략은 특정 제품을 생산하는 데 필요한 제조 또는 서비스 프로세스는 무엇이고 공급업자들은 어떻게 선정하고 평가하며 제품은 어떻게 배송할 것인가 등을 결정한다.

　생산 · 운영기능은 이러한 과정에서 원가, 품질, 그리고 제품공급에 중요한 영향을 미친다. 생산 · 운영기능상의 강점과 약점은 비즈니스 전략의 성공에 막대한 영향을 미칠 수 있다. 생산 · 운영기능은 기업의 경쟁전략 수립의 기초를 제공한다. 그러므로 생산 · 운영부서의 능력이 비즈니스 전략 수립 시에 면밀히 고려되어야 하고, 일단 비즈니스 전략이 수립되면 생산 · 운영전략 결정은 이 비즈니스 전략 및 다른 기능전략과 일관성을 가져야 한다.

　그러면 생산 · 운영전략은 구체적으로 어떻게 정의할 수 있는가? 생산 · 운영전략(operations strategy)이란 기업전략 또는 비즈니스 전략이 추구하는 경쟁우위를 지원하는 하위전략으로서 기업 또는 비즈니스의 경쟁우위를 확보하기 위하여 다른 기능전략과 연계하여 생산·운영기능의 설계, 관리, 의사결정에서 전반적인 방향을 설정하는 비전이라고 말할 수 있다. 생산·운영전략의 수립으로 생산·운영부서에서의 의사결정 시에 일관된 패턴이 가능하고, 그 기업의 경쟁우위를 확보할 수 있는 것이다.

생산·운영전략은 가용시설의 입지, 규모, 형태, 작업자에게 필요한 기술과 재능, 기술의 사용, 필요한 특수 프로세스와 장비, 품질관리방법 등과 관련을 갖는다.

Schroeder 등은 운영전략은 사명(mission) 또는 목적, 차별적 능력, 목표, 그리고 전략적 결정으로 구성되어 있다고 주장한다.[3]

이러한 네 개의 구성요소는 생산·운영기능이 어떠한 목적을 가지며 이러한 목적을 달성하기 위해서는 어떻게 해야 하는지를 제시한다.

2.4 생산 · 운영전략의 수립

생산·운영전략은 기업전략과 비즈니스 전략을 지원하기 위하여 그의 사명을 결정하고 이를 달성하기 위하여 수립되는 기능전략이다. 생산·운영전략이 수립되면 생산·운영결정은 이에 일치하도록 이루어져야 한다. 또한 생산·운영전략은 마케팅전략과 재무전략의 연계하에서 수립되어야 하고 의사결정이 이루어져야 한다. [그림 2-3]은 이러한 관계를 나타내고 있다.

1. 생산 · 운영의 사명

생산·운영전략의 네 요소 가운데 첫째는 생산·운영의 사명(operations mission)인데, 이는 비즈니스 전략과 다른 기능전략에 관련지어 생산·운영기능의 목적

3 R. G. Schroeder, J. C. Anderson and G. Cleveland, "The Content of Manufacturing Strategy: An Empirical Study," *Journal of Operations Management*(August 1986), pp. 405~416.

그림 2-3　생산·운영전략 수립과정

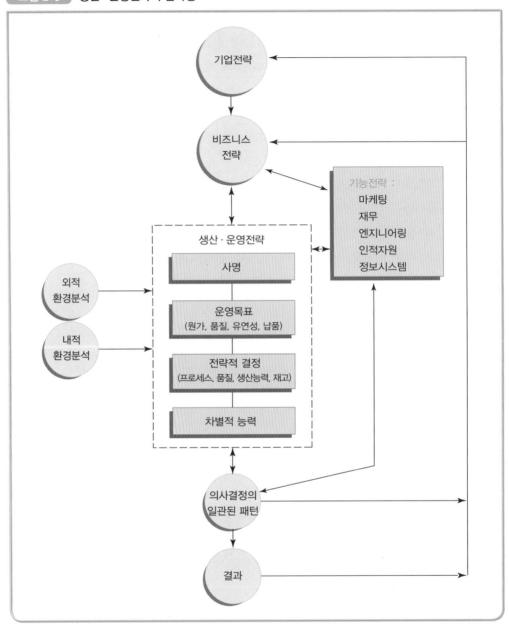

자료 : R. Schroeder, S. Goldstein & M. Rungtusanatham, *Operations Management in the Supply Chain*, 6th ed.(McGraw-Hill, 2013), p. 25.

을 정의하는 것이다. 각 기능부문은 그의 사명을 갖는데, 이는 기업의 전체적 인 사명을 달성하는 데에 도움이 되어야 한다. 예를 들어 만일 비즈니스 전략 이 제품 리더십이라면 생산·운영의 사명은 신제품 개발과 시장수요의 변화에 신속히 대응할 제품의 유연성을 강조하는 내용이어야 한다. 비즈니스 전략에 따라 생산·운영의 사명은 저가라든지 신속한 배송이 될 수도 있다. 이와 같이 생산·운영의 사명에서는 생산·운영관리의 5대 목표인 비용, 품질, 시간, 유연성, 이노베이션 간의 상대적 우선순위가 명시되어야 한다.

세계적인 배송 서비스업체인 미국 FedEx의 비즈니스 전략은 배달품의 속달과 신뢰성인데 속달을 위한 생산·운영전략은 그의 비행대(fleet of airplanes)를 구입하는 것이었고, 신뢰성을 위해서는 모든 짐을 추적할 정교한 바코드(bar code) 기술에 투자하는 것이었다.

이와 같이 생산·운영의 사명은 비즈니스 단위가 수립한 특정 비즈니스 전략의 내용과 일관성이 있어야 한다. 따라서 생산·운영의 사명이란 비즈니스 전략을 생산·운영의 용어로 다시 표현한 것이다.

2. 생산·운영의 목표

비즈니스 전략이 수립되면 경쟁우위를 지원할 생산·운영전략을 수립한다. 생산·운영전략은 기업에 경쟁우위를 제공할 생산·운영의 특정 경쟁능력(competitive capabilities)에 중점을 두어야 한다. 예를 들면 어떤 기업은 비즈니스 전략에 맞추어 값싸고 품질 좋은 제품이나 서비스를 제공하는 능력을 중시할 것이고, 다른 기업은 경쟁기업보다 신속하게 납품한다든지 신제품을 빨리 시장에 출하하는 능력을 중시할 수 있다. 이들 능력들은 고객이 제품이나 서비스로부터 원하는 것이므로 시장점유를 위한 경쟁도구로 사용할 수 있다.

이러한 경쟁능력은 제1장에서 공부한 바와 같이 비용, 품질, 시간, 유연성 등인데 이를 생산·운영 목표(operations objective)라고 한다. 이 외에도 이노베이션이나 안전도 목표가 될 수 있다. 그런데 이들은 기업의 경쟁력을 결정하는 요소이다.

이러한 목표는 생산·운영의 사명을 계량적이고 측정가능한 용어로 표현한 것이다. 여기서 목표라고 하는 것은 생산·운영부서에서 전략적으로 보통 5~10년까지의 장기에 달성하리라고 예상하는 결과를 말한다. 전형적인 제조회사의 생산·운영 목표의 한 예는 [표 2-1]에서 보는 바와 같다.

생산·운영의 목표는 기업이 이러한 목표를 가지고 경쟁하지만 비즈니스 전략에 따라 우선순위를 부여하고 추구하기 때문에 경쟁 우선순위(competitive priorities)라고도 한다. 경쟁 우선순위에 관한 이론은 다음 절에서 설명할 것이다.

표 2-1 전형적인 생산·운영관리 목표

		금년	목표: 5년 뒤	현재: 세계적 경쟁자
비용	매출액에 대한 제조원가의 비율	55%	52%	50%
	재고회전율	4.1	5.2	5.0
품질	고객만족도(제품만족률)	85%	99%	95%
	폐기물 및 재작업률	3%	1%	1%
	매출액에 대한 보증비용의 비율	1%	0.5%	1%
납기준수 (시간)	재고로 충당한 주문의 비율	90%	95%	95%
	재고보전기간	3주	1주	3주
유연성	신상품 도입기간	10개월	6개월	8개월
	생산능력 20% 증설기간	3개월	3개월	3개월

자료 : Roger G. Schroeder, 전게서, p. 28.

3. 전략적 결정

생산·운영의 목표가 설정되면 이들을 달성하기 위한 전략적 결정이 이루어져야 한다. 전략적 결정은 프로세스, 품질, 생산능력, 재고와 같은 중요한 의사결정 분야에 대해서 일관된 패턴을 가지고 이루어져야 한다. 물론 이러한 결정은 다른 기능분야에서의 결정과 보조를 맞추어야 한다. 이는 사실 달성하기 어려운 일이지만 이는 일관된 생산·운영전략이 필요한 이유이기도 하다.

[표 2-2]는 생산·운영분야에서 이루어지는 전략적 결정의 예를 보여 주

표 2-2 전략적 결정의 예

전략적 결정	결정유형	전략적 선택
프로세스	프로세스의 범위	자가제조 또는 외주
	자동화	수작업 혹은 기계작업
		신축적 혹은 고정형 자동화
	프로세스 흐름	프로젝트, 배취생산 혹은 계속생산
품질	접근방법	예방 혹은 검사
	공급업자	품질본위 혹은 가격본위
	훈련	기술적 훈련 혹은 관리적 훈련
생산능력	시설규모	단일 대규모 시설 혹은 다수의 소규모 시설
	입지	시장부근 혹은 외국
	투자	영구적 혹은 일시적
재고	수량	많은 혹은 적은 재고
	유통	집중된 혹은 분산된 창고
	관리시스템	대량 혹은 소량의 관리

고 있다. 이 표를 보면 어떤 결정을 위해서는 절충이 이루어지거나 선택이 요구되는 경우가 있다. 예를 들면 생산능력 분야에서 한 번에 큰 시설을 설립할 것인가 아니면 조그만 시설을 여러 시장에 설립할 것인가를 선택하여야 한다. 이와 같이 전략적 결정은 생산·운영의 목표, 자본의 보유, 마케팅 목표 등에 따라서 이루어진다.

4. 차별적 능력

핵심역량(core competence), 즉 차별적 능력(distinctive capability)이란 생산·운영분야에서 경쟁자보다 아주 우수한, 경쟁자가 모방이나 복사하기 어려운 어떤 독특한 특성이나 능력을 보유하여 차별화하려는 것을 의미한다. 차별적 능력은 기업이 지속적인 경쟁우위를 확보하기 위하여 필요한 것이기 때문에 비즈니스 전략 및 생산·운영전략의 핵심이라고 할 수 있다. 차별적 능력은 생산·운영의 사명과 부합해야 한다. 만약 생산·운영의 사명에서 신속한 신제품개발이 강조되면 생산·운영전략은 이에 맞는 차별적 능력을 개발해야 한다. 즉 생산·운영전략은 기업에 경쟁우위를 가져다 줄 생산·운영의 사명은 물론 다른 기능분야와도 부합되는 특정 능력에 집중해야 한다.

차별적 능력은 여러 가지 형태를 취할 수 있고 시간이 흐름에 따라 변경한다. 예를 들면 가장 저렴한 비용/가격, 최고급의 품질, 가장 빠른 납품, 가장 빠른 유연성, 유연하고 잘 훈련된 노동력, 자본조달능력, 위치가 좋고 생산량을 쉽게 변경할 수 있는 유연한 시설, 특허받은 프로세스 또는 장비, 혁신적인 설계 등으로 경쟁제품과 차별화할 수 있는 것이다. 그러나 경쟁자에 비해 우수한 신제품개발 프로세스나 기술(예컨대 정보기술, 생산기술, 품질관리 기법)을 보유하거나 원자재의 공급을 독점하는 경우에는 자원으로 차별화할 수 있는 것이다. 이와 같이 차별적 능력은 고객욕구에 부합하는 경험, 지식, 노하우 등에 기초하여 지속적 경쟁우위를 초래한다.

차별적 능력은 공급사슬 전략에서도 중요한 역할을 수행한다. 예를 들면 미국의 하드웨어 소매업자인 Lowe는 공급업자와 소매점 사이의 적송품을 조정하기 위하여 거대한 지역 유통센터를 운영한다. 유통센터는 공급업자로부터 대량으로 제품을 공급받아 수송비와 제품가격을 절감하는 전략을 구사한다.

회사는 정보시스템을 활용하여 공급업자로부터 들어오는 적송품과 개인 소매점으로 나가는 적송품을 조정한다. 한편 들어오는 적송품의 반절 정도는 바로 소매점으로 보내기 위해 다른 트럭에 실어 출발한다. 이런 결과 Lowe는 운송비를 절감할 수 있고 Lowe와 소매점은 재고비용을 절감할 이점을 갖는다.

　기업이 이러한 고유한 능력을 보유할 수 없으면 시장에서 고객을 상실하게 되지만, 몇 가지 분야에서 핵심역량을 갖게 되면 시장에서의 경쟁우위를 확보할 수 있기 때문에 생산·운영관리의 목적은 고객욕구에 부합하는 특색 있는 능력을 지속적으로 개발하는 것이다. 이러한 독특한 핵심능력이나 강점을 살리는 생산·운영전략을 수립할 때 기업은 성공할 수 있다. 이와 같이 기업은 핵심능력에 주력하고 비핵심능력은 아웃소싱하는 것이 오늘날 추세이다.

　차별적 능력은 생산·운영의 사명과 연관이 있어야 한다. Wal-Mart의 사명은 싸구려 소매점이 되는 것이다. 회사는 출하비용을 절감하기 위하여 크로스 도킹(cross docking)시스템을 개발하였는데 이는 제품을 실은 공급업자의 트럭이 도착하면 창고에 넣지 않고 기다리고 있는 Wal-Mart의 트럭에 바로 옮기는 시스템이다. 또한 Wal-Mart는 정교한 재고관리시스템을 보유하여 재고수준을 최저로 낮춤으로써 저가경쟁이 가능한 것이다.

　한 기업의 핵심역량이 고객에 별로 중요치 않다고 생각된다면 그 기업은 고객을 상실하기 때문에 고객의 구매결정에 영향을 미치는 것이 무엇인지 아는 것은 아주 중요하다. T. Hill이 말한 생산·운영전략과 마케팅전략의 연계 필요성이 바로 이것이다.

5. 의사결정과 결과

　생산·운영전략이 수립된 이후에는 이를 실행하기 위하여 중·하위관리층은 일관된 단기적 의사결정을 내리게 된다. 이러한 결정은 프로세스, 품질, 생산능력, 재고 등 생산·운영의 중요한 네 부문에 관한 것이다. 예를 들면 특정 공급업자의 선정, 특정 부품의 재고수준 결정, 채용대상자의 선정, 예산규모의 설정, 중간목표의 결정 등이다.

　결과(results)는 전략이나 의사결정이 제대로 작용하고 있는가를 판단하기 위하여 원가, 품질, 납품 또는 유연성에 대해 목표와 같은 용어로 측정한다. 결과 측정치는 피드백 정보로서 필요에 따라 전략이나 정책을 재고하는 데 사용된다.

2.5 경쟁 우선순위의 절충관계

1. 절충이론

위에서 설명한 생산·운영관리의 여러 목표들의 관계는 어떠한가? 이러한 경쟁능력을 동시에 모두 추구할 수 있는가? 가장 이상적인 생산활동은 저가, 고품질, 빠른 납품 및 높은 유연성을 동시에 달성하려는 것이다. 왜냐하면 이들은 기업의 경쟁우위를 향상시키는 기본적인 요소이기 때문이다. 그러나 일반적으로 한 제품이나 서비스에 대하여 네 가지 생산목표를 모두 동시에 최적화하기는 어렵다고 할 수 있다. 왜냐하면 이러한 목표들은 서로 충돌하는 경우가 있기 때문이다. 따라서 기업에서는 특정 우선순위에 집중하게 되고 이에 많은 자원을 투입하게 된다. 생산·운영전략은 비즈니스 전략을 지원하는 우선순위에 초점을 맞추어야 한다. 이렇게 하면 기업의 목표고객에 가장 큰 가치를 부여하게 된다.

이와 같이 모든 목표를 한 제품이나 서비스에 대하여 동시에 최적화할 수가 없기 때문에 제품에 따라서는 적어도 단기적으로는 비즈니스 전략에 따라 이러한 목표들의 절충(trade-off) 또는 상대적 우선순위를 결정하는 것이 전통적 관행이었다.

우리나라에서 운항하는 저가 항공사들은 몇몇 전략을 절충해 사용하고 있다.

- 비행사 훈련비와 수리비를 절약하기 위하여 한 가지 모델의 비행기만 띄운다.
- 착륙비를 줄이기 위하여 중·소 도시의 공항 사이만 운행한다.
- 음식을 제공하지 않으며 Internet을 통해서만 예약을 받고 일등석을 제공하지 않아 비용을 줄이고 고객의 탑승시간을 단축한다.

그러나 근래에는 첨단생산기술과 정보기술의 발달로 경쟁적 우선순위 사이의 절충보다는 이들의 몇몇을 동시에 달성하려는 노력이 가능하게 되었다. 예를 들면 일본의 가전제품과 자동차는 높은 품질과 낮은 원가를 동시에 달성하기도 한다. 즉 이들은 상충관계가 아니라 보완관계가 되고 있다. 한편 유연성과 반응성 및 원가절감을 동시에 추구하기도 한다.

2. 주문자격 특성과 주문승리 특성

기업에서 어떤 경쟁 우선순위에 집중할 것인가를 결정하는 데 도움이 되는 개념이 Terry Hill[4]이 개발한 주문자격 특성과 주문승리 특성의 구분이다.

주문자격(order qualify) 특성이란 기업이 특정 시장에서 경쟁 사업을 하기를 원한다면 최소한 충족시켜야 하는 경쟁 우선순위를 뜻한다. 즉 고객이 이 정도면 구매해도 될 자격이 있다고 생각하는 제품이나 서비스의 최소 한도의 특성(characteristics), 또는 기준을 말한다. 이는 시장에 진입하는 필수자격조건이다. 그러나 이는 잠재고객으로 하여금 실제 구매토록 하는 데는 충분치 않다.

한편 주문승리(order winner) 특성이란 시장에서 경쟁제품보다 차별화되었다고 생각되어 고객으로부터 실제로 주문을 획득하는 제품이나 서비스의 우선순위, 즉 수주요인을 말한다. 이는 시장에 진입하는 충분조건이다. 예컨대 휴대폰을 구매할 때 고객은 우선 가격범위를 정하고 이 가격범위 안에 드는 제품들 가운데서 어떤 특색 있는 성능을 가진 제품을 골라 구매하게 된다면 이때 가격은 주문자격 특성이고 품질은 주문승리 특성이다. 주문자격 특성과 주문승리 특성의 차이는 [그림 2-4]에서 보는 바와 같다.

특정 시장에서 자기 회사 제품에 대한 주문자격 특성과 주문승리 특성을 안다는 것은 옳은 경쟁 우선순위에 집중하는 데 아주 중요하다. 그런데 주문자격 특성과 주문승리 특성은 기업의 비즈니스 전략에 맞추어 결정된다. 예를 들

그림 2-4   **주문자격 특성과 주문승리 특성**

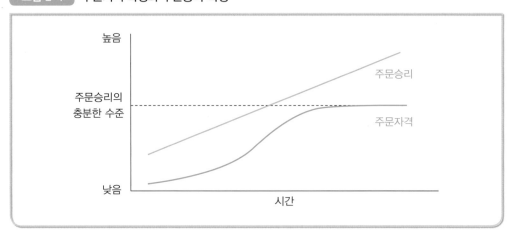

---

4   Terry Hill, *Manufacturing Strategy*(Palgrave, N.Y., 2000).

면 비즈니스 전략이 성숙하고 가격에 예민한 시장에서 표준품을 판매하는 제품모방전략(product imitator strategy)일 경우 비용/가격이 지배적인 주문승리 특성이 되고 나머지인 유연성, 품질, 배송은 주문자격 특성이 된다. 이들 주문자격 특성은 주문을 잃지 않고 받을 수 있는 최소 한도의 수준을 유지하면 된다. 한편, 비즈니스 전략이 신상품을 도입하는 제품 혁신전략(product innovation strategy)일 경우 주문승리 특성은 고급 제품을 빨리 효과적으로 도입할 수 있는 유연성이 된다. 따라서 비용, 품질, 배송은 주문자격 특성이 된다.

주문자격 특성과 주문승리 특성은 시장에 따라 또는 시간의 흐름에 따라 핵심역량이 바뀌듯 발전한다. 주문자격 특성이었던 특성이 주문승리 특성이 되고, 반대로 주문승리 특성이 주문자격 특성으로 바뀐다. 예를 들면 1970년대 전까지 미국 자동차산업에서 주문승리 기준은 가격이었는데 그 후 일본 자동차 제조업자들이 적정가격으로 품질을 내세워 시장을 잠식하기 시작하였다. 이에 따라 품질이 새로운 주문승리 특성이 되고 가격은 주문자격 특성으로 바뀌었다. 그러자 1980년대에는 미국의 자동차 제조업자들이 품질수준을 향상시켜 일본 자동차와 경쟁할 수 있게 되었다. 따라서 자동차 판매에서 품질은 이제 주문자격 특성이 되었다. 이와 같이 시간이 지남에 따라 주문승리 특성은 고객들이 이를 기대하기 시작하기 때문에 결국 주문자격 특성으로 바뀌기 때문에 계속해서 주문승리 특성을 혁신하고 향상시키려는 노력을 게을리 해서는 안된다.

기업은 자기 제품의 주문자격 특성과 주문승리 특성을 결정하고 각 특성의 상대적 중요성도 평가해야 한다. 마케팅부서가 이러한 결정을 내리고 생산·운영부서와 커뮤니케이션해야 한다. 다시 말하면 마케팅전략과 생산·운영전략은 서로 연계되어야 한다.

3. 샌드콘 이론

경쟁 우선순위들 간의 관계에 대해서 지금까지 특정 경쟁 우선순위에 집중하기 위해서는 다른 경쟁 우선순위를 희생해야 한다는 절충관계이론과, 시장에 참여하기 위해 필수조건으로 갖추어야 하는 경쟁 우선순위와 경쟁우위에 필요한 부차적인 경쟁 우선순위가 존재한다고 보는 주문자격 특성 – 주문승리 특성 이론을 설명하였다.

단일한 차원의 경쟁 우선순위만을 중점적으로 추구하는 절충관계이론에

도전하여 품질, 배송, 신뢰성, 생산 스피드, 유연성 등 성과목표는 일정한 순서로 차례차례 쌓아져야 한다는 샌드콘 이론(sand cone theory)을 Ferdows 등이 발표하였다. 샌드콘 이론은 품질이 최우선하지 않고는 원가, 납기, 유연성, 서비스 등은 경쟁무기가 될 수 없다는 이론이다. 즉 품질의 기초 없이 납기나 원가만으로 경쟁력을 높일 수 없다는 것이다.

그들은 이들 차원의 향상은 나아가 비용이라는 성과목표의 향상을 마지막에 초래한다고 주장하였다.

한편 그들은 핵심적인 경쟁능력을 우선해서 순서대로 누적적으로 개발해가는 노력이 효과적이라는 누적이론(cumulative theory)을 제안하였다.

향상을 위한 누적이론의 출발은 품질의 향상이고 이것이 어느 정도 달성되면 품질과 신뢰성(납기)을 동시에 향상시키려는 노력이 필요하다. 품질, 신뢰성, 스피드, 유연성을 순서대로 누적하여 향상시키면 결국 마지막에 비용을 단축시키려는 노력을 하게 된다. 향상을 위한 순서는 다음과 같다.

- 품질
- 품질＋신뢰성
- 품질＋신뢰성＋스피드
- 품질＋신뢰성＋스피드＋유연성

그림 2-5 샌드콘 모델

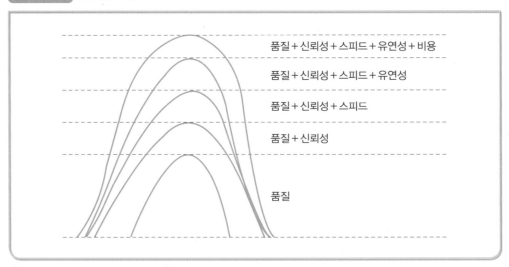

품질＋신뢰성＋스피드＋유연성＋비용

품질＋신뢰성＋스피드＋유연성

품질＋신뢰성＋스피드

품질＋신뢰성

품질

자료 : K. Ferdows and De Meyer, "Lasting Improvements in Manufacturing Performance: In Search of a New Theory," *Journal of Operations Management*, 9(1990): pp. 168~184.

• 품질＋신뢰성＋스피드＋유연성＋비용

이상에서 설명한 샌드콘 모델은 [그림 2-5]에서 보는 바와 같다.

2.6 글로벌 전략

우리는 제1장에서 세계는 하나의 지구촌이 되고 많은 산업에서의 경쟁은 날로 치열해짐에 따라 생존을 위해 기업들은 글로벌 경영을 선택하고 있음을 공부하였다.

오늘날 범세계적인 통신시설과 교통수단의 발달로 소비자 수요는 더욱 균질화되고 있다. 음료수, TV, 은행, 관광, 자동차, 오토바이, 농기계, 도구 등 수많은 제품과 서비스가 글로벌 성격을 띠고 있다.

공급사슬은 사람의 재능, 저렴한 노동력, 원자재와 같은 독특한 자원을 갖는 외국에 시설을 설치함으로써 향상된다. 이러한 글로벌화는 새로운 시장에 침투하여 제품을 판매하고 원자재나 부품을 저렴한 가격으로 획득할 기회를 제공한다. 그러나 한편으로 글로벌화는 복잡성, 위험, 경쟁의 심화 등을 초래한다.

따라서 기업이 경영전략을 수립할 때 경영의 글로벌화도 고려해야 한다. 오늘날 많은 기업에서는 글로벌 전략(global strategy)도 함께 수립한다. 글로벌 전략이란 전통적인 국경을 넘어 외국시장에 진출하기 위하여 시설이나 공장을 건설하는 것, 외국기업으로부터 부품 또는 서비스를 구입하는 것, 외국 경쟁자로부터의 위협에 대처하는 것 등을 의미한다.

사실 운영의 글로벌화로 원자재나 부품을 공급해 줄 업자와 새로운 시장, 고객의 탄생이 가능하여 이는 새로운 공급사슬의 확대를 의미한다.

글로벌 전략을 수립하기 위해서는 글로벌 핵심역량, 사명, 목표, 정책 등을 개발해야 한다. 제품설계, 프로세스 설계, 시설입지, 노동력 정책 등 생산·운영 및 공급사슬 분야에 있어서의 모든 결정이 글로벌 전략에 걸맞게 이루어져야 한다. 해외로 진출한다는 것은 공급사슬의 설계에 있어서 내리는 중요한 결정이다. 왜냐하면 이는 기업의 핵심 프로세스를 지원함에 있어 자재, 정보, 근로자의 흐름에 영향을 미치기 때문이다.

1. 전략적 제휴

기업이 외국시장에 진출하는 방법은 직접 공장이나 시설을 건설하는 방법 외에 그 나라 기업과 전략적 제휴(strategic alliance)관계를 체결하는 것이다.

전략적 제휴는 다음과 같은 형태를 취한다.

- 공동노력
- 조인트 벤처
- 기술의 라이선싱

공동노력(collaborative effort)은 한 기업이 핵심능력을 가지고 있고 다른 기업이 이를 필요로 하지만 복사할 수 없는 경우에 두 기업의 상호 이익을 위하여 진행된다. 이러한 제휴는 구매자와 공급업자 사이에서 흔히 있는 것이다. 예를 들면 Kodak은 IBM과 협약에 의하여 그의 정보시스템을 이용할 수 있다.

조인트 벤처(joint venture)란 두 기업이 공동으로 제품이나 서비스를 생산하기로 합작하는 것을 말한다. 이러한 방법은 외국시장에 침투하고자 할 때 사용된다. 외국기업은 제품이나 서비스를 생산하는 데 필요한 기술과 지식을 공급하고 국내기업은 노동력을 제공한다. 이러한 기술이전은 특히 극동에서 사업을 하고자 하는 경우에 필요하다. 예를 들면 Motorola, Xerox, Ericsson 등은 중국에서 조인트 벤처에 적극 참여하고 있다.

기술 라이선싱(licencing of technology)은 한 기업이 그의 제품생산 권한을 다른 기업에 허용하는 것을 말한다. 이러한 방법은 외국시장에 침투하기 위하여 사용된다. 예를 들면 오늘날 팔리고 있는 모든 레이저 프린터(laser printer)의 84%는 Canon으로부터 면허를 받은 프린트-엔진 기술을 사용하고 있다.

2. 글로벌 전략의 중요성

기업경영이 국내로부터 국제경영의 형태로 변화해 가는 이유는 여러 가지이다.

첫째, 비용이 감축된다. 임금이 낮은 외국으로의 공장진출은 직·간접비의 절감에 도움이 된다. 환경, 보건, 안전 등에 대한 정부의 규제가 덜 엄격한 나라에서는 비용을 절감할 수 있다.

WTO, NAFTA, 한·미, 한·EU, 한·칠레, 한·인도, 한·페루, 한·중 FTA

등 52여 개국과 맺은 무역협정으로 무역장벽이 무너져 관세를 절감하고 외국에서 공장을 운영하는 비용을 절감할 수 있다.

둘째, 공급사슬을 향상시킬 수 있다. 공급사슬은 자원이 고유한 나라에 시설이 입지함으로써 가능하다. 이러한 자원은 전문지식, 노동, 원자재를 의미한다.

셋째, 더 좋은 제품과 서비스를 공급할 수 있다. 외국의 고객에 접근함으로써 고객의 변화하는 제품욕구를 만족시키는 데 빨리 반응할 수 있다. 외국시장의 고유한 문화적 욕구를 만족시킬 제품과 서비스를 맞춤생산할 수 있다.

넷째, 제품의 수명주기(life cycle)를 연장할 수 있다. 국내에서는 제품의 수명주기가 성숙기에 접어든 제품이 외국에서는 도입기에 들어가는 경우가 있다. 예를 들면 PC의 경우 한국 시장은 성숙기에 접어들었지만 미얀마, 방글라데시, 베트남 등과 같은 개발도상국가에서는 이제 도입기에 들어가고 있다.

다섯째, 외국기업과 합작함으로써 기업경영을 향상시킬 수 있다. 미국의 GM은 일본 기업과 캘리포니아에 합작으로 공장을 설립하여 일본의 전문가들로부터 생산 및 재고관리 기법을 배우게 되었다.

3. 문화와 윤리의 영향

글로벌 운영에서 가장 큰 도전의 하나는 사회적·문화적 차이를 조정하는 것이다. 한 나라에서의 특정 문화는 그 나라에서는 별로 문제가 없지만 다른 나라에서는 받아들일 수 없는 경우가 있다. 이때 문화와 사회적 배경이 다른 사람들과 함께 일을 하게 되면 어떻게 행동해야 할지 난감한 경우가 있을 수 있다. 커뮤니케이션이 어렵고 협상이 쉽지 않다. 개인적 관계를 맺는 데 시간이 소요된다.

종업원이나 공급업자의 시간엄수가 생활화되지 않은 나라에서는 생산과 납품 스케줄을 준비하는 데 어려움이 많다. 또한 많은 국가에서 일상화된 긴 점심시간은 세 교대제를 해야 하는 경우에 문제가 아닐 수 없다.

윤리문제도 발생할 수 있다. 뇌물은 비윤리적이요, 불법적이지만 아랍국가, 남미, 동남아 국가에서는 뇌물이 없이는 글로벌 경영이 쉽지 않는 경우가 있다. 이에 따라 글로벌 경영에서 취해야 할 윤리행위를 규정하는 국제법이나 협정들이 적용되고 있다.

예를 들면 WTO는 비윤리적 행위를 자행하는 외국기업으로부터 정부와 산업을 보호하기 위한 조치를 통일시키고 있다. 뇌물이나 지적재산권의 보호와 같은 문화적 차이가 심한 문제에 대한 글로벌 통일성이 많은 국가에 의해 점차 받아들여지고 있다.

2.7　생산·운영전략과 공급사슬 전략

우리는 제1장에서 생산·운영관리와 공급사슬관리에 대해서 공부하여 왔다. 그러면 두 개념의 관계는 어떠한가? 두 정의 사이에는 겹치는 부분이 상당히 많다. 생산·운영관리는 한 기업의 시스템 설계, 공급, 생산, 배송과 같은 프로세스들을 관리하는 데 중점을 두고, 공급사슬관리는 공급사슬 파트너 사이의 관계와 이들 사이의 흐름(자재, 정보, 에너지, 돈, 사람)을 관리하는 데 중점을 둔다. 공급사슬은 생산·운영관리 활동이 수행되는 기업들의 네트워크라고 생각할 수 있다.

생산·운영관리와 공급사슬관리가 밀접한 관계를 맺고 있듯 생산·운영전략과 공급사슬 전략(supply chain strategy)도 밀접한 관계를 맺고 있다. 즉 공급사슬 전략은 생산·운영전략의 확대된 개념으로서 기업의 생산·운영전략이 수립되면 이에 조화를 이루어 공급사슬 전략도 수립되어야 한다.

본절에서는 기업이 생산하는 제품이 모방제품인가 또는 혁신제품인가에 따라 공급사슬 전략이 어떻게 수립되어야 하는가와 기업이 비용으로 경쟁하는지 또는 품질로 경쟁하는지 등 경쟁 우선순위를 결정하면 이에 따라 공급사슬 전략을 어떻게 수립해야 하는지를 설명할 것이다. 한편 제9장에서는 공급사슬을 구성하는 파트너들의 결정에 관한 전략을 공부할 것이다.

1. 제품의 형태에 따른 공급사슬 전략

기업의 생산·운영전략은 공급사슬 전략으로 확대할 수 있다. 오늘날 어떤 기업도 다른 기업과 경쟁하는 것이 아니고 대신 그들이 속한 전체 공급사슬끼리 서로 경쟁한다. 공급사슬은 제품이나 서비스를 생산하는 데 관련된 기업들의 운영 네트워크이기 때문에 공급사슬 전략은 기업의 생산·운영전략은 물론 그 기업의 공급사슬을 이루는 공급업체라든지 유통업체 등 파트너들의 전략도 고려해야 한다. 이와 같이 한 기업의 공급사슬관리는 생산·운영전략보다 넓은 개념이다.

공급사슬 전략의 목적은 공급사슬 전체의 지속적인 경쟁우위를 달성하려 는 것이다. 이러한 경쟁우위를 확보하기 위해서는 생산·운영전략과 전략적 적 합성을 갖춘 공급사슬 전략의 채택이 필요하다. 예를 들면 공급사슬도 경쟁자 들이 모방할 수 없는 고유한 핵심역량을 보유해야 한다. 이 외에도 기업과 공 급사슬 파트너들은 사명이나 목표를 공유하여 지속적으로 공급사슬 전략을 함 께 실행해야 한다. 사실 한 기업이 공급사슬 전체를 통제할 수 없기 때문에 일 관성 있는 공급사슬 전략의 달성은 어렵다. 그렇지만 파트너 사이에 조정과 일 관성을 유지하지 못하는 공급사슬은 그렇게 하는 공급사슬과 경쟁조차 할 수 없는 것이다.

제품이 모방할 수 있는 제품인가 또는 모방할 수 없는 혁신제품인가에 따 라 공급사슬 전략도 다르다.[5] 즉 기업이 제공하는 제품의 특성에 맞는 최적의 공급사슬 전략의 수립이 요구된다. Fisher는 이러한 특성을 기업이 생산하는 제품의 수요측면에서 찾고자 하였다.

그에 의하면 제품은 수요측면의 특성에 따라 모방(기능적)제품과 혁신적 제품으로 구분할 수 있다.

모방제품은 안정적이고 수요예측이 가능하며 수명주기가 긴 특성을 가져 경쟁제품과 유사하므로 경쟁수단으로 효율성과 저가를 추구한다. 한편 혁신제 품은 예측이 어렵고 짧은 수명주기를 가지므로 경쟁수단으로 제품의 차별화를 추구하기 때문에 높은 가격을 책정할 수 있다. 이와 같이 서로 다른 수요 특성 을 갖는 제품을 생산하는 기업들은 이에 알맞은 공급사슬을 구축해야 한다. 즉 모방제품을 생산하는 기업은 수요예측이 가능하여 효율적이고 저가인 공급사 슬을 보유해야 하고, 혁신제품을 생산하는 기업은 수요예측이 어려워 이의 불 확실성을 타개하기 위해 신축적이고 빠른 공급사슬을 보유해야 한다. 즉 대응 성을 강조하는 공급사슬이어야 한다.

제품이 모방제품이냐 혁신제품이냐에 따라 공급사슬 전략의 목표도 다르다. 모방적 공급사슬은 수요예측이 가능하여 낮은 이익마진의 저가로 예측적 공급

---

5 Fisher, Marshall L., "What is the Right Supply Chain for your Product?," *Harvard Business Review*(March-April 1997), pp. 105~116.

을 목표로 하는 반면, 혁신적 공급사슬은 높은 이익마진의 고가로 품절이나 판매상실을 최소화하기 위해 불확실한 수요에 대한 빠른 대응을 목표로 한다.

2. 경쟁 우선순위에 따른 공급사슬 전략

기업이 생산·운영전략을 수립하면 이에 맞추어 구조(structure)와 하부구조(infrastructure)는 물론 공급사슬에도 직접적인 영향을 미친다. 여기에는 공급사슬의 길이 같은 설계라든가 공급사슬과의 관계 등을 포함한다. 기업이 비즈니스 전략을 수립하면 이에 맞추어 생산·운영전략을 수립하고 그 기업의 공급사슬도 이를 지원하도록 해야 한다.

우리는 지금까지 기업은 가격, 품질, 시간, 유연성 등 경쟁능력을 바탕으로 다른 기업과 경쟁한다고 공부하였다. 기업이 이 가운데 어느 것을 경쟁 우선순위로 삼느냐에 따라 기업이 관계를 맺는 공급사슬의 형태에 직접적인 영향을 미친다.

예를 들면 기업이 가격경쟁력을 우선하기로 비즈니스 전략을 수립한다면 그의 공급사슬은 이에 맞추기 위하여 파트너들 사이에 생산·운영기능의 조정·통합이 이룩되고 고도의 효율적인 운영방식을 갖추도록 해야 한다. 이는 공급사슬이 그 기업의 생산이나 물류에 따른 비용절감에 결정적 역할을 하기 때문이다. 따라서 그 기업은 고도의 품질을 보장하는 파트너보다 오히려 아주 값싼 자재를 공급하는 파트너로 공급사슬을 구성하도록 해야 한다.

만일 기업이 품질을 바탕으로 경쟁한다면 이에 맞추어 고도의 품질 좋은 자재를 공급하는 파트너들로 공급사슬을 구성해야 한다. 이러한 파트너들은 생산과정에 종합적 품질경영(total quality management) 시스템을 적용하고 수송이나 포장 등에 있어서도 품질 우선주의 사상으로 무장되어야 한다. 이와 같이 기업이 가격으로 경쟁하느냐 또는 품질을 바탕으로 경쟁하느냐에 따라 공급사슬의 여러 가지 측면에 변경이 이루어져야 한다.

1. 생산·운영전략을 경쟁무기로 인식하게 된 동기를 설명하라.

2. 기업에서 장기적 계획을 수립하는 이유는 무엇인가?

3. 전략의 개념을 설명하라.

4. 전략의 계층구조를 설명하라.

5. 기업전략과 비즈니스 전략을 수립할 때 고려하는 요소는 무엇인가?

6. 생산·운영전략의 개념과 수립과정을 설명하라.

7. 차별적 능력을 설명하라.

8. 생산·운영전략과 마케팅전략을 연계시켜야 하는 이유는 무엇인가?

9. 경쟁 우선순위의 관계를 논하는 이론들을 간단히 설명하라.

10. 글로벌 전략은 왜 수립하는가?

11. 공급사슬 전략과 생산·운영전략의 관계를 설명하라.

12. 공급사슬 전략의 유형을 설명하라.

13. ① 다음 그림은 산업용 화학약품을 판매하는 공급업자 A와 B에 대해 고객들이 고려하는 주문자격 특성(순도)과 주문승리 특성(배달 스피드, 가격, 주문량에 대한 유연성)을 나타낸 것이다. 고객의 입장에서 공급업자 A를 선택해야 하는가?

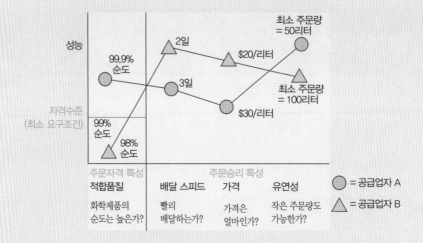

② 공급업자 B가 공급업자 A와 같도록 적합품질을 향상시킨다고 할 때 아직도 공급
업자 A를 선택해야 하는가?

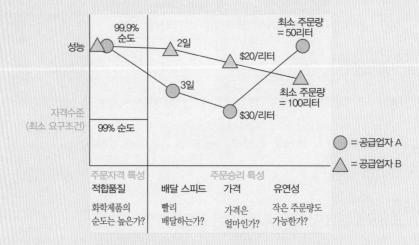

제2편

품질경영

제 3 장

품질경영

오늘날 우리는 국경 없는 무한경쟁의 시대에 살고 있다. 세계무역기구(World Trade Organization: WTO)의 발족 이후 새로운 무역질서가 형성되었고 국가간 또는 지역간 자유무역협정(Free Trade Agreement: FTA)이 체결되는 추세에 있다.

이러한 새로운 환경에서 국가간, 상품 및 서비스 간에 치열한 경쟁이 더욱 가속화되고 있다. 경쟁에서 기업이 생존할 수 있기 위해서는 경쟁무기(competitive weapon)를 보유해야 한다. 기업은 보통 가격, 시간, 기술, 서비스 또는 품질로 경쟁제품을 제압할 수 있는데 이 중에서 가장 강력한 것은 품질경쟁력과 가격경쟁력이다. 소비자들은 질 좋고 값싼 제품을 선호하기 때문이다.

기업의 경쟁적 위치에 영향을 미치는 비용(가격), 기술, 전문화, 상표, 유통채널, 시간 등의 요인은 적어도 형태는 모방이 가능하지만 품질은 모방이나 이전이 불가능하여 경쟁전략(competitive strategy)으로 사용할 수 있는 것이다. 즉 제품품질은 경쟁우위(competitive advantage)를 확보할 수 있는 유일한 원천이 된다. 특히 품질은 기업의 명성에 영향을 미치고 제품책임(product liability)에 대한 사회적 욕구가 증대하며 글로벌 시장에서 수출증대에 따라 국제수지와 수익성에 영향을 미치므로 오늘날 품질의 중요성은 더욱 강조된다.

그런데 품질이란 다른 기업의 제품품질에 대한 상대적 개념이므로 지속적인 품질개선(continuous quality improvement) 노력을 경주하는 기업만이 세계시장에서 고객만족과 판매량 증가를 통해 경쟁우위를 확보할 수 있는 것이다.

본장에서는 품질의 중요성, 품질의 정의, 품질관리의 역사, TQM의 요소, 품질비용, 품질관리 지도자들의 철학, ISO 9000:2000 시리즈 등을 공부하고 구체적인 프로세스에서의 품질관리 기법 등은 보론에서 공부할 것이다. 한편 기업의 고객욕구를 만족시키기 위해서는 공급사슬 내의 파트너, 특히 공급업자와 함께 효과적으로 품질경영을 해야 한다.

제품의 품질은 오늘날 생산자가 아니라 고객이 결정한다. 소비자의 입장에서 볼 때 품질은 가치(value)를 의미하기도 하고 용도에 대한 적합성(fitness for use)을 의미하기도 한다.

품질은 소비자(고객)들이 기꺼이 지불하고자 하는 가격으로 제품이나 서비스가 의도하는 목적을 여하히 잘 서비스하는가 하는 가치라고 정의할 수 있다.

한편 용도에 대한 적합성이란 소비자가 제품을 사용함으로써 만족과 혜택을 느끼고 그의 목적이 여하히 잘 달성되는가 하는 정도라고 할 수 있다. 용도에 대한 적합성은 Juran에 의하여 제안된 개념인데 이는 제품이나 서비스에 설계되어야 할 품질수준을 결정하는 추진력이 바로 소비자라는 점을 강조하고 있다. 그런데 소비자들은 서로 다른 욕구를 가지고 있기 때문에 품질기대도 서로 다르고 고객만족(customer satisfaction)도 다르다. 따라서 소비자의 관점에서 볼 때 품질과 고객만족도 고객에 따라서, 시간에 따라서 다른 주관적 개념이다.

용도에 대한 적합성은 소비자가 그의 필요성에 유익하다고 인식하는 제품의 특성(characteristics), 예컨대 길이, 무게, 강도, 점도(viscosity), 맛, 냄새, 미, 기호, 적시, 수명, 상태, 보증, 신뢰도, 유지가능성 등에 의하여 결정된다. 이는 품질의 소비자적 측면 나아가서 설계품질(quality of design)을 강조한다. 설계품질이란 제품이나 서비스에 품질특성이 설계되는 정도를 말한다.

생산자의 입장에서 볼 때 품질은 설계규격에의 적합(conformance to specification)이라고 정의할 수 있다. 고객의 욕구를 만족시키기 위해 사전에 정한 제품의 설계품질에 어느 정도 접근하는지의 정도로 품질의 성과를 측정함으로써 품질수준이 결정된다. 이와 같이 품질을 설계규격에의 적합품질(quality of conformance)로 정의하면 품질에 대한 주관적 요소는 제거되고 오로지 객관적이고 수량적으로 품질수준을 측정할 수 있게 된다.

고객의 입장에서 볼 때 제품품질의 중요한 고려사항은 가격이기 때문에 생산자의 입장에서는 적절한 비용으로 적합품질을 달성해야 하는 것이다. 제품비용은 중요한 설계규격이다. 제품의 품질특성이 주어졌을 때 고객이 기꺼이 지불하고자 하는 경쟁가격으로 생산할 수 있어야 한다. 이와 같이 제품설계에 포함되는 품질특성은 제품비용과 균형을 이루어야 한다.

그림 3-1 품질의 의미

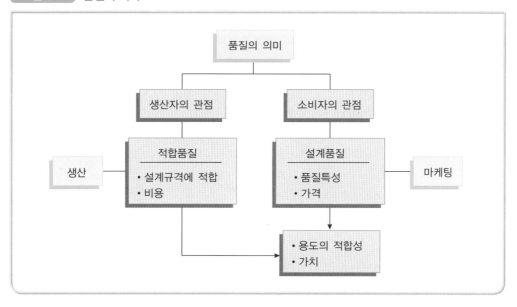

[그림 3-1]은 위의 두 관점이 상호의존되어 있음을 보여 주고 있다. 제품설계가 고객의 기대를 만족시키기 위해 결정되지만 이를 생산하는 프로세스의 조정과 참여를 고려하지 않으면 달성할 수 없다. 어떻게 생산할 것인가에 대한 고려 없이 제품이나 서비스를 설계하게 되면 생산 프로세스가 설계규격을 준수할 수 없든지 또는 이를 준수하려면 높은 비용이 수반되어 가격은 턱없이 높게 된다.

결론적으로 말하면 품질의 최종결정은 고객이 관점에 따라 달리 정의한다. 1980년대 이후 고객 중심의 경제로 옮겨 가면서 고객에 가치와 용도의 적합성을 제공함으로써 경쟁우위를 확보하는 수단으로 품질을 이용하게 되었다.

3.2 제품품질과 서비스품질

품질을 생각하는 하나의 방법은 제품이나 서비스의 어떤 성과가 고객의 기대를 충족시키는 정도를 평가하는 것이다. 만일 성과와 기대가 같으면 그들의 차이는 0이고 기대는 충족된 것이다. 그러나 성과가 기대에 못 미치면 기대는 충족되지 않는다. 반대로 성과가 기대를 넘치면 기대는 불만 없이 충족된다.

고객에 따라 제품 욕구와 필요조건이 다르기 때문에 고객들은 서로 다른 기대를 갖는다. 고객의 기대는 제품이나 서비스의 품질을 판단하기 위하여 사용하는 차원, 즉 범주로 분류할 수 있다. 이러한 분류는 기업이 고객의 기대를 충족시키려는 노력을 하는 데 도움이 된다.

Garvin은 제품품질(product quality)의 개념을 여덟 가지 요소로 분류하고 있다.

- 성능(performance) : 제품이 의도한 기본적 기능이나 특성을 수행하는가?
- 신뢰성(reliability) : 제품이 얼마나 자주 고장이 나는가?
- 내구성(durability) : 제품의 수명은 언제까지인가?
- 실용성(serviceability) : 제품의 수리는 쉬운가?
- 미관(aesthetics) : 제품의 모습은 어떤가?
- 속성(features) : 제품은 많은 속성을 가지고 있는가?
- 품질인식(perceived quality) : 제품의 명성은 어떤가?
- 표준에의 일치성(conformance to standards) : 제품은 설계자의 의도대로 만들어졌는가?

제품은 유형이고 종업원들과의 상호작용이 제품의 한 부분이 아니기 때문에 위의 차원들은 인적 요인은 포함하지 않고 주로 제품의 특정 특성에 집중하고 있다.

서비스품질(service quality)의 개념과 측정은 제조품질과는 사뭇 다르다. 서비스는 무형이고 고객과의 접촉을 유발한다. 서비스품질은 서비스를 제공하는 과정 동안에 평가된다. 제조품질의 측정은 객관적이지만 서비스품질은 주로 지각적이거나 주관적이다. 따라서 서비스품질의 차원은 제품품질의 것과 상당히 다르다고 할 수 있다.

Parasuraman 등은 고객이 서비스품질을 판단하는 데 사용하는 주요한 요소로 다음 다섯 가지를 들고 있다.

- 신뢰성(reliability) : 고객에게 약속한 서비스를 제때에 실수 없이(정확하게) 제공할 수 있는가?
- 신속성(responsiveness) : 기다림 없이 재빠른 서비스를 제공할 준비가 되어 있는가?

- 자신감(assurance) : 종업원들의 서비스에 대한 지식과 예의, 신용과 신뢰를 보증할 수 있는가?
- 접촉용이성(empathy) : 종업원들은 고객에 붙임성이 있고 고객을 돌보고, 고객의 요구를 이해하려는 노력을 하는가?
- 유형성(tangibles) : 시설, 장비, 사람, 책자 등 주위환경이 깨끗하고 정돈되어 있는가?

서비스품질에 대한 기대와 지각 사이의 차이를 서비스품질 갭(service quality gap)이라고 하는데, 이의 측정결과는 고객들로부터 수집하여 서비스품질의 향상을 위해 사용하게 된다.

3.3 품질계획, 품질관리 및 품질향상

품질의 계획, 관리, 향상의 과정은 고객, 생산·운영, 기업의 다른 부문 사이의 지속적인 상호작용을 필요로 한다. [그림 3-2]는 이러한 상호작용이 품질사이클(quality cycle)을 통해 이루어지고 있음을 보여 주고 있다.

고객의 욕구나 기대는 마케팅기능을 통하여 결정된다. 이러한 욕구는 고객으로부터 직접 또는 시장조사를 통해서 찾을 수 있다.

고객의 욕구가 무엇인지 결정되면 엔지니어들은 이러한 욕구를 충족시킬 제품설계(product design)와 현재 또는 미래의 생산능력을 벗어나지 않는 범위 내에서 설계규격(design specification)을 작성하게 된다. 이때 고객의 목소리(고객요구)를 설계규격으로 전환시키는 데 사용되는 기법이 제5장에서 공부할 품질기능전개(quality function deployment: QFD)이다.

일단 설계 콘셉트(design concept)와 규격이 완료되면 설계품질(quality of design)이 설정된다. 생산부에서는 규격대로 제품을 생산한다. 이때 적합품질(quality of conformance)은 꼭 지켜져야 한다. 이러한 일은 훈련, 감독, 유지·보수, 작업자 검사를 통해서 이루어진다. 규격을 지키는 것도 중요하지만 나아가서 시간에 따라 프로세스와 제품에 변동이 발생하지 않도록 노력을 경주해야 한다. 이러한 방식으로 품질향상이 지속적으로 반복된다. 이러한 사이클에서

그림 3-2 품질 사이클

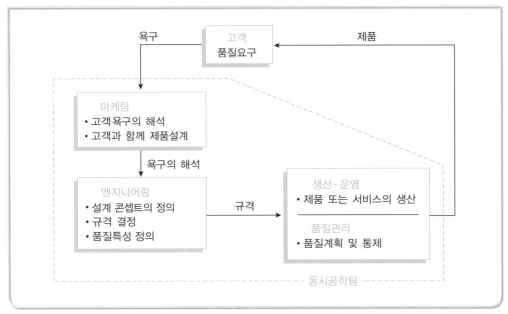

자료 : R. G. Schroeder, S. M. Goldstein, and M. Rungtusanatham, *Operations Management*, 5th ed.(McGraw-Hill, 2011), p. 163.

마케팅, 엔지니어링, 생산 등은 동시공학 팀에 의해서 이루어지는데 이에 관해서는 제5장에서 공부할 것이다.

3.4   품질과 기업경쟁력

설계품질과 적합품질을 통한 꾸준한 품질개선만이 급변하는 세계경제 속에서 고객만족과 시장점유율의 증대를 통하여 판매액을 증가시키고, 원가절감과 생산성 향상을 통하여 수익성을 증대시키는 것이 기업의 경쟁력을 강화시키는 유일한 길이다.

사실 기업에서 수익성(profitability)을 결정하는 요인은 생산성, 비용, 품질이다. 이 중에서 기업의 장기적 성패를 결정하는 가장 중요한 요인은 품질이다.

시장에서 제품의 가치는 그의 품질수준에 영향을 받는다. 품질수준의 향

그림 3-3 품질과 수익성의 관계

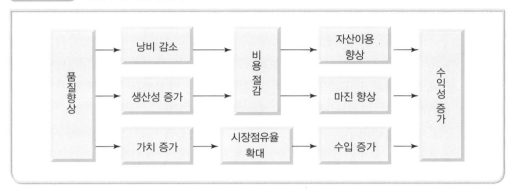

상은 경쟁제품과 차별화가 가능하고 브랜드에 대한 명성이 높게 되어 제품의 가치가 높게 인식된다. 한편 이러한 차별화는 경쟁제품보다 더 높은 가격을 요구할 수 있으며 시장점유율을 확보하여 수익을 증대할 수 있다.

[그림 3-3]은 품질향상이 판매량 확대를 통한 수입증가와 비용감소를 통해서 수익성이 증가하는 과정을 나타내고 있다. 판매량 확대는 기업이 고객의 욕구에 반응하는 속도가 빨라지고, 규모의 경제를 통한 가격의 절감, 품질제품에 대한 명성이 높아져 달성된다.

한편 적합품질과 설계품질은 생산성 향상과 재작업 및 폐기물 비용의 감소, 그리고 보증비용의 감소를 통해서 생산비용을 절감시킨다.

높은 품질의 제품을 저렴한 가격으로 판매할 때 시장점유율이 증대되고 수익성이 확대되어 기업에 경쟁우위를 제공한다. 따라서 국경이 없는 경쟁에서 살아남기 위해서는 고품질과 저가를 경쟁전략으로 삼지 않으면 안 된다.

3.5 품질비용

품질비용(quality cost)이란 제품을 애초부터 잘 만들지 않음으로써 발생하는 비용, 즉 제품규격을 지키지 않음으로써 발생하는 부적합비용(cost of non-conformance)이라고 할 수 있다. 따라서 제품 그 자체의 제조원가인 재료비와 직접노무비 등은 이에 포함되지 않고 다만 불량품의 생산, 예방, 검사, 수리 등과 관련된 비용만을 포함한다.

공장에서 발생하는 생산자 품질비용은 통제비용(cost of control)과 통제의 실패비용(cost of failure)으로 구성된다. 통제비용은 품질의 정의, 생성(creation), 통제와 관련된 비용뿐만 아니라 품질, 신뢰성, 안전조건 등에의 일치 여부를 평가하고 피드백하는 데 따르는 제반 비용을 포함한다.

한편 실패비용은 공장 내의 제조 프로세스상에 그리고 소비자가 사용하는 도중에 요구조건을 충족하지 못하는 데 따른 비용을 포함한다.

통제비용은 예방비용(prevention cost)과 평가비용(appraisal cost)으로 분류할 수 있으며 실패비용은 내적 실패비용(internal failure cost)과 외적 실패비용(external failure cost)으로 분류할 수 있다. [그림 3-4]는 이와 같은 품질비용의 구성을 나타내고 있다.

실제로 생산이 진행되기 전에 또는 서비스가 공급되기 전에 불량품질의 발생을 미연에 제거하기 위하여 지불되는 것이 예방비용이다. 여기에는 품질계획, 품질교육과 훈련, 품질자료의 수집, 프로세스 계획, 프로세스 개선, 신제품 설계의 검토 등의 활동에 소요되는 비용이 포함된다. 이는 P코스트라고도 한다.

생산이 완료되었지만 아직 고객에 출하하지 않은 제품 가운데서 불량품을 제거하기 위하여 검사하는 데 소요되는 비용이 평가비용이다. 여기에는 원자재의 수입검사, 프로세스 검사, 완제품검사, 관련 장비의 보전, 품질연구실 운영 등에 관련된 비용이 포함된다. 이는 A코스트라고도 한다.

내적 실패비용은 생산 프로세스상에서 발생하는 모든 손실을 말하는데 이에는 폐기물과 재작업에 따른 노동과 재료, 그리고 간접비는 물론 불량품 발생

그림 3-4　품질비용의 분류

총품질비용	통제비용	예방비용
		평가비용
	실패비용	내적 실패비용
		외적 실패비용

으로 인한 기계의 중지에 따른 비용이 포함된다.

외적 실패비용은 제품의 소유권이 고객으로 넘어간 이후 그 제품이 만족스럽게 기능하지 않기 때문에 발생하는 비용으로서 반품과 양품으로의 교체에 수반하는 비용, 보증수수료, 클레임, 제품책임 등에 따르는 비용을 포함한다.

3.6 종합적 품질경영의 발전과정

품질의 개념은 시대에 따라 변경되고 발전되어 왔다.

20세기 초기까지 제품이 제조된 후 검사와 테스트를 통해 불량품을 발견하기 위해 검사 품질관리(inspection quality control)가 수행되었다.

1940년대 제2차 세계대전 중에는 구입원자재와 완제품에 대해 불량 로트(lot)의 여부를 결정하기 위해 표본을 추출하고 검사하는 통계적 샘플링검사법(statistical sampling technique)이 사용되었다. 한편 생산 프로세스를 관리하기 위하여 관리도(control chart)가 고안되었다.

1960년대에는 품질개념이 확대되어 다만 생산 프로세스뿐만 아니라 전 조직과 관련 있는 것으로 여겨졌다. 품질의 책임이 전 조직, 전 부문, 전 계층, 전 구성원에 있음을 강조하고 전원참가에 의한 무결점(zero defect)과 제품생산 현장에서의 품질보증(quality assurance)을 강조하였다. 이때의 품질관리를 종합적 품질관리(total quality control: TQC)라고 한다.

1970년대 말부터 품질의 개념이 급격히 달라졌다. 미국 기업의 관리자들이 품질의 전략적 중요성을 인식하기 시작하였다. 이와 같이 품질을 전략적 무기로 인식하게 된 것은 특히 일본으로부터의 시장잠식이 점증하기 때문이었다.

따라서 세계적 경쟁위기에 직면하여 품질경영이 기업의 경쟁력을 강화시키는 기초임을 인식함으로써 품질관리에의 접근법을 변경하게 되었다. 1980년대의 품질관리를 종합적 품질경영(total quality management: TQM)이라고 한다.

전통적으로는 제품이 시장에 도착하기 전에 불량품을 발견하고 이의 시정조치를 취하는 방식이었지만 전략적 방식에서는 불량품의 발생을 예방하기 위하여 제품에 품질을 설계하고자 한다. 한편, 품질문제의 근본원인을 생산현장에서 규명하고 시정하는 조치를 취하려고 한다.

종합적 품질경영이란 공급업자로부터 고객에 이르는 모든 조직에서 전 구성원들이 고객에 가치를 부여하도록 제품이나 서비스의 모든 부문에서 우수한 품질을 강조하는 경영철학이라고 말할 수 있다. TQM은 최종제품이나 서비스의 품질만을 고려하는 전통적인 품질 관점으로부터 제품이나 서비스를 생산하는 프로세스의 모든 부문의 품질을 고려하는 관점으로 확대되었다.

TQM은 오늘날까지 논의된 모든 품질개념, 예를 들면 검사, 통계적 품질관리, 품질보증, 종합적 품질관리 등을 포함하고 나아가서 고객중심, 전 종업원 특히 경영층의 적극적인 참여, 끝없는 품질개선과정을 강조하는 경영철학이라고 할 수 있다.

3.7 TQM의 요소

모든 TQM이 프로세스 성과와 품질의 높은 수준을 달성하기 위해서는 갖추어야 할 세 개의 중요한 기본적 원칙이 있다. 즉

- 고객만족
- 종업원 참여와 팀워크
- 지속적 품질향상

등이다.

이 외에도 오늘날에는 공급업자 파트너십도 강조된다. 즉 TQM 노력이 공급사슬(supply chain) 파트너들에게도 확대되어야 한다. 공급사슬 파트너들이 TQM 노력을 실천하지 않는다면 회사의 제품이나 서비스의 품질에 영향을 미치기 때문이다.

1. 고객만족

과거에는 제품과 서비스의 품질이 생산자의 관점에서 이루어졌다. 그러나

기업환경이 생산자시대에서 소비자시대로 전환된 이후에 품질의 현대적 정의는 고객 기대(expectation)의 충족 내지는 초과만족에 모아지고 있다. 이와 같이 생산자가 아닌 고객이 제품과 서비스의 품질을 평가하는 주체라는 것이다. 즉 아무리 완전하게 생산된 제품도 고객이 원하지 않으면 아무런 가치가 없다고 여긴다. Deming과 Juran은 이러한 고객중심(customer focus)을 강조하고 있다. 각국에서 수여하는 품질 관련 상(賞)에서도 고객만족에 큰 비중을 두고 있다.

고객으로 하여금 가치와 만족을 인식하도록 하기 위해서는 단순히 규격을 지키고, 불량과 실수를 줄이고, 불평을 줄이는 것을 넘어 고객을 감동시킬 제품을 설계하고 변화하는 고객과 시장의 취향과 욕구에 민첩하게 대응할 태세를 갖추어야 한다. 고객이 무엇을 원하는지를 시장조사와 인터뷰 등을 통해 정보를 수집하고 고객의 욕구와 가치를 이해해야 한다.

2. 종업원 임파워먼트와 팀워크

조직 내 모든 종업원, 특히 최고경영층의 참여(employee involvement) 또한 TQM을 성공적으로 실행하는 데 필요한 중요한 요소이다. 의사결정 과정에 모든 종업원을 능동적이며 적극적으로 참여시킴으로써 경영층은 문제해결에 필요한 투입요소를 획득하여 좋은 결정을 내릴 수 있게 된다. 종업원으로 하여금 활기차고 신명나게 작업에 임하고 품질향상에 공헌하도록 공식적 권한을 위임하는 임파워먼트(empowerment)의 실행이 절대적으로 필요하다.

종업원 참여에 있어서 중요한 요소는 각 작업자가 자기가 수행하는 작업 또는 제품의 품질을 검사할 책임을 갖는다는 것이다. 불량품이 발생하면 생산현장에서 생산라인을 정지해서라도 이를 만든 작업자가 즉시 재발하지 않도록 시정해야 한다. 이는 원천적 품질관리(quality at the source)로서 이러한 철학은 작업자를 넘어 작업자 그룹, 모든 부서, 공급업자에게까지 확대 적용되어야 한다.

TQM의 또 다른 요소는 팀워크(teamwork)인데 이는 고객/공급업자 관계를 강조하고 전 종업원의 참여를 조장하여 기능부서 간의 장벽을 무너뜨리는 역할을 한다. 전통적으로 조직은 수직적 구조를 이루어 기능부서간 커뮤니케이션이 두절되었으나 TQM에서는 부서간 수평적 상호작용을 강조하여 부서간 팀의 구성을 필수요소로 하고 있다.

3. 지속적 품질향상

전통적 시스템에서는 일단 일정 수준의 품질을 달성하면 성공이기 때문에 더 이상의 개선노력은 필요 없다고 전제한다. 왜냐하면 품질향상은 평가비용의 증가를 가져와 품질이 향상되더라도 비용이 증가하기 때문이다. 반면 Deming은 프로세스 품질이 향상되면 품질은 향상되고 비용은 감소한다고 주장한다. 한편 현대적 TQM에서 지속적 향상(continuous improvement: CI)은 제품과 프로세스의 개선에 있어서 점진적 작은 성과를 달성하는 끝없는 과정이요, 이를 위한 경영철학이라고 할 수 있다. 특히 지속적 품질향상은 이 외에도 기계, 자재, 노동의 전문화, 생산방법 등에 있어서의 개선을 추구한다.

원래 지속적 향상을 위한 프로그램은 20세기 초 F. Taylor의 과학적 관리법 이후 미국 기업에서 생성·발전되어 왔으나, 이 철학은 일본의 생산관리의 초석이 되었다. 일본 기업이 취한 지속적 개선(kaizen)은 큰 성과를 한번에 달성하는 기술혁신(innovation)에 의존하는 전통적 미국 기업의 접근법과 비교된다.

지속적 품질개선은 TQM을 실행하는 기업에서 채택하는 필수적인 과정이다. 개선은 다음과 같은 방식을 취한다.

■ PDSA 사이클

계속적이고 끝없는 프로세스 개선을 위한 PDSA 사이클은 계획(Plan: P), 실행(Do: D), 고찰(Study: S), 조치(Act: A)의 네 단계로 구성되어 있다. 이는 Deming 사이클이라고도 한다.

단계 1 : 계획

현재의 프로세스를 연구하고 자료를 수집하여 고객욕구와 프로세스 성과 사이에 차이가 있는지의 문제를 분석한다. 이러한 차이, 즉 개선기회가 인정되면 목적을 설정하고 이를 극소화하는 계획을 수립하는 것이다.

단계 2 : 실행

계획단계에서 수립된 이론이나 계획 등 변화와 테스트를 실행에 옮긴다. 실험실에서 소규모로 시제품에 대한 실험이 실시되고 향상이 있었는지 측정한다. 고객과 프로세스로부터 피드백 정보가 입수된다.

단계 3 : 고찰

계획을 소규모로 실행한 결과를 분석하여 평가하고 이 계획이 옳은가, 목적이 달성되었는가를 결정한다. 이 계획을 채택함으로써 고객욕구와 프로세스

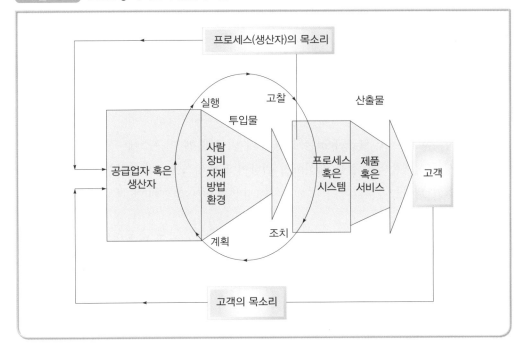

그림 3-5 Deming 사이클과 생산시스템

성과의 차이는 어느 정도 줄어들었는가? 고객에게 중요한 다른 품질특성에 관한 어떤 결함이 발생하였는가? 이러한 질문에 대한 대답을 얻을 수 있다.

단계 4 : 조치

고객만족을 증진시키기 위하여 수립한 계획을 대규모로 실행할 것인가를 결정한다. 대규모로 실행한 이후 프로세스와 고객으로부터 정보를 입수하여 이 계획의 성공 여부를 측정할 수 있다.

Deming 사이클은 생산시스템 내에서 진행되며 따라서 기업의 모든 시스템을 운전한다. Deming 사이클과 생산시스템과의 관계는 [그림 3-5]와 같다.

■ **벤치마킹**

벤치마킹(benchmarking)이란 한 기업이 중요한 고객욕구를 어느 정도 충족하고 있는가, 즉 그의 경영성과를 그 기업이 속해 있는 산업에서 가장 우수한 기업(직접경쟁자) 또는 다른 산업에 속한 가장 우수한 기업의 성과와 지속적으로 비교·분석함으로써 개선의 여지를 결정하는 과정이라고 정의할 수 있다. 여기서 기업의 성과란 제품, 서비스, 기술, 작업 프로세스, 업무방식 등 기업의 전반적인 부문에 관한 것이다.

3.8 품질관리 지도자들의 철학

1. Shewhart의 철학

Walter A. Shewhart는 1920년대 미국의 벨 연구소에 근무한 통계학자로서 생산제품의 품질을 개선하기 위하여 프로세스에서 발생하는 변동(variability)을 관리하는 통계적 프로세스 관리(statistical process control: SPC)의 개념을 도입하였다.

관리도(control chart)의 사용을 통하여 프로세스의 변동을 우연변동과 이상변동으로 구별하고 이상변동이 발생하면 이를 제거할 조치를 강구하여 프로세스가 언제나 통계적 안정상태로 유지되어야 함을 강조하였다.

2. Deming의 철학

1950년 일본의 JUSE(Union of Japanese Scientists and Engineers: JUSE)의 초청으로 Deming은 산업계 지도자들에게 품질과 생산 프로세스를 꾸준히 지속적으로 향상시킬 필요성을 강조하였다.

오늘날 일본 경제가 이렇게 부흥하게 된 것은 Deming의 철학과 아이디어를 실천하여 왔기 때문이다. JUSE는 Deming의 일본 경제에의 공헌을 기념하기 위하여 매년 품질향상에 큰 공헌을 한 기업에 상을 주는 'Deming Prize'를 1951년부터 수여하기 시작하였다.

Deming의 철학은 품질향상의 일차적 책임은 작업자들이 할 일이지만 이러한 노력을 이끌어 가야 할 경영층의 역할과 책임에 중심을 둔다. 산업에서 발생하는 품질문제의 약 15%는 작업자들의 실수로 인한 것이고 약 85%는 경영층이 관리할 수 있는 것인데 이는 프로세스나 생산시스템의 변화를 통해서 가능한 것이지 작업자들에 의해서 영향을 받는 것이 아니라는 것이다. 품질향상 프로그램에 종업원들이 적극 참여할 것을 주장하고 품질관리 기법과 방법을 작업자들이 훈련받을 것을 권장하였다.

Deming은 종합적 품질프로그램과 생산 프로세스의 품질개선 과정에서의 끝없는 노력을 강조한다. 그러한 프로그램으로써 향상된 품질, 고객만족, 높은

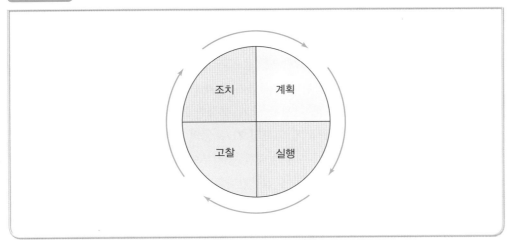

그림 3-6 PDSA 사이클

생산성, 낮은 품질비용을 장기적으로 달성할 수 있기 때문이다. 프로세스에서의 지속적인 품질개선을 위해서 Deming은 PDSA(plan, do, study, act) 사이클의 개념을 사용할 것을 주장하였다([그림 3-6] 참조).

Deming은 규격에의 적합을 달성하고 프로세스에서 발생하는 변동(variation)의 감소를 위해서 통계적 프로세스 관리(statistical process control: SPC)의 실시를 주장하였다. 변동의 감소는 SPC의 주요 도구인 관리도의 창시자인 W. Shewhart가 목적하던 것이다. 한편, Deming은 불량품을 효과적으로 감소시키기 위하여 당시 널리 행하던 최종검사(final inspection)의 적극적 사용을 부정하였다.

품질향상을 달성하기 위한 그의 전반적인 철학은 경영을 위한 14포인트(fourteen points)에 요약되어 있다. 이 14포인트와 PDSA 사이클에 내재된 품질향상 접근법은 오늘날 성공한 많은 기업들이 채택한 품질경영시스템의 기초가 되었다.

3. Juran의 철학

Joseph M. Juran은 1951년 *Quality Control Handbook*을 편집한 이후 품질관리 전문가로서 세계적 명성을 얻었다. 그 이후 *Quality Planning and Analysis*와 *Management of Quality* 등 많은 저서를 남겼다.

Deming과 같이 Juran도 1950년대 초 일본에 건너가 품질에 관한 세미나와 강의를 담당하였고 컨설턴트로서 일본의 산업계와 정부기관 등을 도왔다.

Juran은 Deming과 달리 조직에서의 문화적 변화를 주창하지는 않았다. Juran은 통계적 분석도구의 지원에 의해 불량품의 제거를 통한 규격에의 일치를 강조함으로써 현존 시스템 내에서 품질을 개선할 것을 주장하였다.

Juran은 품질을 용도에의 적합성으로 정의함으로써 품질은 고객이 무엇을 원하는가에 의하여 결정된다는 사용자에 기초한 개념을 강조하였다.

Juran은 1960년대에 각광을 받기 시작한 ZD운동(zero defects movement)의 비판가이기도 하다. Juran에 의하면 ZD운동의 결점은 대부분의 품질문제의 발생원인은 작업자이기 때문에 적당한 동기부여로 작업자들은 성과개선을 위해 자극을 받을 수 있다는 가정에 입각한다는 것이다.

또한 Juran은 품질불량의 80%는 경영층이 통제할 수 있는 요인들에 의하여 발생하는데 이의 해결을 위해서는 건전한 품질경영을 통해 꾸준한 향상을 기해야 한다고 강조하였다. 이에 따라 Juran은 품질계획, 품질관리, 품질개선이라는 품질3분법(quality trilogy)을 제안하였다.

4. Crosby의 철학

1979년 *Quality is Free*라는 저서를 발간한 이후 유명하게 된 Philip B. Crosby는 "품질은 무비용이다," "제품을 애초부터 잘 만들어라"(do it right the first time)라는 개념과 품질의 목표로서 무결점(zero defect: ZD)의 개념을 처음으로 제창하였다.

당시 전통적으로 높은 품질수준을 달성하기 위해서는 많은 비용을 지불해야 한다고 여겨 왔다. 그러나 Crosby는 이에 동의하지 않는다. 오히려 작업을 애초부터 잘 수행하는 데 따르는 비용절감을 지적하였다. 즉 나쁜 품질로 인한 숨겨진 비용(hidden cost)의 막대함을 강조하였다. 나쁜 품질로 인하여 작업 및 기계시간이 증가하고, 기계고장과 작업중단 시간이 증가하며, 폐기물과 재작업이 증가하고, 고객에의 납기가 지연되며, 미래판매를 상실하고, 보증비용이 증가하게 된다. Crosby는 이러한 비용은 예방(prevention)을 통한 높은 품질의 달성을 조장하는 환경을 조성하기 위해 필요한 기계, 자재 및 훈련의 비용보다 훨씬 크다고 믿는다. 즉 숨겨진 비용감소로 인한 절약이 환경조성에 필요한 비용을 상쇄한다는 것이다.

Crosby는 시스템과 작업자들이 불완전하기 때문에 프로세스에서 품질문제가 발생한다는 주장을 배격하였다. 즉 Crosby에 의하면 불량품을 발생시키는 결함은 지식의 결여와 주의의 부족으로 발생하는데 지식의 결여는 통계적 수단을 이용하면 해결할 수 있고, 주의의 부족은 개인에 의하여 변경할 수 있는 태도의 문제라는 것이다.

5. Taguchi의 철학

Genichi Taguchi는 제품설계 분야에서 두각을 나타낸 일본의 품질관리 전문가이다. 그는 80% 이상의 불량품 발생은 제품설계를 잘못했기 때문이라고 주장한다. 따라서 그는 설계단계에서의 품질노력을 강조한다. Taguchi는 품질비용에 대한 오늘날의 견해에 큰 영향을 주었다. 그는 규격(specification)에 대한 적합비용의 전통적 견해가 잘못 되었음을 지적하고 품질비용에 대한 새로운 견해를 주장하였다.

어떤 품질특성의 목표치가 5.00이고 규격이 5.00±0.20이라고 할 때 그 특성이 4.90~5.10의 한계 내에 존재하는 한 손실은 발생하지 않고 다만 이 한계를 벗어날 때만 손실이 발생한다는 것이 전통적 견해이다. 이는 [그림 3-7(a)]에서 보는 바와 같다.

이에 반하여 Taguchi는 품질특성이 목표치로부터 벗어나는 순간부터 손실이 발생함을 주장한다. 품질특성이 목표치로부터 벗어날수록 손실은 지수함수적으로 증가하기 때문에 목표치에 정확히 일치하도록 품질관리할 것을 주장하였다. 이는 Taguchi 손실함수(loss function)라고 하는데 [그림 3-7(b)]에서 보는 바와 같다.

그림 3-7 손실함수

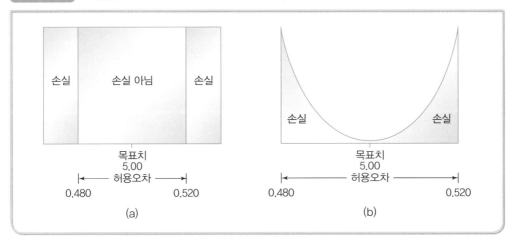

국제표준화기구(International Standards Organization: ISO)는 국제무역 및 기술교류의 촉진을 목적으로 국제규격을 제정·보급하도록 설립된 국제기구이다. ISO는 제품에 관한 규격, 커뮤니케이션을 원활히 하기 위한 용어 및 양식의 규격, 그리고 조직을 효율적으로 통제하기 위한 관리규격 등을 제정하고 있다.

ISO 9000:2000 시리즈의 제정목적은 각국별로 또는 산업분야별로 달리 정해져 있는 품질경영시스템에 대한 요구사항을 국제적으로 통일시키기 위한 것이다. 즉 이는 구매자와 소비자가 요구하는 여러 가지 품질요건을 충족시키기 위해 각국에서 활용하는 다양한 방식을 합리적으로 통일시키고자 제정한 것이다.

ISO 9000:2000 시리즈는 관리규격에 해당하는 것으로 1987년 ISO에서 제정한 품질경영에 관한 통일된 국제규격으로서 기업에서 품질경영을 위해 구비해야 할 최소한의 요구사항을 규정한 것인데, 이 요구사항을 충족시키기 위해서는 구체적으로 어떻게 해야 하는지에 대해서는 언급이 없다. 이미 155여 개국이 ISO 9000 시리즈를 자국의 국가규격으로 채택하고 있으며 우리나라에서도 1992년 ISO 9000 시리즈 인증규격을 한국 표준규격으로 채택한 바 있다. 이는 2000년에 수정되어 ISO 9000:2000이 되었다.

ISO 9000:2000 시리즈에는 9000, 9001, 9002, 9003, 9004 등 5개의 기본적인 규격이 포함되어 있다([그림 3-8] 참조). 각 규격별 규정내용과 환경규격인 ISO 14000 시리즈를 간단히 고찰하면 다음과 같다.

1. ISO 9000(KS A 9000)

품질경영 및 품질보증을 위한 표준으로서 ISO 9001~9004 시리즈의 선택 및 사용을 위한 지침을 제공한다. ISO 9001~9003 시리즈는 계약상황에서 외부 품질보증 목적을 위한 품질시스템의 표준을 규정하고, ISO 9004는 내부 품질경영·목적을 위한 표준을 규정한다. 외부 품질보증(external quality assurance)이란 생산자의 품질시스템이 구매자가 말한 품질요구를 충족시킬 제품 또는

그림 3-8 ISO 9000:2000 시리즈의 구성

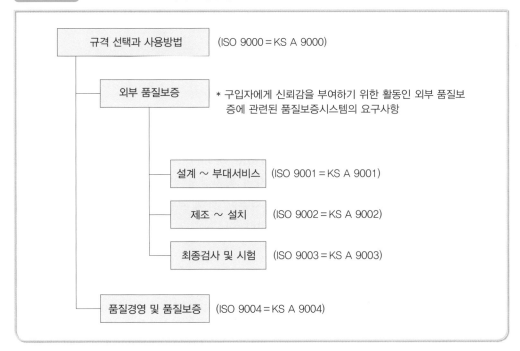

서비스를 공급하고 있다는 신뢰를 구매자에게 제공하는 모든 활동을 말하고, 내부 품질보증(internal quality assurance)이란 품질이 의도한 대로 달성되고 있다는 신뢰를 경영층에 제공하는 모든 활동을 말한다.

2. ISO 9001(KS A 9001)

설계/개발, 생산, 설치 및 서비스에 있어서의 품질보증 모델이다. 이 표준은 공급업자가 제품의 설계/개발, 생산, 설치 및 서비스와 같은 단계에서 규정된 요구에 일치하였음을 보증할 때 사용된다. 이 표준은 공급업자의 품질경영시스템에 대한 일반적 요구를 포함한다.

3. ISO 9002(KS A 9002)

생산 및 설치에 있어서의 품질보증 모델이다. 이 표준은 공급업자가 제품의 설계/개발, 서비스에 대해 책임을 지지 않는 경우에 적용된다.

제품을 생산하고 설치하는 공급업자에 대해 ISO 9002 시리즈는 공급업자의 생산 및 설치를 위한 품질시스템은 기본적 요구를 준수하고 있음을 고객에게 보증하는 것이다.

4. ISO 9003(KS A 9003)

최종검사 및 테스트에 있어서의 품질보증 모델이다. 이 표준은 최종검사 및 테스트 단계에서 공급업자가 규정된 요구에 일치하고 있음을 보증할 때 사용된다. 따라서 이 표준은 공급업자의 최종검사 및 테스트 과정이 ISO 9003을 따를 경우 고객은 그 제품의 품질수준에 관해 보증받는다는 점에서 품질책임을 공급업자에 전가한다고 볼 수 있다.

5. ISO 9004(KS A 9004)

ISO 9001, 9002, 9003에서 요구하는 품질경영시스템의 개발 및 실행에 관한 일반적 지침이다. 이 표준은 경영층 책임, 품질시스템 개발의 원칙, 시스템 구조, 시스템 검토, 감사 등을 포함한다. 일반적으로 지침과 제안의 목적은 ISO 9001, 9002, 9003에서 요구하는 것을 충족하기 위해서 효과적인 품질경영시스템을 개발하는 데 도움을 주기 위한 것이다.

6. ISO 14000 시리즈

그동안 국가에 따라 달리 운영되어 오던 환경관리에 대한 방법 및 체제를 통합하여 환경을 보호할 목적으로 제정된 국제적인 환경규격이다. 이는 기업경영으로 인하여 발생하는 환경에 대한 유해한 영향을 최소화하기 위해 기업이 해야 하는 일을 규정하고 있는데 제조업은 물론 서비스업에도 적용된다.

과거 한 기업 내에서 진행된 프로세스, 제품, 서비스의 품질경영과 품질향상 노력이 공급사슬의 상호의존성으로 이제 그 기업의 벽을 넘어 공급업자에게까지 확대되고 있다.

　　즉 기업들은 고객을 만족시키기 위해서는 품질에 대한 자신의 공약과 함께 공급업자의 지원과 자원도 필요하다는 것을 알고 있다. 특히 기업활동의 상당부분을 공급업자에게 아웃소싱하는 경우에는 더욱 그렇다.

　　공급사슬에 함께 참여하는 기업과 공급업자들은 기업의 고객욕구를 충족시키는 데 동참해야 한다. 공급업자가 효과적으로 품질경영을 하면 기업은 공급업자가 제공하는 자재, 부품, 서비스의 품질을 믿을 수가 있는데 이런 경우 기업과 공급업자 사이에는 파트너십이 존재하게 된다. 공급사슬의 모든 파트너들은 TQM의 개념을 채택해야 한다. 모든 파트너들은 서로 연결되어 있고 상호의존되어 있기 때문이다. 한 파트너가 불량품이라도 생산하게 되면 모든 파트너들이 차례로 영향을 받게 된다. 이는 모든 파트너들에게 비용발생의 원인이 되고 따라서 고객 상실의 계기가 될 수 있다.

　　많은 기업들은 공급업자의 품질과 배송성과에 대해 직접적인 영향력을 행사하기 위하여 공급업자의 수를 줄이려고 한다. 기업이 공급업자 사업의 대부분을 차지하게 되면 공급업자는 그 기업의 품질표준을 기꺼이 만족시키려는 노력을 경주하게 된다.

　　기업과 공급업자 사이에 파트너십이 형성되면 공급업자는 기업의 품질표준을 충족시키게 되고 기업은 공급업자에 장기적 구매를 보장하여 안정된 주문과 배송 스케줄이 가능하게 된다.

　　공급업자가 기업의 품질표준을 준수할 수 있도록 기업은 공급업자에게 자신의 품질경영시스템(quality management system: QMS)을 채택할 것을 요구한다. 아직도 어떤 기업들은 ISO 9000:2000 시리즈의 인증을 획득할 것을 요구하기도 한다.

1. 품질의 정의와 중요성을 설명하라.

2. 제품품질과 서비스품질을 정의하라.

3. 품질 사이클을 설명하라.

4. 품질과 수익성과의 관계를 설명하라.

5. 품질비용의 종류를 설명하라.

6. TQM의 발전과정을 설명하라.

7. TQM의 요소를 설명하라.

8. 품질관리 지도자들의 철학을 설명하라.

9. ISO 9000:2000 시리즈를 설명하라.

10. 공급사슬 파트너 사이에 품질경영노력이 필요한 이유를 설명하라.

11. 다음 자료를 이용하여 예방비용, 평가비용, 내적 실패비용, 외적 실패비용을 계산하라.

품질계획	100	재작업	250
폐기물	350	간접비	70
수입자재의 검사	200	제조물책임 비용	300
종업원 훈련	125	제품검사 및 테스트	125
프로세스 관리	150	품질자료 구입 및 분석	170
테스트 장비 정확성 유지	50	제품/프로세스 설계	130
자재 및 서비스 소비	75	클레임	170
보증비용	70	제품/자재 반송	140
재검사	90	불량품 분석	40
수율 상실	225	비가동시간	60
신제품 검토	35	성능 테스트	15

보론: 품질관리와 6시그마

제3장에서 우리는 품질경영과 관련된 내용들을 공부하였다. 본 보론에서는 생산 프로세스에서 제품의 품질을 관리하고 향상시킬 통계적 기법의 일부분을 공부할 것이다. 품질관리의 목적은 제품과 서비스를 생산하는 프로세스가 받아들일 수 있는 방식으로 기능을 수행하고 있음을 보증하는 것이다. 이는 프로세스의 산출물을 통계적 기법을 통하여 감시함으로써 수행된다.

세계적 일류기업은 프로세스에 품질을 설계할 것을(design quality into the process) 강조함으로써 검사와 품질관리 노력의 필요성을 크게 줄이고 있다. 그러나 가장 뒤떨어진 기업에서는 아직도 검사에 크게 의존하고 있으며, 많은 기업에서는 검사에도 의존하지만 주로 프로세스 관리(process control)에 크게 의존한다. 이는 [그림 3A-1]이 보여 주고 있다.

본 보론에서는 프로세스 관리를 위해 사용되는 통계적 품질관리(statistical quality control: SQC)의 일부 기법에 관해서 간단히 설명하고자 한다.

그림 3A-1 **품질보증에의 접근방법**

프로세스의 품질관리는 제품이나 서비스가 생산되고 있는 과정에서 이들을 검사하여 품질변동의 유무를 결정하는 것이다. 이를 위해 프로세스에서 생산되고 있는 품목의 표본을 정기적으로 추출하여 검사한 후 품질특성이 변하지 않았으면 그 프로세스는 계속하고 만일 변하였으면 프로세스를 중단시키고 그 원인을 규명하여 시정조치를 취하게 된다. 이렇게 함으로써 프로세스를 안정된 상태로 유지하기 위하여 관리도라는 기법을 사용한다.

Shewhart는 프로세스에서의 품질변동을 우연원인(chance or random cause)과 이상원인(assignable or nonrandom cause)으로 구분하였다.

이상원인은 우발적이므로 어느 정도 예측할 수 없는 형태이지만 주기적으로 발생하는 문제로서 감독과 작업자에 의해서 충분히 피할 수 있는 문제이다. 이러한 변동은 시스템 밖에서 존재한다. 기계정비 불량, 도구의 마멸과 조정이 필요한 장비 등 생산설비상의 이상, 불량 원자재의 사용, 작업자 실수(부주의, 과로, 절차무시) 등은 이상원인 발생의 예이다. 프로세스 관리의 목적은 이러한 이상원인을 제거하여 프로세스를 안정된 상태로 유지하려는 것이다. 이를 위하여 사용되는 관리기법이 관리도(control chart)이다.

이에 반하여 우연원인은 시스템 자체와 관련된 문제로서 아무리 생산 프로세스가 잘 설계되었다 하더라도 각 제품마다 품질특성에 약간의 변화는 발생하기 마련이다. 예를 들면 작업자의 사기와 숙련도의 차이, 구입 원자재의 고질적인 변동, 충분한 감독기술의 결여, 기계의 진동, 기계의 고장, 제품설계 불량, 작업조건의 변화(소음, 먼지, 습도, 조명, 너무 춥거나 더움) 등은 우연원인에 기인한다.

프로세스상 다만 우연변동만 존재하면 관리도에서 품질특성치가 관리한계 내에 들어 있고 이상한 패턴(pattern)을 보이지 않기 때문에 이 프로세스는 통계적으로 안정상태하에 있다고(in statistical control) 하고, 이상변동도 존재하면 이 프로세스는 불안정상태하에 있다고(out of control) 한다.

따라서 품질관리의 목적은 프로세스 변동이 어떠한 원인에 의하여 발생하는지 밝히고 제거할 수 있는 이상변동이 존재하면 프로세스를 중단시켜 이를 제거하는 시정조치를 취하여 프로세스가 언제나 안정상태하에 있도록 유지하려는 것이다.

프로세스의 우연변동과 이상변동을 구별하고 프로세스를 안정상태하에 유지하고자 사용하는 통계적 도구가 관리도이다. 사용하는 목적에 따라 상이한 관리도가 작성되는데 근본적으로 모두 비슷하다.

각 관리도는 중심선(center line)과 상·하한을 나타내는 관리한계(control limit)로 구성되어 있다. 중심선은 안정상태에 있는 프로세스의 평균 품질특성을 의미하고 관리한계는 우연변동의 범위를 의미한다. 따라서 관리상한(upper control limit: UCL)은 프로세스의 안정상태가 존재할 때의 우연변동의 최대허용치를, 그리고 관리하한(lower control limit: LCL)은 최소허용치를 나타낸다. [그림 3A-2]는 전형적인 관리도의 한 예이다.

한 프로세스가 제품을 생산할 때 그 제품들의 한 품질특성치의 분포는 정규분포를 따르고 그 분포의 평균은 μ이며 표준편차는 σ라고 가정할 수 있다. [그림 3A-3]의 왼쪽 그림은 프로세스(모집단) 분포를 나타내고 있다.

표본크기 n개의 품질특성치 x가 프로세스로부터 랜덤으로 추출되어 그들의 평균을 구하여 얻은 값을 $\bar{x}$라고 한다면 k번째 표본까지 구한 평균들을 $\bar{x}_1$,

그림 3A-2 전형적인 관리도

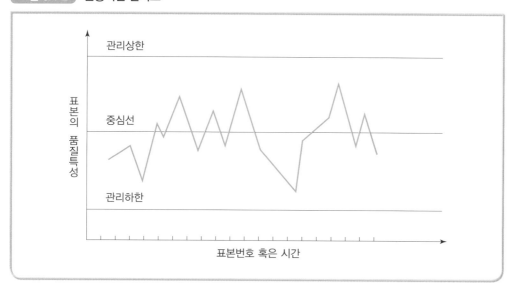

$\bar{x}_2, ..., \bar{x}_k$로 표시할 수 있다.

그러면 이들 평균들의 분포는 무엇일까? 이들 평균들의 확률분포를 표본분포(sampling distribution)라고 하는데 표본분포는 또한 정규분포를 한다. [그림 3A-3]의 오른쪽 그림은 표본분포를 나타내고 있다. 표본분포의 평균 $\mu_{\bar{x}}$($\bar{\bar{x}}$로 표시하기도 함)와 표준편차 $\sigma_{\bar{x}}$는 모집단 분포의 평균과 표준편차와의 관계를 다음과 같이 표현할 수 있다.

$$\mu_{\bar{x}} = \mu = \bar{\bar{x}}$$
$$\sigma_{\bar{x}} = \sigma / \sqrt{n}$$

표본분포가 정규분포를 하기 때문에 어느 표본의 평균 $\bar{x}_i$가 $\mu_{\bar{x}} \pm 3\sigma_{\bar{x}}$ 속에 들어갈 확률은 99.73%이다. 일반적으로 관리도의 상·하한은 평균치로부터 $\pm 3\sigma_{\bar{x}}$로 결정된다. 만일 정규분포가 가정되면 관찰된 우연변동의 99.73%가 이 관리한계 내에 들어가게 된다. 즉 프로세스가 안정되어 있으면 표본통계량이 $\pm 3\sigma_{\bar{x}}$ 한계에 타점될 확률이 99.73%이다. 따라서 관리한계를 벗어날 확률은 0.27%이고 관리한계를 벗어나는 경우에는 이상변동의 발생으로 간주하기 때문에 시정조치가 필요하게 된다.

[그림 3A-3]은 모집단과 관리도의 관계를 보이고 있는데 오른편의 관리도에서 y축은 관리되고 있는 품질특성을 나타내고, x축은 시간의 경과에 따라 추출한 표본번호를 나타낸다. 프로세스가 안정상태로 들어가면 정기적으로 표본을 추출하여 필요한 표본통계량(sample statistic), 예컨대 표본평균 또는 표본범위 등을 계산하여 관리도에 타점하여야 한다.

그림 3A-3 프로세스(모집단)와 관리도와의 관계

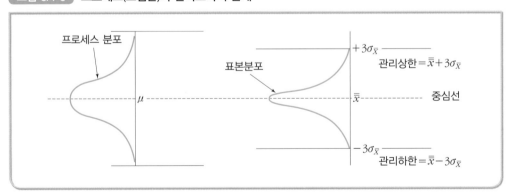

3A.3 계량형 관리도

관리도는 측정치의 종류에 따라 계량형 관리도와 계수형 관리도로 대별한다. 계량형 관리도는 품질특성이 길이, 무게, 인장강도 등과 같이 측정할 수 있을 때 사용한다.

평균관리도(mean chart or $\bar{x}$ chart)와 범위관리도(range chart or R chart)가 계량형 관리도의 대표적인 관리도이다. $\bar{x}$관리도는 프로세스의 평균을, 그리고 R관리도는 프로세스의 분산(dispersion)을 관리한다. 평균과 분산은 품질특성치의 분포를 결정하므로 평균 또는 분산에 중요한 변동이 있게 되면 생산 프로세스에 바로 영향을 미치게 된다.

표 3A-1 $\bar{x} - R$관리도 관리한계 계수표

표본크기	$\bar{x}$관리도에서의 계수치	R관리도에서의 계수치	
		하한	상한
n	A_2	D_3	D_4
2	1.88	0	3.27
3	1.02	0	2.57
4	0.73	0	2.28
5	0.58	0	2.11
6	0.48	0	2.00
7	0.42	0.08	1.92
8	0.37	0.14	1.86
9	0.34	0.18	1.82
10	0.31	0.22	1.78
11	0.29	0.26	1.74
12	0.27	0.28	1.72
13	0.25	0.31	1.69
14	0.24	0.33	1.67
15	0.22	0.35	1.65
16	0.21	0.36	1.64
17	0.20	0.38	1.62
18	0.19	0.39	1.61
19	0.19	0.40	1.60
20	0.18	0.41	1.59

자료 : Eugene Grant and Richard Leavenworth, *Statistical Quality Control*, 5th ed.(New York, N.Y.: McGraw-Hill, 1980).

1. $\bar{x}$관리도

$\bar{x}$관리도는 프로세스로부터 정기적으로 추출한 크기 n의 표본의 평균들을 관리도에 타점하여 품질특성의 프로세스 평균이 변동하여 이상원인이 발생하였는지를 판단하기 위하여 사용된다.

$\bar{x}$관리도의 중심선, 관리상한, 관리하한은 크기 n의 표본을 추출하여 얻는 표본평균과 표본범위를 사용하여 다음과 같이 결정한다.

$$CL = \bar{\bar{x}}$$
$$UCL = \bar{\bar{x}} + A_2\bar{R}$$
$$LCL = \bar{\bar{x}} - A_2\bar{R}$$

$\bar{x} = $ 표본평균 $= (x_1 + x_2 + \cdots + x_n)/n$

$n = $ 표본크기

$\bar{\bar{x}} = $ 표본평균들의 평균(모평균, 프로세스 평균) $= (\bar{x}_1 + \bar{x}_2 + \cdots + \bar{x}_N)/N$

표 3A-2 3.5인치 디스켓의 직경

표본번호	표본측정치					$\bar{x}$(표본평균)	R(표본범위)
1	3.5056	3.5086	3.5144	3.5009	3.5030	3.5065	.0135
2	3.4882	3.5085	3.4884	3.5250	3.5031	3.5026	.0368
3	3.4897	3.4898	3.4995	3.5130	3.4969	3.4978	.0233
4	3.5153	3.5120	3.4989	3.4900	3.4837	3.5000	.0316
5	3.5059	3.5113	3.5011	3.4773	3.4801	3.4951	.0340
6	3.4977	3.4961	3.5050	3.5014	3.5060	3.5012	.0099
7	3.4910	3.4913	3.4976	3.4831	3.5044	3.4935	.0213
8	3.4991	3.4853	3.4830	3.5083	3.5094	3.4970	.0264
9	3.5099	3.5162	3.5228	3.4958	3.5004	3.5090	.0270
10	3.4880	3.5015	3.5094	3.5102	3.5146	3.5047	.0266
11	3.4881	3.4887	3.5141	3.5175	3.4863	3.4989	.0312
12	3.5043	3.4867	3.4946	3.5018	3.4784	3.4932	.0259
13	3.5043	3.4769	3.4944	3.5014	3.4904	3.4935	.0274
14	3.5004	3.5030	3.5082	3.5045	3.5234	3.5079	.0230
15	3.4846	3.4938	3.5065	3.5089	3.5011	3.4990	.0243
16	3.5145	3.4832	3.5188	3.4935	3.4989	3.5018	.0356
17	3.5004	3.5042	3.4954	3.5020	3.4889	3.4982	.0153
18	3.4959	3.4823	3.4964	3.5082	3.4871	3.4940	.0259
19	3.4878	3.4864	3.4960	3.5070	3.4984	3.4951	.0206
20	3.4969	3.5144	3.5053	3.4985	3.4885	3.5007	.0259
						$\bar{\bar{x}} = 0.4995$	$\bar{R} = 0.0253$

> N= 표본군의 수
> R= 표본범위 = 크기 n의 표본에서 최대치와 최소치의 차이
> $\bar{R}$= 표본범위들의 평균 = $(R_1 + R_2 + \cdots + R_k)/N$

여기서 A_2의 값은 [표 3A-1]로부터 구한다.

[표 3A-2]는 서울컴퓨터(주)가 제조하는 3.5인치 디스켓의 직경을 측정한 결과이다. $n=5$인 20개의 표본군을 사용하여 $\bar{x}$관리도의 관리한계를 계산하면 다음과 같다.

$$\bar{\bar{x}} = \frac{\bar{x}_1 + \bar{x}_2 + \cdots + \bar{x}_{20}}{20} = \frac{69.9898}{20} = 3.4995$$

$$\bar{R} = \frac{R_1 + R_2 + \cdots + R_{20}}{20} = \frac{0.5075}{20} = 0.0253$$

$$UCL = \bar{\bar{x}} + A_2\bar{R} = 3.4995 + 0.58(0.0253) = 3.514$$

$$LCL = \bar{\bar{x}} - A_2\bar{R} = 3.4995 - 0.58(0.0253) = 3.485$$

20개의 $\bar{x}$관리도에 타점한 결과가 [그림 3A-4]이다. 모든 타점이 관리한계 내에 있으므로 프로세스는 안정되어 있다고 볼 수 있다.

그림 3A-4 $\bar{x}$ 관리도

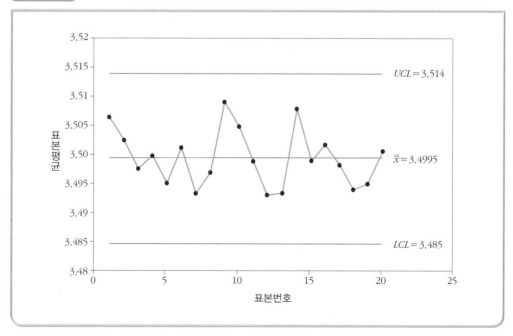

2. R관리도

R관리도는 프로세스 분산을 관찰하기 위하여 사용된다. 비록 모든 $\bar{x}$가 관리한계 내에 있더라도 프로세스가 불량품을 생산할 수 있다. 이러한 현상은 표본 내에 프로세스 분산이 크면 발생한다.

R관리도의 관리한계는 다음의 공식을 사용하여 구한다.

$$UCL = D_4\bar{R}$$
$$LCL = D_3\bar{R}$$

여기서 D_3, D_4의 값은 [표 3A-2]에서 구한다.

[표 3A-2]에 있는 서울컴퓨터(주)의 3.5인치 디스켓의 자료를 사용하여 R관리도의 관리한계를 계산하면 다음과 같다.

$$UCL = 2.11(0.0253) = 0.0534$$
$$LCL = 0(0.0253) = 0$$

20개의 범위를 관리도에 타점한 결과가 [그림 3A-5]이다.

그림 3A-5 R 관리도

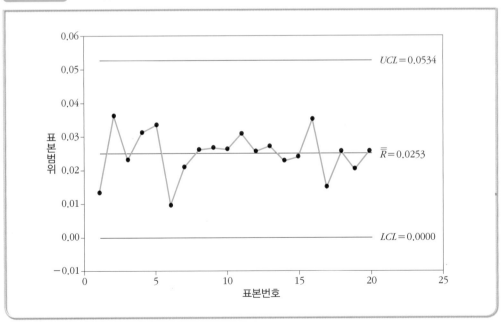

3A.4 계수형 관리도

계수형 관리도는 프로세스 특성을 셀 수 있을 때 사용한다. 이에는 불량률 관리도(P chart)와 결점수 관리도(C chart)가 대표적인 관리도이다. P관리도는 표본 속에 있는 불량품의 백분율을 이용하여 양품과 불량품으로 구별하고 이들을 셀 수 있을 경우에 사용되지만, C관리도는 일정한 면적에서 발견되는 결점수만 알 수 있을 경우에 사용된다. 예컨대 로트 속에 있는 유리병에 결점이 있는지를 검사하여 좋은 병과 나쁜 병으로 구분하여 세는 경우에는 P관리도가 사용된다.

그러나 일정한 기간 동안 발생한 사고 건수만 셀 수 있고 무사고 건수는 셀 수 없는 경우에는 C관리도가 사용된다.

1. P관리도

P관리도의 이론적 근거는 이항분포이지만 표본크기가 큰 경우에는 정규분포가 그의 근사치로써 사용된다.

P관리도의 중심선은 표본 속의 평균불량률(average fraction defective) $\bar{P}$이며 표본분포의 표준편차 $\hat{\sigma}_p$는 다음 공식을 사용하여 계산한다.

$$\hat{\sigma}_p = \sqrt{\frac{\bar{P}(1-\bar{P})}{n}}$$

$$\bar{P} = (P_1 + P_2 + \cdots + P_N)/N$$

따라서 관리한계는 다음 공식을 사용하여 구한다.

$$UCL = \bar{P} + z\hat{\sigma}_p$$
$$LCL = \bar{P} - z\hat{\sigma}_p$$

[표 3A-3]은 강남병원에서 15일 동안 무작위로 50명의 표본을 추출하여 실시한 간호보조원의 결석상황을 조사한 결과이다. [표 3A-3]을 이용하여 모든 조건이 정상적일 때 우연원인에 의한 결석률이 99.73%일 P관리도의 관리한

계를 구하면 다음과 같다.

$$\bar{P} = \frac{0.96}{15} = 0.064$$

$$\hat{\sigma}_p = \sqrt{\frac{0.064(1-0.064)}{50}} = 0.0346$$

$$UCL = 0.064 + 3(0.0346) = 0.1678$$

$$LCL = 0.064 - 3(0.0346) = 0$$

이러한 결과는 간호보조원의 평균결석률은 6.4%이고 16.78%까지의 변동은 현재의 조건에서 정상적이라고 생각된다는 것을 의미한다. 관리한계에 15개의 결석률을 타점한 결과는 [그림 3A-6]이다.

표 3A-3 · 강남병원의 간호보조원 결석상황

일	표본크기	결석자 수	결석률 P
1	50	4	0.08
2	50	3	0.06
3	50	2	0.04
4	50	4	0.08
5	50	2	0.04
6	50	5	0.10
7	50	3	0.06
8	50	4	0.08
9	50	6	0.12
10	50	2	0.04
11	50	3	0.06
12	50	2	0.04
13	50	1	0.02
14	50	3	0.06
15	50	4	0.08
합계	750	48	0.96

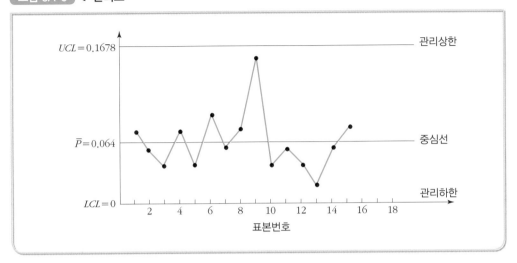

2. C관리도

　　단위당 결점수를 통제하기 위하여 사용되는 것이 C관리도이다. 단위는 자동차, 타이핑한 종이, 카펫의 롤(roll), 호텔방 같은 것으로서 이들은 양 또는 불량으로 구별하는 것이 비현실적이다. 식당, 백화점 혹은 은행이 제공하는 서비스도 마찬가지다. 따라서 이러한 경우에는 단위당 결점 수, 고객 100명당 불평수, 판매액 1,000만 원당 불평 수를 조사하여 성과를 평가할 수 있다.

　　C관리도의 이론적 근거는 포아송분포이다. 포아송분포의 사용은 결점이 연속적인 지역에 발생하고 어느 특정 지점에서 하나 이상의 결점이 발생할 확률이 무시할 만하다는 가정에 입각하고 있다.

　　단위당 평균결점 수는 $\bar{C}$이고 표준편차는 $\sqrt{C}$이므로 C관리도의 관리한계는 다음 공식을 사용하여 구한다.

$$UCL = \bar{C} + 3\sqrt{C}$$
$$LCL = \bar{C} - 3\sqrt{C}$$
$$\bar{C} = (C_1 + C_1 + \ldots + C_N)/N$$

　　[표 3A-4]는 경부고속도로상 서울과 대전 구간에서 201A년에 발생한 사고 건수이다. 이의 3σ관리한계를 구하면 다음과 같다.

경부고속도로상 서울과 대전 구간의 사고 건수

월	사고 건수	월	사고 건수	월	사고 건수
1	5	5	2	9	5
2	4	6	4	10	7
3	3	7	5	11	4
4	2	8	6	12	3

그림 3A-7 C 관리도

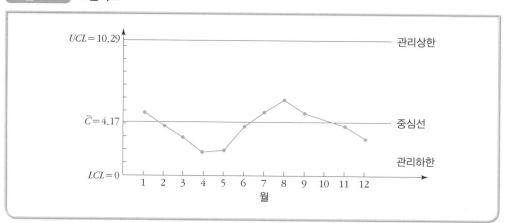

$$\bar{C} = \frac{50}{12} = 4.17$$

$$UCL = 4.17 + 3(\sqrt{4.17}) = 10.29$$

$$LCL = 4.17 - 3(\sqrt{4.17}) = 0$$

위에서 구한 관리한계에 사고 건수를 타점하면 [그림 3A-7]과 같다.

3A.5 6시그마 품질

1. 개념

품질이 우수한 일본 제품이 미국 제품을 압도하기 시작한 1980년대 이후 미국은 정부 차원에서뿐만 아니라 기업들도 품질향상을 위한 노력에 몰두하기 시작하였다. 이러한 시대적 배경에서 대두한 개념이 6시그마(σ)이다.

6시그마(six sigma)라는 용어는 1980년대 미국의 반도체 회사인 Motorola 회사가 높은 수준의 품질을 달성하기 위하여 처음 사용한 후 지금까지 수많은 기업들이 성공적으로 사용하여 오고 있다.

6시그마의 목적을 달성하기 위하여 Motorola는 회사의 모든 부문에서 품질에 관심을 가지고 노력하였다. 제품이 설계되기 전에 마케팅부서에서는 고객이 원하는 것을 제품특성으로 결정하고 생산부서에서는 제품설계, 제조 프로세스, 자재사용을 통해 제품특성을 정확하게 달성하려 하였다.

GE, Lockheed Martin, American Express, Texas Instrument와 같은 많은 기업에서 Motorola의 리더십을 따르고 6시그마 개념을 실현하였다. 이와 같이 6시그마 품질표준은 많은 산업에서 벤치마크(benchmark)가 되었다. 1990년대 이후 미국 경제가 되살아나고 경쟁력을 회복하는 데 크게 기여한 강력한 무기 중 하나가 바로 6시그마 계획의 실행이었다.

6시그마의 이념적 원리는 Deming과 Juran의 품질철학에 기반을 두고 있다. 그 후 수많은 기업에서 6시그마 방법론을 사용하여 엄청난 비용절감과 이익증가 등을 이룩하였다. 결과적으로 오늘날 6시그마는 가장 인기 있는 품질경영시스템의 하나가 되었다.

6시그마는 통계적 의미와 프로그램이라는 두 의미를 갖는다. 통계적 의미로 6시그마는 프로세스, 제품, 서비스에 있어 99.9997%의 높은 프로세스 능력을 보인다는 것이다.

기본적으로 6시그마는 프로세스에 내포된 변동의 부정적 효과를 제거하는 개선을 위한 기술적 도구와 전문지식을 제공하는 시스템이다. 6시그마는 계량적 자료를 사용하는 기술적 도구에 크게 의존한다. 이러한 프로세스 변동의 감소를 통한 성과의 증진은 거의 0에 가까운 불량률 감소, 제품품질과 서비스품질의 향상, 근로자 사기, 이익의 증가를 유도한다. 6시그마는 고객의 목소리(voice of customer)라는 개념과 통계적 프로세스 관리기법을 활용해서 품질문제를 해결하는 방법을 제공한다.

시그마(σ)란 프로세스의 표준편차를 의미한다. 즉 프로세스의 정규분포에서 평균 주위로 흩어진 특정 품질특성의 산포의 정도를 측정한다.

6σ계획이란 정규분포를 하는 프로세스에서 생산되는 품질특성치의 프로세스 평균(프로세스 중심)이 목표치에 위치하고 있다는 가정하에 품질분포의 프로세스 평균 μ로부터 $\pm 6\sigma$의 거리에 규격한계 S_L과 S_U가 있게 함으로써 양쪽

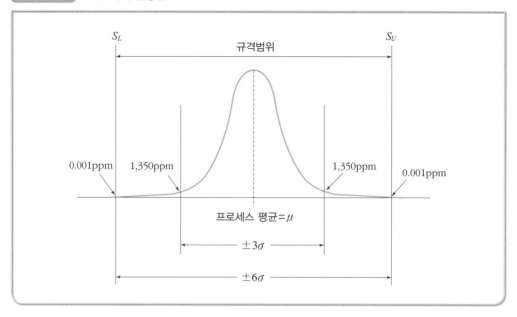

으로 각각 0.001ppm이 발생하여 결국 10억 개의 부품 중 오직 2개(2 parts per billion: 2ppb)의 불량품만을 허용하겠다는 것을 의미한다. 이는 [그림 3A-8]과 [표 3A-5]가 보여 주고 있다.

6시그마 품질의 아이디어란 프로세스 능력비율(process capability ratio: PCR)을 나타내는 C_p지수가 적어도 2보다 클 때까지 프로세스의 변동(σ)을 줄여야 한다는 것이다. 이를 반대로 말하면 6시그마 품질이 달성되려면 프로세스 변동이 규격폭(규격범위)의 1/2 이하여야 한다는 것이다.[1]

표 3A-5 규격한계와 불량품 수의 관계: 프로세스 평균과 목표치가 일치하는 경우

규격한계	양품률(%)	불량률(ppm)	C_p
$\pm\sigma$	68.27	317,300	0.33
$\pm2\sigma$	95.45	45,500	0.67
$\pm3\sigma$	99.73	2,700	1.00
$\pm4\sigma$	99.9937	63	1.33
$\pm5\sigma$	99.999943	0.57	1.67
$\pm6\sigma$	99.9999998	0.002	2.00

---

1 프로세스 능력이란 프로세스가 제품을 정해진 설계규격에 맞게 생산할 수 있는 능력을 말한다. 프로세스 능력을 측정하는 척도가 프로세스 능력비율 C_p인데 C_p가 클수록 프로세스 능력이 좋다는 것을 의미한다.

6시그마 품질: $C_p = \dfrac{S_U - S_L}{6\sigma} \geq 2$

여기서 S_U: 규격상한

S_L: 규격하한

[표 3A-5]에서 규격폭이 12σ일 때 $C_p = 2$임을 알 수 있다. 프로세스 평균이 목표치와 일치하는 정규분포라면 이는 2ppb를 의미한다.

예 3A-1.

종로직물주식회사에서는 염색 프로세스를 이용하는데, 그의 평균은 140°이고 표준편차는 1.5°라고 한다. 규격상한은 149°이고, 규격하한은 131°라고 할 때 이 프로세스는 6시그마 품질수준을 만족시키는가?

해답

$$C_p = \frac{S_U - S_L}{6\sigma} = \frac{149 - 131}{6(1.5)} = 2$$

$C_p = 2$이므로 프로세스는 6시그마 품질수준을 만족시킨다.

Motorola의 6σ관리는 규격이 $\pm 6\sigma$로 좁혀져 프로세스 평균과 목표치가 일치할 때는 불량률이 0.002ppm, 즉 99.9999998%의 제품이나 서비스는 규격 내에 드는 양품이 됨을 의미하지만 실제적으로 재료, 작업자, 방법, 환경, 측정 등 여러 가지 요인으로 인하여 프로세스 평균이 목표치로부터 $\pm 1.5\sigma$까지 벗어나는 경우가 일반적인데, 이때 6σ관리는 [표 3A-6]에서 보는 바와 같이 불량률이 3.4ppm으로 증가함을 의미한다. 즉 평균이 $\pm 1.5\sigma$를 벗어나더라도 불량품은 3.4ppm으로서 아주 작은 값이다.

표 3A-6 규격한계와 불량품 수의 관계: 프로세스 평균이 목표치로부터 1.5σ 벗어난 경우

규격한계	양품률(%)	불량률(ppm)	C_{pk}
$\pm\sigma$	30.23	697,700	-0.167
$\pm 2\sigma$	69.13	308,700	0.167
$\pm 3\sigma$	93.32	66,810	0.500
$\pm 4\sigma$	99.3790	6,210	0.834
$\pm 5\sigma$	99.97670	233	1.167
$\pm 6\sigma$	99.999660	3.4	1.500

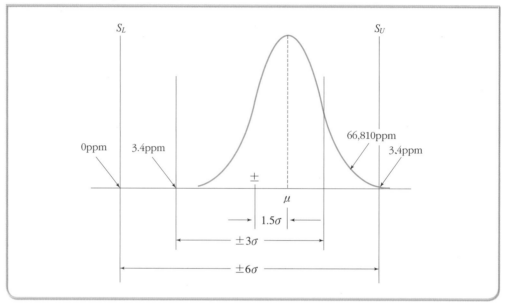

그림 3A-9 $\mu = \dfrac{S_L + S_U}{2} + 1.5\sigma$인 경우의 ppm

[그림 3A-9]는 $\mu = \dfrac{S_L + S_U}{2} + 1.5\sigma$인 경우를 보여 주고 있다.

이와 같이 프로세스 평균이 목표치로부터 오른쪽으로 1.5σ 이동하는 경우 규격상한을 벗어나는 불량률은 다음과 같이 계산한다.

$$P(x > S_U) = P\left(Z > \frac{S_U - \mu}{\sigma}\right) = P\left(Z > \frac{S_U - \left\{\frac{S_U + S_L}{2} + 1.5\sigma\right\}}{\sigma}\right)$$

$$= P\left(Z > \frac{\frac{S_U + S_L}{2} - 1.5\sigma}{\sigma}\right) = P\left(Z > \frac{6\sigma - 1.5\sigma}{\sigma}\right)$$

$$= P(Z > 4.5) = 0.00000340$$

2. 6시그마와 TQM의 관계

6시그마는 종합적 품질시스템을 실행하는 데 필요한 청사진을 제공한다. 6시그마는 TQM이라고 하는 많은 기본적 개념들을 실현하는 것이다. 6시그마는 지난 20여 년 동안 GE 같은 큰 기업에서 성공을 거두었지만 새로운 개념은 아니다. 6시그마는 사실에 기초한 경영환경에서 폭넓게 사용되어 온 기본적이고 정교한 품질향상 및 관리 도구를 사용한다. 6시그마 방법론은 TQM 철학과 지속적 품질향상 도구를 이용한다. 즉 6시그마는 개선에 필요한 인적 요소와 프로세스 요소를 통합한다. 여기서 인적 요소에는 경영층 리더십, 결과와 고객에의 초점, 팀 프로세스, 문화변화 등이 포함되고 프로세스 요소에는 프로세스 관리기법의 사용, 변동분석과 통계적 방법의 사용, 정교한 문제해결 기법의 사용 등이 포함된다.

그러나 6시그마는 전통적인 TQM 같은 접근법을 재포장하는 것이 아니다. 6시그마라는 용어는 3.4ppm이라는 통계적 측정치에 기초한다. 기업에서 6시그마 철학을 채택하는 기본적인 이유는 모든 핵심적인 프로세스에서 6시그마 수준의 능력을 가지려는 것이다. 6시그마는 TQM과 근본적인 차이점을 갖는다.[2]

- TQM이 작업자 임파워먼트와 팀워크에 크게 의존하는 반면, 6시그마는 기업의 리더 챔피언이 주도한다.
- TQM활동은 일반적으로 기능, 프로세스, 작업장과 관련이 있지만, 6시그마 과제는 다기능적이다. TQM은 관리적 접근법이다. 즉 전 조직이 고객이 중요시하는 모든 품질분야에서 아주 우수성을 갖도록 관리된다. 6시그마는 뒤에 설명할 현존 프로세스 향상 기법인 DMAIC와 새로운 프로세스/제품개발 노력인 DMADV를 이끌 특정 프로세스를 갖는다.
- TQM훈련은 일반적으로 단순한 향상 도구와 개념에 국한되어 있지만, 6시그마는 매우 정교한 고급 통계방법과 DMAIC와 같은 문제해결 방법론에 집중한다.
- TQM은 재무적 성과에는 큰 관심을 두고 있지 않지만, 6시그마는 높은 투자수익률을 추구하려 한다.

기업에서 품질문제의 90%는 기본적인 품질도구를 사용하여 해결할 수 있지만 나머지인 거의 10%는 6시그마 방법과 같은 높은 훈련을 받은 전문가들이 분석기법을 사용하여 해결해야 한다. 기업 내에 전문가가 없어 해결할 수 없는 약간의 문제들은 외부 전문가에 의뢰하여야 한다. 이러한 내용은 [그림 3A-10]에서 보는 바와 같다.

전문가 훈련과 프로젝트 해결에 집중해야 하기 때문에 재무적 자원이 많이 소요되는 관계로 6시그마 방법론은 주로 대기업에서 채택되고 있다. 그럼에도 불구하고 6시그마 아이디어와 개념은 크기나 형태에 관계없이 모든 산업체에 적용할 필요가 있다고 본다.

---

2 James R. Evans & Lindsay William M., *The Management and Control of Quality*, 8th ed. (South-Western), p. 135.

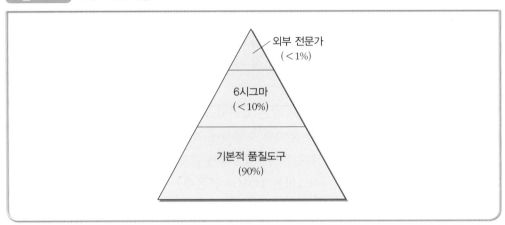

3. 6시그마 프로그램

프로세스 향상을 위한 방법론으로서 6시그마는 넓은 의미를 갖는다. Motorola는 6시그마 방법론을 다음과 같은 사항에 관해 집중하는 향상 방법론이라고 정의하고 있다.

- 고객요구(customer requirements)의 이해와 관리
- 이러한 요구를 달성하기 위한 핵심 프로세스의 협조
- 프로세스에서의 변동을 최소화하기 위한 자료분석기법의 활용
- 지속적인 프로세스 향상 노력의 추진

처음 두 개의 사항은 프로세스 향상 노력은 고객의 니즈에 의해서 추진되어야 함을 강조한다. 여기서 고객이란 조직 내·외의 고객을 의미한다. 세 번째 사항은 자료분석 도구를 사용하여 사실에 기초한 건의가 이루어져야 함을 강조한다. 네 번째 사항은 이러한 노력을 효율적이고 적시에 수행할 장치가 마련되어 있어야 함을 의미한다.

6시그마 방법론은 프로젝트 팀이 추구하는 특정 과정을 갖는다. 따라서 여기서는 6시그마의 기술적 측면과 인적 측면을 설명하고자 한다.

■ 기술적 측면

6시그마 개념을 도입하는 데는 두 가지 측면이 있다. 첫째는 품질문제를

규명하고, 둘째는 그의 원인을 제거하는 데에 기술적 도구를 사용한다는 것이다. 사실 6시그마 개념은 계량적 자료를 사용한다. 이러한 기술적 도구에는 통계적 품질관리(statistical quality control: SQC)와 문제해결도구(problem-solving tools)를 포함한다.

개념적으로 6시그마는 불량품의 발생을 줄이고, 비용과 시간을 줄이며, 고객만족을 증진시키고자 하는 프로그램(program)이라고 할 수 있다. 6시그마 방법론을 사용하면 고객에 가치를 제공할 능력을 향상시킨다. 즉 프로세스 흐름을 촉진하여 사이클 타임을 단축시키고 생산성을 향상시키고 제품이나 서비스의 신뢰성(reliability)을 제고시킨다. 이러한 변화들로 고객에게는 가치를 증진하고 기업에는 재무성과를 호전시킨다. 이러한 목적을 달성하기 위해서 여러 가지 도구와 기법을 사용한다.

6시그마 프로그램은 원래 품질향상을 위한 기법으로 출발하였지만 지금은 설계, 생산, 고객 서비스, 재고관리, 배송 등에 폭넓게 적용되어 저비용, 시간 절약, 고객만족을 유도하고 수익성을 증진하여 궁극적으로 기업의 경쟁력을 강화하는 수단으로 사용되고 있다. 이와 같이 6시그마는 경영의 모든 부문에서 결점예방을 위한 전략으로 발전되어 왔다.

다시 말하면 6시그마 프로그램의 기술적 측면은 현행 프로세스의 성과를

그림 3A-11 6시그마 문제해결 절차

Define, Measure, Analyze(Plan)

1. 핵심 품질특성인 주요 프로세스 출력변수를 선정한다.
2. 시간의 경과에 따라 이들 변수를 어떻게 추적할 것인가를 결정한다.
3. 프로젝트 또는 프로세스의 현재 성과를 결정한다. 현재의 프로세스 능력을 계산한다.
4. 출력변수를 이끄는 주요 프로세스 입력변수를 찾아낸다.
5. 변동의 원천을 규명한다.
6. 출력변수에 긍정적 영향을 미칠 입력변수의 필요한 변화를 결정한다. 성과의 목표를 정의한다.
   Improve(Do)
7. 변화를 추구한다. Control(Study, Act)
8. 변화가 출력변수에 긍정적 영향을 미쳤는지 결정한다. 새로운 프로세스 능력을 평가한다.
9. 변화가 성과향상에 긍정적 결과를 가져오면 입력변수의 관리를 새로운 수준에서 시행한다. 성과향상을 가져오지 않으면 절차 5로 돌아간다.
10. 프로세스 통제를 시행한다.

자료: Donna Summers, *Quality Management*, 2nd ed.(Pearson, 2009), p. 71.

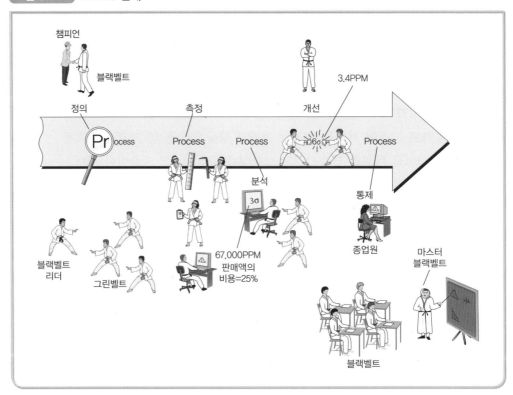

개선하고, 프로세스 변동을 줄이며, 통계적 방법을 사용하고 DMAIC라고 하는 프로세스 개선모델(process improvement model)을 사용하는 것이다. 이러한 방법은 [그림 3A-11]에서 보는 바와 같이 Deming의 PDSA 사이클과 아주 흡사하다.

DMAIC란 [그림 3A-12]에서 보는 바와 같이 다섯 단계를 거친다.

① 향상활동 목적의 정의(define)

6시그마 프로세스를 개선할 프로젝트를 우선 선정하고 그의 목표와 범위를 결정한다. 프로젝트는 문제의 증상에 따라 선정된다. 프로젝트가 선정되면 문제를 분명히 정의해야 한다. 예를 들면 무엇이 문제인가? 문제의 규모가 어느 정도인가? 언제, 어디서, 어떤 상황에서 발생하는가? 등을 밝혀야 한다.

정의 단계에서 고객이 누구이며 그들의 요구사항이 무엇인지, 그리고 제품이나 서비스의 성과에 큰 영향을 미치는 핵심품질특성(critical-to-quality characteristics: CTQ)을 규명해야 한다. 여기서 CTQ에 영향을 미치는 중요 프로세스를 찾아내고 개선토록 해야 한다.

② 현존 프로세스의 측정(measure)

프로세스 결과를 정의하기 위해서는 프로세스 지도를 사용한다. 프로세스 지도를 사용하는 목적은 가치를 부가하지 않는 활동을 찾아내려는 것이다. 측정단계에서 하는 주요 내용은 지도를 통해 찾은 개선대상 프로세스의 CTQ를 나타내는 종속변수 Y와 이에 영향을 미치는 주요 투입변수인 독립변수 X의 함수관계를 다음과 같이 표현하려는 것이다.

$$Y = f(X)$$

이 함수적 관계를 나타내기 위해서는 신뢰할 만한 측정시스템을 이용하여 생산 프로세스로부터 측정이나 관찰을 통해 자료를 수집해야 한다.

③ 프로세스의 분석(analyze)

불량, 실수, 과도한 변동이 왜 프로세스에서 발생하였는지 근본원인(root cause)을 찾기 위하여 5왜, 브레인스토밍, 특성요인도, 계통도 같은 기법을 사용하여 분석한다.

잠재적인 소수의 핵심인자를 추출하면 실험을 실시하여 이들이 옳게 추출되었는지 확인하기 위하여 자료를 수집·분석하고 가설검정 같은 통계분석을 실시한다.

④ 프로세스의 개선(improve)

문제의 근본원인이 규명되면 이를 해결하고 프로세스와 CTQ를 개선할 아이디어를 찾아 실행해야 한다. 개선방안을 강구하기 위해서는 브레인스토밍, 체크리스트, 창의적 문제해결 기법, 벤치마킹 등과 같은 방법을 활용할 수 있다.

잠재적 해결방안이 제안되면 CTQ와 핵심 프로세스 변수에 긍정적 영향을 미치는 가장 효율적인 개선방안을 선택하고 이들 변수의 최대허용 범위를 설정한다. 주요 변수의 불규칙한 변동이 이 범위 내에 들어가도록 프로세스를 변경한다.

⑤ 새로운 프로세스의 통제(control)

6시그마를 통해 개선된 프로세스를 유지하고 관리하기 위해 개선사항을 표준화하고 절차를 수립하고, 작업자들을 훈련하도록 한다. 한편 주기적으로 모니터링을 통해 개선안의 이행방법과 개선된 상태의 유지를 확인해야 한다.

처음 세 단계는 현행 프로세스의 고찰을 의미하고, 마지막 두 단계는 프로세스의 변화를 추구한다. 모든 단계는 프로세스 성과를 측정하고 프로세스 문제의 근본 원인을 분석하는 데 계량적 도구를 사용한다. PDSA 사이클처럼 DMAIC의 모든 단계는 끊임없이 진행하는 순환과정이다.

위에서 설명한 6시그마 방법론과 DMAIC 접근법은 현존 프로세스의 개선을 위해 사용된다. 6시그마 방법론 중에는 완전히 새로운 제품이나 프로세스를 개발하는 데 사용되는 DMADV 접근법도 있다. DMADV 접근법은 DMAIC 접근법과 같이 팀으로 하여금 자료분석기법을 사용하도록 강조한다.

① 프로젝트 목적의 정의(define)

새로운 제품이나 프로세스를 개발하기 위한 팀은 그러한 노력이 적시에 효율적으로 수행되도록 프로젝트의 범위를 정해야 한다. 어떤 제품이나 서비스를 누구에게 제공하려는가?

② 고객 니즈와 규격의 측정(measure) 및 결정

목표고객(targeted customers)들이 원하는 품질수준, 운송, 비용, 기타 관심사항을 측정한다. 이때 시장조사기법이나 품질기능전개(QFD)와 같은 기법이 사용된다.

③ 고객 니즈를 달성할 제품 또는 프로세스들의 분석(analyze)

고객요구를 만족시킬 수 있는 여러 가지 옵션을 분석한다.

④ 제품 또는 프로세스의 설계(design)

고객요구를 만족시킬 가장 알맞은 옵션을 선정하여 실제로 설계단계로 들어간다.

⑤ 새로운 제품 또는 프로세스의 실증(verify)

팀은 결과를 입증해야 한다. 제품이나 프로세스가 원하는 대로 수행하는가? 목표고객의 니즈를 만족시키는가?

■ 인적 측면

6시그마 프로그램의 인적 측면은 기업의 모든 구성원의 참여를 의미한다. 모든 종업원들은 기술적 도구를 사용하는 방법을 훈련받고 품질문제를 발본색원할 책임을 갖는다.

6시그마를 효과적으로 이끌기 위해서는 전문가가 필요한데, 이들은 조직에서 우수한 사람들에게 수여하는 벨트 인증을 받아야 한다. 6시그마 전문가로는 챔피언(champion), 마스터 블랙벨트(master black belt), 블랙벨트(black belt), 그린벨트(green belt), 화이트벨트(white belt) 등이 있다.

6시그마 조직의 구조는 [그림 3A-13]에서 보는 바와 같다.

• 리더십 팀: 기업의 경영층으로서 6시그마 팀이 수행할 프로젝트를 승인할 전적인 책임을 갖는다.
• 챔피언: 전문가 중에서 가장 직위가 높은 최종책임자로서 6시그마 활동을 총괄한다. 6시그마 프로젝트(과제)를 선정하고 경영혁신문화를 이끌

그림 3A-13 6시그마 조직의 구조

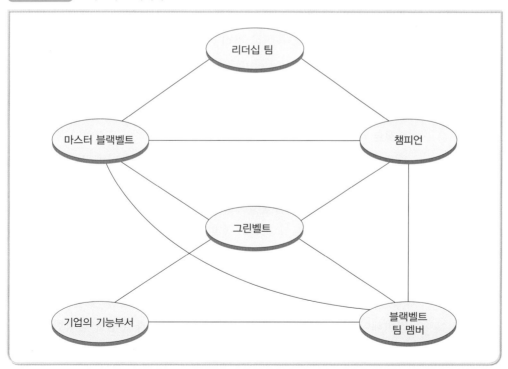

자료: Douglas Montgomery, Jenmings Cheryl & Michele Pfund, *Managing, Controlling, and Improving Quality* (John Wiley & Sons, 2011).

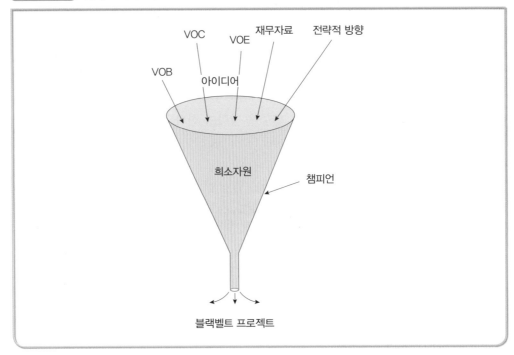

추진력과 창의력을 갖추어야 한다. 프로젝트 아이디어를 분석하기 위해 서는 기업의 목소리(voice of the business: VOB), 고객의 목소리(voice of the customer: VOC), 종업원의 목소리(voice of the employee: VOE) 등으로부터 정보를 입수해야 한다. 이는 [그림 3A-14]에서 보는 바와 같다. 프로젝트 수행에 필요한 블랙벨트와 다른 팀 멤버를 구성하고 필요한 자원을 조달하는 일을 한다. 또한 프로젝트가 스케줄대로 진행하도록 통제하는 역할을 수행한다.

• 마스터 블랙벨트: 선임 블랙벨트로서 6시그마 활동을 통합·조정하고 블랙벨트와 화이트벨트의 교육과 훈련을 담당한다. 기술적 리더로서 챔피언이나 리더십 팀과 함께 일을 하면서 프로젝트 선정, 검토, 컨설팅을 담당한다.

• 블랙벨트: 프로젝트 팀의 리더로서 문제해결능력과 통계적 분석능력을 겸비해야 한다. 그린벨트와 화이트벨트의 교육과 훈련을 담당한다.

• 그린벨트: 6시그마 활동의 필요에 따라 참여한다. 블랙벨트로부터 지시, 교육, 훈련을 받는다.

• 화이트벨트: 가장 초보적인 벨트를 인증받고 6시그마 활동의 필요에 따라 참여한다.

4. 6시그마 프로그램의 발전과정

많은 기업에서는 6시그마의 잠재적 혜택을 이해하고 그의 원리와 방법을 채택하게 되었다. 그런데 기업에서는 시간이 흐름에 따라서 목표로 하는 초점이 진보해 왔다. 6시그마의 발전과정은 제 I 세대, 제 II 세대, 제 III 세대로 구분할 수 있다.

제 I 세대에서는 불량 제거와 변동감소에 초점을 맞추었다. 1987년부터 1992년까지 Motorola에서는 1,300%의 불량감소에 성공하였다.[3] 이러한 성공으로 다른 많은 기업들이 이런 접근법을 채택하는 계기가 되었다.

제 II 세대에서는 제 I 세대에서 강조했던 불량 제거와 변동감소 외에 비용절감을 통한 사업성과를 증진시키는 프로젝트와 활동에 관심을 두게 되었다. GE는 제 II 세대의 리더라고 인정받고 있다.

제 III 세대에서는 이들 이외에 추가로 기업과 이해당사자들에 대한 가치부여에 초점을 맞추기 시작하였다. 가치를 창조한다는 것은 여러 가지 형태를 취할 수 있지만, 예를 들면 주가와 배당의 상승, 고용유지, 시장확대, 새로운 제품의 개발, 고객만족 수준의 상승 등을 들 수 있다. Bank of America는 제 III 세대의 예라고 할 수 있다. 오늘날 6시그마 개념은 전통적인 제조업의 경계를 넘어 서비스업이나 정부기관에서도 널리 채택하고 있는 실정이다. 한편 6시그마는 한 기업에만 적용되는 것이 아니고 그의 전체 공급사슬(supply chain)에도 전파되고 있는 상황이다.

---

3 Douglas Montgomery, Jenmings Cheryl & Michele Pfund, *Managing, Controlling, and Improving Quality*(John Wiley & Sons, 2011), p. 48.

1. 품질변동의 원인을 설명하라.

2. 관리도의 기본원리를 설명하라.

3. 6시그마 프로그램을 설명하라.

4. 계속 프로세스를 사용하여 80cm의 길이를 갖는 알루미늄통을 자른다. $n=5$인 표본을 6개 랜덤으로 추출하여 검사한 결과는 다음 표와 같다. $\bar{x}-R$관리도를 그리고 이 프로세스가 안정상태인지 밝혀라.

표본군	x_1	x_2	x_3	x_4	x_5
1	79.2	78.8	80.1	78.6	81.0
2	80.5	78.9	81.0	80.4	80.1
3	79.6	79.6	80.4	80.3	80.8
4	78.9	79.4	79.7	79.4	80.7
5	80.5	79.6	80.5	80.8	78.8
6	79.8	80.6	80.6	80.0	81.1

5. 자동기계로 3인치 너트(nut)를 생산한다. 다음의 표본자료와 $n=200$을 사용하여 2σ 한계를 갖는 P관리도를 작성하라. 이 프로세스는 안정적인가? 만일 아니면 한계를 벗어나는 값을 제거하고 다시 새로운 한계를 작성하라.

표본 수	1	2	3	4	5	6	7	8	9	10	11	12	13
불량품 수	1	2	2	0	2	1	3	0	1	7	4	3	1

6. 영동우체국은 매일 우편물배달에 대한 불평을 접수한다. 매일의 불평이 포아송분포를 따른다고 가정하고 3σ 한계를 갖는 C관리도를 작성하라. 이 프로세스는 안정적인가?

표본 수	1	2	3	4	5	6	7	8	9	10	11	12	13	14
불량품 수	4	10	14	9	8	5	6	11	13	8	6	5	3	10

7. 다음 자료를 이용하여 $\bar{x}$관리도와 R관리도를 작성하라. 이 프로세스는 통계적으로 안정되어 있는가?

표본번호	x_1	x_2	x_3	x_4	표본번호	x_1	x_2	x_3	x_4
1	6	9	10	15	11	8	12	14	16
2	10	4	6	11	12	6	13	9	11
3	7	8	10	5	13	16	9	13	15
4	8	9	6	13	14	7	13	10	12
5	9	10	7	13	15	11	7	10	16
6	12	11	10	10	16	15	10	11	14
7	16	10	8	9	17	9	8	12	10
8	7	5	10	4	18	15	7	10	11
9	9	7	8	12	19	8	6	9	12
10	15	16	10	13	20	14	15	12	16

8. 다음은 Excel 은행 성동지점에서 12시부터 1시까지 점심시간 동안 고객들이 텔러 서비스를 받기 위해 기다리는 시간을 측정한 자료이다.

일	측정치(분)			
1	3.4	5.9	7.2	6.1
2	4.6	3.4	2.7	6.3
3	4.9	6.2	7.8	8.7
4	2.6	3.9	4.8	5.2
5	4.0	3.7	3.0	5.2
6	5.7	4.7	4.1	4.6
7	8.8	5.5	8.4	6.9
8	5.8	5.3	6.6	4.7
9	6.2	9.1	8.9	8.3
10	9.7	4.6	4.8	5.8
11	7.4	5.4	8.0	4.4
12	5.5	7.3	3.2	6.0
13	4.2	3.3	8.7	5.6
14	8.4	7.9	4.9	7.2
15	7.1	6.3	8.2	5.5
16	7.0	6.9	5.8	7.1
17	6.7	6.9	7.0	9.4
18	4.9	3.2	6.3	5.5
19	5.1	4.9	3.2	7.6
20	8.0	7.2	4.1	5.9

① 3σ의 $\bar{x}$관리도와 R관리도를 그려라.
② 이 프로세스는 안정적인지 밝혀라.

9. 다음은 칠성콜라(주)에서 22일 동안 하루에 기계를 사용하여 1.5리터짜리 병에 콜라를 제대로 채운 병 수(F)와 받아들일 수 없는 병 수(U)를 기록한 자료이다. 받아들일 수 없는 병 수의 비율을 나타내는 3σ의 P관리도를 그려라.

일	F	U	일	F	U
1	5,000	63	12	5,000	64
2	5,000	72	13	5,000	70
3	5,000	61	14	5,000	47
4	5,000	66	15	5,000	59
5	5,000	51	16	5,000	75
6	5,000	66	17	5,000	71
7	5,000	78	18	5,000	68
8	5,000	37	19	5,000	78
9	5,000	43	20	5,000	88
10	5,000	51	21	5,000	83
11	5,000	87	22	5,000	82

10. 다음은 무궁화 자동차를 생산하는 회사에서 차체에 발생하는 페인트 흠을 관리하기 위하여 무작위로 10대씩의 자동차를 30회 추출하여 흠을 조사한 자료이다. 3σ의 C관리도를 그려라.

표본번호	흠의 수	표본번호	흠의 수
1	8	16	8
2	10	17	28
3	6	18	16
4	16	19	6
5	12	20	30
6	14	21	14
7	10	22	8
8	14	23	12
9	18	24	8
10	8	25	10
11	10	26	18
12	12	27	12
13	6	28	6
14	4	29	16
15	10	30	14

제 **3** 편

수요예측

제 **4** 장 _ 수요예측

예측이란 어떤 변수의 미래 수준의 전망치이다. 여기서 변수는 수요, 공급, 가격, 이자율, 기술 등이 될 수 있다.

수요예측이란 한 회사 제품이나 서비스가 미래에 얼마나, 어디에서 팔릴 것인지 가늠하는 것이다. 이러한 수요예측은 가장 중요한 여러 가지 계획결정의 기초가 된다.

예측이란 불확실한 과정이다. 미래가 어떻게 변화할지 꾸준히 예측하는 것은 사실 불가능한 일이다. 요즘의 국제경영 환경에서 소비자들은 다양한 제품선택권을 행사할 수 있으며, 이 선택의 기초로 삼는 많은 정보에 접하고 있다. 특히 빠른 기술개발로 많은 상품이 쏟아져 나오기 때문에 수요를 정확하게 예측한다는 것은 무척 어려운 일이다. 제조업체의 경우 수요예측에 오류가 발생하더라도 잔업, 아웃소싱, 안전재고 등으로 어느 정도 커버할 수 있지만 서비스기업의 경우에는 재고가 불가능하기 때문에 수요를 제때에 만족시키지 못하여 서비스의 질을 저하시킬 가능성이 높다. 따라서 서비스 수요에 대한 정확하고 체계적인 예측과정이 수반되어야 한다.

이에 따라 다양한 예측기법이 개발되어 수요를 좀 더 정확하게 예측하려는 노력이 진행되고 있다. 미래가 예측된 대로 진행하지는 않더라도 예측노력을 소홀히 해서는 안 되며, 예측에 의하지 않고 어떤 의사결정을 해서도 안 된다. 수요예측은 기업이 장기적 생산능력(capacity) 결정, 연도별 사업계획, 단기적 총괄계획(aggregate planning)과 공급사슬 활동을 결정할 때 맨 먼저 수행해야 하는 과제이다. 예를 들면 환자수요를 우선 예측하지 않고 병원의 물리적 크기나 의사의 수를 결정할 수 없는 것이다.

본장에서는 수요예측의 중요성, 수요에 영향을 미치는 제 요소들을 공부한 후 각종 예측기법을 공부할 것이다. 공급사슬 내의 모든 파트너들은 수요예측을 할 때 서로 협조하여야 하류로부터 상류로 올라갈수록 수요가 부풀려지는 채찍효과(bullwhip effect)를 방지할 수 있다. 이 점에 대해서는 제9장에서 좀 더 자세히 공부할 것이다.

4.1 수요예측의 원리

여러 가지 수요의 예측모델이 사용된다. 이들은 복잡성, 사용하는 자료의 양, 예측치를 구하는 방식에서 차이가 있다. 그러나 모든 예측모델에는 다음과 같은 공통적인 특성이 있다.

첫째, 미래수요, 공급, 가격 등의 예측치는 거의 정확하지 않다. 여러 요인이 이에 영향을 미치고 미래상황은 불확실하기 때문에 예측오차(forecast error, 예측치와 실제치의 차이)는 언제나 발생한다. 따라서 기업에서는 예측방법을 사용하여 근사한 예측치를 얻도록 해야 한다.

둘째, 개별 제품보다 제품 그룹의 예측치가 더욱 정확하다. 개별 제품의 자료가 불안정하더라도 제품 그룹의 자료는 안정적이다. 제품을 그룹화하면 개별 제품의 증감변동을 상쇄하기 때문이다.

셋째, 장기예측보다 단기예측의 경우 더욱 정확하다. 단기의 경우 예측변수에 영향을 미치는 요인들의 변화가 비교적 약하기 때문이다. 단기에 있어서는 자료의 변동이 심하지 않은 반면 장기의 자료는 패턴이나 관계가 변동할 가능성이 높다. 예를 들면 다음 달의 개스(gas)의 값을 예측하는 것은 지금의 경제적, 정치적 환경을 고려하여 비교적 쉽게 하지만 10년 뒤의 값을 예측하는 것은 이러한 요인 외에도 기술적 요인 등 여러 요인을 고려해야 하기 때문에 더욱 어렵고 부정확하다.

4.2 수요예측의 전략적 중요성

예측을 잘 하면 이는 기업의 모든 측면에 아주 긍정적인 영향을 미친다. 예측이란 실제수요를 알기 전의 수요 추정치이다. 따라서 수요예측은 많은 분야의 결정을 유도한다. 한 기업의 공급사슬은 모든 공급업자들로부터 고객들에 이르기까지 제품생산에 관련된 시설, 기능, 활동 모두를 활용한다. 공급사

그림 4-1　수요예측과 각종 계획과의 관계

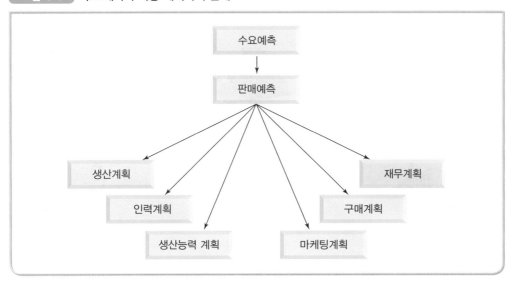

슬 기능에는 구매, 재고, 생산, 스케줄링, 시설입지, 수송, 분배 등이 포함된다. 그런데 이러한 기능들은 단기적으로는 제품수요에 의해 영향을 받고 장기적으로는 신제품과 프로세스, 기술진보, 시장변화 등에 의하여 영향을 받는다.

　수요예측은 공급사슬에 걸쳐 [그림 4-1]에서 보는 바와 같이 각종 전략적 계획을 수립하는 데 필요한 기초자료를 제공한다. 수요예측에 입각하여 판매예측(sales forecast)이 이루어진다. 판매예측은 어느 기업의 미래 판매량을 추산하는 것으로, 그 기업의 각종 전략적 계획수립에 필요한 기초자료를 제공한다. 제품의 판매는 수익을 수반하기 때문에 판매예측은 현금유입(cash inflow)의 예측에 이용되어 재무계획을 수립하는 데 도움을 준다.

　또한 판매예측은 인력소요량을 추산케 하여 인력을 채용하고 해고하고 훈련하는 인력계획을 수립케 하는 동시에, 필요한 원자재를 구입하고 시설을 확장하는 데 따른 현금유출(cash outflow)에 관한 재무계획의 수립에 필요한 자료를 제공한다.

　판매예측은 생산계획과 능력계획 등 생산관리자의 결정에 이용된다. 단기예측(1년 미만이지만 보통 분기)은 생산 스케줄링 등 매일매일의 업무적 결정을 하는 데 이용된다. 중기예측(1년에서 3년)은 인력, 자재 및 장비 등 필요한 시설을 규명하는 중기계획(총괄계획)을 수립하는 데 이용된다. 한편 장기예측은 생산능력(공장규모), 프로세스 설계, 장비와 기술의 도입, 입지, 새로운 제품이나 서비스의 개발 등 장기적이고 전략적인 결정에 이용된다. 프로세스 설계 시 프

그림 4-2　부정확한 수요예측의 영향

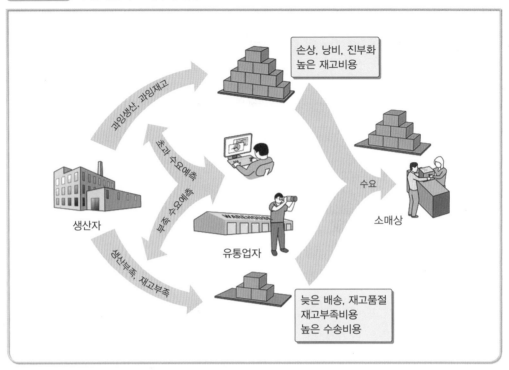

손상, 낭비, 진부화
높은 재고비용

과잉생산, 과잉재고

초과 수요예측

수요예측 부족

생산부족, 재고부족

생산자

유통업자

수요

소매상

늦은 배송, 재고품절
재고부족비용
높은 수송비용

자료: R. S. Russell and B. W. Taylor Ⅲ, *Operations and Supply Chain Management*, 8th. ed.(John Wiley & Sons, Inc., 2013), p. 371.

로세스의 유형과 자동화의 정도를 결정하는 데 수요예측이 이용된다. 생산능력이 수요에 비하여 불충분하면 고객을 상실하고 시장점유율에 타격이 온다.

한편 제품수요로부터 원자재 혹은 부품, 노동시간, 기계시간, 에너지 등의 소요량을 계산할 수 있으므로 결국 생산 투입물들의 구매계획 및 재고계획을 수립하는 기초가 된다.

한편 정확한 수요예측은 자재와 부품을 공급하는 업자로 하여금 시설계획을 수립할 근거를 제시하게 된다. 제품의 수요예측은 필요한 재고량, 생산량, 공급업체로부터의 자재구입량을 결정한다. 수요예측이 정확하지 않으면 공급사슬의 각 단계에서 고객수요의 불확실성을 보상하기 위하여 과잉재고가 쌓이게 되고, 반대로 재고가 충분치 않으면 품절이나 늦은 납품으로 고객 서비스가 타격을 받아 글로벌 경쟁에서 뒤처지게 된다. 또한 부정확한 수요예측과 생산계획은 판매액, 수익성, 고객관계 등에 부정적 영향을 미친다. [그림 4-2]는 수요예측이 부정확함에 따라 공급사슬에 미치는 부정적 영향을 나타내고 있다.

이와 같이 수요예측은 자재와 완제품의 재고수준에 영향을 미칠 뿐만 아니라 제조와 배송의 리드타임, 인력고용 그리고 고객만족에 영향을 미치기 때문에 정확한 수요예측을 위한 노력이 필요하다.

4.3 수요예측 기법 : 질적 방법

수요예측을 위해서는 일반적으로 두 가지의 접근방법이 있다. 첫째는 정성적 방법, 즉 질적 방법(qualitative method)이고, 둘째는 계량적 방법(quantitative method)이다. 그런데 계량적 방법은 다시 시계열분석방법(time series analysis)과 인과형 예측방법(causal method)으로 나눌 수 있다.

질적 방법은 조직 내·외의 전문가들의 경험이나 판단과 같은 주관적인 요소에 의하여 이루어지므로, 주관적 방법(subjective method) 또는 추측적 방법(predictive method)이라고도 한다. 이러한 방법에서는 과거의 수요패턴은 거의 고려되지 않는다. 따라서 중·장기예측에 많이 쓰인다.

계량적 방법에서는 경험, 판단력, 통찰력, 직관, 육감 같은 주관적 요소는 계량화할 수 없으므로 거의 제외시키고, 예측하고자 하는 품목에 관한 과거의 객관적 자료에 통계적 기법을 일정한 룰에 따라 사용하므로 객관적 방법(objective method)이라고도 한다. 시계열분석방법은 역사적 수요패턴이나 그의 변화를 분석하며, 인과형 방법은 역사적 자료에 입각하여 변수들 사이의 특정 관계를 규명함으로써 수요를 예측하는 방법이다. 중·단기예측을 위해서는 계량적 방법이 주로 사용된다.

수요예측을 빨리 해야 하기 때문에 계량적 자료를 수집하여 분석할 시간이 없거나, 과거의 자료가 미래의 상황을 예측하는 데 믿을 만하지 않다든가, 지금까지 없었던 새로운 제품 — 예컨대 배터리를 이용하는 전기차 — 의 도입이나 기존제품의 새로운 설계로 인하여 역사적 자료가 없다든지, 또는 생산능력계획과 같은 전략적 장기계획을 수립하기 위해서는 질적 방법이 사용된다.

질적 방법은 다음과 같이 다섯 가지로 나눌 수 있다.

- 시장조사법
- 위원회 합의법
- 판매원 의견종합법
- 자료유추법
- 델파이법

1. 시장조사법

시장조사법(market research)은 질적 방법 중에서 가장 정교한 계량적인 방법이다. 제품수요를 결정하는 것은 소비자이기 때문에 소비자들로부터 의견을 수집하기 위해서는 시장조사를 실시한다. 그러나 모든 소비자 또는 미래의 소비자들을 접촉할 수는 없기 때문에 우편에 의한 설문지 발송, 전화에 의한 조사, 직접적인 인터뷰와 같은 표본조사방법을 채택하게 된다. 수집된 자료는 여러 가지 통계적 분석을 거쳐 시장에 대한 가설을 검정하는 데 이용된다.

이 방법은 단기예측을 위해서 또는 신제품을 도입할 때 또는 기존제품을 신시장에 도입하고자 할 때 사용된다.

2. 위원회 합의법

위원회 합의법(panel consensus)은 몇 사람의 전문가들이 연구하면 한 사람이 하는 경우보다 더 좋은 결과를 가져온다는 가정에 입각하고 있다. 위원회를 구성한 전문가들(경영자, 판매원, 소비자 등)은 공개적으로 자유롭게 의사를 표시하여 모든 사람이 일치하는 예측결과에 이르면 임무가 끝난다.

3. 판매원 의견종합법

판매원 의견종합법(sales force composites)이란 각 지역에 흩어져 있는 판매원들은 그 지역의 고객과 직접 접촉할 기회가 많으므로 이들로 하여금 각자 담당하고 있는 지역의 수요예측을 하도록 하는 방법이다. 각 지역별로 각자의 예측을 종합하고, 여기에 그 지역의 경제적 요인과 인구변동 등을 고려하여 조정한다. 이와 같이 수정된 각 지역별 예측치는 본부에서 다시 종합하고, 여기에 국가경제, 무역, 경쟁자 등을 고려하여 최종 예측치를 결정한다.

4. 자료유추법

자료유추법(historical analogy)이란 다른 질적 방법처럼 특정 자료가 없을 때 사용하는 기법으로서, 예컨대 기존제품과 아주 유사한 새로운 제품을 시판하고자 할 때 그 제품의 성공 여부를 예측하기 위하여 기존제품과 관련된 자료를 사용하는 기법이다.

5. 델파이법

델파이법(Delphi method)은 원래 기술예측을 위해 사용되었는데, 근래에는 신제품 개발, 신시장 개척, 새로운 설비의 취득 등 장기예측을 하는 데에도 사용되고 있다. 이는 조직 내·외의 전문가들로 하여금 일치된 예측치를 얻기 위하여 실시하는 순환적인 집단질문과정이다. 각 전문가들은 한자리에 모이지 않고 비공개적으로, 익명으로 미래수요에 대한 질문지에 답을 하도록 요구받는다. 관리자는 이 질문지들을 회수하여 그들의 의견을 종합하고 요약하여(평균, 중앙치, 표준편차, 사분위 간 범위) 이를 기초로 새로운 질문지를 만들어 전문가들로 하여금 그에 대한 의견을 재차 묻는다. 이러한 피드백 과정은 참석자들의 의견이 완전히 일치하여 하나의 예측치를 얻어 낼 때까지 계속된다.

4.4 수요예측 기법 : 시계열 분석방법

1. 시계열의 구성요소

시계열(time series)이란 일별, 주별, 월별, 분기별, 연별 판매량처럼 일정한 시간간격으로 과거에 발생한 실제치를 순서대로 나열한 것이다. 시계열분석은 전적으로 역사적 자료에 의존하기 때문에 미래수요는 이에 영향을 미치는 다른 변수는 무시한 채 과거에 발생하였던, 예컨대 매출액의 수요패턴대로 결정된다는 것을 전제로 한다. 시계열 예측기법의 목적은 자료 속의 추세, 계절변동, 경기변동 같은 패턴을 찾아내어 미래수요를 예측하는 데 이를 이용하려는 것이다. 따라서 시계열분석은 장기예측보다는 단기예측을 수행하는 데 이용된다.

시계열분석에서 어느 기간에 발생한 수요량은 어떤 패턴을 가지고 변동하는데, 이러한 패턴은 추세변동, 순환변동, 계절변동, 그리고 우연 또는 불규칙변동 등 네 가지의 요소로 구성되어 있다고 전제한다.

일반적으로 제품의 실제수요량은 시간이 경과함에 따라 장기적인 성장이나 후퇴의 경향을 보일 수가 있다. 이러한 수요량 자료의 장기적, 점진적 변동이 추세변동(trend variation: T)이다. 이는 인구변동, 소득수준의 변화 등에 의하여 발생한다.

실제수요량이 경기순환(business cycle: C)의 영향을 받아 보통 2년에서 10년의 기간마다 추세선으로부터 떨어져서 물결 같은 변동을 하는데 경기순환은 정치적·경제적·사회적 또는 기술적 요인의 결합에 의하여 발생한다.

이에 반하여 어느 제품 또는 서비스에 대한 수요량은 1년 동안 분기별로, 계절별로, 월별로, 또는 일별로 일정한 패턴으로 변동하는 경우가 있는데, 이를 계절변동(seasonal variation: S)이라고 한다. 이와 같이 매년 반복적으로 수요가 변동하는 것은 기후, 명절 또는 휴가 등의 요인에 기인한다. 어떤 제품은 매년 겨울에 또는 7, 8월에 성수기를 이루고, 음식점은 토요일과 일요일에 손님이 늘어난다.

우연변동(random variation: R), 즉 불규칙변동(irregular variation)은 실제수요량에서 추세변동, 경기변동, 그리고 계절요인을 고려한 잔여의 변동을 말한다. 이러한 변동은 기간이 지나갈수록 랜덤하게 들쭉날쭉 증감하기 때문에 예측도 통제도 어렵게 만든다.

이상에서 설명한 시계열의 네 가지 요소는 [그림 4-3]에 표시된 바와 같다.

시계열의 네 가지 구성요소 사이의 변동을 측정하는 모델로서는 가법모델과 승법모델이 있다. 가법모델(additive model)에서는 실제수요를 각 변동요소들의 합으로 취급한다.

$$Y = T + C + S + R$$

이 경우 모든 요소들은 동일한 단위로 표시해야 하는데, 실제적으로 어려움이 많아 승법모델(multiplicative model)이 널리 사용된다. 따라서 본서에서도 이 모델에 대해서만 언급하고자 한다. 승법모델은 실제수요를 각 변동요소들의 곱으로 취급한다.

그림 4-3 시계열의 구성요소

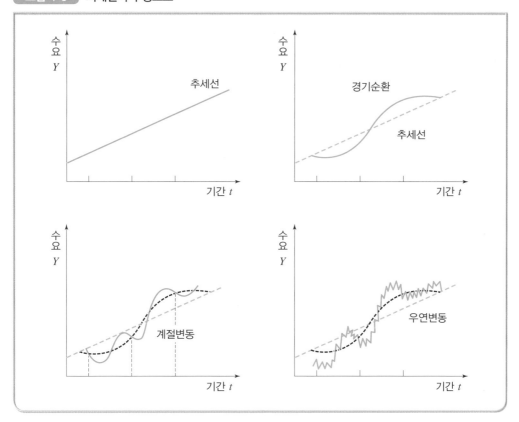

$$Y = T \cdot C \cdot S \cdot R$$

이 경우 실제수요량과 추세변동은 물량이나 금액으로 표시하고, 나머지 변동은 각각 추세변동의 퍼센트로 표시한다.

본절에서 취급할 시계열 분석방법으로는 다음과 같은 방법이 있다.

- 전기수요법
- 이동평균법
- 지수평활법
- 시계열 분해법

2. 전기수요법

전기수요법(last period demand method)은 시계열 분석기법 중에서 가장 단순한 기법이다. 시계열 중 가장 최근의 실제치를 바로 다음 기간의 예측치로 사용하는 기법이다. 만일 5월의 제품수요가 515라면 6월의 수요는 515라고 예측한다. 이러한 방법은 기간에 따라 수요변화가 크지 않을 때는 비교적 정확하게 예측할 수 있는 장점이 있는 반면, 불규칙변동에 과민반응하여 상당한 예측오차(forecast error)를 유발할 결점이 있다.

이 기법을 수학적으로 표현하면 다음과 같다.

$$Y_t = D_{t-1}$$

Y_t = 기간 t의 수요예측치
D_{t-1} = 기간 $(t-1)$의 실제치

3. 이동평균법

과거의 자료 속에는 체계적인 움직임을 모호하게 하는 불규칙변동이 포함된다. 이 불규칙성은 여러 가지 요인에 의하여 발생하는데, 정확하게 예측할 수도 없고 또한 규칙적인 진정한 변동(real variation)과 구분하기도 쉽지 않다. 이러한 시계열 속에 있는 단기의 불규칙변동을 고르게(smooth) 하려는 방법이 이동평균법(moving average method)이다. 특히 제품의 수요가 기간에 따라 심하게 증감하지 않아 추세도 없고 그 자료 속에 계절적 성격이 없는 경우에 이 방법이 사용된다.

이동평균법에는 단순이동평균법과 가중이동평균법이 있다.

단순이동평균법(simple moving average method)은 과거 일정 기간의 실제수요를 단순평균한 후 이동하여 미래수요를 예측해 나가는 방법이다. 예컨대 10월의 수요를 예측하기 위하여 4개월 이동평균법을 사용하려면 가장 가까운 과거 4개월분(9월, 8월, 7월, 6월)의 실제수요량을 평균하여 얻은 값을 10월의 예측치로 사용하는 방법이다.

단순이동평균법을 수학적으로 표현하면 다음과 같다.

$$Y_t = \frac{\sum_{i=1}^{n} D_{t-i}}{n}$$

Y_t = 기간 t의 수요예측치
D_{t-i} = 기간 $(t-i)$의 실제치
n = 이동평균 기간

종로제조(주)의 지난 8개월 동안의 X−300 제품에 대한 판매량 자료가 다음과 같다.

월	1	2	3	4	5	6	7	8	9
판매량	1,200	1,300	1,200	1,300	1,400	1,500	1,600	1,650	?

① 3개월 및 5개월 단순이동평균에 의한 예측치를 구하고 실제치와 함께 이들을 그림으로 나타내라.

② 실제치 − 예측치 = 예측오차를 구하라.

해답

① $Y_4 = \dfrac{\sum\limits_{i=1}^{3} D_{4-i}}{3} = \dfrac{D_3 + D_2 + D_1}{3} = \dfrac{1,200 + 1,300 + 1,200}{3} = 1,233.3$

$Y_5 = \dfrac{1,300 + 1,200 + 1,300}{3} = 1,266.7$

$Y_6 = \dfrac{1,400 + 1,300 + 1,200}{3} = 1,300.0$

$Y_6 = \dfrac{\sum\limits_{i=1}^{5} D_{6-i}}{5} = \dfrac{D_5 + D_4 + D_3 + D_2 + D_1}{5} = \dfrac{1,400 + 1,300 + 1,200 + 1,300 + 1,200}{5}$

$\qquad = 1,280$

$Y_7 = \dfrac{1,500 + 1,400 + 1,300}{3} = 1,400.0$

$Y_7 = \dfrac{1,500 + 1,400 + 1,300 + 1,200 + 1,300}{5} = 1,340$

$Y_8 = \dfrac{1,600 + 1,500 + 1,400}{3} = 1,500.0$

$Y_8 = \dfrac{1,600 + 1,500 + 1,400 + 1,300 + 1,200}{5} = 1,400$

$Y_9 = \dfrac{1,650 + 1,600 + 1,500}{3} = 1,583.3$

$Y_9 = \dfrac{1,650 + 1,600 + 1,500 + 1,400 + 1,300}{5} = 1,490$

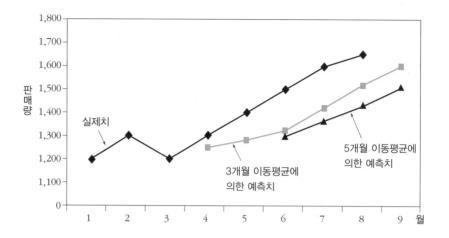

월	판매량	예측치		예측오차	
		3개월 이동평균	5개월 이동평균	3개월 이동평균	5개월 이동평균
1	1,200				
2	1,300				
3	1,200				
4	1,300	1,233.3		66.7	
5	1,400	1,266.7		133.3	
6	1,500	1,300	1,280	200	220
7	1,600	1,400	1,340	200	260
8	1,650	1,500	1,400	150	250
9		1,583.3	1,490		

이동평균법에서 이동평균하는 기간 n의 크기는 자료 속에 추세와 불규칙변동이 뚜렷하지 않은 안정적인 경우에는 일반적으로 작은 값이 사용되고 그 반대인 경우에는 큰 값을 사용한다. 이동평균기간을 길게 하면 우연요인을 더욱 고르게 하지만 수요의 실제 변화에는 늦게 반응하게 된다. 그러나 실제로는 n의 크기를 변동하면서 예측치를 구한 후 실체치와 비교하여 예측오차가 가장 작은 n의 적정크기를 구하여 사용한다.

가중이동평균법(weighted moving average method)은 단순이동평균법에서처럼 이동평균기간 동안의 각 실제치에 동일한 가중치를 부여하는 것이 아니라 더욱 가까운 실제치에는 중요도가 높다고 보아 높은 가중치를, 그리고 먼 과거의 실제치에는 중요도가 낮아 점점 낮은 가중치를 부여하는 방법이다. 가중치의 합은 1이다. 자료 속에 추세 또는 패턴이 있을 때에는 시기별로 가중치를 달리하여 최근의 자료에 높은 가중치를 부여함으로써 예측치가 수요의 변화에 빨리 대응토록 하는 기법으로서 수학적으로 이 기법을 표현하면 다음과 같다.

$$Y_t = \sum_{i=1}^{n} W_{t-i} D_{t-i}$$

Y_t = 기간 t의 수요예측치
W_{t-i} = 기간 $(t-i)$에 부여된 가중치
D_{t-i} = 기간 $(t-i)$의 실제치

예 4-2

[예 4-1]의 자료에 예측코자 하는 달의 직전 달부터 각각 0.6, 0.3, 0.1의 가중치를 부여하여 3개월 가중이동평균에 의한 수요를 예측하고 예측오차를 구하라.

해답

$Y_4 = 0.6(1,200) + 0.3(1,300) + 0.1(1,200) = 1,230$
$Y_5 = 0.6(1,300) + 0.3(1,200) + 0.1(1,300) = 1,270$
$Y_6 = 0.6(1,400) + 0.3(1,300) + 0.1(1,200) = 1,350$
$Y_7 = 0.6(1,500) + 0.3(1,400) + 0.1(1,300) = 1,450$
$Y_8 = 0.6(1,600) + 0.3(1,500) + 0.1(1,400) = 1,550$
$Y_9 = 0.6(1,650) + 0.3(1,600) + 0.1(1,500) = 1,620$

월	판매량	예측치	예측오차
		3개월 가중이동평균	3개월 가중이동평균
1	1,200		
2	1,300		
3	1,200		
4	1,300	1,230	70
5	1,400	1,270	130
6	1,500	1,350	150
7	1,600	1,450	150
8	1,650	1,550	100
9		1,620	

가중이동평균법이 단순이동평균법보다 유리한 점은 첫째, 최근의 실제치에 과거의 실제치보다 더욱 중요성을 부여하여 큰 가중치를 부여함으로써 예

측치가 수요변동에 빨리 반응하게 하며 둘째, 가중치를 신중하게 선택하면 변화에 대한 민감성을 유지하면서 평균하는 기간 수를 증가시킬 수 있는 점이다. 이동평균법은 수요패턴에 급격한 변동이 있는 경우 이를 안정적으로 고르게 하는 효과가 있을 뿐만 아니라 단순하고 비용이 적게 들며 또한 시간도 적게 소요되는 장점은 있으나, 중·단기예측에는 거의 사용되지 않는 제약도 있다.

가중치와 평균하는 기간 수의 선택은 시행착오에 의해서 결정된다. 기간이 길면 길수록 불규칙변동을 고르게 하는 효과는 크지만, 반대로 자료 속에 수요가 증가하거나 감소하는 추세가 있으면 이동평균은 추세와 시간적 간격(time lag)을 나타내어 실제변화에 늦게 반응한다.

4. 지수평활법

지수평활법(exponential smoothing method)은 일종의 가중이동평균법이지만 가중치를 부여하는 방법이 다르다. 지수평활법에서 예측치를 계산하기 위하여 기간에 부여하는 가중치는 그들이 과거로 거슬러 올라갈수록 지수함수적으로 감소한다. 따라서 이 방법에서는 가장 가까운 과거에 가장 큰 가중치를 부여하여 수요의 최근 변화에 더욱 민감한 반응을 하게 된다.

지수평활법에는 가장 가까운 과거의 자료에 가장 큰 가중치를 부여하는 단순지수평활법(single exponential smoothing method)과 추세나 계절변동이 있는 경우 이를 조정해 주는 이중지수평활법(double exponential smoothing method)이 있으나 본서에서는 전자에 대해서만 설명한다.

지수평활법은 시계열분석방법 중에서 단기예측을 하는 데 가장 많이 이용되는데 그 이유는 다음과 같다.

- 지수적 모델은 놀랄 만큼 정확성이 있다.
- 지수적 모델의 설정이 비교적 쉽다.
- 사용자는 모델을 쉽게 이해할 수 있다.
- 모델을 사용하는 데 필요한 계산이 많지 않다.
- 제한된 역사적 자료의 사용으로 컴퓨터 기억장소를 많이 요구하지 않는다(이동평균법에서는 장기간의 실제치를 저장할 필요가 있다).
- 모델이 잘 기능하고 있는지 정확성을 테스트하기가 쉽다.

지수평활법은 이동평균법과 달리 모든 자료를 반영하면서 가중치를 달리 부과하지만 실제 계산을 위해 지수평활법을 사용하려면 세 개의 자료가 필요하다. 즉 금월의 수요를 예측한다면 전월의 예측치와 실제치, 그리고 지수평활계수(smoothing coefficient)이다. 지수평활계수는 주관적으로 결정하는데 제품의 수요가 불안정하여 증가속도가 빠를수록 1에 가까운 지수평활계수를 사용하고 안정될수록 0에 가까운 낮은 계수를 사용해야 한다.

단순지수평활법(single exponential smoothing method)의 수식은 다음과 같다.

$$Y_t = Y_{t-1} + \alpha(D_{t-1} - Y_{t-1})$$

당기 예측치 = 전기 예측치 + α(전기 실제치 − 전기 예측치)

Y_t = 기간 t의 예측치
Y_{t-1} = 기간 $(t-1)$의 예측치
D_{t-1} = 기간 $(t-1)$의 실제치
$D_{t-1} - Y_{t-1}$ = 기간 $(t-1)$의 예측오차
α = 지수평활계수($0 \leq \alpha \leq 1$)

단순지수평활법을 처음 계산하는 경우 최초의 예측치 Y_1을 결정하는 방법으로 전기수요법이 주로 사용된다.

예 4-3

다음은 40인치 컬러 TV를 판매하는 진달래 상점에서 지난 일 년 동안 판매한 실제치 자료이다.

월	1	2	3	4	5	6	7	8	9	10	11	12
판매량	267	275	291	281	278	285	270	295	265	280	275	283

① $\alpha = 0.2$, $\alpha = 0.8$일 때의 예측치를 구하라(단, 2월의 예측치는 전기수요법에 따라 267이라고 가정한다).
② 예측오차를 구하라.
③ 위의 결과를 그래프에 표시하라.

해답

①, ② $Y_3 = Y_2 + \alpha(D_2 - Y_2)$

$\quad Y_3 = 267 + 0.2(275 - 267) = 268.6$

$\quad Y_3 = 267 + 0.8(275 - 267) = 273.4$

나머지 계산은 컴퓨터 사용으로 하였음.

월	판매량	예측치		예측오차	
		$\alpha = 0.2$	$\alpha = 0.8$	$\alpha = 0.2$	$\alpha = 0.8$
1	267	–	–	–	–
2	275	267.0	267.0	8.0	8.0
3	291	268.6	273.4	22.4	17.6
4	281	273.1	287.5	7.9	−6.5
5	278	274.7	282.3	3.3	−4.3
6	285	275.3	278.9	9.7	6.1
7	270	277.3	283.8	−7.3	−13.8
8	295	275.8	272.8	19.2	22.2
9	265	279.6	290.6	−14.6	−25.6
10	280	276.7	270.1	3.3	9.9
11	275	277.4	278.0	−2.4	−3.0
12	283	276.9	275.6	6.1	7.4

③

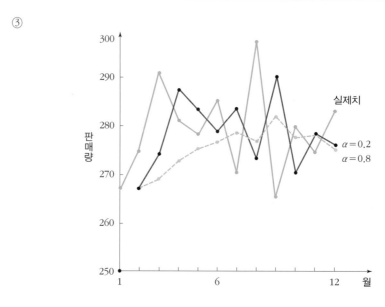

지수평활계수는 고르게 하는(smoothing) 정도와 예측치와 실제치와의 차이에 반응하는 속도를 결정한다. 평활계수는 제품의 성격에 따라 다르지만 관리자가 좋은 반응률을 나타낸다고 생각하는 값으로 결정한다. 만일 수요가 안정되어 예측치와 실제치의 차이, 즉 예측오차가 작을 때에는 반응률이 낮게 되지만, 반대로 수요가 증가하면 최근의 증가에 중요성을 부여하기 위하여 높은 반응률을 나타내도록 해야 한다. 따라서 수요의 증가속도가 빠르면 빠를수록 높은 지수평활계수를 사용하고, 안정될수록 낮은 계수를 사용해야 한다.

5. 시계열 분해법

과거의 수요 자료는 여러 가지 형태의 변동요인들이 복합적으로 작용한다. 예를 들면 추세변동(T), 순환변동(C), 계절변동(S) 및 우연변동(R) 등이다. 시계열 분해법(decomposition of a time series)이란 시계열자료를 이와 같은 구성요소들로 분해하여 미래수요를 예측하는 방법이다.

그런데 T값과 S값은 쉽게 분해할 수 있지만 오랜 기간에 걸쳐 발생하는 C값과 불규칙적으로 발생하는 R값은 파악하기가 어렵고 복잡하다. 따라서 본서에서는 추세분석과 계절변동분석에 한하여 설명하고자 한다.

■ 추세분석(trend analysis)

과거의 자료 속에 어떠한 추세가 있는지, 즉 평균수요량의 장기적·점진적인 변동이 있는지 대강 알기 위해서는 과거의 자료에 대한 산포도(scatter diagram)를 그려 본다.

만일 자료의 추세가 직선이면 시계열을 잘 관통하는 직선추세선(linear trend line)을 구하고, 이 선을 연장하여 미래수요를 예측하는 것이다. 추세선이 직선이라 함은 각 기간에서 평균수요의 증가(혹은 감소)가 일정함을 뜻한다. 직선추세선은 다음과 같이 표현할 수 있다.

$$Y = a + bX$$

Y = 특정 기간(예 : 분기 X)의 수요예측치
a = X가 0일 때의 Y축 절편
b = 직선의 기울기
X = 독립변수 1, 2, 3, ...(예 : 분기번호)

다음에는 과거의 자료를 가장 잘 관통하는 매개변수 a와 b값을 결정해야 하는데, 이를 위해서는 최소자승법(least-squares method)이 가장 널리 이용된다. 최소자승법은 각 실제치와 직선추세선상의 추세치(예측치)와의 오차제곱의 총합계가 최소가 되도록 a와 b의 값을 결정하는 기법이다. 이 직선추세선을 회귀선(regression line)이라고도 부른다. 본서에서는 최소자승법의 구체적인 내용은 설명하지 않고 다만 매개변수 a와 b값을 찾는 공식을 이용하려고 한다.

$$b = \frac{n\sum XY - \sum X \sum Y}{n\sum X^2 - (\sum X)^2}$$

$$a = \frac{\sum Y - b\sum X}{n}$$

다음은 개나리 주식회사의 지난 3년간의 분기별 판매실적이다. 자료 속에는 추세와 계절 변동이 존재한다고 가정한다.

연	분기				합계
	1	2	3	4	
201A	22.6	18.6	16.3	27.5	85.0
201B	24.1	20.3	17.5	28.2	90.1
201C	25.3	20.6	18.1	29.6	93.6
합계	72.0	59.5	51.9	85.3	268.7

① 연도별 자료의 산포도를 그려라.

② 추세선을 구하라.

③ 201A년의 추세치(T)를 구하라.

④ 201D년의 연간 판매량을 예측하라.

해답

①

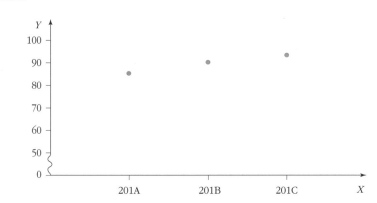

연	X	Y	XY	X^2	Y^2
201A	0	85.0	0	0	7,225
201B	1	90.1	90.1	1	8,118.01
201C	2	93.6	187.2	4	35,043.84
합계	3	268.7	277.3	5	50,386.85

$$b = \frac{3(277.3) - 3(268.7)}{3(5) - 9} = \frac{831.9 - 806.1}{6} = 4.3$$

$$a = \frac{268.7 - 4.3(3)}{3} = 85.27$$

② $Y = 85.27 + 4.3X$

③ $Y_0 = 85.27 + 4.3(0) = 85.27$ (201A년의 $X = 0$이다)

④ $Y_3 = 85.27 + 4.3(3) = 98.17$ (201D년의 $X = 3$이다)

■ 계절변동분석

수요가 계절적 요인에 따라 변동하는 경우에는 이를 파악하여 예측에 반영하여야만 보다 정확한 예측치를 구할 수 있다. 계절지수(seasonal index)는 시계열의 값이 계절적 요인에 의하여 추세로부터 변동하는 정도를 나타낸다. 지수는 추세의 퍼센트로 표현하므로 각 계절에 하나의 지수가 있게 된다. 따라서 월별 자료의 경우에는 12개, 분기별 자료의 경우에는 4개의 지수가 있게 된다. 과거의 자료를 이용하여 계절지수를 결정하면 이를 예측된 추세치에 적용하여 계절조정(deseasonalized) 예측치를 얻을 수 있다.

[예 4-4]의 개나리 주식회사의 분기별 판매실적을 보면 4/4분기와 1/4분기에는 잘 판매되지만 3/4분기와 2/4분기에는 덜 판매되는 계절성(seasonality)을 띠고 있음을 알 수 있다. 또한 연도별 실적을 볼 때 증가하는 추세임을 알 수 있다. 즉 이 자료는 추세변동과 계절변동을 내포하고 있다.

우리는 이 자료를 이용하여 201D년의 연간 판매량은 98.17이라고 예측하였다. 그러면 201D년의 각 분기별 예측치는 어떻게 구하는가?

먼저 계절요소(seasonal factor)를 구한다.[1] 시계열자료를 사용하여 예측할 때 계절적 패턴을 반영하는 방법은 여러 가지가 있지만 본서에서는 다음과 같은 가장 간단한 방법을 이용하고자 한다.

$$S_i = \frac{D_i}{\sum D}$$

예 4-5

[예 4-4]의 자료를 이용하여 각 분기별 계절요소를 구하고 201D년 계절조정 분기별 판매량을 예측하라.

---

1 분기별 계절지수는 계절요소에 4를 곱하여 구한다. 따라서 분기별 계절지수는 0부터 4까지의 값을 갖는다. 한편 월별 계절지수는 계절요소에 12를 곱하여 구하는데 0부터 12까지의 값을 갖는다. 계절요소 대신 계절지수를 사용하여 계절조정 계절별 판매량을 구할 수 있다.

$$S_1 = \frac{72.0}{268.7} = 0.27$$

$$S_2 = \frac{59.5}{268.7} = 0.22$$

$$S_3 = \frac{51.9}{268.7} = 0.19$$

$$S_4 = \frac{85.3}{268.7} = 0.32$$

$$Y_{1/4} = 0.27(98.17) = 26.30$$

$$Y_{2/4} = 0.22(98.17) = 21.74$$

$$Y_{3/4} = 0.19(98.17) = 18.96$$

$$Y_{4/4} = 0.32(98.17) = 31.16$$

각 계절요소는 전체 판매량 중에서 각 계절의 판매량이 차지하는 비율로 구하는데 0부터 1까지의 값을 갖는다.

다음에는 각 계절요소에 예측한 연간 판매량을 곱하면 우리가 원하는 계절조정 계절별 판매량을 예측할 수 있다.

4.5 수요예측 기법 : 인과형 방법

앞절에서 제품에 대한 수요는 시간과 관계가 있었다. 즉 수요는 시간에 따라 변동하였다. 수요와 시간 사이에는 관계가 있었지만, 시간이 수요변화의 원인이라고 생각하지는 않았다. 그러나 여러 요인들, 예컨대 기업 내부 혹은 환경요인들이 그 기업의 제품에 대한 수요에 영향을 미친다. 예측하려는 수요와 이에 영향을 미치는 요인들과의 관계를 분석하는 것은 유용하다. 어느 제품의 판매량(종속변수)은 그 제품의 가격, 광고비, 품질관리비, 경쟁자의 반응, 가처분소득, 인구, 기타 독립변수의 함수라고 할 수 있다. 독립변수와 종속변수의 관계를 수학적으로 규명하면 종속변수를 비교적 정확하게 예측할 수 있다. 인과형 예측기법은 수요의 변동에 영향을 미치는 어떤 요인(독립변수)과 수요(종속변수)의 관계를 계량화해서 수요를 예측하려는 기법이다.

인과형 예측모델(causal forecasting model, associative model)을 작성하는 절차는 다음과 같다.

- 예측하고자 하는 제품의 수요에 영향을 미치는 독립변수(들)를 규명한다.
- 수요와 이에 영향을 미치는 변수와의 관계가 선형인지, 아니면 어떠한 관계인지 밝혀 관계식을 작성한다.
- 통계적 검증을 통하여 예측모델의 타당성을 검토한다.

본절에서는 변수들의 관계를 나타내는 기법으로서 회귀분석과 상관분석을 설명하고자 한다.

1. 회귀분석

회귀분석(regression analysis)이란 독립변수와 종속변수 사이에 존재하는 함수관계를 나타내는 회귀방정식(regression equation)을 설정하고, 독립변수의 특정한 값에 대한 종속변수의 값을 추정하는 기법이다. 종속변수와 이에 가장 큰 영향을 미치는 하나의 독립변수와의 관계를 규명하는 경우를 단순회귀분석(simple regression analysis)이라 하고, 둘 이상의 독립변수와의 관계를 규명하는 경우를 중회귀분석(multiple regression analysis)이라 하는데, 본서에서는 전자에 대해서만 설명하고자 한다.

한편 단순회귀방정식은 선형으로($Y=a+bX$), 지수함수적으로($Y=ab^X$) 또는 포물선으로($Y=a+bX+cX^2$) 표현할 수 있으나, 본서에서는 단순선형회귀방정식에 국한하여 설명하고자 한다.

표 4-1 신촌산업(주)의 종업원 수와 사고 건수

연	X 종업원 수(100명)	Y 사고 건수
201A	20	22
201B	17	18
201C	25	30
201D	31	35
201E	40	40
201F	35	33
201G	42	40

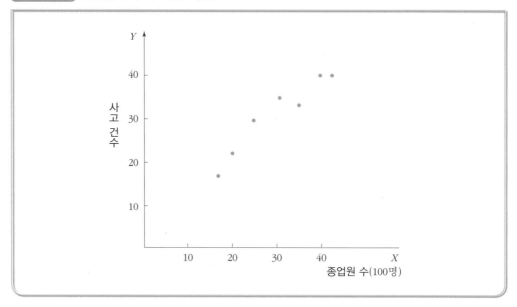

그림 4-4 종업원 수와 사고 건수의 산포도

시계열분석에서처럼 회귀분석에서도 두 변수에 관한 자료가 수집되면 그래프상에 두 변수의 관계를 나타내는 산포도를 작성한다. 만일 두 변수 사이의 관계를 대강 직선으로 표시할 수 있다면 회귀선(regression line), 즉 회귀방정식을 도출해야 한다. 회귀방정식은 다음과 같이 표현할 수 있다.

$$Y = a + bX$$

Y=종속변수의 추정치
a=Y축의 절편, 즉 X=0일 때 Y의 값
b=회귀선의 기울기
X=독립변수의 주어진 값

회귀방정식의 회귀계수(regression coefficient) a와 b값은 시계열분석에서 설명한 최소자승법을 사용하여 구하는데, 계산하는 공식은 다음과 같다.

$$b = \frac{n\Sigma XY - \Sigma X \Sigma Y}{n\Sigma X^2 - (\Sigma X)^2}$$

$$a = \frac{\Sigma Y - b\Sigma X}{n}$$

예 4-6

[표 4-1]은 신촌산업(주)의 과거 7년간 종업원 수와 사고 건수에 관한 자료이고 [그림 4-4]는 이들의 산포도이다.

① 회귀선을 구하라.

② 201H년 종업원 수를 45,000명으로 예측할 때 추정되는 사고 건수를 구하라.

해답

	X	Y	XY	X^2
	20	22	440	400
	17	18	306	289
	25	30	750	625
	31	35	1,085	961
	40	40	1,600	1,600
	35	33	1,155	1,225
	42	40	1,680	1,764
합계	210	218	7,016	6,864

① $b = \dfrac{7(7,016) - 210(218)}{7(6,864) - (210)^2} = 0.84$

$a = \dfrac{218 - 0.84(210)}{7} = 5.94$

$Y = 5.94 + 0.84X$

② $Y = 5.94 + 0.84(45) = 43.74$

2. 상관분석

상관분석(correlation analysis)의 목적은 두 변수 X와 Y 사이에 존재하는 상호의존관계의 정도와 방향을 측정하기 위함이다. 회귀분석에서는 독립변수를 고정시키고 종속변수는 확률변수로 취급하여 이들 두 변수 간의 함수관계의 형태를 분석하였으나, 상관분석에서는 두 변수를 확률변수로 취급한 후, 두 변수 X와 Y 사이에 직선관계가 존재한다는 가정하에 두 변수간 상호의존관계의 정도와 방향을 측정한다.

상관계수(correlation coefficient: r)는 두 변수간 상호의존관계의 강도와 방향을 측정한다. 상관계수는 -1.0부터 $+1.0$까지의 값을 가질 수 있는데, $r = 0$이면 무상관이고, $r = \pm 1.0$이면 완전상관(perfect correlation)관계에 있다고 한다. 상관계수의 부호가 +이면 정의 상관계수로서 두 변수 X와 Y가 같은 방향으로 변화하고, −이면 부의 상관계수로서 반대방향으로 변화함을 의미한다. 상관계수의 부호는 회귀선의 기울기 b의 부호와 언제나 같다.

상관계수를 계산하는 공식은 다음과 같다.

$$r = \frac{n(\sum XY) - (\sum X)(\sum Y)}{\sqrt{n(\sum X^2) - (\sum X)^2} \cdot \sqrt{n(\sum Y^2) - (\sum Y)^2}}$$

표본자료를 사용하여 최소자승법에 의해 추정한 회귀식이 종속변수의 변화, 즉 그 표본들을 얼마나 잘 설명하고 있는가를 평가하는 또 하나의 기법이 결정계수(coefficient of determination)이다.

결정계수는 상관계수 r의 제곱인 r^2으로 구한다. 결정계수 r^2은 종속변수 Y의 총변동 중 독립변수 X에 의해 설명된 변동의 비율을 나타낸다. 따라서 $1-r^2$은 독립변수 X 외의 다른 요인이나 우연요인에 의한 변동의 비율을 나타낸다. 결정계수는 0부터 1까지의 값을 갖는데 표본회귀선이 모든 자료에 완전히 적합하면 $r^2=1$이 된다. r^2의 값이 1에 가까울수록 표본회귀선으로 종속변수 Y의 실제 관찰치를 예측하는 데 정확성이 더 높다고 말할 수 있다.

✳ 예 4-7

[예 4-6]의 신촌산업(주) 문제에 대해 상관계수와 결정계수를 구하고 그들의 의미를 설명하라.

해답

$$r = \frac{7(7,016) - (210)(218)}{\sqrt{7(6,864) - (210)^2} \cdot \sqrt{7(7,222) - (218)^2}} = 0.96$$

이는 종업원 수의 증가와 사고 건수의 증가 사이에는 강한 선형관계가 존재하며, 두 변수가 같은 방향으로 변화하고 있음을 의미한다.

$r^2 = 0.96^2 = 0.9216$

종업원 수의 변동이 사고 건수 변동의 92.16% 설명하고 나머지 7.84%는 다른 설명되지 않은 요인들이 사고 건수 변동에 영향을 미친다.

아무리 좋은 기법을 사용하더라도 예측오차(forecast error)는 있기 마련이다. 왜냐하면 제품수요는 모델에 포함할 수 없는 여러 요인의 복합작용에 의하여 결정되기 때문이다. 또한 대부분의 예측모델들은 과거의 수요패턴이 미래에도 지속될 것이라고 가정하는데 미래의 수요변화가 과거와 다른 패턴으로 전개되면 예측오차는 당연히 발생하게 된다.

어느 기간 t의 오차는 다음과 같이 계산한다.

$$예측오차_t = 실제치_t - 예측치_t$$

예측오차, 즉 예측의 정확성(forecast accuracy)은 여러 가지 예측기법 중에서 하나를 선정하는 데 영향을 미칠뿐더러 현재 사용하고 있는 기법의 성공 여부를 평가하는 데 영향을 미친다.

자료는 시간에 따라 변한다. 좋은 결과를 가져온 모델도 시간에 따라 정확하지 않을 수 있다. 모델의 정확성은 시간에 따라 예측오차를 측정할 때 평가할 수 있다. 이러한 이유로 시간의 경과에 따른 예측오차를 모니터할 필요가 있는 것이다.

1. 예측오차의 측정

시간의 경과에 따른 예측오차를 측정하는 기법으로서는 평균절대편차와 평균제곱오차가 널리 사용된다.

평균절대편차(mean absolute deviation: MAD)는 부호는 고려치 않고 관측된 예측오차의 절대치의 합계를 관찰기간 수(n)로 평균한 것으로 공식은 다음과 같다.

$$MAD = \frac{\Sigma |실제치 - 예측치|}{n}$$

따라서 MAD는 예측방법의 전반적인 정확성을 측정하는 평균오차이며, 오차가 크건 작건 이들을 똑같은 비중으로 취급한다. 예측기법을 비교할 때 MAD가 가장 작은 기법을 선정한다.

한편 평균제곱오차(mean squared error: MSE)는 제곱한 예측오차의 합계를 기간 수(n)로 평균한 것으로 공식은 다음과 같다.

$$MSE = \frac{\Sigma |\text{실제치} - \text{예측치}|^2}{n}$$

따라서 MSE는 예측오차의 정도를 측정하는 제곱오차의 평균이며, 작은 오차보다 큰 오차에 더 많은 가중치를 부여하는 기법이다. 예측기법을 비교할 때 가장 작은 MSE를 갖는 기법을 선정한다.

예 4-8

[예 4-3]에서 $\alpha = 0.2$와 $\alpha = 0.8$일 때 구한 예측오차 자료를 사용하여
① MAD와 MSE를 구하라.
② 더 정확한 예측치를 가져오는 기법은 무엇인가?

해답

①

|예측오차|		|예측오차|²	
$\alpha = 0.2$	$\alpha = 0.8$	$\alpha = 0.2$	$\alpha = 0.8$
8.0	8.0	64.00	64.00
22.4	17.6	501.76	309.76
7.9	6.5	62.41	42.25
3.3	4.3	10.89	18.49
9.7	6.1	94.09	37.21
7.3	13.8	53.29	190.44
19.2	22.2	368.64	492.84
14.6	25.6	213.16	655.36
3.3	9.9	10.89	98.01
2.4	3.0	5.76	9.00
6.1	7.4	37.21	54.76
104.2	124.4	1,422.10	1,972.12

② 더 낮은 MAD 또는 MSE를 가져오는 좋은 기법은 $\alpha = 0.2$인 지수평활법이다.

2. 예측오차의 통제

현재의 예측모델이 제대로 기능을 수행하는지 밝히기 위하여 예측오차를 계속 검토할 필요가 있다. 이를 위해서는 예측오차의 허용한계를 사전에 설정하

고 예측오차가 허용한계 내에 있으면 계속하고 이를 벗어나면 시정조치를 취해야 한다. 이때 예측모델의 정확성 혹은 오차발생 가능성을 지속적으로 평가하고 검토하는 기법이 추적지표(tracking signal: TS)이다. 추적지표는 누적예측오차(running sum of forecast error: $RSFE$)를 MAD로 나눈 값으로 공식은 다음과 같다.

$$TS = \frac{\Sigma(\text{실제치} - \text{예측치})}{MAD} = \frac{\text{누적예측오차}}{MAD}$$

사용하고 있는 예측기법이 실제치를 잘 따르고 있으면 TS의 값은 0에 가까운 값을 갖는다. 예측치가 실제치보다 꾸준히 높으면 TS는 부의 값을 갖게 되고, 반대로 예측치가 실제치보다 꾸준히 낮으면 TS는 정의 값을 갖게 된다. 계산된 TS의 값들은 기업에 따라 사전에 결정된 한계와 비교한다. 보통 ±3에서 ±8까지의 값을 갖는 관리한계(control limit) 내에 TS가 있으면 그 예측결과는 좋으나 만일 관리한계 밖으로 벗어날 때는 현재 사용하고 있는 예측모델의 타당성을 재검토하여 수정조치를 취해야 하는데, 예컨대 지수평활법을 사용하는 경우에는 평활계수 α를 변경해야 한다.

 예 4-9

다음과 같은 자료가 주어졌을 때 월별 MAD와 TS를 구하고 TS의 관리도를 그려라.

월	실제치	예측치
1	100	110
2	105	110
3	125	110
4	110	120
5	135	120
6	150	130

해답

월	실제치	예측치	예측오차	누적오차	절대오차	누적 절대오차	MAD	TS
1	100	110	−10	−10	10	10	10/1=10	−10/10=−1
2	105	110	−5	−15	5	15	15/2=7.5	−15/7.5=−2
3	125	110	15	0	15	30	30/3=10	0/10=0
4	110	120	−10	−10	10	40	40/4=10	−10/10=−1
5	135	120	15	5	15	55	55/5=11	5/11=0.45
6	150	130	20	25	20	75	75/6=12.5	25/12.5=2

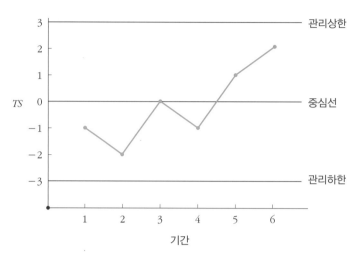

모든 TS가 관리한계 내에 있으므로 예측결과는 좋다고 할 수 있다.

4.7 예측기법의 선택

　　지금까지 설명한 바와 같이 여러 가지 예측기법이 사용되고 있는데 특정 경우에 알맞은 기법을 선택하기 위해서는 여러 가지 요인을 고려하여야 한다.

　　여러 가지 기법은 상당한 양의 역사적 자료를 요한다. 따라서 필요한 역사적 자료가 충분히 존재하지 않는다든지, 또는 이들을 수집하는 데 시간과 비용이 소요되면 시계열 분석방법이나 인과형 예측방법은 사용할 수 없다. 이러한 경우에는 질적 방법이 사용된다.

　　예측기간의 장단에 따라 서로 상이한 기법이 사용된다. 질적 방법의 대부분은 장기예측을 위하여 사용되는데, 이는 역사적 자료를 필요로 하지 않기 때문이다. 새로운 제품을 도입하는 경우에는 역사적 자료가 없기 때문에 델파이법 또는 위원회 합의법에 의존하게 된다. 이에 반하여 역사적 자료를 이용하는 기법 중에서 이동평균법이나 지수평활법 등은 단기예측을 위해서 사용되고 인과형 예측방법이나 추세선에 의한 방법은 중기예측을 위해서 사용된다.

　　예측의 정확성(accuracy)과 비용도 중요한 요인이다. 예측에 소요될 비용은 얼마이며, 정확한 예측으로부터 기대되는 혜택은 무엇인가를 고려해야 한다. 예측의 정확성은 더 많은 비용을 사용함으로써 향상될 수 있다. 따라서 비용과 정확성의 절충관계(trade-off)를 고려해야 한다. 일반적으로 장기계획은 단기계획에 비하여 정확한 예측을 요구하지는 않는다. 그러나 인력계획, 자재계획, 기계부하계획 등의 단기계획은 정확한 단기예측에 의존한다.

4.8 데이터 마이닝

과거와 달리 오늘날에는 수요예측에 필요한 자료는 넘쳐나고 이들 데이터를 저장하는 데 비용도 많이 들지 않는다. 따라서 예측하는 데는 데이터가 문제가 아니라 이들을 어떻게 사용할 것인가가 문제가 되고 있다. 역사적 데이터이건 거래 데이터이건 원데이터는 정보와 지식으로 변형이 되어야 한다.

데이터 마이닝(data mining)은 이와 같이 풍부한 빅 데이터(big data)로부터 유용한 데이터만 선별해서 분석해 의사결정이나 예측을 할 수 있도록 필요한 정보로 변형시킬 수 있는 도구를 창출할 수 있는 기법인데 이는 데이터 속에 있는 주요 변수들, 예컨대 고객, 시장, 제품 등 그룹 사이의 의미있고 논리적인 패턴, 추세, 관계 등을 규명하기 위하여 데이터를 조사하고, 분류하고 모델화하는 도구요, 프로세스라고 말할 수 있다.[2] 이는 추세를 발견하고 미래 사상을 예측하고 가능한 대안을 평가하기 위하여 사용된다. 데이터 마이닝이 수요예측에 사용되는 도구가 된 것은 최근의 정보기술(information technology)의 발전 덕택이다.

데이터 마이닝이 실제로 사용되는 예를 들면, 다음과 같다.

• 경찰 : 언제 어디서 범죄가 발생할 것인지 예측한다.

• 일기 예보 : 기후 패턴을 찾아내고 기상상태를 예보한다.

---

2 디지털 혁명으로 스마트 폰이나 태블릿, 컴퓨터 등 다양한 정보기술(IT) 기기의 사용으로 과거엔 상상조차 할 수 없이 규모가 방대하고 생성주기도 짧을 뿐만 아니라 수치 데이터 같은 구조적으로 정형화된 데이터는 물론 문자, 동영상, 음성 등 구조화되지 않은 비정형 데이터가 쏟아져 나오고 있다. 빅 데이터란 이러한 정형, 반정형, 비정형 등 다양한 형태의 대규모 데이터를 말한다.

- 전력회사 : 각 지역별, 기상조건별 전력 사용량을 예측한다.
- 호텔 : 반복적인 고객에 대한 우선권을 결정한다.

데이터 마이닝은 우리가 공부한 시계열 분석방법이나 회귀분석 방법과는 사뭇 다르다. 이들 전통적 방법은 수요 데이터 속에 있는 추세나 계절요소 같은 패턴을 찾아 이에 가장 알맞은 모델을 사용하여 미래수요를 예측하려 한다. 그러나 데이터 마이닝은 어떤 패턴을 찾으려 하지 않고 데이터로 하여금 패턴을 규명토록 하고 이러한 정보를 이용하여 예측에 사용토록 하는 것이다.

빅 데이터를 이용한 데이터 마이닝의 결과는 IT와 스마트 혁명 시기에 기업의 이노베이션과 경쟁력 강화, 생산성 향상 등을 위한 값진 가치를 생성할 수 있는 자원으로 활용할 수 있음을 보고서들은 보여주고 있다.

4.9 협력적 계획, 예측 및 보충

공급사슬에 속하는 모든 파트너들은 고객수요를 충족시키기 위하여 함께 협력적으로 수요예측을 실행해야 한다. 수요예측은 모든 파트너들이 수립하는 모든 계획들에 영향을 미치기 때문에 아주 중요하다. 수요예측은 재고가 얼마 필요한가, 얼마나 생산해야 하는가, 자재는 공급업자로부터 얼마나 구매해야 하는가를 결정하고 이로부터 수송시스템, 공장·창고·유통센터의 입지 등을 결정하게 된다. 모든 파트너들이 각자 상이한 목적하에 독립적으로 그리고 중복적으로 수요예측을 하게 되면 전체적인 수요와 공급이 불일치하게 된다. 이는 각 파트너가 서로 상이한 수준의 수요를 충족시키려 하기 때문이다.

예를 들어 보자. Dell 컴퓨터는 컴퓨터에 대한 미래수요를 예측해야 Intel 로부터 마이크로 프로세서의 주문량을 결정할 수 있다. 한편 Intel은 마이크로 프로세서의 생산계획과 재고계획을 수립해야 한다. 이때 두 회사가 수요예측을 따로 하게 되면 일치할 가능성이 낮아 Intel은 Dell이 원하는 양을 정확하게 공급할 수 없게 된다. 그러나 두 회사가 수요를 예측하는 데 협력한다면 동일한 수준의 수요를 만족시키도록 노력하게 될 것이다.

협력적 계획, 예측 및 보충(Collaborative Planning, Forecasting, and Replenishment: CPFR)이란 공급사슬 속에 있는 둘 이상의 파트너가 최종 소비자의 수요정보의 공유를 바탕으로 공동으로 수요예측 프로세스를 수행함으로써 공급사슬상의 채찍효과를 효과적으로 해소함과 동시에 고객수요를 효율적으로 만족시키고자 하는 과정이요, 접근법을 말한다. CPFR은 공급사슬 파트너들이 수요예측, 주문관리, 주문충족 등을 포함한 공급사슬 프로세스를 협력적으로 계획·운영하도록 함으로써 전체 공급사슬 프로세스의 효율성을 극대화하려는 전략이다. 파트너들이 협력적으로 수요계획(demand plan)을 수립하고 실행함으로써 재고수준, 리드타임, 거래비용을 최소로 하면서 전체 고객수요를 만족시키려는 목적을 갖는다. CPFR의 기본 아이디어는 파트너간 예측 및 계획과정에서 미래 판촉계획, 현재고, 과거 판매추세, 판매자료 등에 관한 정보의 공유이다. 합의하에 예측이 수립되면 이는 재고보충계획 수립의 기초가 된다.

이와 같이 파트너 간에 커뮤니케이션을 자주 하면 수요, 판촉, 정책이 변경될 때 관리자들은 합의하여 수립한 예측과 계획을 즉시 조정함으로써 비용발생을 최소로 할 수 있다.

CPFR이 성공적으로 실행되기 위해서는

① 모든 파트너들은 최종 소비자의 수요정보, 미래 판촉, 가능한 주문, 신제품, 리드타임 등에 관한 정보를 공유하고 경쟁자가 정보에 접근하지 않도록 해야 한다.
② 모든 파트너들은 신뢰를 바탕으로 장기적 협력관계가 지속되도록 해야 한다.
③ 충분한 시간과 자원이 보장되어야 한다.

등과 같은 조건이 만족되어야 한다.

1. 수요예측이 중요한 이유를 설명하라.

2. 수요에 영향을 미치는 요인을 설명하라.

3. 수요예측기법을 설명하라.

4. 시계열 분석방법을 설명하라.

5. 시계열 분해법을 설명하라.

6. 인과형 예측방법을 설명하라.

7. 예측오차의 측정과 통제방법을 설명하라.

8. 데이터 마이닝 기법이 제품의 수요예측에 어떻게 사용되는가?

9. 아래와 같이 6개월의 실제치가 주어졌다고 가정하자.

월	실제치	월	실제치
1	735	4	810
2	720	5	765
3	785	6	750

다음의 방법을 사용하여 7월의 예측치를 계산하라.

① 전기수요법

② 3개월 이동평균법

③ 가장 가까운 과거의 자료순으로 0.5, 0.3 및 0.2의 가중치를 부여하는 가중이동평균법

④ $\alpha = 0.3$을 이용하는 단순지수평활법

⑤ 선형회귀분석

⑥ MAD를 기준으로 할 때 위 다섯 가지 기법 가운데 어느 기법이 가장 좋은가?

10. 종로 수퍼마켓은 지난 10주 동안의 평균 정오 기온(화씨)과 판매된 코카콜라 상자 수에 관한 자료를 이용하여 판매예측을 하려고 한다.

주	평균 정오 기온	상자 수	주	평균 정오 기온	상자 수
1	75	100	6	86	124
2	70	82	7	87	122
3	76	104	8	80	118
4	76	110	9	84	126
5	80	120	10	81	120

① 상관계수와 결정계수를 구하고 그 값의 의미를 말하라.

② 회귀방정식을 구하라.

③ 다음 주의 예상평균 기온이 82°일 때 몇 상자가 팔릴 것이라 예상되는가?

11. 테니스화(260mm)를 제조·판매하고 있는 동대문물산(주)은 지난 4년간의 자료를 이용하여 수요를 예측하고자 한다.

연	분기	판매량	연	분기	판매량
1	1	9.5	3	1	13
	2	20		2	25
	3	18.5		3	22
	4	15		4	18
2	1	11	4	1	15
	2	22		2	26
	3	20		3	23
	4	16		4	19

① 각 분기별 계절요소를 구하라.

② 최소자승법을 이용하여 연도별 판매량에 대한 추세선을 구하라.

③ 연 5의 판매예상량을 구하라.

④ 연 5의 계절조정 분기별 판매량을 구하라.

12. 어느 세탁소에서는 설비사용을 예측하기 위하여 단순지수평활법을 사용하고 있다. 1월 중 설비사용률은 92%라고 예측했으나 실제로는 95%이었다.

① $\alpha=0.3$일 때 2월 중 설비사용률을 예측하라.

② $\alpha=0.3$일 때 2월 중 실제 설비사용률이 90%라고 가정할 때 3월 중 설비사용률을 예측하라.

13. 어느 사무용품 상회의 201A년도 각 분기별 컴퓨터 주변기기에 대한 수요량은 다음과 같다. 1/4분기의 수요예측은 2,000개였다.

분기	수요량	분기	수요량
1/4	1,650	3/4	3,000
2/4	2,750	4/4	5,000

$\alpha = 0.2$인 지수평활법을 사용하여 201B년 1/4분기의 수요를 예측하라.

14. 다음과 같이 실제치와 예측치에 대한 자료가 주어졌을 때 추적지표를 계산하고 예측의 정확성에 대하여 논평하라.

월	실제치	예측치	월	실제치	예측치
1	81	88	4	94	94
2	90	85	5	70	98
3	111	93	6	83	95

15. 다음 자료는 평화식당에서 취급한 도가니탕의 값과 팔린 그릇 수이다.

가격(원)	2,700	3,500	2,000	4,200	3,100	4,000
그릇 수	780	510	980	250	320	480

① 값이 5,000원이 된다면 몇 그릇이 팔릴 것인가?
② 두 변수 사이의 상관계수와 결정계수를 구하고 그 값의 의미를 설명하라.

16. 지난 9개월 동안의 판매량이 다음과 같다.

월	1	2	3	4	5	6	7	8	9
판매량	44	52	50	54	55	55	60	56	62

① 산포도를 그려라.
② 추세선을 구하라.
③ 추세선을 이용하여 10월의 판매예측치를 구하라.

17. 다음과 같이 201A년도 전반기의 실제치와 서로 상이한 기법을 이용하였을 때의 예측치가 주어졌다. MAD를 기준으로 할 때 어떤 기법이 좋은 결과를 보였는가?

월	수요	기법 1	기법 2	월	수요	기법 1	기법 2
1	900	910	890	4	920	910	925
2	875	890	900	5	905	915	900
3	910	900	915	6	930	920	910

18. 어느 상점의 5개월 동안의 스마트폰 판매량이 다음과 같다.

월	판매량
1	160
2	165
3	155
4	158
5	164

다음의 방법을 사용하여 6월의 예측치를 구하라.

① 전기수요법

② 3개월 이동평균법

③ 가장 가까운 과거의 순으로 0.5, 0.3, 0.2의 가중치를 부여하는 가중이동평균법

④ $\alpha = 0.4$를 이용하는 단순지수평활법

⑤ 선형회귀방정식

⑥ 위의 다섯 가지 방법 가운데 MAD를 기준으로 할 때 가장 좋은 방법은 무엇인가?

19. 어느 회사에서는 4/4분기에 잘 팔리는 제품에 대한 지난 5년간의 판매량 자료를 다음과 같이 수집하였다. 이 자료를 이용하여 두 가지 방법으로 연 6의 분기별 예상판매량을 예측하고자 한다.

연	1/4	2/4	3/4	4/4	합계
1	218.6	223.5	220.4	241.9	904.4
2	218.1	224.7	219.5	246.3	908.6
3	222.4	228.8	221.0	245.5	917.7
4	223.2	227.6	224.4	247.1	922.3
5	224.5	231.0	223.7	252.8	932.0
합계	1,106.8	1,135.6	1,109.0	1,233.6	4,585.0

① 각 분기별 계절요소를 구하라.

② 최소자승법을 이용하여 연도별 판매량에 대한 추세선을 구하라.

③ 연 6의 예상판매량을 구하라.

④ 연 6의 계절조정 분기별 판매량을 구하라.

⑤ 최소자승법을 이용하여 분기별 판매량에 대한 추세선을 구하라.

⑥ 연 6의 분기별 판매량을 구하라.

20. 다음은 지난 10분기 동안 성동구청에서 발표한 건축허가 수와 금호동의 대성목재 (주)가 판매한 2×4 보드 푸트의 널빤지 자료이다.

분기	건축허가 수	판매량(단위: 1,000)
1	8	12.6
2	12	16.3
3	7	9.3
4	9	11.5
5	15	18.1
6	6	7.6
7	5	6.2
8	8	14.2
9	10	15.0
10	12	17.8

① 선형회귀방정식을 구하라.

② 두 변수 사이의 상관계수와 결정계수를 구하라.

제 **4** 편

생산 · 운영시스템의 설계

기업이 어떤 신제품을 개발할 것인가를 결정하는 요인은 시장과 기술이다. 비록 기업의 기술력이 부족하더라도 시장에서의 고객욕구가 있으면 판매가능하기 때문에 기업은 이를 만족시킬 신제품을 생산해야 한다. 이는 시장지향적 전략(market-pull strategy)이라고 한다. 한편 시장수요가 충분치 않더라도 기업은 보유하고 있는 기술우위를 활용하여 생산가능한 고급제품과 기술을 개발하는 전략을 구사할 수 있다. 이는 기술지향적 전략(technology-push strategy)이라고 한다. 그렇지만 시장수요에 맞고 기술우위도 갖는 제품의 개발전략은 기능간 협력전략(interfunctional strategy)으로서 가장 바람직스럽지만 신제품 설계를 위해서는 기업의 모든 기능간 협력이 절대로 필요하다. 따라서 이러한 노력이 실현되면 좋은 결과를 가져올 수 있다.

21세기에 전개되는 무한경쟁에서 존속·성장하기 위해 기업은 첫째, 우수한 품질을 갖는 혁신적인 신제품을 빨리 설계·개발하고 도입하며 기존제품에 대해서는 꾸준히 설계를 개선하는 정책을 유지하고, 둘째 고객의 변화하는 욕구에 빨리 부응하여 우수한 품질과 저렴한 가격의 제품을 생산할 수 있는 유연한 생산시스템을 확보해야 한다.

이러한 목적을 달성하기 위해서는 목표시장과 제품의 차별화를 결정한 비즈니스 전략에 따라 제품과 생산 프로세스의 설계 및 개발방식을 근본적으로 고려하지 않으면 안 된다. 세계적 일류기업은 제품설계와 개발노력에 있어 큰 변화를 이룩하였다. 연구·개발, 마케팅, 생산, 재무담당 전문가로 구성된 자율적 작업팀은 개발과 설계과정에서 더 많은 자율권과 책임을 부여받았다. 이러한 결과로 새로운 제품을 시장에 출시하는 데 막대한 시간과 비용을 절감할 수 있었다.

제품과 생산 프로세스의 개발과 설계는 거의 동시에 진행되는데 이는 오늘날 글로벌 경쟁에서 성공적 전략수립의 중요한 요소가 되었다. 제품과 프로세스의 설계는 고객만족, 제품품질, 생산비용 등에 직접적으로 영향을 미치기 때문이다.

본장에서는 전통적 및 현대적 신제품 개발과정 및 그와 관련된 사항들을 설명하고 고객의 목소리를 제품의 설계과정에 반영하고 빨리 시장에 제품을 출시하는 방법 등에 대해서 설명하고자 한다.

대부분의 제품은 제한된 수명주기를 갖기 때문에 오늘날 기업은 수립된 비즈니스 전략에 맞는 신제품과 서비스를 꾸준히 개발하고 이를 생산할 프로세스를 설계할 압력을 받고 있다. 예를 들면 오늘날 자동차는 2년 이내에 새로운 모델이 출시되고 PC는 1년 이내의 제품 수명주기를 갖는다. 이는 통신시설의 향상, 무역장벽의 완화, 운송의 스피드화 등으로 인하여 시장에서 글로벌 경쟁이 치열할 뿐만 아니라 고객욕구가 동태적으로 변화하고 생산기술의 진보로 인한 빠른 진부화로 가중되고 있다.

여기서 제품개발 프로세스(product development process)란 전략을 수립하고, 조직화하고, 콘셉트(concept)를 창출하고, 제품계획, 마케팅계획을 수립하고 평가하며 신제품을 시장에 상업화하는 전반적인 과정을 말한다. 한편 제품설계(product design)란 고객의 욕구를 만족시킬 능력을 결정하는 제품이나 서비스의 특성 또는 특징을 말한다. 이러한 특성은 외관, 사용되는 자재, 치수와 허용오차, 성과표준 등을 의미한다.

오늘날 환경의 변화 속에서 기업이 신속하게 제품과 서비스를 개발하고 설계하는 목적은 고객의 욕구와 기대를 만족시켜 시장점유율을 선점하려는 것인데, 이는 기업의 경쟁력을 제고하고 지속적인 기업성장과 이윤증가를 도모하는 길이기도 하다. 신제품을 신속하게 시장에 내놓는 기업은 그렇지 못한 기업에 비하여 프리미엄 가격을 청구하고, 경쟁자의 신제품 도입에 빨리 대응할 수 있고, 산업의 표준설정(특히 혁명적인 제품의 경우)이 되는 등 경쟁우위를 갖는다. 이는 시간경쟁(time-based competition)에서 이기기 때문이다.

이와 같이 신제품의 개발뿐만 아니라 기존제품의 개선은 시장에서의 경쟁우위를 통한 시장점유율을 확대하고 새로운 수요를 창출하며 생산시설능력을 효율적으로 이용하기 위하여 필요하다.

제품과 서비스의 설계는 기업에 있어서 매우 중요한 과정이다. 기업의 핵심역량을 이용할 수 있고 어떤 새로운 핵심역량이 개발되어야 하는지를 결정해 준다. 또한 기업을 활성화시키고, 새로운 시장을 정의하고, 새로운 기술에 관심을 갖도록 만든다. 예를 들면 Honda는 소형 엔진 생산에 핵심역량을 가지고 있는데 모터사이클로 시작해서 자동차, 잔디깎기 기계, 제트 스키(jet skis),

가정용 발전기로 발전해 가고 있다.

때때로 제품과 서비스의 설계는 재설계(redesign)를 의미하기도 한다. 설계 변경에 대한 압력은 고객, 경쟁자, 법적 조치 및 기업 내의 필요성으로부터 나온다.

고객은 특정 제품의 설계상에 불만이 있으면 그 기업에 직접 불만을 표시하든가, 그 기업의 규제기관에 고발하든가, 또는 간접적으로 구매를 중단함으로써 기업으로 하여금 제품의 재설계에 착수하도록 압력을 가한다.

기업은 그의 활동을 제약하는 수많은 정부의 규제에 직면하고 있다. 예컨대 근래 인공감미료, 인산염, 아질산염 및 음식물에 사용하는 색소 등에 대한 규제로 정부와 고객을 만족시킬 새로운 설계를 강구하도록 요구하고 있다. 또한 자동차의 대기오염 기준치, 안전벨트, 특수 유리창, 연비(gas mileage), 충격흡수 범퍼와 차체의 사용에 대한 규제는 자동차의 설계에 영향을 미친다.

제조물책임(product liability)도 설계향상에 대한 강한 자극이 된다. 제조물책임이란 제조업자의 서툰 솜씨나 완벽치 못한 설계 때문에 발생한 불량품의 사용으로 인한 손해와 손상에 대해 책임을 지는 것을 말한다. 근래 소비자고발센터 같은 소비자보호운동과 제품과 관련된 소송 및 리콜(recall)의 증가로 인하여 기업은 안전을 기하고 위험을 방지하는 제품설계에 각별한 신경을 쓰고 있다.

5.2 제품 수명주기

제품개발은 제품 수명주기를 고려해서 이루어진다. 많은 제품은 수요에 있어 수명주기를 경험한다. 첨단기술제품이나 패션제품 등은 전 주기가 1~2년에 끝날 수도 있지만 어떤 제품은 10여 년을 끌기도 한다. 전략적 결정이 제품의 수명주기상의 상대적 위치에 따라 크게 영향을 받는다. 즉 제품라인의 비용, 가격 및 생산전략이 수명주기의 위치에 따라 다르게 결정된다.

제품 수명주기(product life cycle)는 시장에 제품을 처음으로 도입한 이후 흐르는 시간에 따른 판매량의 변화를 나타낸다. 모든 제품은 특정 시점에 특정

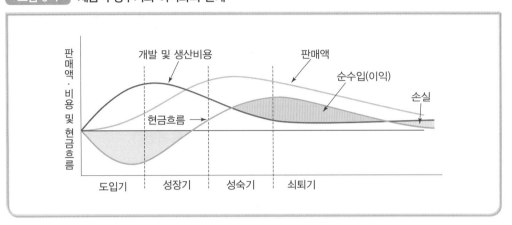

그림 5-1 제품 수명주기와 이익과의 관계

판매액·비용 및 현금흐름

개발 및 생산비용

판매액

순수입(이익)

손실

현금흐름 →

도입기　성장기　성숙기　쇠퇴기

단계에 있게 된다. 따라서 성공적인 기업은 여러 가지 개발단계에 있는 제품의 균형된 포트폴리오(portfolio)를 유지하도록 노력한다.

제품 수명주기 단계는 [그림 5-1]에서처럼 도입기, 성장기, 성숙기, 그리고 쇠퇴기로 구분된다. 도입기에는 제품에 대한 정보가 부족하고 제품에 있을 수 있는 결점이 곧 제거되고 가격도 하락할 것이라는 기대심리 때문에 수요가 적다. 성장기에는 설계가 향상되어 신뢰할 수 있고 비용이 싼 제품이 생산되므로 판매량과 이익이 동시에 증가한다.

성숙기에는 판매량이 안정되고 단위당 이익이 감소하기 시작한다. 결국 쇠퇴기에 이르면 제품에 대한 필요성이 감소하고 새로운 대체상품이 개발되므로 판매량이 격감한다. 수명주기의 길이, 각 단계의 기간 및 곡선의 형태는 제품에 따라 상이하다.

제품의 이익주기(profit cycle)는 판매량주기(sales cycle)와 상이하다. 도입기에는 초기의 착수비(start-up cost) 때문에 이익을 남길 수 없고, 성장기에서의 총이익은 판매량 증가에 따라 계속 증가추세를 보이지만 단위당 이익은 절정에 이른 후 점차 감소하기 시작한다.

성숙기에는 경쟁이 심화되어 이익마진(profit margin)이 크게 감소되고 따라서 총이익도 감소한다. 마지막으로 쇠퇴기에는 판매량의 격감으로 결국 비용을 증가시켜 이익을 발생시키지 못한다.

판매전략이 각 단계마다 다르기 때문에 제품이 한 단계에서 다음 단계로 이동하는 것을 확인할 필요가 있다. 도입단계에서는 제품개발과 설계가 중시되고, 성장단계에서는 제품의 신뢰도에 바탕을 둔 명성이 중요하다. 성숙단계에서는 판매촉진, 서비스 및 판매활동이 요청되며 쇠퇴기에는 원가관리(cost control)가 중요한 요소가 된다.

5.3 신제품 개발과정 : 전통적 방법

어떤 기업도 지속적으로 성장·발전하기 위해서는 신제품 개발활동을 활발하게 수행해야 한다. 소비자들의 욕구를 만족시킬 수 있는 신제품을 시장에 빨리 출하하는 것이 경쟁에서 이길 수 있는 첩경이다.

제품설계는 제품이나 서비스의 품질에 절대적인 영향을 미친다. 따라서 제품설계 시 고객욕구를 만족시킬 특성을 갖도록 하고, 빠른 기간 내에 저렴한 비용으로 생산할 수 있어야 하며, 자주 변경하는 일이 없도록 해야 한다.

제품설계는 제품의 외관을 결정하고, 성능의 표준을 설정하고, 사용할 자재를 명시하고, 치수와 오차를 결정한다.

새로운 제품개발은 고객이 누구이며 이들의 욕구는 무엇인지 이해하는 것으로부터 시작한다. 이를 위해 전통적 제품개발과정은 아이디어로부터 시작하여 기업 내의 개별 부서에서 순차적으로 기획, 개발·설계, 생산준비, 제조 등 여러 과정을 거쳐 진행되었다. 많은 아이디어로부터 새로운 제품이 선정되고 설계 및 프로세스가 결정되어 제품의 상업화가 이루어지는데 이러한 과정을 [그림 5-2]가 보여 주고 있다.

1. 신제품 아이디어 창출

신제품개발의 첫 단계는 아이디어 창출(idea generation)이다. 신제품이나 기존제품의 개선을 위한 아이디어는 고객의 불평이나 제안, 시장조사, 판매원, R&D, 공급업자, 경쟁자, 새로운 기술개발 등으로부터 나온다.

고객의 구매패턴과 취향의 변화를 연구한다든지 고객들을 상대로 직접 시장조사를 함으로써 아이디어를 얻을 수 있다. 즉 고객의 목소리(voice of customers)를 제품개발 단계부터 반영하여야 한다.

그림 5-2 　전통적 신제품 개발과정

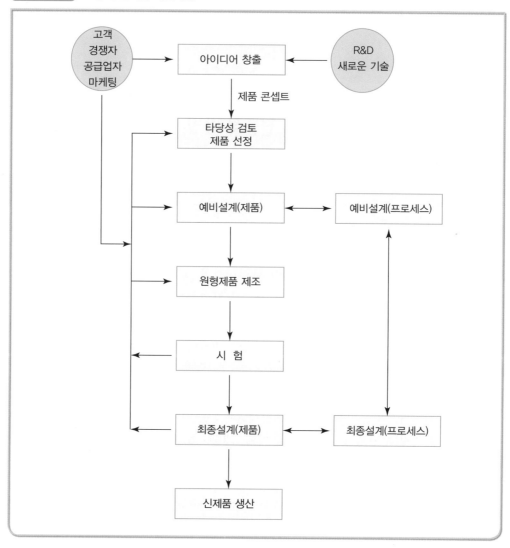

시장지향적인 아이디어는 시장에서 팔 수 있다고 여기는 고객의 욕구로부터 유발된다. 예를 들면 영양가 있고 먹기 편리한 새로운 아침식사거리에 대한 요구가 있을 수 있다. 맞벌이 부부가 증가함에 따라 세탁서비스, 어린이 돌보기에 필요한 제품수요가 늘어나고 있다.

아이디어는 새로운 기술로부터 창출한다. 나일론, 플라스틱, 반도체, 컴퓨터, 전자레인지의 출현은 수많은 제품 아이디어의 원천이었다.

경쟁제품 또한 아이디어의 원천이다. 인식도, 벤치마킹, 리버스 엔지니어

그림 5-3 시리얼의 인식도

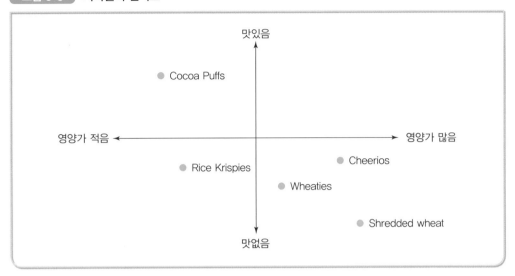

링(reverse engineering, 역전공학) 등은 경쟁자로부터 배우는 데 이용되는 방법이다. 인식도(perceptual map)는 자기 회사의 제품과 경쟁회사의 제품에 대해 고객이 인식하는 것을 비교하기 위하여 사용되는 그림이다. [그림 5-3]은 맛과 영양의 관점에서 본 아침식사용 시리얼(cereal)의 인식도이다. [그림 5-3]에서 맛있고 영양가 많은 시리얼의 개발이 요구됨을 알 수 있다.

벤치마킹(benchmarking)은 자신의 기업과 직접적 경쟁관계에 있는 기업의 디자인, 가격책정, 원가관리, 제조와 판매 등 모든 부문에 대하여 비교·분석하여 개선의 아이디어를 찾아내는 과정이다. 미국의 Zerox는 일본의 Canon을 벤치마킹 대상업체로 선정하여 잠식당한 시장을 회복하는 데 성공한 바 있다.

리버스 엔지니어링이란 경쟁제품을 조심스럽게 분해하고 검사하여 발견한 우수한 설계특성을 자기 회사제품에 반영하는 방법을 말한다. Ford는 Toyota, BMW, Audi 등의 설계특성을 받아들여 Taurus를 설계하는 데 이러한 방법을 이용하였다.

신제품 아이디어의 또 다른 원천은 기업의 연구·개발(research and development: R&D)시스템이다. 연구·개발활동은 기술진보가 근래 급격히 이루어지기 때문에 더욱 중요시되고 있다.

2. 타당성 검토 : 제품선정

새로운 제품개발을 위한 아이디어가 창출되었을 때 이의 성공가능성을 평가하기 위해 이에 대해 마케팅부서는 제품 콘셉트(product concept)[1]를 개략적으로 정의하고 이를 분석하고 심사(screening)하는 과정을 적용한다. 이러한 제품 아이디어를 선별하기 위한 검토과정을 타당성 검토(feasibility study)라고 한다.

제품 아이디어가 회사의 비젼, 전략, 핵심역량에 아주 적합하면 다음 단계로 넘어 가는데 전통적 방법에서는 고객보다는 설계 엔지니어들의 능력에 보다 집중하였다. 그런데 1960년대부터 고객의 목소리를 제품콘셉트 개발부터 제품설계에 반영하려는 품질기능전개라는 기법이 제조업에서 널리 사용되고 있다. 이에 대해서는 다음 절에서 공부할 것이다.

타당성 검토는 시장분석, 경제분석, 기술분석을 포함한다. 시장분석(market analysis)은 제품개발을 위해 투자할 가치가 있는지 알기 위하여 개발되는 제품에 대한 충분한 수요가 있을지 시장잠재력을 평가하는 것을 말한다.

경제분석(economic analysis)은 수요잠재력이 있을 때 제품개발과 생산에 따르는 비용을 추산하고 이를 수요예측과 비교함으로써 이익잠재력을 평가하는 것이다. 이를 위해서는 여러 가지 계량적 기법이 사용된다.

기술 및 전략분석(technical analysis and strategic analysis)이란 새로운 제품은 새로운 기술을 요하는가, 위험 또는 자본투자가 지나친 것은 아닌가, 충분한 노동력과 관리기술을 보유하고 있는가, 생산시설능력은 충분한가, 새로운 제품생산은 경쟁우위를 제공할 것인가, 기업의 핵심사업에 부합하는가? 등을 기술적 측면에서 생산가능성을 분석하는 것을 말한다.

타당성 검토를 통과하여 개발하기로 결정된 제품 콘셉트에 대해서는 성과시방(performance specification)을 작성하는데 이는 고객의 욕구를 만족시키기 위해서 무엇을 해야 하는가 하는 제품의 기능을 기술하는 것이다.

부적합한 아이디어를 우선 쉽게 탈락시키기 위해 사용하는 제품선정(product selection) 분석을 위한 기법으로 체크리스트가 자주 이용된다. 체크리스트(checklist)는 [표 5-1]처럼 일련의 타당성 검토 항목(제품특성)들을 정하고, 그들 상호 간의 상대적 중요성에 따른 가중치를 부여한 다음 특정 아이디어를 항

---

1 제품 콘셉트란 제품의 대략적인 형태, 기능, 특성 등을 기술하는 것을 말한다. 예를 들면 새로운 시리얼을 설계할 때 밀, 귀리, 옥수수, 밀기울 혹은 이들을 혼합하여 만들 것인가, 시장에 알맞은 형태는 어떤 것인가(플레이크 또는 비스킷), 설탕과 비타민을 첨가할 것인가 등의 제품개념을 평가해야 한다.

표 5-1　신제품 아이디어 체크리스트

제품특성	중요성 (가중치)	상대적 평점			평가
		수(3)	미(2)	가(1)	
현 제품라인에의 적합성	0.05	∨			0.15
현 프로세스, 기계에의 적합성	0.10		∨		0.20
기대되는 수명주기	0.05			∨	0.05
현 유통채널과의 일치성	0.10			∨	0.10
판매량 예측	0.17	∨			0.51
특허가능성	0.03			∨	0.03
크기, 형태, 무게의 고려	0.05		∨		0.10
수요의 변동	0.10	∨			0.30
장기자금 소요량	0.15		∨		0.30
이익마진의 잠재력	0.20	∨			0.60
합계	1.00				2.34

목별로 평점을 주어 가중치와 평점을 곱하여 총평점으로 정하는 것이다. 만일 총평점이 사전에 기업이 결정한 하한선보다 낮으면 이 아이디어는 더 이상 고려할 필요 없이 제거한 후 남은 아이디어 가운데서 가장 높은 평점을 갖는 아이디어를 제품개발 대상으로 선정한다.

3. 예비설계

일단 제품 콘셉트가 타당성 검토과정을 통과하여 제품선정이 결정되면 설계부서에서는 개념적 특성(conceptual features)을 충족시킬 몇 가지 설계안을 개발하는 예비설계(preliminary design)로 들어간다. 이 단계에서 설계 엔지니어들은 전반적인 성과시방을 기술시방(technical specification)을 갖는 유형의 제품이나 서비스로 변형시킨다. 예컨대 냉장고 제조업자가 냉동실을 제조한다고 할 때 스타일, 저장용량, 모터의 크기 등의 문제에 부닥친다. 즉 예비설계는 규모, 모양, 색상, 에너지 소요, 수명 등에 관한 제품의 개략적인 윤곽을 설계하는 것이다.

제품설계와 동시에 프로세스 예비설계가 이루어져야 한다. 즉 제품의 최종설계가 이루어진 이후에 프로세스를 설계해서는 안 된다. 두 설계를 동시에 하게 되면 제품에 있을 수 있는 변경을 마침으로써 생산 프로세스를 촉진할 수 있다.

4. 제품원형 개발 및 테스트

일단 기술시방이 결정되면 제품원형(prototype)을 제작하고 여러 가지 조건에서 테스트하고 분석하고 수정한다. 제품원형은 설계안들의 성능과 내구성을 평가하기 위하여 제조되는데 시장에서의 성공가능성을 평가하기 위하여 시험시장(test market)에 출시하거나, 실험실에서 실험을 통하여 물질적 특성, 기능작동 결과 및 전반적인 결함 등을 기술적인 관점에서 검토한다.

예를 들면 모든 새로운 전투기는 원형을 사용하여 시험한다. 결함이 발견되면 원형설계는 수정된다. 이러한 과정은 최종제품의 성능을 보장할 때까지 계속된다. 이러한 과정에서 원가, 품질 및 성능 등의 절충(trade-offs)이 이루어진다.

5. 최종설계

세부설계 또는 최종설계(final design) 단계에서는 제품의 완전한 시방(규격), 그의 구성품 및 조립도, 정책 등이 확정된다. 제품의 최종설계와 동시에 프로세스의 최종설계가 이루어져야 함은 말할 필요가 없다. 세부설계는 제품의 기능, 형태 및 생산설계로 이루어진다. 기능설계는 제품의 성능, 형태설계는 제품의 외관, 생산설계는 생산의 비용에 관심을 갖는다.

■ 기능설계

기능설계(functional design)는 제품의 성능에 관심을 둔다. 시장품질수준(market quality level), 신뢰성 및 원가 사이의 관계를 고려한 후 기술규격(technical specification)을 결정하게 된다. 시장품질수준은 생산에 사용될 자재의 선정 및 신뢰도에 반영된다.

■ 형태설계

형태설계(form design)는 제품의 외관이나 모양에 관심을 둔다. 형태는 기능을 따르지만 미적 특징은 기능과는 아무런 관련이 없어도 최종제품의 형태에 영향을 미친다. 형태설계는 소비재의 경우 더욱 중요하다. 소비자에게는 기능보다 색상, 크기, 스타일 및 패션이 더욱 중요한 경우가 있다. 제품포장도 형태의 연장이라 볼 수 있다.

■ 생산설계

생산설계(production design)는 낮은 비용으로 높은 품질의 제품을 생산하는 가장 경제적인 생산방법에 관심을 둔다. 비용한도 내에서의 생산가능성과 생산용이성에 관심을 둔다. 비용에 영향을 미치는 영역은 자재선정, 부품결합 방법, 허용오차, 제품복잡성 및 제품가변성 등을 들 수 있다.

제품단순화, 제품다양화, 표준화, 모듈화, 제조를 위한 설계 및 가격분석 등은 생산설계에서 고려해야 할 중요한 개념이다.

제품결정이 최종적으로 이루어지면 결과적으로 도면(drawing)과 규격(specification)이 생성된다. 도면은 부품, 중간조립품, 최종조립품에 대해서 작성한다. 규격은 각 부품이나 중간조립품에 대하여 설정하는데, 허용오차는 제품의 치수를 중심으로 최소와 최대의 범위로서 규정한다.

5.4 기능설계의 고려사항

1. 신뢰성

신뢰성(reliability)이란 제품 또는 부품이 특정 기간 동안 정상적인 조건하에서 주어진 기능을 고장 없이 수행할 확률로 표현된다. 만일 어느 품목의 신뢰성이 0.9라 함은 그 품목이 의도한 기능을 특정 기간 동안 수행할 확률이 0.9이고 고장날 확률이 0.1임을 뜻한다. 즉 평균적으로 10개의 품목 가운데 한 개가 고장나고 아홉 개는 고장이 나지 않음을 기대할 수 있다. 이와 같이 신뢰성＝1－고장률이 성립한다.

제품의 신뢰성 향상은 구성품들의 신뢰성, 중복부품의 병렬연결, 그리고 정기적 예방정비 등을 통해서 달성된다.

제품의 신뢰성은 그의 구성품 신뢰성의 함수이다. 한 제품이 직렬(in series)로 여러 개의 구성품으로 이루어졌을 때 그 제품의 신뢰성은 다음과 같이 구한다.

$$R_p = R_1 \cdot R_2 \cdot R_3 \ldots R_n$$

$R_p =$ 제품의 신뢰성

$R_i =$ 구성품 i의 신뢰성 $(i=1, 2, \ldots, n)$

 예 5-1

어떤 시스템이 다음과 같이 A와 B의 두 개의 부품으로 직렬과 병렬로 구성되어 있을 때 시스템의 신뢰성은 얼마인가?

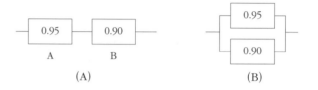

(A) (B)

해답

(A) $R_p = 0.95 \times 0.90 = 0.855$

(B) $R_p = 1 - (1-0.95)(1-0.90) = 0.995$

고장(failure)이란 작동이 불능상태로 변하는 것을 말한다. 한 부품의 고장이 상당히 중요할 때 중복부품이나 중복부품시스템을 추가하면 고장날 가능성을 줄일 수 있다. 한 제품이 병렬(parallel)의 중복부품을 가질 때의 제품 신뢰성은 다음과 같이 구한다.

$$R_p = R_2 + R_1(1-R_2) = 1 - (1-R_1)(1-R_2)$$

n의 병렬중복부품을 가질 때의 신뢰성은 다음과 같이 구한다.

$$R_p = 1 - [(1-R_1)(1-R_2)\ldots(1-R_n)]$$

 예 5-2

한 시스템이 다음과 같이 부품 A, B, C, D, E의 다섯 개로 구성되어 있을 때 시스템의 신뢰성은 얼마인가? 부품 D와 E는 중복부품이다.

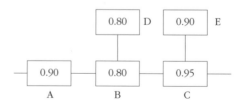

$$R_p = 0.90[1 - (1 - 0.80)(1 - 0.80)][1 - (1 - 0.95)(1 - 0.90)] = 0.86$$

신뢰성은 제품이나 서비스가 고장나기 전에 작동하는 시간의 길이, 즉 고장간 평균시간(mean time between failures: $MTBF$)으로 표현할 수 있다. 이는 고장률(failure rate)과 반비례 관계이다.

한편 고장률은 다음과 같은 공식을 사용하여 구한다.

$$고장률(\%) = \frac{고장\ 개수}{시험\ 개수} \times 100$$

$$고장률(개수) = \frac{고장\ 개수}{작동시간(operating\ time)}$$

$$고장간\ 평균시간 = \frac{1}{고장률(개수)}$$

예 5-3

실험실에서 100개의 인공심장 밸브를 20,000시간 동안 테스트하였다. 6개의 밸브는 테스트 도중에 고장이 났다.
① 고장률은 몇 %인가?
② 연간 고장 개수는 얼마인가?
③ 100개의 인공심장 밸브 50묶음의 설치에 대해 연간 예상되는 고장 개수는 얼마인가?
④ 고장간 평균시간은 얼마인가?

해답

① 고장률 $= \dfrac{6}{100} = 0.06 = 6(\%)$

② 작동시간 = 총시간 − 비작동시간 = 100(20,000) − 6(20,000)/2
  $\qquad\qquad = 1,940,000(단위시간)$

  고장률 $= \dfrac{6}{1,940,000} = 0.000003(연/단위시간)$

  $0.000003(24시간/일)(365일/연) = 0.026(개/연)$

③ (0.026개/연)(50개) = 1.355(개/연)

④ MTBF $= \dfrac{1,940,000}{6} = 323,333.3(단위시간/개)$

2. 정비성

정비성(maintainability)이란 제품이나 시스템이 고장났을 때 적당한 노력으로 사용가능한 상태로 회복시킬 수 있는 능력을 말한다. 즉 제품이 고장났을 때 그것을 최소의 시간과 비용으로 곧 사용할 수 있는 상태로 회복시키는 것이다.

정비성은 평균수리시간(mean time to repair: $MTTR$)으로 측정할 수 있다. 신뢰성을 측정하는 $MTBF$와 $MTTR$을 결합한 시스템 이용성(system availability: SA)은 다음과 같이 구한다.

$$시스템\ 이용성 = \frac{신뢰성}{신뢰성 + 정비성} = \frac{MTBF}{MTBF + MTTR}$$

예 5-4

김 사장은 회사의 전자상거래 사이트(site)를 위한 서비스 제공자를 선택하려고 한다. 다른 조건이 모두 동일하다면 서버 이용성을 기준으로 결정하려고 한다. 다음과 같은 서버의 성과자료가 주어질 때 어떤 제공자를 선택해야 하는가?

제공자	$MTBF$(시간)	$MTTR$(시간)
A	70	5
B	40	3
C	25	2

해답

$$SA_A = \frac{70}{70 + 5} = 0.933$$

$$SA_B = \frac{40}{40 + 3} = 0.930$$

$$SA_C = \frac{25}{25 + 2} = 0.926$$

따라서 제공자 A를 선택한다.

1. 제품단순화 및 다양화

기업이 당면한 가장 까다로운 문제의 하나는 제품다양화의 정도를 결정하는 것이다. 제품이 다양하면 비용이 증가하고 단순하면 판매가 줄어든다. 불필요하게 다양할 필요가 없고 별로 중요치도 않은 제품차이는 근절해야 한다.

제품단순화(simplification)는 제품의 수와 종류를 줄이는 것을 말한다. 단순화는 설계의 복잡성을 줄이고 제품의 다양성을 줄임으로써 여러 가지 구입을 줄이고, 재고를 낮추며, 생산비용을 절감시킨다. 물론 단순화는 고객의 입장에서 볼 때 선택의 여지가 줄어들기 때문에 수익에 영향을 미칠 수 있다. 따라서 제품의 단순화는 판매량과 이익에 별로 공헌하지 못하는 제품의 제거에 한정해야 한다.

제품다양화(diversification)는 제품단순화의 반대개념으로서 풍부한 제품라인, 형태 및 모델을 의미한다. 경쟁이 심한 기업은 고객을 끌기 위하여 다양화를 추구하게 되고, 심하지 않은 기업은 단순화를 추구하게 된다. 다양화는 위험을 분산시키고 특정 제품의 수요감소를 보호한다. 또한 초과 또는 유휴시설이 있으면 다양화를 추진할 수 있다.

한편 제품이나 서비스의 수를 줄여 다양성을 감소시키는 외에 기업은 하나의 제품을 만들 때 옵션, 부품, 중간조립품 등의 수를 줄여 기능을 발휘하면서 생산성도 향상토록 해야 한다.

2. 표준화

공업국가에서 생산성 향상에 크게 공헌한 요소는 부품의 표준화(standardization)이다. 표준화란 부품이 특정한 표준에 맞도록 만들어졌으므로 언제, 어디서 그 부품을 만들더라도 똑같은 형태의 다른 부품과 상호교환하여 사용될 수 있음을 뜻한다. 다시 말하면 표준화는 크기, 모양, 색상, 수량, 성능, 작업방법, 장비, 절차 및 프로세스 등에서 균일성을 보장하려는 노력을 말한다. 표준화는 부품의 호환성을 통하여 대량생산을 가능케 한다. 자동차의 경우 동일한 크기와 모양을 갖는 핸들이 여러 상이한 모델의 자동차에 사용될 수 있다.

3. 모듈 설계

고객의 욕구를 만족시킬 다양한 제품라인을 공급하고 동시에 낮은 생산비 및 표준화의 장점을 살리기 위하여 모듈 설계(module design)가 이용된다. 즉 이로 말미암아 고객의 요구에 따라 다양한 선택사양을 추가함으로써 제품의 다양화가 가능하고 동시에 제품생산에 사용되는 구성품의 단순화가 가능하게 된다.

모듈(module)이란 다수의 부품으로 구성된 표준화된 중간조립품(subassembly) 또는 기본 구성품을 말한다. 소비자에게는 다양한 제품이 있는 것처럼 보이고, 생산자에게는 프로세스와 장비의 표준화를 통하여 제한된 수의 기본적인 구성품의 생산을 더욱 효율적으로 할 수 있게 된다. 이러한 모듈들을 제품의 최종조립단계에서 서로 상이하게 결합함으로써 경제적 생산이 가능하고 제품다양화를 실현하고 다양한 고객욕구를 충족시킬 수 있게 된다.

예를 들면 자동차산업에서 엔진, 변속기, 외부색상, 그리고 실내장식물 등을 모듈화함으로써 다양한 자동차를 공급할 수 있다. 만일 엔진 크기 두 가지, 변속기 형태 두 가지, 외부색상 열 가지, 실내장식물 다섯 가지라고 할 때 모듈은 $2+2+10+5=19$(가지)뿐이지만, 이 19가지의 모듈을 결합하면 $2 \times 2 \times 10 \times 5 = 200$(가지)의 서로 상이한 자동차를 공급할 수 있다.

모듈 설계의 장점은 비교적 적은 부품이 사용되므로 결점을 찾고 교정하기가 쉽다는 것이다. 또한 모듈 설계는 불량 모듈을 제거하고 양호한 모듈로 대체하기가 쉽다. 모듈의 제조와 조립으로 단순화를 꾀할 수 있다. 즉 부품의 수가 적기 때문에 구매 및 재고관리가 더욱 쉽고, 조립업무가 더욱 표준화되어 훈련비용이 감소한다.

모듈 설계의 단점은 첫째, 다양성의 감소이고, 둘째, 불량부품을 제거하기 위하여 모듈을 분해할 수 없다는 것이다. 즉 모듈 전체를 폐기해야 하므로 이로 인한 비용이 발생한다.

전통적으로 제품개발을 할 때 제품라인 속의 다른 제품과는 관계없이 각 제품별로 설계하였다. 따라서 개별 제품에 대해서는 최적화가 가능하지만 전체로서의 제품라인은 최적화되지 않는다. 이에 반해서 모듈 설계는 제품라인 전체를 최적화하려 한다.

4. 가치분석

경쟁에서 이기기 위해서는 제품이나 서비스를 꾸준히 향상시킬 필요가 있다. 혁신은 이러한 일을 하는 데 기본적인 필수요건이다. 제품과 서비스의 가치를 향상시키기 위하여 혁신을 조직적으로 하는 편리한 방법이 가치분석(value analysis) 또는 가치공학(value engineering)이다.

가치분석은 비용을 발생시키는 어느 것이라도 제거하는 이념이기 때문에 제품이나 서비스의 가치 또는 기능에 공헌하지는 못한다. 가능한 한 가장 낮은 비용으로 제품이 요구하는 성능과 고객의 욕구를 만족시키는 데 목적이 있기 때문이다. 가치분석은 절차와 기법을 사용하여 제품이나 서비스를 분석하는 체계적이고 조직적인 방법이다.

가치는 고객의 욕구를 가장 낮은 비용으로 만족시키는 것이다. 이와 같이 제품의 가치는 같은 비용으로 고객의 유용성을 증가시킴으로써 또는 비용을 절감하여 같은 유용성을 제공함으로써 향상된다. 더 좋은 가치는 비용을 증가시키지 않고서도 기능을 향상시킴으로써 또는 기능을 해치지 않고 비용을 절감함으로써 얻어진다. 가치는 비용뿐 아니라 기능에 강조를 둔다. 따라서 가치는 비용과 기능의 비율 또는 가격과 품질의 비율로서 다음과 같이 표현할 수 있다.

$$\text{가치} = \frac{\text{기능}}{\text{비용}} \quad \text{또는} \quad \text{가치} = \frac{\text{품질}}{\text{가격}}$$

전형적인 가치분석은 일련의 질문을 통하여 진행된다. 그것이 무엇인가? 그것의 기능은? 제품의 불필요한 특성은 없는가? 비용은 얼마인가? 그것의 가치는 무엇인가? 다른 어떤 것이 그 기능을 수행할 수 있는가? 그것은 단순화될 수 있는가? 그것은 꼭 필요한가? 이러한 방법은 대체, 제거, 표준화, 결합 또는 단순화 등을 통하여 개선의 여지를 찾는 것이다.

5. 제조를 위한 설계

좋은 설계의 중요한 측면은 설계된 제품이 쉽게 그리고 적은 비용으로 생산할 수 있어야 한다는 것이다. 제조를 위한 설계(design for manufacture: DFM)란 제품을 보다 경제적이고 용이하게 생산가능하도록 제품을 설계하는 방법을 뜻한다. 제품설계 단계에서 기업의 생산설비능력과 인적자원의 한계 내에서 제품을 쉽고 비용절약적으로 생산할 수 있도록 설계해야 한다는 것이다.

기업이 제조를 위한 설계를 달성하는 방법은 단순화, 표준화, 모듈 설계, 가치분석 등을 통합하는 것이다.

효과적인 제조를 위한 설계의 결과는 제품설계의 품질을 향상시키고 제품설계에 수반되는 비용과 시간을 감소시킨다는 것이다.

제조를 위한 설계 외에도 기업에서는 조립을 위한 설계, 보전을 위한 설계, 로지스틱스를 위한 설계, 환경을 위한 설계 등을 고려한다.

좋은 제품설계란 제품을 어떻게 제조할 것인가는 물론 어떻게 조립할 것인가도 고려해야 한다. 조립을 위한 설계(design for assembly: DFA)는 조립할 때 부품의 수를 줄이고 조립방법과 조립순서에 관심을 갖는다. 제품을 쉽게 제조하고 조립하는 의미로 제조가능성(manufacturability)이라는 말을 사용한다. [그림 5-4]는 제조 및 조립을 위한 설계의 간단한 예를 보이고 있다. 그림에서 부품의 수가 줄어들면서 조립시간이 빨라진다.

보전을 위한 설계(design for maintainability: DFM)란 제품의 서비스 가능성(serviceability)을 증진하기 위하여 설계·개발과정에서 제품의 예상 수명주기 동안 얼마나 쉽게 보전가능성(maintainability)을 확보할 수 있는지 체계적으로 고려하는 방법을 말한다.

로지스틱스를 위한 설계(design for logistics: DFL)란 운송과 관련된 비용을

그림 5-4 **부품감소와 조립개선**

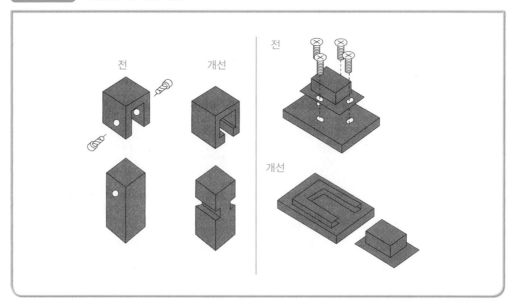

고려하는 제품설계방법이다.

환경친화적 설계(design for environment: DFE)란 제품설계 시 환경, 안전, 건강 등의 문제를 고려하는 방법이다. 이는 법적 채무의 가능성을 줄여야 한다든지 규제조건에 따라야 하는 기업의 경우에는 아주 중요한 개념이다. 여기에는 제조 프로세스(에너지 보전 등), 포장(재사용, 낭비감소), 폐기, 재활용 등에 관심을 갖는 것이 포함된다. 21세기에는 환경친화적인 제품과 서비스를 생산하는 기업만이 생존하게 될 것이다.

지속가능한 제품과 프로세스 설계는 제품과 프로세스의 경제적, 환경적, 사회적/윤리적 성과를 향상시킨다. 폐기물과 에너지 사용을 줄이고, 오래된 제품을 새 제품으로 재활용하고, 작업자와 고객을 위한 쾌적한 작업환경을 보장하는 기업의 제품은 고객들이 더욱 선호하게 된다.

많은 경우에 기업이 지속가능성(sustainability)을 실천하면 저비용, 고생산성, 고객이 원하는 제품이나 설계 요소 등으로 경쟁우위를 확보할 수 있다.

5.6 신제품 개발과정 : 현대적 방법

1. 개념

오늘날 신제품에 대한 고객들의 요구가 점증하고 격심한 경쟁에서 이기기 위해 기업은 제품개발 속도와 시장에의 신속한 출하시간에 기초한 시간경쟁(time-based competition)에 몰두하고 있다. 이러한 목적 외에 제품설계를 생산으로 원활하게 전환하려는 목적을 달성하는 현대적 제품개발 과정인 동시공학이 실천되고 있다.

모든 부서는 제품의 설계과정에서 중요한 역할을 수행한다. 설계사, 제조엔지니어, 마케팅부서, 재무부서, 구매부서, 생산부서 등 모든 기능부서는 제품에 관심을 갖는다. 따라서 모두 함께 제품개발·설계와 생산 프로세스 개발에 참여해야 한다.

그럼에도 불구하고 앞절에서 고찰한 바와 같이 전통적인 제품개발 과정은

그림 5-5　제품개발 흐름도

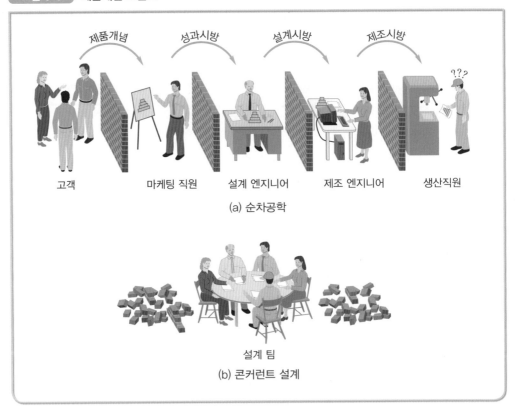

자료 : R. Russell and B. Taylor, *Operations and Supply Chain Management*, 8th ed.(John Wiley & Sons, 2014), p. 121.

관련 부서 사이의 장벽으로 인하여 서로 협조 없이 수행되어 왔다. 많은 기업에서 제품개발은 마케팅 → 설계 → 엔지니어링 → 제조라는 별개의 활동으로 연속적 · 순차적 · 직렬식 과정으로 진행되었다. [그림 5-5]의 윗 부분은 전통적인 순차공학(sequential engineering: SE)을 보여 주고 있다. 각 단계는 선행단계의 작업이 완료되어야 시작할 수 있다. 변화, 수정, 품질개선을 위한 제안이 있으면 각 부서를 한 번 더 통과해야 한다. 특히 제품설계를 담당하는 엔지니어들이 제조부문과 소통이 없어 생산기술이나 양산능력을 감안하지 않고 설계를 완성하고 넘겨줌으로써 설계변경을 자주 반복하게 되어 신제품의 시장출하를 더디게 만들고 있는 것이다.

2. 콘커런트 엔지니어링

연속 엔지니어링은 분업에 의한 효율화와 전문화를 추구한 결과 관련자 간 상호작용의 부족으로 인해 커뮤니케이션의 문제를 야기하고 제품개발기간이 길어지게 된다. 왜냐하면 제품설계 과정에서 각 부서들을 장벽으로 분리시켜 하나씩 독립적으로 수행하며 문제가 발생하면 프로젝트를 해당 분야에 되돌려 과정을 처음부터 시작하기 때문이다.

이러한 문제를 완화하기 위하여 1980년대부터 사용되는 방법이 동시공학 또는 콘커런트 엔지니어링(concurrent engineering: CE)이다. CE는 제품 콘셉트부터 판매에 이르는 제품개발 과정에 관련되는 모든 주요 기능부서로부터 전문가(공급사슬 파트너 포함)가 동시에 처음부터 참여하여 구성한 자율적 작업팀(마케팅＋설계＋엔지니어링＋제조)에 의한 제품설계, 생산방법, 프로세스 설계, 시험생산, 생산계획, 시장도입 등 설계의 통합화를 통해 한 번에 수행토록 함으로써 제품이 고객의 욕구와 기대를 완전히 만족시키도록 하는 방법이다.

[그림 5-5]의 아랫 부분은 병렬식 콘커런트 엔지니어링을 나타내고 있다.

콘커런트 엔지니어링은 여러 가지 혜택을 제공한다. 제품개발 사이클이 짧아지고 시행착오로 인한 재설계작업을 크게 줄일 수 있다. 신제품개발과 제조의 리드타임(lead time)의 단축으로 경쟁회사보다 빨리 신제품을 시장에 출하함으로써 시장에서 독점이윤을 누릴 수 있어 프리미엄 가격으로 개발비를 단기간 내에 회수할 수 있다. 한편 품질이 향상되면서 비용은 오히려 감소하게 된다. 중요한 도구가 필요한 경우 조기에는 설계 또는 구매할 기회를 갖는다. 특정 설계의 기술적 타당성을 일찍 고려할 수 있다.

5.7 신제품 개발과정 : 품질기능전개

1. 개념

1970년대 초 Bridgestone Tire Corp.와 Mitsubishi Heavy Industries Ltd.

가 처음으로 품질기능전개(quality function deployment: QFD)라는 기법을 사용하기 전에는 고객의 목소리(voice of the customer)를 신제품의 설계 및 생산과정에 반영할 시스템의 개발이 없었다.

QFD는 다소 추상적인 고객의 요구, 기호, 기대 등 고객의 목소리를 제품의 기술규격(technical specification)으로 전환시키도록 마케팅, 설계, 제조 등 제품개발과 생산에 관련되는 다기능 사람들이 자율적 작업팀을 구성하여 밀접하게 협조관계를 유지하는 현대적 신제품 개발기법이라고 할 수 있다.

2. 품질의 집 건설

QFD는 고객의 요구사항을 엔지니어들의 언어로 설계 및 생산에 이용될 수 있는 기술적 설계특성(예컨대 자재의 형태와 양, 부품의 치수와 모양, 강도)으로 변형시킴에 있어서 품질의 집(house of quality)이라는 잘 짜여진 표를 이용한다. QFD는 표를 이용해서 소비자들의 요구사항과 이들 항목의 상대적 중요도, 경쟁기업 제품과의 품질특성 비교, 설계특성 간의 상관관계, 예상비용과 기술적 난이도 등을 감안한 설계특성의 목표치를 도출하게 된다. 품질의 집은 [그림 5-6]에서 보는 바와 같이

- 고객요구(customer requirement)
- 경쟁력 평가(competitive assessment)

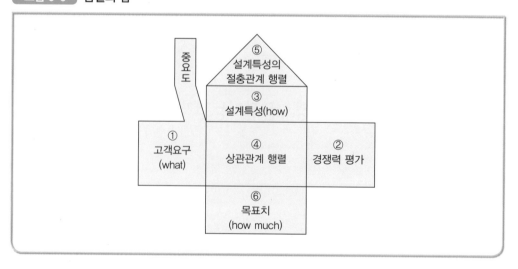

그림 5-6   품질의 집

- 설계특성(design characteristics)
- 상관관계 행렬(relationship matrix)
- 설계특성의 절충관계 행렬(tradeoff matrix)
- 목표치(target values)

의 여섯 개 부문으로 구성되어 있다.

이제 품질의 집을 건설하는 절차를 자동차 문의 설계문제를 예로 들어 설명하고자 한다.[2]

■ 고객요구와 중요도

품질의 집은 고객의 요구사항 또는 제품의 중요한 고객특성(customer attributes: CA)이 무엇인지를 규명하는 것으로부터 시작한다. 이는 시장조사를 통하여 결정하는 잠재고객의 목소리로서 [그림 5-7]에서 집의 왼쪽 편에 있는 'what'으로 나타내는 방(room)에 나열된다.

자동차 문의 경우 예를 들면 "쉽게 닫혀야 한다", "언덕에서 문을 열 때 열린 상태로 있어야 한다", "빗물이 새지 않아야 한다" 등의 특성을 표현한다.

나열된 각 고객요구에 대해서는 고객의 견해에 따라 상대적 중요도(relative importance)가 1부터 10까지의 수치로 주어지는데 높은 수치가 더욱 중요한 요구를 의미한다. 이러한 중요도는 제품의 품질개선을 필요로 하는 분야의 우선순위를 결정하는 데 도움이 된다.

■ 경쟁력 평가

경쟁에서 이기고자 하는 기업은 경쟁기업과의 상대적 위치를 알아야 한다. 집의 오른편에 나열된 각 고객요구에 관해 자사제품을 포함한 경쟁제품에 대해서 1부터 5까지의 평가결과를 나열한다. 이러한 경쟁력 평가(competitive assessment)는 고객에 대한 서베이를 통해서 실시한다.

경쟁제품과의 비교는 시장에서 자사제품이 갖는 절대적 강점과 약점을 나타내기 때문에 품질개선의 우선순위를 제시한다. [그림 5-7]에서 자사제품은 "달릴 때 소음이 없어야 함"에서 경쟁제품보다 강점을 갖지만 "밖에서 문닫기가 용이함"에서는 약점으로 보인다.

---

2 John, R. Hauser and D. Clausing, "The House of Quality," *Harvard Business Review*(May-June 1988), pp. 63~73.

그림 5-7 완전한 품질의 집

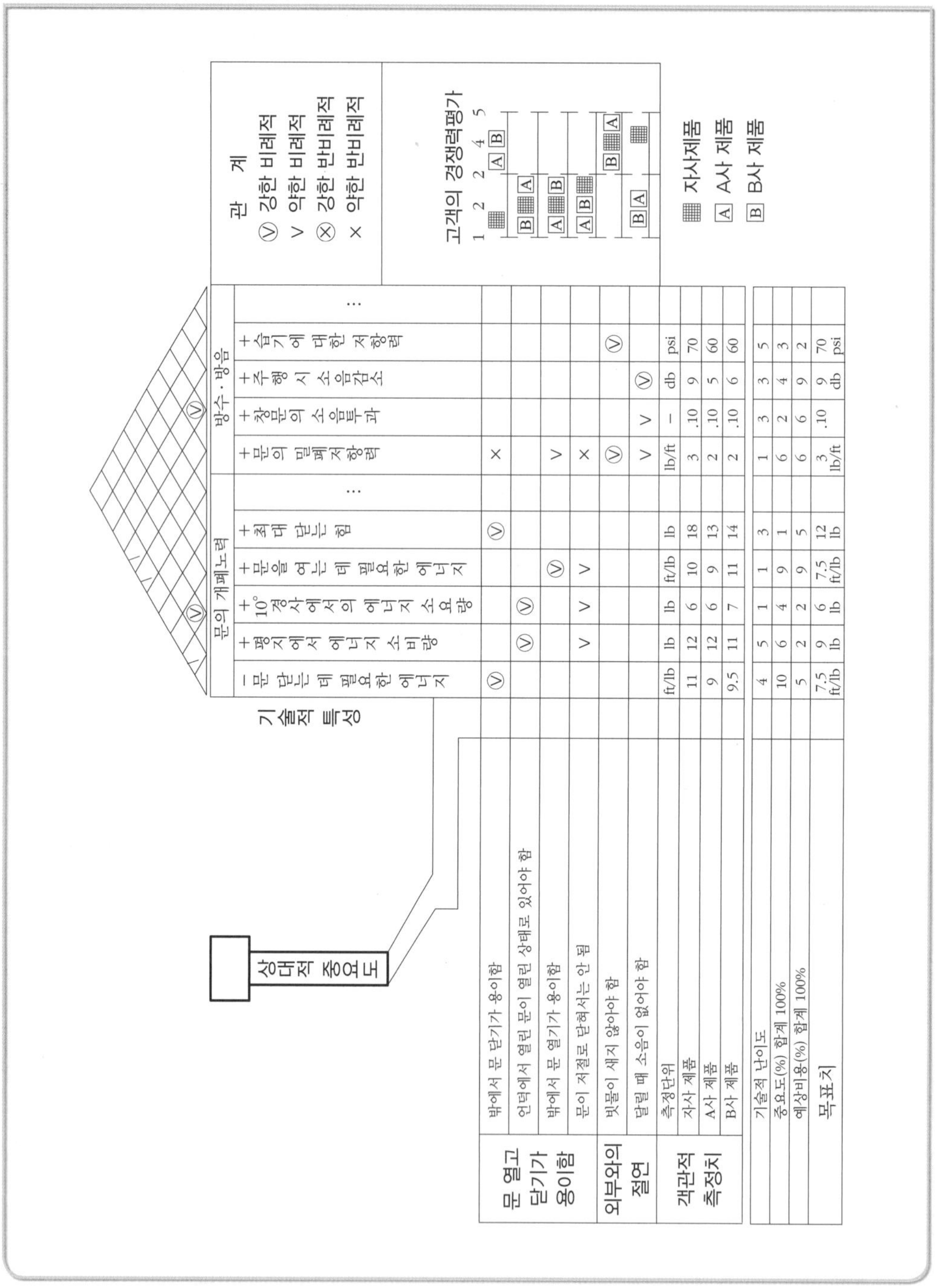

관 계
- ⊚ 강한 비례적
- ▷ 약한 비례적
- ⊗ 강한 반비례적
- × 약한 반비례적

고객의 경쟁력평가 1 2 3 4 5

▦ 자사제품
Ⓐ A사 제품
Ⓑ B사 제품

기술적 특성

문의 개폐노력
- 문 닫는 데 필요한 에너지
- 평지에서 문닫기 에너지
- 10°경사층에서 문닫기 에너지
- 막음 열고서 때 필요한 에너지
- 최대 닫는 힘

방수·방음
- 문이 평평할 충격력
- 창막이 수 임피던스
- 파행 시 수 임피던스
- 습기에 대한 저항력

문 열고 닫기가 용이함
- 밖에서 문 닫기가 용이함
- 언덕에서 열린 문이 열린 상태로 있어야 함
- 밖에서 문 열기가 용이함
- 문이 저절로 닫혀서는 안 됨

외부와의 절연
- 빗물이 새지 않아야 함
- 닫힐 때 소음이 없어야 함

객관적 측정치
- 측정단위
- 자사 제품
- A사 제품
- B사 제품
- 기술적 난이도
- 중요도(%) 합계 100%
- 예상비용(%) 합계 100%
- 목표치

	ft/lb	lb	ft/lb	lb	lb	lb/ft			db	psi
자사 제품	11	12	6	10	18	3	>		9	70
A사 제품	9	12	6	6	13	2	.10		5	60
B사 제품	9.5	11	7	11	14	2	.10		6	60
기술적 난이도	4	5	1	1	3	1	3		3	5
중요도(%)	10	6	4	9	1	6	2		4	3
예상비용(%)	5	2	2	5	5	6	6		9	2
목표치	7.5 ft/lb	9 lb		7.5 ft/lb	12 lb	3 lb/ft	.10		9 db	70 psi

■ 설계특성

고객의 요구(what)를 어떻게 하여 측정가능한 설계특성(design characteristics)으로 전환해야 할 것인가를 결정해야 한다. 각각의 고객요구와 관련된 설계특성, 즉 기술특성(engineering characteristics)은 엔지니어의 목소리(voice of engineers)로서 설계팀에 의하여 작성되는데 [그림 5-7]에서 보는 바와 같이 집의 지붕 밑에 있는 'how'라는 방에 나열한다.

이러한 기술특성은 고객요구의 하나 또는 둘 이상에 영향을 미친다. 고객의 요구는 애매하고 추상적인 용어로 표현되지만 기술특성은 측정가능한 기술적 용어로 표현되어야 한다. 왜냐하면 이는 뒤에 객관적 목표치와 비교할 수 있어야 하기 때문이다.

■ 상관관계 행렬

일단 고객의 요구사항(what)과 이에 대응하는 기술특성(how)이 나열되면 각 기술특성이 각 고객요구에 어떻게 관련이 있는지를 나타내는 관계행렬(relationship matrix)을 집의 몸체에 [그림 5-7]과 같이 작성한다. 이러한 관계는 기술자의 경험, 고객의 반응, 통계적 연구 등을 통해서 평가된다. 그런데 각 기술특성은 하나 이상의 고객요구에 영향을 미칠 수 있고, 또한 어떤 고객요구에 대응하는 기술특성이 다른 고객요구에는 역효과를 나타낼 수가 있기 때문에 이러한 상관관계는 매우 복잡하다고 할 수 있다.

고객요구와 기술특성 사이에는 서로 다른 정도의 상관관계가 존재하므로 일련의 부호를 사용하여 관계의 강도를 표시한다. 관계가 비례적이면 ∨, 반비례적이면 ×를 표시하고 관계가 아주 강하면 ○를 사용한다. 이러한 관계행렬을 작성함으로써 고객의 요구 혹은 기대를 충분히 만족시킬 기술특성이 있는지를 밝힐 수 있다.

■ 설계특성의 절충관계 행렬

일단 모든 기술특성이 나열되면 그들 사이의 상관관계를 [그림 5-7]에서 보는 바와 같이 집의 지붕(roof)에 표시한다. 이러한 상관관계표는 각 기술특성이 다른 기술특성(들)에 어떻게 영향을 미치는가를 보여 준다. 이러한 상호작용은 설계대안을 고려할 때 꼭 필요하다.

예를 들면 '문 닫는 데 필요한 에너지'는 '문의 밀폐저항력'과 '주행 시 소음감소'와 반비례적 관계에 있다. 이러한 상관관계에 관한 정보는 '문 닫는 데 필요한 에너지'의 목표치를 결정할 때 고려된다. 두 특성 간에 반비례가 존재하면 이들 사이에 절충이 벌어지게 된다.

■ 목표치

일단 팀이 고객의 목소리를 규명하고 이를 기술특성에 연관을 지은 후에는 각 기술특성에 대한 객관적 측정치(objective value)를 [그림 5-7]에서와 같이 관계행렬 밑에 추가한다. 여기에는 자사제품뿐만 아니라 경쟁제품의 측정치도 포함하여 서로 비교한다.

목표치를 설정하기 위해서는 [그림 5-7]과 같이 객관적 측정치, 고객의 경쟁력 평가(자사제품의 강점과 약점), 예상비용과 기술적 난이도(technical difficulty)에 대한 정보 등을 고려하여 팀은 최종적으로 각 기술특성에 대한 이상적인 목표치(target value)를 설정한다.

예컨대 자사제품의 문을 여는 데 필요한 에너지는 '7.5피트-파운드'로 설정할 수 있는데 이는 경쟁제품보다 훨씬 우수한 목표이기 때문에 밖에서 문 닫기가 용이해야 하는 고객의 요구를 충분히 만족시킬 수 있다. 이러한 목표치는 기술규격(technical specification)으로 사용된다.

3. QFD 원리의 연장

지금까지 설명한 QFD 원리는 제조기능과 고객만족 사이의 분명한 관계를 설정하는 노력에 적용할 수 있다. 쉽게 닫히는 문이 고객의 중요한 요구이고 이에 대응하는 기술특성이 문 닫히는 데 필요한 에너지라고 할 때, 이 에너지의 목표치는 단순히 목적일 뿐이므로 더욱 의미 있도록 하기 위해서 문을 만드는 과정과 연결이 되어야 한다.

문을 만들기 위해서는 프레임(frame), 문틈 마개, 돌쩌귀, 판금 등 올바른 부품(right part), 이들 부품을 제조하고 제품을 조립할 올바른 프로세스(right process), 그리고 제품을 제조할 올바른 생산계획(right production plan)이 필요하다.

한 품질의 집의 'what'에 대응하는 'how'는 이제 다른 집의 'what'이 되어야 한다. 예컨대 제품계획(product planning) 단계에서의 열(column)에 나열된 'how'의 하나인 '문 닫는 데 필요한 에너지(피트-파운드)'는 부품설계 단계에서는 'what'이 되어 행(row)에 나열된다. 이때 문틈 마개의 굵기와 같은 부품의 특성은 이 집의 열에 나열된다.

부품설계의 집에서 'how'인 문틈 마개의 굵기는 이제 프로세스 계획의 집에서는 'what'이 된다. 한 단계의 'how'는 다음 단계의 'what'이 되는데 이러한 과정은 생산계획을 수립할 때까지 계속된다. 이러한 과정을 [표 5-2]와 [그림 5-8]에서 요약하고 있다. 서로 연결된 네 개의 집을 통해 암암리에 고객의 목소리를 제조단계까지 전달한다. 설계·제조·마케팅 분야 등의 전문가로 구성된 자율팀이 QFD의 적용에 적극 참여해야 하는 이유가 여기에 있다.

표 5-2 QFD 원리의 연장

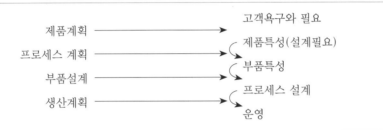

그림 5-8 QFD 원리의 연장

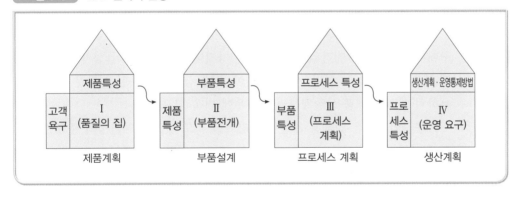

제품개발/설계 시 기업의 기능별 협력이 중요한 것처럼 공급사슬 내의 고객(유통센터, 소매점 등)과 공급업자와의 협력 또한 대단히 중요하다. 오늘날 극심한 경쟁환경에서 기업이 생존하기 위해서는 혁신적인 제품을 경쟁자보다 빨리 시장에 출하해야 한다. 이를 위해서는 전체 공급사슬 속의 파트너들로 하여금 제품설계 과정에 참여토록 협조를 구해야 한다.

고객과의 협력이란 고객들이 구매하려는 제품을 설계하는 데에 그들로부터 지식이나 재능을 도움받는 것을 의미한다. 협력은 여러 가지 형태를 취할 수 있지만 예를 들면 다음과 같다.

- 고객이 더욱 생산적이 되기 위해서 도와줄 수 있는 일은 무엇이냐고 질문하는 것
- 고객들로 하여금 설계팀과 지식을 공유하도록 인센티브(상품, 금전적 보상, 새로운 설계에의 처음 접근 등)를 제시하는 것
- 지식을 공유하도록 컴퓨터 네트워크나 소프트웨어를 이용하여 기술협력을 시도하는 것
- 고객이 설계팀에 상담역으로 참여하는 것

공급업자와의 협조 또한 제품설계에 향상을 가져온다. 일반적으로 자재의 구매비용이 제품판매가의 50% 이상을 차지하기 때문에 공급업자들도 제품설계 과정에 협력해야 한다. 이는 기업이 전에 경험하지 못한 새로운 기술을 사용하여 혁신적 제품을 설계하려는 경우에 더욱 필요하다.

공급업자들은 신제품 개발팀에 참여할 수도 있고 설계과정의 중요한 단계에서 영향력을 행사할 수 있다. 신제품 설계로 시장에 경쟁업체보다 빨리 진입하기 위해서는 공급업자와의 협력과 동시적인 제품설계가 꼭 필요하다. 공급업자가 협력업자가 되기 위해서는 기술적 전문성, 비용·품질·제품성능을 향상시킬 능력을 갖추어야 하고, 기대한 성과를 가져오지 못할 위험부담 등을 고려해야 한다.

설계과정에서 아주 중요한 공급사슬 내의 고객과 공급업자의 협력으로 비용, 품질, 시간, 제품성과 면에서 10~20%의 향상을 가져왔다는 연구결과가 있다.

1. 제품개발 및 제품설계의 필요성을 설명하라.

2. 제품 수명주기를 설명하라.

3. 신제품개발 과정을 설명하라.

4. 기능설계의 고려사항은 무엇인가?

5. 생산설계의 고려사항은 무엇인가?

6. 가치분석을 설명하라.

7. 콘커런트 엔지니어링을 설명하라.

8. 동시공학과 순차공학을 비교설명하라.

9. 품질기능전개를 설명하라.

10. QFD 원리와 생산계획과의 관계를 설명하라.

11. 제품개발/설계 과정에서 공급사슬 내 고객과 공급업자의 협력이 필요한 이
    유는 무엇인가?

12. 비행기 수압통제시스템은 각각 $R_1 = 0.90$, $R_2 = 0.95$, $R_3 = 0.85$의 신뢰성을
    갖는 직렬로 연결된 세 개의 단위로 구성되어 있다. 시스템의 고장은 비행기
    의 파멸을 초래한다.
    ① 시스템의 신뢰성을 구하라.
    ② 세 개의 단위에 대해 중복시스템이 가설되면 새로운 시스템의 신뢰성은
      어떻게 되는가?

13. 다음과 같은 시스템이 주어졌을 때 시스템의 신뢰성은 얼마인가?

14. 신제품에 대한 세 가지 아이디어가 제안되었다. 이들 아이디어의 등급은 아래와 같이 정해졌다. Poor=1, Fair=2, Good=3, Very Good=4, Excellent=5일 때 세 가지 아이디어의 순위를 결정하라.

특성	제품			가중치(%)
	A	B	C	
개발비용	P	F	VG	15
판매량 전망	VG	E	G	20
생산가능성	P	F	G	15
경쟁유리성	E	VG	F	10
기술적 위험	P	F	VG	10
특허보호	F	F	VG	20
회사목적과의 부합	VG	F	F	10

15. 남산전구주식회사는 전구 200개를 시험하였다. 2,000시간이 지난 후 네 개가 고장을 일으켰다. 나머지는 4,000시간 동안 시험하는 중 제대로 기능을 발휘하였다.
① 고장률(%)을 구하라.
② 개－시간당 고장 개수를 구하라.
③ 개－연당 고장 개수를 구하라.
④ 전구 500개를 판매할 때 1년 내에 고장 날 전구는 몇 개일까?

16. 의료기기 제조업자인 강 사장은 100개의 심장맥박조절기를 5,000시간 테스트하였다. 도중에 다섯 개의 맥박조절기가 고장났다.
① 고장률은 몇 %인가?
② 단위시간당 고장 개수는 얼마인가?
③ 단위－연간 고장 개수는 얼마인가?
④ 만일 1,100명이 맥박조절기를 설치한다면 다음 1년 동안 몇 개가 고장날 것인가?

17. 세 회사의 복사기에 관한 신뢰성과 보전성에 관한 자료가 다음과 같을 때 어느 회사의 복사기를 구입해야 하는가?

회사	MTBF(시간)	MTTR(시간)
A	40	1
B	80	4
C	240	8

18. 상업용 항공기 제조업 사장 김씨는 자동착륙에 사용되는 조종실 레이더 시스템의 신뢰성에 관심이 많다. 10개 시스템에 대해 각각 500회의 모의 비행시험을 실시하였다. 항공기가 착륙하는 시간은 평균 20분이었다. 두 시스템이 고장 났는데 하나는 121회 후에, 다른 하나는 273회 후에 고장이 났다.
① 레이더 시스템의 고장률(%)을 계산하라.
② 비작동시간(nonoperating hour)을 계산하라.
③ 작동시간(operating hour)을 계산하라.
④ 작동시간당 고장 개수를 구하라.

19. 다음 시스템의 신뢰성은 얼마인가?

20. 어떤 제품이 제대로 기능하기 위해서는 세 개의 구성품이 모두 기능해야 한다. 그 제품의 전체 신뢰성이 92% 이상이어야 한다면 첫째 구성품의 신뢰성은 적어도 얼마 이상이어야 하는가?

$$R_1 = ? \quad R_2 = 0.94 \quad R_3 = 0.98$$

21. 한 전자부품이 100시간 사용하는 도중에 다섯 번 고장이 났다. MTBF는 얼마인가? 고장률은 얼마인가?

22. 다음 시스템의 신뢰성을 구하라.

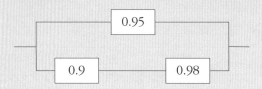

23. 다음 각 문제의 답을 구하라.
① 어떤 제품이 500시간 작동하는 도중에 열 번 고장을 일으켰다. 그의 MTBF는 얼마인가?
② 위 문제에서 고장률은 얼마인가?
③ 어떤 부품의 MTBF는 500시간이고 MTTR은 10시간이라고 할 때 시스템 이용성은 얼마인가?
④ 다음 시스템의 신뢰성은 얼마인가?

⑤ 어떤 로봇은 0.98, 0.95, 0.94, 0.9의 신뢰성을 갖는 네 개의 구성품을 갖는다. 모든 구성품이 작동하여야 로봇도 제대로 작동한다. 0.92의 신뢰성을 갖는 중복부품을 부착하려고 하는데 전체 시스템의 신뢰성을 높이기 위해서는 어떤 구성품에 부착하여야 하는가?

제 6 장

프로세스 선정

고객에 판매할 제품(what)이 결정되면 기업은 그 제품을 어떤 방법(how)을 사용하여 가장 경제적으로 생산할 것인가를 결정하여야 한다.

생산할 제품을 결정하고 설계할 때 생산 프로세스를 동시에 고려해야 한다는 사실은 이미 앞장에서 공부한 바와 같다. 이와 같이 결정되는 프로세스는 효과적이고, 효율적이며 유연한 성격을 갖게 된다.

프로세스 선정(process selection)이란 사용할 생산 프로세스의 형태를 결정하는 것을 의미한다. 예를 들면 패스트푸드 레스토랑(fast-food restaurant)은 고객의 주문을 받은 후 음식을 만들기 시작할 것인가, 아니면 재고로 미리 준비하여 둘 것인가를 결정해야 한다. 제조업의 경우에는 대량생산을 위한 흐름 프로세스를 선택할 것인가, 아니면 소량생산을 위한 배취생산(batch production) 프로세스를 선택할 것인가를 결정할 것이다.

구체적으로 말하면 프로세스 선정은 생산기술, 작업자, 원자재, 기계, 설비, 생산방법 등의 결정을 의미한다. 프로세스 선정은 기업의 흐름전략과 일치해야 하고 이러한 전략을 지원하는 데 필요한 자원을 획득할 능력과 일치해야 한다.

프로세스 선정은 장기적이고 자본집약적이고 변경이 쉽지 않기 때문에 전략적으로 결정할 사항이다. 또한 프로세스 결정은 운영, 마케팅, 재무, 인적자원 등 다기능간 협동이 필요하다. 프로세스 결정은 기업의 사명이나 공급사슬(supply chain)은 물론 제품생산의 원가, 품질, 납품, 효율, 유연성 등에 장기적 영향을 미치기 때문이다. 프로세스 결정은 장비, 시설, 노동력의 형태 등을 구속하게 된다. 프로세스는 전략에 변화가 있다든지 새로운 기술이 출현하면 계획 · 분석 · 재설계가 이루어진다.

본장에서는 여러 가지 형태의 프로세스 분류, 프로세스 선정의 경제적 분석, 제품선정과 프로세스 선정의 연계전략, 생산기술, 공급사슬 연결 등에 대해서 공부한다.

제품설계가 생산해야 할 제품을 결정하는 것이고 프로세스 설계란 설계된 제품이나 서비스를 어떻게 생산 또는 공급할 것인가를 결정하는 것이다.

그런데 제품설계, 프로세스 선정, 생산능력계획(capacity planning)은 동시에 고려해야 하는 결정들이다. 제품의 설계방식은 많은 사람들로 하여금 그 제품을 구매하려는 데 영향을 미치고, 생산자의 생산능력계획의 결정에 영향을 미치며, 제품을 생산하는 프로세스와 비용에 영향을 미친다.

이러한 논리는 [그림 6-1]에서 보는 바와 같이 고객을 중앙에 둔 원으로 나타낼 수 있다. 이 원은 시작도 없고 끝도 없어 하나의 전체로 생각해야 한다.

제품설계결정과 프로세스 선정결정은 서로 영향을 미친다. 예를 들면 침대를 황동으로 만든다면 목재취급 장비는 필요 없는 것이다. 한편 프로세스 기술이 사용가능한 범위에서 제품설계가 이루어져야 한다. 이와 같이 제품설계와 프로세스 선정은 별개의 것이 아니다.

제조업에서는 설계 엔지니어와 프로세스 엔지니어가 제품설계 팀을 구성하여 앞장에서 설명한 동시공학(concurrent engineering)을 적용함으로써 고객을 위하고, 제품출하기간을 단축시키려고 한다.

프로세스 선정은 시장에서의 수요량과 관련이 있다. 따라서 프로세스 선정을 위해서는 제품의 수요예측이 우선해야 하고 이에 따른 물리적 생산능력계획

그림 6-1 제품설계, 프로세스 선정, 생산능력의 관계

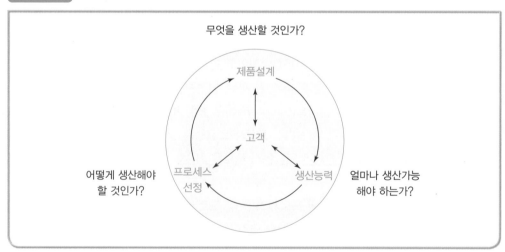

이 먼저 이루어져야 한다. 만일 제품에 대한 시장수요가 연 1,000만 개로 예측이 되면 고가의 특수 장비의 사용은 정당화될 것이고 생산능력 결정에 영향을 미칠 것이다. 이때 프로세스와 생산능력에 막대한 투자를 해야 하므로 도중에 변경하기가 쉽지 않다.

프로세스 선정은 신제품이나 서비스가 계획되면 당연히 필요하지만 제품이나 장비의 기술이 변경되거나 경쟁압력이 있으면 주기적으로 발생하게 된다. 수요예측, 제품/서비스 설계, 기술향상은 프로세스 선정과 생산능력계획에 영향을 미친다. 프로세스 선정과 생산능력의 결정은 장비와 시설의 선정, 시설배치, 작업시스템에 영향을 미친다.

6.2 생산시스템의 형태 : 제품흐름

[그림 6-2]에서 보는 바와 같이 생산 프로세스 구조에는 연속성이 있지만 생산시스템은 보통 제품흐름, 유연성, 생산량 등에 입각하여 다음과 같이

그림 6-2   프로세스의 형태

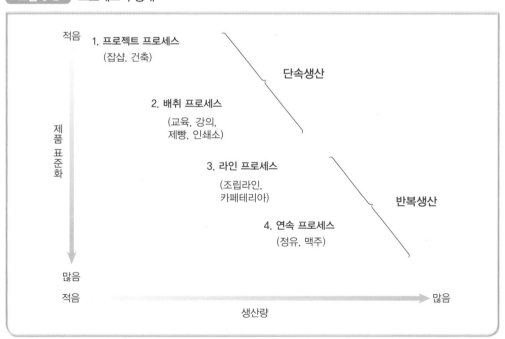

분류한다.

- 프로젝트 프로세스
- 잡샵 프로세스
- 배취 프로세스
- 라인 프로세스
- 연속 프로세스
- 셀루라 제조

프로세스의 선정은 기업의 전략, 생산의 형태, 고객의 형태, 생산량, 표준화 여부, 기업의 생산능력(capability)에 따라 결정된다. 이 중에서 프로세스 선정과 관련한 가장 중요한 제품특성은 표준화의 정도와 수요량(생산량)이다.

1. 프로젝트 프로세스

프로젝트 프로세스(project process)는 인천국제공항, 댐 건설, 경부고속철도, 연구·개발, 제품개발 등과 같이 비반복적이고 고유한 제품생산을 위해 사용된다. 엄격하게 말하면 자재, 작업자, 정보 등은 작업장에 모이거나 떠나기도 하지만 프로젝트를 위한 제품흐름은 존재하지 않는다. 어떤 특정 장소에서 생산이나 건설이 이루어지지만 프로젝트의 각 활동을 수행하는 데 있어서는 순서를 꼭 지켜야 한다.

프로젝트는 비반복적이고 한 번만 하는 건설이므로 생산관리의 기법을 적용할 수 없고 이에 알맞은 PERT/CPM이라는 기법을 사용하여 활동들을 관리하고 스케줄링을 수립하게 된다.

2. 잡샵 프로세스

프로세스 중심(process-focused) 시스템 또는 단속 프로세스(intermittent process)라고도 하는 잡샵 프로세스(job shop process)는 다품종 소량생산이나 고객으로부터의 소량의 주문생산처럼 제품이 서로 상이한 작업을 요하고, 흐름경로가 상이한 소규모로 운영되는 프로세스를 말한다. 따라서 표준화하지 않고 오히려 범용기계(general-purpose equipment)와 유연한 장비를 이용하여 개별화가 요구되는 제품생산에 알맞은 프로세스이다.

그림 6-3 잡샵 프로세스

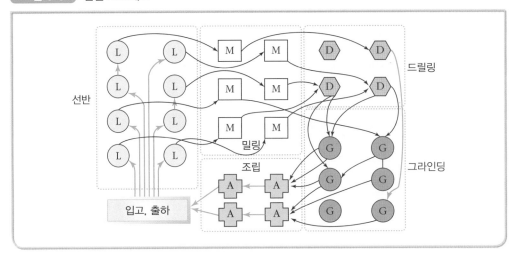

이러한 프로세스에서는 기능이나 장비가 같은 형태끼리 작업장에 배치되어 있다. 이러한 배치형태를 프로세스(기능)별 배치(process layout)라고 한다. 예컨대 모든 선반이 한 작업장에, 그리고 모든 밀링기계가 다른 작업장에 배치되어 있는 경우와 같다. 따라서 동일한 기능을 수행하는 모든 숙련된 작업자와 장비가 같은 작업장에 모여 비슷한 활동이 수행된다. [그림 6-3]은 잡샵 프로세스의 한 예이다.

작업이 진행 중인 제품은 미리 설정된 작업순서에 따라 한 작업장에서 다른 작업장으로 자유경로형의 운반설비를 이용하여 계속 이동한다.

잡샵이 다양한 품목의 제품과 서비스를 소량으로 생산하는 유연성을 갖는다는 이점이 있는 반면 단위당 변동비가 높고 시설의 이용률이 낮다는 단점도 있다.

항공기 제조업, 조선업, 맞춤 양복점, 기계수리업, 공작기계 제조업, 주방, 학교, 병원, 치과, 은행, 백화점 등에서 잡샵 프로세스를 찾아볼 수 있다.

3. 배취 프로세스

다품종 소량생산을 하는 잡샵과 소품종 대량생산을 하는 반복적인 연속 프로세스 사이에 단속적으로 중량생산을 고객으로부터 주문을 받아 하는 배취 프로세스(batch process)가 있다. 즉 배취 프로세스는 잡샵 프로세스와 달리 몇

그림 6-4 배취 프로세스

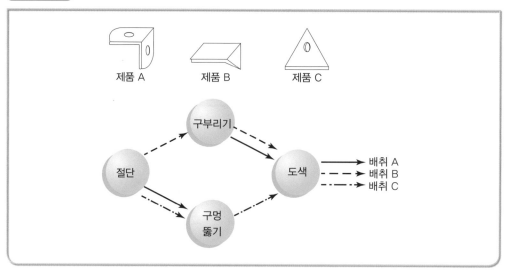

자료 : R. Schroeder, S. Goldstein & M. Rungtusanathen, *Operations Management in the Supply Chain*, 6th ed.(McGraw-Hill, 2013), p. 65.

몇 표준화된 품목을 배취(묶음), 즉 로트(lot)로 한 작업장에서 다른 작업장으로 이동한다. 각 작업장은 제품생산에 사용되는 동일한 기계들 또는 프로세스들이다.

배취생산의 특성은 잡샵보다는 적지만 여러 가지 형태의 제품을 생산하는 데 사용되기 때문에 조립라인보다 더욱 다양한 제품을 생산한다는 것이다. 이러한 제품들의 각 배취는 다른 흐름경로를 가지며 어떤 배취는 작업장을 건너뛰는 경우도 있다. 따라서 흐름은 잡샵과 같이 단속적이라고 할 수 있다.

[그림 6-4]는 여러 가지 소량의 브래킷(bracket)을 생산하는 배취 프로세스를 나타낸다. 여기서 세 개의 서로 다른 형태의 브래킷이 절단, 구부리기, 구멍뚫기, 도색 등 네 개의 작업장 사이를 흐른다. 브래킷 A는 네 개의 작업장을 모두 흐르지만 브래킷 B와 C는 일부의 작업장을 그냥 통과한다.

배취 프로세스는 기계와 작업자가 프로세스 형태별로 작업장에 모여 있는 프로세스별 배치(process layout) 형태를 취하고 범용장비(general-purpose equipment)를 사용한다. 따라서 유연성이 가능하다. 작업자는 더욱 숙련되어 몇 가지 제품을 생산할 유연성을 가져야 한다.

배취 프로세스의 예를 들면 가구, 보트, 페인트, 음료수, 제화, 도자기, 제빵, 잡지, 도서 등을 생산하는 경우이다.

4. 라인 프로세스

소품종 대량생산(mass production)을 위해 표준화된 자재와 부품이 고정된 작업순서에 따라 하나의 직선적인 생산라인 또는 조립라인을 따라 일관되게 이동하는 프로세스를 라인 프로세스(line process) 또는 흐름 프로세스(flow process)라고 한다. 제품을 대량으로 효율적으로 계획생산하기 위하여 자재는 프로세스의 처음부터 끝까지 중단하지 않고 흐르게 된다.

제품이나 고객이 대량으로 시스템을 통한 원활하고 빠른 흐름을 달성하기 위하여 제품별 배치(product layout)형태가 사용된다. 이는 고도로 반복적인(repetitive) 프로세스 작업을 요하는 표준화된 제품이나 서비스에 의하여 가능하다. 작업은 일련의 표준화된 과업으로 분해가 가능하여 노동과 설비의 전문화가 용이하다. 대량생산으로 단위당 비용이 절감되므로 설비와 직무설계에 많은 투자를 하더라도 경제적이다.

하나 또는 몇 개의 품목이 생산되므로 제품이나 서비스의 기술적 프로세스 요구에 따라 작업장을 배치해야 한다. 즉 제품이 생산되는 작업순서에 따라야 한다. 더욱이 각 품목이 동일한 작업순서를 따르기 때문에 품목을 운반하는 데 컨베이어(conveyer) 같은 고정통로(fixed path)용 자재운반설비를 사용할 수 있다.

[그림 6-5]는 한 가지 브래킷을 생산하는 흐름 프로세스 구조를 보여 주고 있다. 모든 브래킷은 네 개의 작업을 순차적으로 흐른다.

전자레인지, TV, PC, 전구, 볼트, 너트, 냉장고, 자동차, 가전제품, 장난감, 카페테리아, 패스트 푸드 등은 라인 프로세스에서 생산된다.

그림 6-5 **라인 프로세스**

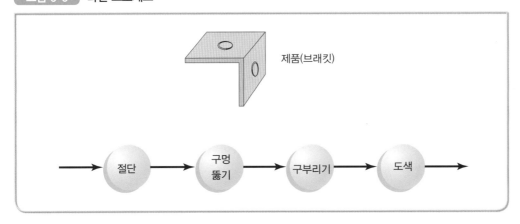

5. 연속 프로세스

연속 프로세스(continuous process)는 정유, 화학제품, 맥주, 설탕, 비료, 제지, 시멘트, 발전소, 제철소 등과 같이 표준화된 제품이 대량으로 고도로 자동화된 시설을 쉼 없이 흐르는 프로세스를 말한다. 이러한 시설을 갖춘 기업들을 장치산업(process industry)이라고 한다. 프로세스는 자본집약적이고 가동률을 최대로 하며 재고수준은 최소로 유지함과 동시에, 끄고 다시 시작하는 값비싼 과정의 반복을 피하기 위하여 밤낮으로 가동된다. 이렇게 하여 총비용을 최소로 함으로써 가격이 예민한 시장에서 경쟁력을 갖게 된다.

연속 프로세스에서 작업자와 관리자가 해야 할 일은 자재의 흐름을 감시하여 프로세스가 안정되고 중단됨이 없도록 하는 것이다. 연속 프로세스에서 단위당 비용은 아주 낮지만 제품형태를 변경할 유연성은 극히 제한되어 있다.

즉 생산제품이나 생산량을 변경시킬 수 있는 유연성은 매우 낮은 결점이 있다.

6. 셀루라 제조

프로세스별 배치의 유연성(flexibility)과 제품별 배치의 효율성(efficiency)을 결합하는 혼합형 배치형태가 셀루라 배치(cellular layout)이다. 이에 대해서는 제8장에서 설명하겠지만 그룹 테크놀로지(group technology: GT)의 기법을 활용하여 셀(cell)이라고 부르는 U자형 작업장에 동일한 또는 유사한 형상의 부품군을 가공하도록 동일하지 않은 기계들을 가공순서에 따라 배열한다. 이는 제조 셀(manufacturing cell)이라고 한다. 셀 내에는 하나의 기계 또는 장비가 있지만 상호 분리되어 있는 몇몇 기계가 있을 수 있고 심지어 다수의 기계가 컨베이어 같은 자동 자재이동장치에 의해 상호 연결된 흐름라인 형태를 취하는 경우도 있다.

셀 내에서 다수의 유사 부품이나 부품군을 하나의 작업자 또는 몇몇 작업자가 여러 기계를 운전하면서 생산해야 하기 때문에 이들은 다기능 숙련공이다. 셀 제조방식(cell manufacturing)은 셀 내에서 처음 프로세스로 시작해서 최종 프로세스까지 소수의 작업자가 담당하여 완제품을 만들어 내기 때문에 자기 완결형 생산방식이라고 한다.

[그림 6-6]은 전통적 배치와 제조 셀을 비교하고 있다. 전통적 배치형태에

그림 6-6 전통적 배치형태와 셀 제조방식의 차이

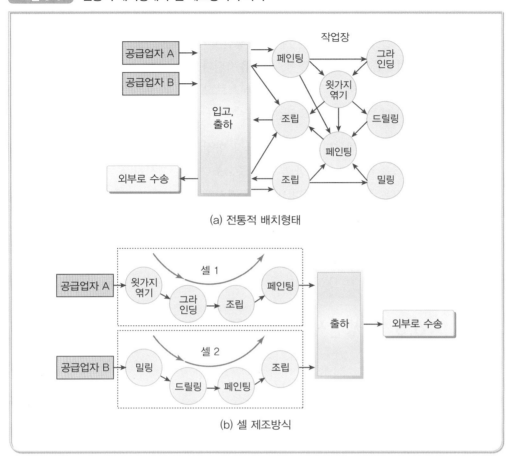

(a) 전통적 배치형태

(b) 셀 제조방식

서 제품은 작업장 사이를 혼잡스럽게 이동하지만 셀루라 배치형태에서는 제품이 일관된 순서로 질서 있게 이동하고 있다. 셀 내에서 기계는 크기, 가공단계, 자재 등에 있어서 유사 부품군에 필요한 모든 작업을 처리할 수 있도록 배치되어 있어 모든 부품들이 동일한 경로를 흐르게 되어 있다. 제조 셀 내에서 기계와 장비는 U자형으로 배열되어 있고 작업자는 U자형의 중간에 위치한다. 이러한 배열은 몇 가지 장점을 갖고 있다.

- 셀의 사용은 상이한 제품군을 생산하는 유연성과 함께 생산의 효율성을 제공한다.
- 팔을 뻗으면 모든 것을 취할 수 있기 때문에 특별히 자재취급 도구가 필요 없다.

- 작업자는 다양한 과업을 수행할 능력을 갖추었기 때문에 만족감과 성취감을 느낀다.
- 각 셀에서는 동일한 제품을 생산하기 때문에 생산준비시간, 로트크기, 가공품 재고수준 등이 낮게 유지된다.
- 기계 사이에서 부품이 원활히 흐르고 부품의 이동거리와 대기시간이 짧기 때문에 생산소요시간이 단축된다.

이와 같이 셀루라 제조는 생산성 향상, 품질향상, 유연성 증대라는 여러 가지 혜택을 주므로 다양한 부품을 중·소량으로 생산하는 기업에서 제품별 배치의 이점을 활용할 수 있다. 따라서 적시생산시스템(JIT)에서는 셀루라 제조방식에 크게 의존하고 있다.

6.3 생산시스템의 형태 : 고객주문

생산시스템은 고객주문과 관련하여 다음과 같이 세 가지 형태로 분류할 수 있다.

- 주문생산 프로세스
- 계획생산 프로세스
- 조립생산 프로세스

1. 주문생산 프로세스

주문생산 프로세스(make-to-order process: MTO)에서는 잡샵 프로세스 또는 배취 프로세스를 이용하여 모든 활동이 개별 고객주문에 따라 이루어진다. 따라서 대부분의 경우 주문을 받고 나서 고객의 명세서에 따라 설계하고 생산하기 시작하므로 제품 맞춤(customization)의 높은 다양성과 유연성을 갖는다.

주문생산 프로세스에서는 고객의 주문이 있으면 생산자는 가격과 납기에 대해 견적서를 발행하고 고객이 이를 동의하면 주문주기(order cycle)가 시작된

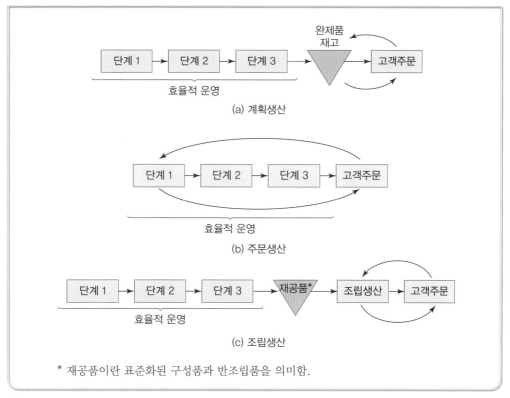

그림 6-7 고객주문에 따른 생산 프로세스의 형태

* 재공품이란 표준화된 구성품과 반조립품을 의미함.

자료 : M. Davis and J. Heineke, *Operations Management*, 5th ed.(McGraw-Hill, 2005), p. 221.

다. 즉 구성품을 사용하여 조립을 하거나 고객명세서에 따라 설계하고 필요한 자재를 구입하여 제품을 완성한 후 이를 고객에게 납품한다. 이러한 일련의 과정은 제품이건 서비스이건 동일하게 전개된다. [그림 6-7(b)]는 주문생산 프로세스를 나타내고 있다.

주문생산 프로세스에서 성과측정은 납기(delivery time)로 이루어진다. 생산자가 제시한 납기를 고객이 수용하면 프로세스에서는 납기준수를 위해 주문통제(order control)가 수행된다. 이럴 경우 성과측정은 납기의 길이(리드타임) 또는 납기준수율(percentage of orders delivered on time)로 이루어진다.

2. 계획생산 프로세스

계획생산 프로세스(make-to-stock process: MTS)에서는 프로세스 활동이 제품의 수요예측에 의해서 이루어지고 생산된 제품은 창고에 재고로 보유한다. 따라서 이는 재고생산이라고도 한다. 계획생산 프로세스는 제품라인에서 표준품을 대량으로 생산하고 이들을 재고로 보유하였다가 고객의 주문이 있으면 즉시 납품하게 된다. 따라서 계획생산에서는 고객의 주문 전에 이미 생산이 완료되기 때문에 고객의 명세서와는 전혀 관련이 없다. 그러나 주문생산에 있어서는 현재 생산 중에 있는 제품이 어떤 고객의 주문인지 항상 알 수 있다. [그림 6-7(a)]는 계획생산 프로세스를 나타내고 있다.

계획생산 기업에서는 고객의 주문이 아니라 재고의 보충(replenishment)에 초점을 맞춘다. 따라서 주기는 생산자로부터 시작한다. 가격이 알맞고 재고가 있으면 고객의 주문은 재고로부터 충당하고 그렇지 못하면 추후납품(back order)하기로 합의할 수도 있다.

생산은 미래의 주문을 만족시킬 재고를 보충하기 위하여 이루어지므로 현재의 주문과는 거의 상관관계가 없게 된다. 이와 같이 고객의 주문주기와 재고의 보충주기는 서로 일치하지 않음으로써 계획생산시스템은 이들이 일치하는 주문생산시스템과 대조를 이룬다.

계획생산 프로세스는 주문생산 프로세스에 비하여 저렴한 가격으로 빠른 서비스를 고객에 제공하지만 제품선택에서 유연성이 떨어지는 결점이 있다.

계획생산 프로세스에서 성과는 재고회전율, 생산능력 가동률, 잔업시간의 사용, 재고로부터 충족된 주문의 비율(서비스수준) 등으로 측정된다.

앞절에서 공부한 배취 프로세스, 라인 프로세스, 연속 프로세스는 여기에 해당한다.

주문생산과 계획생산을 비교하면 [표 6-1]과 같다.

표 6-1 주문생산과 계획생산의 비교

	주문생산	계획생산
제품	고객이 규정(고객명세서) 다양성 높음 고가	생산자가 규정 다양성 낮음 저가
목표 주요 문제	납기 및 생산능력 관리 납기 납기준수	재고, 생산능력, 서비스의 균형 수요예측 재고관리 생산계획

3. 조립생산 프로세스

조립생산 프로세스(assemble-to-order process: ATO)에서는 구성품과 중간조립품을 수요예측에 따라 미리 생산하여 재고로 보유하였다가 고객으로부터 주문이 있으면 고객 명세서에 따라 최종제품을 조립한다. 이렇게 함으로써 중간조립품의 제한된 재고를 가지고 다양한 고객욕구를 충족시킬 수 있고 전체 리드타임을 줄일 수 있는 장점을 갖는다. 조립생산 프로세스는 중간조립품은 계획생산하여 재고로 보유하고 완제품은 고객의 주문에 따라 생산하는 주문생산 프로세스와 계획생산 프로세스의 혼합형태라고 할 수 있다. 물론 제품설계는 모듈러 형식으로 이루어진다. 조립생산 프로세스는 자동차 생산이나 음식점에서 볼 수 있다. [그림 6-7(c)]는 조립생산 프로세스를 나타내고 있다.

6.4 프로세스 선정

우리는 앞절에서 프로세스를 제품흐름과 고객주문의 형태에 따라 분류하였다. 이러한 기준에 따라 프로세스를 분류하면 여섯 개의 서로 다른 프로세스가 가능한데 이는 [그림 6-1]에서 보는 바와 같다.

기업에서 생산하는 어떤 제품도 제품이나 시장수요량에 따라서 이 중의 한 프로세스를 이용한 결과이다. 물론 한 기업에서 여러 가지 제품을 생산하게 되면 몇 가지 프로세스가 혼재하기도 한다. 따라서 같은 공장 내에 여러 가지 유형의 프로세스가 존재할 수 있다.

여섯 가지 프로세스는 모두 실제로 사용된다. 라인 프로세스의 경우 계획생산을 위해 사용하는 것이 일반적이지만 주문생산에 사용하는 예도 있다. 조립라인에서 생산되는 자동차는 표준화된 계획생산을 위한 제품이지만 고객이 요구하는 옵션을 따르기 때문에 주문생산이라고 할 수 있다.

여섯 가지 프로세스로 분류하는 목적은 두 가지가 있다. 첫째, 비용, 품질, 맞춤, 생산, 재고관리, 스케줄링 관리 등에 관한 결정은 프로세스의 형태에 따라 크게 다르므로 이러한 결정문제의 형태를 분류하기 위함이다. 둘째, 프로세스 선정을 위함이다.

프로세스를 일단 선정하면 생산의 효율성과 유연성, 생산제품의 비용과 품질에 장기적 영향을 미친다. 따라서 프로세스 선정을 위해서는 신중한 접근이 필요하다. 프로세스 선정을 할 때 고려해야 할 요인은 무엇인가? 프로세스 선정은 다음과 같은 요인에 의하여 영향을 받는다.

- **제품/서비스의 수요** : 프로세스 선정에 영향을 미치는 한 요인은 생산하고자 하는 제품 또는 서비스의 수요량과 수요패턴이다. 즉 장기적인 수요예측과 생산능력계획이 프로세스 선정에 앞서 이루어져야 한다.

  생산 프로세스는 제품이나 서비스의 생산량에 따라 달리 결정된다. 생산능력과 생산 프로세스는 제품의 수요패턴에 따라서 확장 또는 축소되어야 한다. 조립라인 프로세스는 저렴한 제품에 대한 대량수요가 있는 경우에 알맞고 배취 프로세스는 시장수요가 적은 경우에 알맞다. 이와 같이 시장에서의 경쟁이 고려되어야 한다. 기업이 적기에 시장에 진입해서 유리한 위치를 차지하는 것은 경쟁기업의 계획과 그 경쟁기업이 프로세스 선정에 어떻게 반응하느냐에 달려 있다.

- **수직적 통합의 정도** : 원료의 확보나 기술, 생산 및 유통과정에 있어서의 경영합리화를 도모하기 위하여 관련 기업 간에 기업결합이 행해지는데 이를 수직적 통합(vertical integration)이라 한다. 예를 들면 제철회사가 철광석 광산을 소유한다든지 신문회사가 제지회사와 결합하는 경우이다.

  기업 내에서 구성품을 제조할 것이냐 또는 공급업자로부터 아웃소싱(outsourcing)을 할 것이냐는 간단한 문제는 아니다. 제조비용이 구매비용보다 싸느냐, 생산능력이나 기술능력을 확장하는 데 필요한 투자자금이 충분하느냐, 또는 생산 프로세스가 독점적이냐 등을 따져야 한다.

  그러나 오늘날에는 고객의 수요, 경쟁자의 행동, 새로운 기술 등의 변화에 신속히 대응하기 위하여 전략적 아웃소싱이 추세이다.

- **생산유연성** : 생산 프로세스가 설계될 때 제품유연성(product flexibility)과 수량유연성(volume flexibility)이 결정된다. 제품유연성이란 생산제품의 변경을 의미하고 수량유연성은 생산하는 제품의 수량을 신속하게 증감하는 것을 의미한다.

  제품유연성은 생산량이 적은 맞춤생산을 하거나 새로운 제품을 신속히 도입하고자 할 때 필요하다. 한편 수량유연성은 제품의 수요가 변동이 심하거나 고객의 수요를 예상하여 제품을 재고로 보유하는 것이 비현실적인 경우에 필요하다.

• 자동화의 정도 : 생산 프로세스를 설계할 때는 생산시스템을 어느 정도 자동화하느냐를 결정해야 한다. 자동화된 장비를 사용하면 노무비와 다른 비용을 절감하는 효과는 크지만 이를 설치하는 데는 막대한 자금이 소요되기 때문에 여러 가지 문제를 고려해서 결정해야 한다. 조립라인 프로세스는 프로젝트 또는 배취 프로세스보다 더욱 많은 자본을 소요한다.

자동화의 목적은 제품품질과 제품유연성의 증진이어야 한다. 생산 프로세스의 선정에 영향을 미치는 다른 요인들과 함께 자동화의 정도는 기업의 생산전략을 수립할 때 고려할 사항이다.

• 제품/서비스의 품질 : 생산 프로세스 설계의 선택은 우수한 제품품질에 대한 필요성에 의해 영향을 받는다. 프로세스를 설계하는 모든 과정에서 제품품질이 의사결정에 고려되어야 한다. 많은 기업의 경우 제품품질의 수준은 생산 프로세스의 자동화의 정도에 밀접하게 관련되어 있다.

이 외에도 필요한 노동력과 기술이 존재하는지 그리고 노임과 노조가 원만한지 따져야 한다.

6.5 제품-프로세스 연계전략

프로세스는 한 단계에서 다음 단계로 시간의 흐름에 따라 발전해 간다. 더욱이 프로세스 선정은 제품결정과 밀접하게 관련되어 있다. 즉 기업이 제공하는 제품과 그 제품을 생산하는 프로세스는 적합하게 발전되어 가야 한다. 따라서 한 기업의 제품구조와 프로세스 구조 사이에는 연계가 고려되어야 한다. 잡샵 프로세스는 제품 또는 제품라인이 처음 도입되면 흔히 선정된다. 그러나 제품의 판매량이 증가하고 설계변경이 안정되면 이에 따라 프로세스도 계속적인 흐름 프로세스를 향하여 점차 발전하게 된다. 이와 같이 제품이 발전함에 따라 그에 따른 프로세스도 동시에 발전하게 된다.

Hayes와 Wheelwright는 제품−프로세스 수명주기 매트릭스(product-process

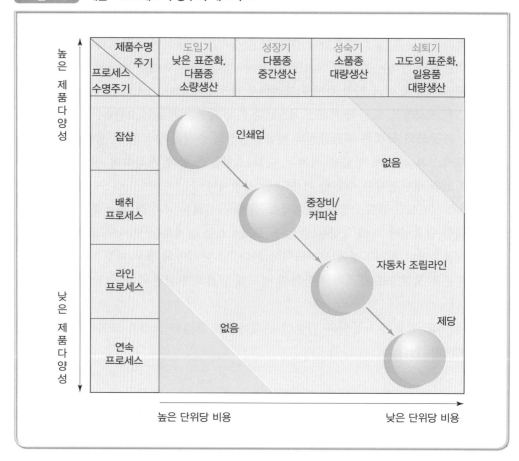

그림 6-8 제품 – 프로세스 수명주기 매트릭스

제품수명 주기 프로세스 수명주기	도입기 낮은 표준화, 다품종 소량생산	성장기 다품종 중간생산	성숙기 소품종 대량생산	쇠퇴기 고도의 표준화, 일용품 대량생산
잡샵	인쇄업			없음
배취 프로세스		중장비/ 커피샵		
라인 프로세스			자동차 조립라인	
연속 프로세스	없음			제당

높은 제품다양성 ↔ 낮은 제품다양성

높은 단위당 비용 → 낮은 단위당 비용

life cycle matrix)를 개발하여 제품구조의 주기와 프로세스 구조의 주기를 함께 고려한 후 프로세스 구조를 전략적으로 결정해야 함을 강조한다.[1] [그림 6-8]은 제품 – 프로세스 매트릭스이다. 이 매트릭스의 열은 도입기, 성장기, 성숙기, 쇠퇴기로 나타내는 제품 수명주기(product life cycle)의 각 단계와 관련된 제품의 다양성과 판매량을 나타낸다. 제품구조는 제품라인이 성숙기로 발전해 감에 따라 매트릭스의 왼쪽에서 시작하여 오른쪽으로 이동해 간다.

매트릭스의 행은 프로세스 구조를 나타내는데 프로세스 수명주기(process life cycle)에 따라 상단의 유동적 형태(fluid form)인 잡샵 프로세스로부터 하단의 체계적 형태(systematic form)인 연속흐름 프로세스로 발전해 간다.

---

1 R. H. Hayes & S. G. Wheelwright, "The Dynamics of Process-Product Life Cycles," *Harvard Business Review*(Mar.-Apr. 1979), p. 137.

제품이 수명주기에 따라 발전함에 따라 프로세스도 이에 맞추어 그의 수명주기에 따라 발전하게 된다. 기업은 매트릭스의 대각선상에 위치한다. 예를 들면 좌상단에 고객의 주문을 받아 소량으로 다양한 제품을 범용설비로 생산하는 잡샵 형태의 인쇄업체가 있다. 이와 같이 잡샵 프로세스는 제품의 도입기에 알맞은 형태이다. 제품이 성장기와 성숙기로 발전함에 따라 제품은 더욱 표준화되고 판매량은 증가한다. 이에 따라 범용장비는 특수장비로 교체된다. 한편 잡샵 프로세스는 배취 프로세스와 반복(라인) 프로세스로 발전되어 간다. 대각선을 따라 계속 내려가면 마지막으로 우하단에 표준품을 대량생산하는 연속 프로세스 형태의 제당공장이 위치한다.

제품-프로세스 매트릭스는 기업전략을 수립할 때 제품과 시장의 관점은 물론 프로세스 측면도 고려함을 나타내고 있다. 그래야 기업은 생산 프로세스에 있어서도 경쟁우위를 확보할 수 있게 된다.

제품과 프로세스의 진화과정을 연구한 결과에 의하면 제품과 프로세스가 대각선을 따라 동시에 변화하는 경우는 드물다고 한다. 많은 경우 대각선을 수직적 또는 수평적으로 번갈아 벗어나면서 변화한다고 한다. 그러나 제품의 표준화에 따라 프로세스가 변화하는 것이 최선의 전략이기 때문에 기업은 대각선상에서 크게 이탈해서는 안 된다.

그런데 대각선상에서 기업의 위치는 기업전략에 따라 동일 산업이라고 하더라도 다를 수 있다. 어떤 기업은 유연성과 제품품질을 강조하는 대각선 위를 선호하고 어떤 기업은 낮은 원가와 표준제품을 강조하여 대각선을 따라 아래로 이동하는 전략을 선호할 수 있다.

6.6 경제분석

프로세스의 형태를 결정할 때 고려해야 할 분석방법이 경제분석이다. 경제분석(economic analysis)에는 각 프로세스 형태의 비용함수, 손익분기점 분석, 재무분석 등이 포함된다.

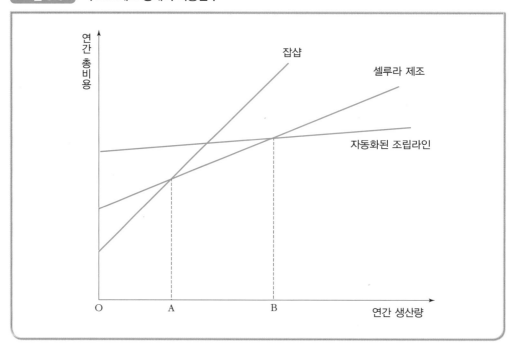

그림 6-9 | 각 프로세스 형태의 비용함수

연간 총비용

잡샵

셀루라 제조

자동화된 조립라인

O   A   B   연간 생산량

1. 프로세스 대안의 비용함수

　각 프로세스 형태에 따라 요구되는 자본액은 다르다. 자본에는 매달 지불해야 하는 고정비와 같은 자본비용이 따른다. 장비, 빌딩, 다른 고정자산에 따른 시초의 비용은 고정비이다. 매월 생산하는 생산량의 크기에 따라 변동하는 비용이 변동비이다.

　[그림 6-9]는 각 프로세스 형태의 비용함수를 보여 주고 있다. 자동화된 조립라인 프로세스는 값비싼 로봇, 컴퓨터 시스템, 자재취급장비 등을 보유하여 높은 고정비를 보이지만 노무비, 자재비, 간접비 등 변동비는 아주 낮으므로 생산량 B 이상인 경우에는 총비용이 다른 프로세스 형태에 비하여 최소가된다. 한편 생산량이 A 이하인 경우에는 잡샵 프로세스가 가장 낮은 총비용을나타내고, 생산량이 A~B인 경우에는 셀루라 제조 프로세스가 총비용 면에서유리하다고 할 수 있다.

2. 손익분기점 분석

손익분기점 분석(break-even analysis)은 프로세스 선정을 위한 계량적 분석 방법으로 자주 사용된다. 손익분기점은 일정 기간의 총매출액과 총비용이 일치하여 이익 또는 손실이 발생하지 않는 점으로 매출액 또는 매출량으로 나타낼 수 있다.

손익분기점을 구하는 공식은 다음과 같다.

$$TR = TC$$
$$P \cdot Q = FC + VC$$
$$P \cdot Q = FC + V \cdot Q$$
$$P \cdot Q - V \cdot Q = FC$$
$$Q(P - V) = FC$$

$$손익분기점(매출량) = Q = \frac{FC}{P - V}$$

$$손익분기점(매출량) \cdot P = Q \cdot P = \frac{FC}{P - V} \cdot P$$

$$손익분기점(매출액) = \frac{FC}{1 - \dfrac{V}{P}} = \frac{FC}{1 - \dfrac{V \cdot Q}{P \cdot Q}} = \frac{FC}{1 - \dfrac{TC}{TR}}$$

TR = 총매출액(총수익)
TC = 총비용
VC = 총변동비
FC = 총고정비
Q = 매출량(생산량)
V = 단위당 변동비
P = 단위당 판매가격

손익분기점은 [그림 6-10]에서 보는 바와 같이 그래프를 그려 총비용과 총수입이 일치하는 점에서 결정된다.

손익분기점 분석은 새로운 제품을 생산할 것인가를 결정하고, 서로 다른 프로세스를 평가·선정하는 데 이용될 뿐만 아니라 제품을 구매할 것인가 또는 제조할 것인가를 결정하는 데 이용된다.

그림 6-10 손익분기점의 결정

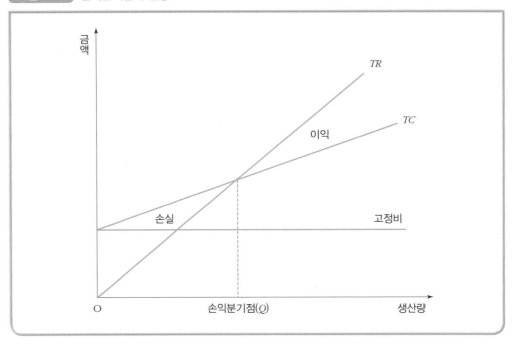

자동화 프로세스(A), 셀루라 제조 프로세스(C), 잡샵 프로세스(J)의 비용구조는 다음과 같다.

프로세스	연간 고정비	단위당 변동비
A	110,000	2
C	80,000	4
J	65,000	6

① 연간 생산량이 10,000단위일 때 가장 경제적인 프로세스는 무엇인가?

② 각 프로세스가 선호되는 생산량은 얼마인가?

③ 제품의 판매가격이 단위당 16일 때 자동화 프로세스의 연간 손익분기점(매출량)은 얼마인가?

해답

① $TC = FC + V(Q)$

$TC_A = 110,000 + 2(10,000) = 130,000$

$TC_C = 80,000 + 4(10,000) = 120,000$

$TC_J = 65,000 + 6(10,000) = 125,000$

가장 경제적인 프로세스는 셀루라 제조 프로세스이다.

② $TC_J = TC_C$

$65,000 + 6(Q) = 80,000 + 4(Q)$

$Q = 7,500$

$TC_C = TC_A$

$80,000 + 4(Q) = 110,000 + 2(Q)$

$Q = 15,000$

연간 생산량이 7,500단위 이하이면 잡샵 프로세스를,

7,500~15,000단위이면 셀루라 제조 프로세스를,

15,000단위 이상이면 자동화 프로세스를 선정하는 것이 유리하다.

이를 그림으로 나타낸 것이 [그림 6-11]이다.

③ 손익분기점(매출량) $= \dfrac{FC}{P-V} = \dfrac{110,000}{16-2} = 110,00 = 7,857$

그림 6-11 세 프로세스의 비교

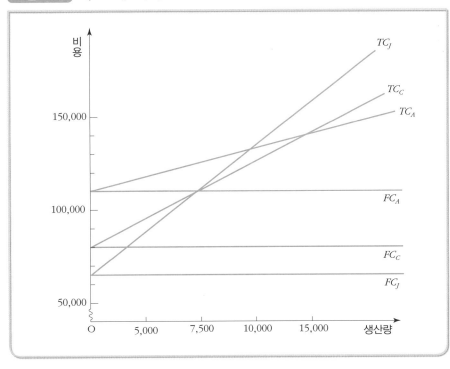

3. 재무분석

생산 프로세스에 투자할 자금이 막대하고 이러한 자금이 회수될 기간이 길면 화폐의 시간가치가 중요한 개념이 된다. 회수기간법(payback period), 순현가법(net present value), 내부수익률법(internal rate of return), 수익성 지수 (profitability index) 등은 투자안의 경제성을 평가하는 데 널리 이용되고 있다.

6.7 대량 맞춤생산

우리는 지금까지 생산 프로세스의 전통적 형태에 관해 공부하여 왔다. 기업은 전통적으로 규모의 경제(economies of scale)에 입각하여 비교적 저렴한 제품을 대량으로 생산할 수 있기 때문에 표준화를 선호한다. 물론 이는 옵션의 다양성을 무시하게 된다. 한편 고객들은 저가를 원하면서 다양성을 선호한다.

이러한 문제를 해결하기 위하여 어떤 기업에서는 잡샵과 라인 프로세스의 몇 가지 측면을 결합하는 대량맞춤(mass customization)전략을 구사한다. 대량맞춤이란 범위의 경제(economies of scope)에 입각하여 고객이 다양한 선택을 할 수 있도록 제품라인이나 서비스의 종류를 확대하고 고객별 요구에 따라 맞춤(주문)제품을 대량으로 하나의 프로세스에서 생산하는, 두 가지 장점을 동시에 추구하는 생산방식을 말한다. 이와 같이 대량맞춤이란 대량생산의 효율성과 맞춤생산의 차별성 외에 품질향상과 유연성을 동시에 달성하려는 생산방식이다. 대량생산과 맞춤이라는 이분법은 컴퓨터, 로봇, 모듈 설계, Internet, 컴퓨터를 이용한 설계, 컴퓨터가 통제하는 기계 등과 같은 현대 기술의 개발로 가능하게 되었다.

맞춤이란 고객의 요구에 따른 주문을 받아 고객마다 서로 상이한 제품을 생산하여 공급하는 것을 말한다. 그러나 대량맞춤은 개인의 요구에 맞는 주문생산을 하면서 대량생산과 거의 비슷한 비용으로 가능할 수 있다. Dell Computer 회사는 고객의 상이한 주문을 충족시키는 컴퓨터를 유연생산시스템을 통해 대량 맞춤생산하고 있으며 GM과 Toyota에서도 일부 차종에 대해 10일의 조달기간 내에 자동차를 맞춤생산하고 있다. 이 외에 의류, 출판, 가구, 운동화, 안경, 농기계, 호텔, 은행, 교육서비스 등에서 활용되고 있다.

이와 같이 대량맞춤으로 기업은 프로세스의 변경 없이도 다양한 제품을 생산할 수 있는 것이다. 그럼에도 불구하고 모든 제품을 맞춤으로 경쟁력 있게 대량으로 생산할 수 있는 것은 아니다. 어떤 제품은 비용이 너무 많아 대량 맞춤생산이 불가능한 경우도 있다. 대량맞춤에도 전통적 생산형태에서 볼 수 있는 많은 한계는 아니지만 약간의 한계는 있는 것이다.

대량 맞춤생산을 가능하게 만든 수단은 다음과 같다.

- 모듈 생산과 조립생산
- 빠른 변경(주문 사이의 생산준비시간이 0에 가깝다.)
- 옵션의 연기

고객으로부터 주문을 받을 때까지 거의 완제품(모듈)을 재고로 보유하였다가 고객으로부터 요구사항이 있으면 이에 따라 완제품을 만들어 즉시 고객에 배송하는 것이다(조립생산). 예를 들면 가구회사가 식탁을 준비하여 두었다가 고객으로부터 착색제(stain)의 선택을 받고나서 즉시 식탁에 착색제를 칠한 후 곧바로 배송하는 경우이다. 한편 주문 사이의 생산 장비교체에 따른 준비시간이 0에 가까워 로트크기 1도 경제적으로 생산가능하게 된다.

옵션의 연기(postponement)란 고객의 주문을 배송할 마지막 순간까지 생산의 마지막 일부를 늦추는 것을 말한다.

6.8 생산기술

1. 기술의 의미

기술(technology)이란 제품과 서비스를 생산하기 위하여 사용되는 노하우 (know-how), 장비와 도구, 그리고 절차라고 정의할 수 있다. 노하우란 장비와 절차를 어떻게 언제 사용할 것인가에 관한 지식, 판단력, 경험 등을 의미한다.

절차란 장비를 사용하고 작업을 수행할 룰과 기법을 의미한다.

기술은 크게 새로운 제품과 서비스를 생산할 때 엔지니어들이 개발하는 제품기술(product technology), 작업자들이 작업을 수행할 때 사용하는 프로세스 기술(process technology)로 구분할 수 있다. 제품기술은 기술향상에 맞추어 제품과 서비스를 생산할 생산시스템을 설계해야 하기 때문에 중요하다. 프로세스 기술은 현재 생산시스템에서 사용하는 작업방법을 개선하기 때문에 중요하다. 한편 정보기술은 생산시스템을 운영하는 데 정보를 어떻게 잘 사용할 것인가를 제시하기 때문에 중요하다.

2. 기술전략

기술은 빨리 변하고 사용할 수 있는 기술은 많기 때문에 생산관리자는 새로운 제품기술과 프로세스 기술을 선정할 때 신중을 기해야 한다. 기술은 기업전략과 생산전략에 합당해야 하고 경쟁우위를 확보해야 한다. 한편 기업이 사용할 제조 프로세스나 기술을 선정할 때 공급사슬 파트너들이 현재 사용하고 있는 기술과 어울리는지 고려해야 한다. 전체 공급사슬이 적합한 기술을 사용하게 되면 생산의 효율과 제품의 이동을 원활하게 할 수 있기 때문이다.

첫째, 선정된 기술은 고객에게는 제품의 가치를 증진하고 시장에서는 가격을 절감시킴으로써 경쟁우위를 유발해야 한다. 새로운 기술을 사용함으로써 비용절감, 판매액 증가, 품질향상, 빠른 납기, 환경개선, 재고감소 등이 이룩되어야 한다.

둘째, 선정된 기술은 기업전략과 생산전략을 달성하는 데 도움이 되어야 한다. 즉 기술변화는 기업이 추구하는 비용, 품질, 시간, 유연성 등 경쟁우위를 달성하는 데 도움이 되어야 한다.

셋째, 새로운 기술은 새로운 생산능력을 수반해야 한다. 기업으로 하여금 변화하는 기회에 빨리 적응할 수 있는 핵심역량(core competence)과 핵심기술(core technology)을 개발해야 한다. 이러한 능력과 기술은 사용하더라도 진부화하지 않고 오히려 더욱 강하게 된다. 또한 이러한 핵심기술은 쉽게 구매할 수도 없고 모방할 수도 없다.

넷째, 새로운 기술로 만든 제품을 시장에 제일 먼저 출하해야 한다. 이렇게 하면 이미 투자한 자금을 회수할 뿐만 아니라 다른 기업이 시장에 침투하지 못하도록 장벽을 쳐 높은 시장점유율을 향유할 수 있다.

다섯째, 새로운 기술에의 투자가 경제적으로 타당한지 평가하기 위하여 재무분석을 실시해야 한다. 투자로부터 결과하는 세금 후 현금흐름이 화폐의 시간가치를 고려한 비용을 상쇄할 수 있는지 여러 가지 재무분석 기법을 사용하여 예측하여야 한다.

3. 컴퓨터 지원 설계

오늘날 생산자동화를 추구함에 있어 가장 중요한 추세는 제품을 설계하고 제조하는 데 컴퓨터를 사용하는 것이다.

컴퓨터 지원 설계(computer-aided design: CAD)라는 용어는 원래 엔지니어 디자인 기능을 컴퓨터의 도움으로 처리하는 데 주로 사용하여 왔다.

CAD를 이용하기 위한 최초의 도면입력은 컴퓨터 터미널이나 제품디자인이 화면에서 처리될 수 있도록 고안된 특별한 장치를 통해 이루어졌다.

디자인된 각 부품의 형상은 컴퓨터 데이터베이스에 저장되어 필요할 때 제조부문과 연결함으로써 각종 도면정보 및 회로 디자인정보 등을 전해 주도록 되어 있다. 이와 같이 CAD는 제조시설과 연결되어 사용하기도 하지만, 때로는 단독으로 각종 공학적 설계도면의 작성과 수정을 위해 사용된다.

4. 컴퓨터 지원 제조

컴퓨터 지원 제조(computer-aided manufacturing: CAM)는 디스크(disk), 플로피 디스크(floppy disk), 자기테이프(magnetic tape), 마이크로 프로세서(micro processor) 등의 장치에 기억된 제조지시를 컴퓨터 프로그램에 의해 작동시키는 NC 기계와 로봇 등에 전달하여 그 기계들을 작동하게 함으로써 제조 프로세스를 자동화하는 것이다.

CAM은 대형 컴퓨터에 프로세스 계획, 생산예측, 재고관리, 생산계획, 스케줄링 등을 입력시켜 데이터베이스화시켜 놓은 다음 이러한 생산정보를 다음 생산지시를 위해 하부의 제어컴퓨터에 연결시켜 생산을 통제한다.

CAM을 사용하게 되면 라인제조 프로세스에서 얻을 수 있는 이점을 배취 제조시스템에 적용시킬 수 있다. 즉 주문생산형태일지라도 생산의 유연성과 효율성을 높일 수 있는 이점을 준다. 다품종 소량생산형태가 지니고 있는 단점인 소량의 생산, 생산품의 다양화, 자재흐름의 어려움, 생산계획의 빈번한 변경 등의 비효율성을 컴퓨터의 통제로 제거시켜 획기적인 생산성 향상을 기대할 수 있다.

최근 CAM은 CAD와 연결되어 제조 프로세스와 제품설계 사이의 커뮤니케이션을 극대화시켜 통합된 컴퓨터 제어시스템으로 생산 프로세스의 자동화를 추진하고 있다.

5. 로봇

로봇(robot)은 생산용으로 생산작업을 수행하는 데 있어 인간의 동작을 모방한 여러 가지 형태의 기능을 반복적으로 수행하도록 프로그램화된 자동화기계로서 인식되고 있다. 이러한 산업용 로봇의 가장 일반적인 형태는 인간의 몸체, 팔과 손의 동작을 생산작업에 응용한 것으로 몸체의 회전동작과 팔의 좌우 상하운동, 손관절의 작동으로 쥐는 동작을 취하는 것이다.

산업용 로봇을 생산과정에 응용할 경우 많은 생산성 향상을 기대할 수 있다. 예를 들어 페인팅, 용접, 프레스 작업, 운반작업, 조립작업 등과 같이 위험하거나 힘든 작업에 인간 대신 로봇을 대치시킬 수 있고, 단조로운 반복작업 등에도 이를 활용할 수 있다.

단순한 로봇에 유사한 자동화기계에 수치제어기계(numerically controlled machine: NCM)가 있다. NC기계는 컴퓨터 프로그램화되어 상이한 형태와 크기의 부품에 구멍을 뚫는 일 등 여러 가지 과업을 수행할 수 있다. NC기계는 마이크로 컴퓨터에 의해 통제되는 CNC기계를 거쳐 여러 대의 CNC기계가 중앙 컴퓨터에 의해 동시에 통제되는 DNC기계로 발전되어 왔다.

6. 자동화된 자재관리

자재관리(material handling)라 함은 제조부문 또는 서비스부문에서 제품을 이동시키고, 포장하고, 재고창고에 보관하는 등의 일반적 내용이라 할 수 있다. 그러나 이러한 모든 과정에서는 시간과 비용이 소요될 뿐 제품에 가치를 부가시키지는 않는다.

자동화된 자재관리(automated materials handling) 시스템은 전통적인 자재관리에서 행하던 각종 기능을 컴퓨터화된 도구를 이용하게 된다. 자동화된 자재관리시스템에서는 재고의 위치(positioning)와 시간의 변화가 가장 중요한 요소인데, 이는 집중관리, 재고작업의 다양한 경로 등을 컴퓨터화함으로써 자재관리의 비반복성을 실현할 수 있고 이로 인해 비효율성을 줄일 수 있다.

자동화된 운반시스템(automated guided vehicles: AGV)은 전자적으로 통제되는 기구를 사용해서 제조현장에 부품과 도구를 이동·저장하고 방향을 결정하도록 고안되었는데, 이는 컴퓨터 통합제조시스템(CIM)의 자재관리에 대한 하위시스템으로 반드시 필요한 부분이다.

자동저장 및 자동인출장치(automated storage and retrievals system: AS/RS)는 구매된 물품을 데이터베이스에 입력된 위치에 정확히 저장시키는 기능을 하며, 자동인출장치를 통해 AGV에 정확히 탑재시킬 수 있도록 기능을 발휘한다. 이는 재고창고의 전체적인 자동화에 필수적 요소이다.

7. 유연생산시스템

유연생산시스템(flexible manufacturing system: FMS)은 컴퓨터로 통제되는 CNC, DNC, 자동화 자재관리, 로봇 등의 개별 자동화 체계와 기술이 하나의 생산시스템 내에 통합된 공장자동화 생산형태이다. 즉 중앙컴퓨터의 통제하에 기계그룹을 연결하고 자재흐름도 자동화시켜 유사 프로세스를 가지고 있는 다양한 부품을 생산하며, 수요의 변화에 따른 프로세스의 변경과 장비들의 조합을 신속하게 할 수 있는 생산형태이다.

이와 같이 FMS는 단속 프로세스의 유연성과 반복 프로세스의 효율성을 동시에 추구하려는 자동화 기계들의 시스템이다. FMS에서는 모든 작업이 컴퓨터 통제시스템에 의해 이루어지는데, 각 작업장 간은 물론 각 NC기계 간의 자재운반은 자동화 설비에 의해 처리된다.

현재의 시장수요는 소비자욕구의 다양화로 인해 생산형태가 다품종 소량생산으로의 변경이 불가피한데, 이러한 생산형태에는 많은 비경제적인 요소가 내재되어 있어 FMS의 등장은 당연한 현상이라 할 수 있다.

이러한 FMS의 구성요소는 다음과 같이 정리해 볼 수 있다.

① 수치제어기계들로 구성된 작업장
② 자동화된 자재관리시스템
 • 자동화된 운반시스템(AGV)
 • 자동저장 및 자동인출장치(AS/RS)
③ 유연 프로세스 시스템을 통제하는 컴퓨터 제어시스템

④ 생산 프로세스 정보 및 생산 프로세스 통제에 관한 전반적인 데이터베이스

FMS는 라인방식의 대량생산형태와 NC기계의 소량생산형태의 중간형태인 생산시스템이다. 이러한 FMS의 상대적 위치는 [그림 6-12]에 도시되어 있다.

라인방식의 생산형태는 소품종으로 대량생산하는 방식이기 때문에 부품설계 등에 유동성이 적고, 설계변경 시에는 프로세스를 중단해야 하는 어려움이 있다. 또한 단속 NC기계에 의한 생산형태는 프로세스 변경이 용이하도록 설계되어 여러 품종을 소량으로만 생산할 수 있다. 즉 제품이나 부품의 설계변경은 새롭게 만들어진 프로그램을 NC기계에 입력시키면 되는 것이다. 그러나 이들 생산방식은 중간형태의 생산량(200~2,000단위/연)과 부품설계의 제한된 범위 내에서는 유동성을 제공하지 못한다. 그러므로 FMS는 생산량과 프로세스 유동성의 절충관계를 컴퓨터로 통제되는 각종 설비에 의해 해결하고자 하는 것이다.

FMS를 구성할 때 가장 중요한 것은 셀(cell)을 형성하는 것이다. 이러한 셀들은 서로 다른 물리적 특성을 가지고 있어 그룹 테크놀로지(group technology: GT) 개념을 여기에 도입해야 한다. 제조 셀과 그룹 테크놀로지에 대해서는 제8장에서 자세히 공부할 것이다.

FMS는 같은 부품군에 속한 유사한 제품만을 생산하고 투자비용이 막대하여 널리 사용되지는 않고 있다. [그림 6-13]은 기계가 가공할 수 있을 때까지 부품들이 컨베이어 위를 회전하는 간단한 FMS를 보여주고 있다. FMS 배치는 가공할 부품들의 다양성, 그들 부품들의 크기, 부품들의 평균 가공시간 등에

그림 6-12 FMS의 상대적 위치

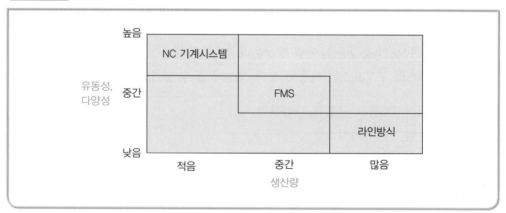

그림 6-13　간단한 유연생산시스템

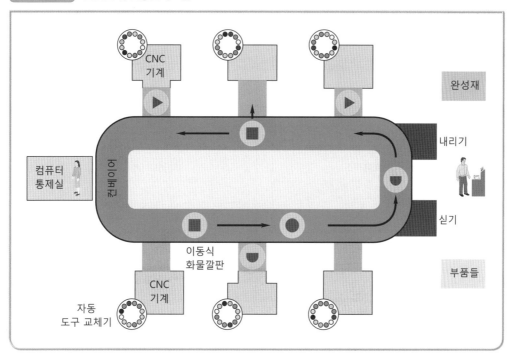

따라 다르다.

8. 컴퓨터 통합생산시스템

컴퓨터 통합생산시스템(computer-integrated manufacturing: CIM)은 전통적인 생산관리분야의 3대 주요 기능이라고 할 수 있는 제품 및 프로세스 설계, 계획 및 통제, 제조 프로세스를 중앙집중적인 컴퓨터 데이터베이스를 통하여 컴퓨터지원 설계(CAD), 그룹 테크놀로지(GT), 자동화된 제조계획 및 통제시스템, 자동화된 자재관리시스템, 컴퓨터지원 제조(CAM), 로봇 등 여섯 개의 자동화 기법으로 대치한 것이라고 말할 수 있다. [그림 6-14]는 전통적인 제조시스템의 요소와 CIM의 요소를 비교한 것이다.

그러나 아직 이 분야는 FMS나 CAD/CAM과 같이 명확한 정의를 내리기는 어렵기 때문에 일반적으로 유연생산시스템(FMS)에 컴퓨터화된 기계들과 각종 자재관리, 재고 등의 자동화된 시스템이 확장 적용될 때 이를 컴퓨터 통합생산시스템이라 한다. 즉 CIM은 공장의 자동화된 운영을 포함하여 경영 전반적인

그림 6-14 전통적 생산방식과 컴퓨터 통합생산시스템의 비교

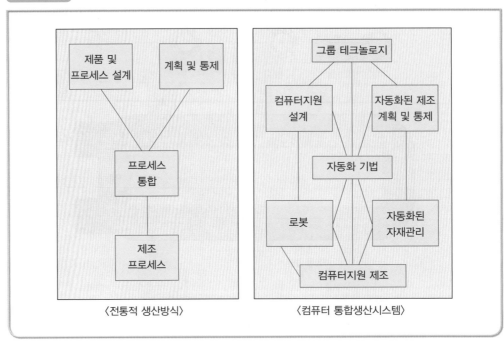

〈전통적 생산방식〉　　　　　〈컴퓨터 통합생산시스템〉

수준에서의 정보처리를 포괄하고 있는 총괄적 최적화 개념으로 이해해야 한다.

CIM을 통해 제조기업은 신속한 납품, 높은 품질, 생산성 증대, 고객요구의 신속한 충족, 유연성 증대 등 여러 가지 혜택을 가질 수 있다.

6.9 공급사슬 협력

우리는 앞장에서 제품개발/설계 시 공급사슬 내의 파트너 사이에 협력이 필요하다는 사실을 공부하였다. 제품설계와 프로세스 설계는 같은 팀에 의하여 동시에 이루어지기 때문에 프로세스 설계 시에도 공급업자를 비롯한 파트너들의 적극적인 협력이 필요하다.

사실 오늘날과 같이 경쟁이 심한 환경에서 기업이 시장에 빨리 진입하기 위해서는 혁신적인 제품설계와 이를 뒷받침하는 프로세스의 설계가 절대적으

로 필요하다. 이를 위해서는 동시공학의 이점을 이용하기 위하여 자율적 작업팀에 공급사슬의 파트너가 일찍 관여해야 한다.

기업이 프로세스 결정뿐만 아니라 기술결정 시에도 파트너와의 협력이 필요하다. 기업이 새로운 기술을 도입할 때 파트너들이 사용하고 있는 기술과 맞는 것인지 살펴보아야 한다. 전체 공급사슬이 잘 맞는 기술을 사용하게 되면 생산의 효율과 자재의 이동에 큰 도움이 될 것이다.

물론 공급사슬 내의 파트너 사이에 같은 기술이나 프로세스를 사용해야 하는 경우도 있지만 다른 프로세스를 사용해야 하는 경우도 있다. Wal-Mart는 그의 주요 공급업자들에게 모든 적송품에 RFID 딱지(tag)를 붙일 것을 의무화하고 있다. 비록 RFID 딱지가 값비싸지만 효율을 증진하고, 제품을 잘 추적하고, 재고를 감소시킴으로써 비용절감에 큰 효과를 보고 있다.

공급사슬 내 파트너 사이에 똑같은 프로세스를 사용하지 않는 경우도 있다. 예를 들면 방적회사와 직물회사는 계속흐름 프로세스를 이용하지만 스웨터 생산회사에서는 배취 프로세스를 사용하게 된다. 방적회사에서는 표준품을 대량으로 생산하기 때문에 자본집약적 시설과 프로세스를 선호한다. 만들어진 실은 직물로 변형되는 직조기로 들어가는데 이때도 흐름 프로세스가 사용된다. 그러나 스웨터를 만드는 기업에서는 직물을 자르고 재봉하는 일은 노동집약적이므로 전통적인 배취 프로세스를 사용하게 된다. 이와 같이 공급사슬에 걸쳐 제조 프로세스를 서로 연결함으로써 생산의 효율과 자재의 원활한 이동을 도모할 수 있는 것이다.

1. 생산 프로세스를 제품흐름 측면으로 분류하라.

2. 생산 프로세스를 고객주문 측면으로 분류하라.

3. 프로세스를 선정할 때 고려해야 할 요인은 무엇인가?

4. 제품설계와 프로세스 선정을 연계하기 위하여 사용되는 기법을 설명하라.

5. 손익분기점 분석은 어떤 경우에 사용하는가?

6. 대량 맞춤생산을 설명하고 제품 – 프로세스 매트릭스와의 관계를 설명하라.

7. 기술의 의미와 새로운 기술을 선정할 때 고려해야 할 요인을 설명하라.

8. CAD와 CAM을 비교 설명하라.

9. 어떤 기술을 도입할 때 기업의 경쟁우위를 확보할 수 있는가?

10. 유연생산시스템을 설명하라.

11. CIM을 설명하라.

12. 프로세스 선정 시 공급사슬 파트너의 도움이 필요한 이유는 무엇인가?

13. 지리산제조회사는 새로운 제품을 생산하기 위하여 프로세스를 선정하려고 한다. 각 프로세스의 비용자료가 다음과 같을 때 생산량이 얼마일 때 각 프로세스가 선호되는 지를 밝혀라.

	프로세스 A	프로세스 B	프로세스 C
고정비	10,000	20,000	50,000
변동비/단위	5	4	2

14. 남산주식회사는 가위를 생산하는 공장을 건설하려고 한다. 월 고정비는 9,200원, 단

위당 변동비는 70원, 단위당 판매가격은 90원으로 예상한다.

① 매달 생산해야 하는 손익분기점은 얼마인가?

② 월 생산량이 61,000개일 때 실현될 이익은 얼마인가?

③ 월 이익 16,000원을 실현하기 위한 생산량은 얼마인가?

15. 종로제조주식회사는 다음과 같은 비용자료를 갖는 프로세스 A, B, C 중에서 한 프로 세스를 선정하려고 한다. 수요량이 얼마일 때 각 프로세스가 선호되는지를 밝혀라.

	프로세스 A	프로세스 B	프로세스 C
고정비용	10,000	40,000	70,000
변동비/단위	5	2	1

16. 신촌주식회사는 공급업자로부터 특정 부품을 구매할 것인가, 수동 조립시스템 또는 자동 조립시스템을 사용하여 직접 부품을 생산할 것인가를 결정하려고 한다.

회사는 부품의 연간 사용량을 185,000개라고 예상하고 있다. 각 대안에 대한 비용 자료가 다음과 같다.

	구매	수동	자동
고정비(연간)	0	260,000	875,000
변동비(단위)	18.60	16.75	16.25

① 가장 경제적인 대안은 어느 것인가?

② 연간 생산량이 얼마일 때 부품을 구매하는 것과 자동 조립시스템을 사용하여 부 품을 생산하는 것이 무차별적인가?

③ 연간 생산량이 얼마일 때 수동 조립시스템을 사용하는 것과 자동 조립시스템을 사용하는 것이 무차별적인가?

17. 세 개의 생산 프로세스 — 자동(A), 셀루라 제조(B), 잡샵(C) — 와 그들의 비용자료가 다음과 같다.

	프로세스 A	프로세스 B	프로세스 C
고정비(연간)	150,000	85,000	70,000
변동비(단위)	3	5	7
판매가격(단위)	14	14	14

① 연간 생산량이 15,000일 때 비용 면에서 가장 경제적인 프로세스는 어느 것인가?

② 생산량이 얼마일 때 각 프로세스가 선호되는가?

③ 각 프로세스의 연간 손익분기점을 구하라.

18. 김 사장은 현재 있는 시설을 이용하여 새로운 제품생산을 고려하고 있다.

연간 고정비는 50,000원, 단위당 변동비는 60원으로 추산하고 있다.

① 판매가격이 80원일 때 손익분기점은 몇 개인가? 그래프를 그려라.

② 80원씩 4,000개를 판매한다면 예상되는 이익은 얼마인가?

③ 김 사장은 새로운 시설을 구입하여 효율적으로 새 제품을 생산할지 여부를 고려하고 있다.

고정비는 100,000원, 변동비는 40원, 판매가격은 80원으로 추산하고 있다. 판매량이 얼마일 때 각각 어떤 프로세스를 선택할 것인지를 밝혀라.

19. 다음과 같이 201A년 자료가 주어졌다.

고정비 :	40,000원
판매량 :	3,000개
단위당 가격 :	200원
변동비 :	판매액의 60%

① 판매량으로 표시한 손익분기점을 구하라.

② 목표이익이 60,000원일 때의 손익분기점은 몇 개인가?

20. 다음의 자료를 사용하여 아래의 물음에 답하라.

기계	연간 고정비	변동비	생산율
수동	1,000	20/시간	10단위/시간
자동	10,000	3/시간	120단위/시간

① 연간 1,000단위를 생산할 때 각 기계의 총비용과 단위당 비용을 계산하라.

② 연간 20,000단위를 생산할 때 각 기계의 총비용과 단위당 비용을 계산하라.

③ 연간 생산량이 얼마일 때 두 종류의 기계를 사용하는 것이 무차별적인가?

제 7 장

생산능력 계획과 시설의 입지

기업은 현재와 미래의 제품수요에 대처할 수 있도록 적절한 수준의 생산능력을 갖추어야 한다. 이러한 생산능력은 수요예측에 의하여 가늠할 수 있는데 수요예측에 입각하여 수립되는 생산능력에 관한 의사결정은 장기, 중기 및 단기의 생산능력계획을 통해 이루어진다.

어떤 제품 또는 서비스를 어떻게, 언제, 어디서 생산할 것인가를 결정한 후에는 앞으로 예상되는 수요를 충족시키기 위하여 기업은 프로세스의 장기 생산능력(capacity)을 계획하고 입지(location)를 결정해야 한다. 생산능력이란 일정 기간 내에 어떤 시설에서 생산할 수 있는 최대 산출률(maximum output rate)을 말한다. 시설이란 기계, 작업자, 상점, 영업소, 공장, 건물, 설비, 작업장을 의미할 수도 있지만 기업 전체를 의미한다. 고객으로부터의 예측된 수요를 충족시키기 위해서는 생산능력이 필요한데 이것이 부족하면 성장과 이익의 기회를 놓칠 수도 있다.

생산능력 결정은 생산 리드타임(lead time), 고객에의 납기, 생산비용, 기술수준, 인력구조, 기업의 경쟁력에 영향을 미친다. 불충분한 능력은 시장수요를 제대로 충족시키지 못하여 고객을 잃고 성장에 제약을 받는다. 과도한 능력은 자원을 낭비하고 과잉시설에 따른 고정비용 증가를 초래하며 다른 투자기회를 막는 결과를 초래한다. 따라서 생산능력을 언제, 얼마만큼 증가시키고 이를 어디에 입지시킬 것인가는 중요한 결정이라고 할 수 있다.

한 기업이 생산능력 계획을 수립할 때는 중요한 공급업자와 유통업자의 생산능력도 고려해야 한다. 공급업자는 필요할 때 충분한 원자재를 공급할 수 있는 능력을 갖추어야 하고, 생산한 제품을 이동·보관·배송하는 데 충분한 트럭, 창고 등 유통시스템으로서 하류 공급사슬을 갖추어야 한다.

생산능력 계획은 생산설비의 적정규모, 시기와 형태(form), 입지를 결정하기 때문에 기업의 생산량에 물리적 제약을 가하고 희소자본의 투자를 요하므로 시설의 입지계획과 함께 최고경영층의 장기적, 전략적 의사결정에 속한다.

본장에서 우리는 생산능력의 측정, 결정, 전략, 계획수립 과정, 결정기법과 입지선정에 관한 내용과 방법 등을 공부할 것이다.

제품에 대한 수요는 시간의 경과에 따라 끊임없이 변한다. 기업은 이러한 수요의 변동에 적극적으로 대응해 나가야 한다. 일반적으로 생산능력의 부족이 예상되면 여러 가지 대안을 강구해야 한다. 그런데 이런 대안은 계획기간의 장단에 따라 성격이 달라진다.

생산능력 계획은 [그림 7-1]에서 보는 바와 같이 장기의 생산능력 계획, 중기의 총괄계획 및 단기의 스케줄링(일정계획)으로 구분할 수 있다. 장기의 생산능력계획은 보통 3년 이상의 장기에 걸친 수요의 추세적 변화에 대응하기 위하여 얼마의 생산능력, 예컨대 빌딩, 자본재 및 시설이 언제 그리고 어디에 설치되어야 하는가를 전략적으로 결정한다. 장기의 생산능력 계획은 중기 및 단기의 계획에 제약을 가함으로써 그 시스템이 생산할 수 있는 수량에 상한을 설정하게 된다. 이는 시스템 설계능력으로서 본장의 주요 내용이 되고 있다.

기업은 시장의 수요변화에 대응할 수 있도록 언제나 적정규모의 생산능력을 보유해야 한다. 시장 수요량에 비해 너무 크거나 작은 생산규모를 가질 때는 많은 문제가 발생하기 때문이다.

시스템 설계능력에 의하여 제한된 범위 내에서 생산관리자는 계절변동 및

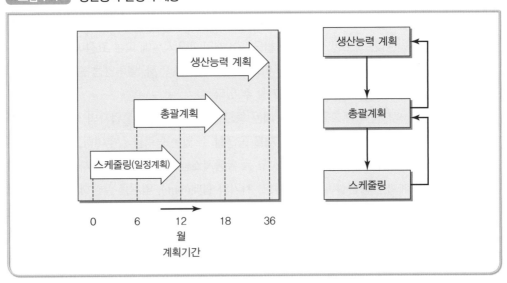

그림 7-1 생산능력 결정의 계층

순환변동에 기인한 수요의 변동을 충족시키기 위하여 1~2년에 걸쳐 생산능력에 제한된 수정(예: 장비, 노동자의 고용 및 해고, 잔업 및 조업단축, 하청, 재고 등)을 가할 수 있다. 판매 및 운영계획은 제10장에서 공부한다.

단기에 있어서의 생산능력조정은 수요의 불규칙적인 우연변동에 대처하기 위하여 필요하다. 스케줄링은 보통 3개월 내에서 작업자, 재고, 기계 등 가용자원을 작업, 주문 또는 활동에 배분하는 결정에 관한 것이다. 스케줄링에 대해서는 제14장에서 공부한다.

단기에 있어서는 생산능력의 수정은 불가능하고 다만 현존능력의 한계 내에서 결정이 이루어진다.

7.2 생산능력의 개념과 측정

생산능력이란 일정한 기간 동안 한 기업 또는 시설이 정상적인 여건에서 제공할 수 있는 최대의 산출량을 말한다. 한 가지의 제품 또는 몇 가지의 표준화된 제품을 대량으로 생산하는 기업의 생산능력은 시간의 흐름에 따라 생산량이 심하게 변동하지 않기 때문에 비교적 측정하기가 쉽다. 이러한 경우에는 단위 시간당 산출률(output rate)로 측정한다. 예컨대 일정한 기간 동안에 생산된 전기의 메가와트(megawatt), 철강의 톤, 자동차의 대수, 맥주의 배럴(barrel) 등이다.

그러나 복잡한 제품배합(product mix)이 같은 시설에서 생산될 때는 생산능력을 측정하기는 곤란하다. 왜냐하면 이들 산출물을 측정하는 공통단위가 없기 때문이다.

이러한 소량생산의 유연한 프로세스에 대해서는 가용자원, 즉 투입물(input)의 단위로 측정한다. 예컨대 여러 가지 메뉴를 제공하는 식당의 경우 하루에 봉사한 고객 수로 표시한다든지, 항공회사의 경우 매월 가능한 좌석마일 수(available seat-miles)로써 생산능력을 표시한다. 병원에서는 능력을 측정하기 위하여 1일 가용 병상 수를 사용한다. [표 7-1]은 공통적으로 사용되는 생산능력 측정의 예이다.

표 7-1　생산능력 측정의 예

기업의 형태	산출물	투입물
자동차공장	자동차 대수/일	노동시간, 기계시간
제철공장	강철 톤수/일	용광로 크기
전력회사	발전량/시간	발전기 용량
항공	가능한 좌석마일 수/월	예약전화/일
병원	치료받은 환자 수/일	침대 수
극장	티켓판매 수/상영	좌석 수
식당	손님 수/일	식탁 수, 좌석능력
대학교	졸업생 수/연	등록생 수/연

생산능력은 다음 세 가지 개념으로 구분할 수 있다.

- 설계능력(design capacity)：현재의 제품설계, 제품배합, 운영정책, 노동력, 시설, 장비 등이 주어졌을 때 한 공장이 일정한 기간에 생산할 수 있는 가능한 최대의 생산율(maximum possible rate of output)을 말한다. 이는 설계대로 이상적인(ideal) 조건에서 달성할 수 있는 이론적 능력(theoretical capacity)이다. 이상적인 조건이란 장비고장, 수리 필요성, 자재문제, 작업자 실수 등 비생산적인 지체가 발생하지 않음을 의미한다. 설계능력은 잔업과 같은 단기적인 조치에 의하여 달성된다. 보통 생산능력이라 함은 설계능력을 의미한다.

- 유효능력(effective capacity)：제품배합, 스케줄링상 어려움, 기계수리보전, 품질요소 등 정상적인(normal) 작업조건이 주어졌을 때 일정한 기간에 생산할 수 있는 가능한 가장 높은 생산율(highest reasonable output rate)을 말한다. 유효능력은 설계능력보다 항상 작은데 이는 장비의 정기적 보전, 제품배합의 변경에 따른 작업준비시간, 식사시간, 휴식시간, 스케줄링상 어려움 등 때문이다.

- 실제생산량(actual output)：실제로 달성할 수 있는 생산율을 말한다. 실제생산량은 유효능력보다 항상 적을 뿐만 아니라 시간에 따라 변동한다. 기계고장, 폐기물과 재작업, 결근, 품질문제, 자재부족 등 예기치 못한 사유 등으로 실제생산량은 낮아진다.

이상에서 설명한 생산능력의 측정척도는 시설사용의 유효성, 즉 효율(efficiency)과 이용률(utilization)을 측정하는 데 필요하다.

$$효율 = \frac{실제생산량}{유효능력}$$

$$이용률 = \frac{실제생산량}{설계능력}$$

기업에서는 이용률(가동률)을 높이려고 노력하지만 100%에 가까운 이용률은 위험하므로 실제로는 80~85%의 이용률을 유지한다. 85% 이상의 이용률은 품질과 생산성 저하의 원인이 되고 따라서 주문을 잃게 될 위험이 따른다.

많은 기업에서는 여유능력(capacity cushion)을 사용하는데 이는 다음과 같이 계산한다.

$$여유능력 = 100\% - 시설이용률$$

여유능력은 기대 이상의 수요에 대응하기 위하여 기업이 보유하는 초과생산능력이다. 여유능력은 수요가 기대수요보다 클 때 도움이 된다. 최대생산능력에 가까운 기업은 규모의 비경제로 인한 비용의 발생과 품질저하를 경험하게 된다.

예 7-1

① 목수인 김씨는 나무 책상을 설계하고 제조한다. 그는 1주일에 5일간, 하루에 8시간 작업한다. 한편 그는 매년 4주일 동안의 휴가를 취한다. 책상 1개를 만드는 데 평균 20시간이 소요된다. 설계능력을 계산하라.
② 김씨는 예방보전으로 1주일에 3시간, 소모품조달에 2시간을 소비한다. 유효능력을 계산하라.
③ 기계고장, 재작업, 아파서 쉬는 시간 등이 연간 200시간이다. 실제생산량을 계산하라.
④ 효율과 이용률을 계산하라.
⑤ 여유능력을 계산하라.

해답

① $설계능력 = \dfrac{5 \times 8 \times (52-4)}{20} = \dfrac{1,920}{20} = 96(개/연)$

② $유효능력 = \dfrac{1,920 - (52-4)(3+2)}{20} = \dfrac{1,680}{20} = 84(개/연)$

③ $실제생산량 = \dfrac{1,680 - 20}{20} = \dfrac{1,480}{20} = 74(개/연)$

④ $효율 = \dfrac{74}{84} = 0.88$

이용률 $= \dfrac{74}{96} = 0.77$

⑤ 여유능력 $= 100\% - 77\% = 23\%$

7.3   생산능력 결정의 중요성

생산능력 결정은 시스템 설계결정에서 가장 기본적인 결정이다.

기업의 장기전략은 시설계획에 구체적으로 표현된다. 어떤 제품라인을 생산할 것인가, 판매시장은 어디인가, 어떤 기술을 사용할 것인가, 시설의 규모는 어느 정도로 할 것인가 등을 결정하게 된다.

생산능력 결정이 중요한 이유는 다음과 같다.

- 생산능력의 규모는 생산량을 제한하므로 제품이나 서비스에 대한 미래 수요를 빨리 충족시킬 능력에 영향을 미친다.
- 생산능력과 수요량이 일치하면 제조비용이 최소가 되지만 실제로는 실제수요량과 예상수요량이 일치하지 않는다든지, 혹은 수요가 변동하기 때문에 이는 이루어지지 않는다. 이러한 경우에는 초과능력과 과소능력의 비용을 균형화할 필요가 있다.
- 시설의 설계능력은 생산기술과 비용구조를 고정시킨다. 생산능력이 크면 클수록 크고 특수화된 빠른 장비와 전문인력을 필요로 하므로 고정비는 많고 단위당 변동비는 낮게 된다.
- 투자자원이 장기적으로 얽매이게 된다. 일단 기계, 기술, 토지, 빌딩 등 시설이 설치되면 단기적으로 비용발생 없이는 생산능력 결정을 수정하기가 어렵게 된다.

7.4 생산능력 결정과 전략

설비결정/장기적 생산능력 결정은 생산량에 물리적 제약을 가하고 희소자원의 투자를 요하기 때문에 조직의 모든 기능에 관련이 있고 비즈니스 계획에 맞추어 최고경영층이 전략적으로 수행한다.

생산능력 결정이란 다음과 같은 질문에 대한 답을 채택하는 것을 말한다.

- 필요한 생산능력의 규모(how much)
- 증설하는 각 시설의 규모(how large)
- 생산능력의 각 단위의 규모
- 생산능력의 필요시기(when)
- 시설증설의 입지(where)
- 생산능력/시설의 형태(what type)

위의 다섯 가지 질문은 개념적으로는 독립되어 있지만 실제로는 서로 얽혀 있어 동시에 고려하게 된다. 따라서 설비결정은 복잡하고 분석하기 어려운 게 사실이다.

설비전략(facilities strategy)은 비즈니스 전략 및 운영전략과 일관성 있는 하부전략으로서 다른 기능전략과도 연계되어 수립되어야 한다. 설비전략은 위의 다섯 가지 질문인 생산능력의 규모, 설비의 크기, 시설변경의 타이밍, 시설입지, 시설의 형태 등을 장기적으로 고려하게 된다.

설비전략은 다음 요인들에 의해 영향을 받는다.

- 미래수요의 예측 : 장기수요를 예측하기 때문에 마케팅부서의 협조하에 정성적 기법이나 인과형 방법을 사용한다. 설비에 대해서는 설비결정의 위험을 평가하기 위해서 확률예측을 실시하는 것이 관행이다.
- 설비의 비용 : 비용은 추가하는 설비의 규모, 타이밍, 입지에 따라 결정된다.
- 경쟁자의 예상반응 : 경쟁자의 반응이 신속하면 시설확충에 신중을 기해야 한다.
- 비즈니스 전략 : 설비전략은 비즈니스 전략의 지배를 받기 때문에 비즈니스 전략에 따라 원가, 서비스, 유연성 등 가운데 어느 하나에 더욱 집

중해야 한다.

- 국제적 고려 : 오늘날 시장과 공급사슬이 더욱 글로벌화하기 때문에 설비의 글로벌화가 불가피하다. 외국에 설비를 설립할 때는 단순히 저렴한 노동력만을 추구할 것이 아니라 전략적 우위를 확보할 수 있는 나라를 골라야 한다.

1. 생산능력 추가소요량 결정

미래에 추가로 요구되는 생산능력의 규모는 최고경영층이

- 미래수요의 예측
- 여유능력
- 전략적 고려

등에 입각하여 결정한다.

미래의 요구생산능력(capacity requirements)은 미래 수요예측치에 여유능력(capacity cushion)과 경쟁자의 생산능력을 전략적으로 고려하고 이를 충족하는 데 따르는 위험도를 고려하여 결정한다.

미래 생산능력의 추가소요량(needed capacity)은 '요구생산능력 – 가용생산능력'으로 구한다. 미래의 가용생산능력(available capacity)은 '현존생산능력 – 미래에 발생할 설비마모분 – 설비감소분'으로 구한다. 이렇게 구한 미래 생산능력 추가소요량은 몇 년간 기간별로 추산하여 이를 충족할 대안들을 고려해야 한다.

2. 설비의 크기

미래의 생산능력 추가소요량이 결정되면 이를 실행할 여러 대안을 모색하게 되는데 이 단계는 전 과정 중에서 가장 복잡하다. 왜냐하면 설비의 크기, 시기, 입지의 여러 조합이 가능하기 때문이다. 본절에서는 설비의 규모에 관해서 공부하기로 하자.

장기적으로 기업은 단위당 평균비용의 관점에서 조업의 이상적 최적수준을 실현한다. 단위당 평균비용이 최소인 생산능력의 이용률을 최적조업도(best operating level), 즉 최적생산규모라고 한다. 이는 [그림 7-2]에서 보는 바와 같

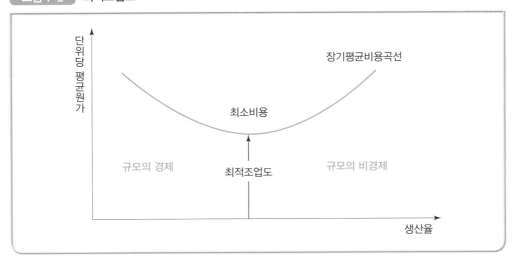

그림 7-2 최적조업도

다. 생산량이 적으면 시설과 장비의 고정비 부담이 커서 단위당 평균원가가 높게 된다.

생산량이 증가하면 단위당 평균원가가 감소하여 최적조업도에 이르게 된다. 이 수준을 넘으면 작업자 피로, 결근, 기계고장, 커뮤니케이션의 감소, 스케줄링상 문제점 등으로 평균원가는 증가하게 된다.

생산능력의 수준이 결정되면 각 단위(공장)의 생산능력을 얼마로 할 것인지 결정해야 한다.

역사적으로 기업들은 생산능력 결정 시 규모의 경제(economies of scale)라는 개념을 사용한다. 시설의 규모(크기)가 커질수록 생산량이 증가하므로 그 생산량의 단위당 평균원가는 감소한다.[1] 이러한 감소는 시설이 너무 커서 커뮤니케이션의 어려움, 관리비의 증가, 자재흐름의 조정문제, 복잡성 등이 발생할 때까지 계속한다. 생산량의 증가를 위해 시설의 규모가 너무 커 최적조업도를 넘으면 효율적 운영이 어려워 규모의 비경제(diseconomies of scale)가 발생한다. 즉 생산량이 어떤 한계(최적생산규모)를 초과하면 단위당 평균비용이 오히려 증가한다. 따라서 시설의 규모(생산량의 증가)는 비용 때문에 최적조업도에서 정지되어야 한다. 이는 [그림 7-3]이 보여 주고 있다.

---

1 규모의 경제가 생산량이 증가할 때 비용을 낮추게 하는 이유는 다음과 같다.
  •생산량의 증가로 땅값, 관리비, 설비비 등 고정비가 상쇄된다.
  •건설비가 규모에 비례해서 증가하지 않는다.
  •자재구매 시 수량할인을 받을 수 있다.
  •라인 프로세스로 인한 혜택을 받을 수 있다.

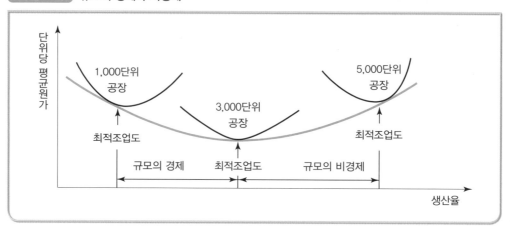

그림 7-3 규모의 경제와 비경제

이 그림에서 크기가 다른 세 공장도 규모의 경제와 비경제를 갖지만 이 중 3,000단위의 공장에서 규모의 경제가 절정에 달한다.

3. 집중화 공장

규모가 큰 시설이 규모의 경제를 가져와 성공에 필수적이라는 생각에 정면으로 대립되는 개념이 일본에서 유행한 집중화 공장(focused factory)이다. 이는 고객수요에 효율적으로 대응하기 위하여 규모가 작고 몇 가지 목적에 전문화하여 집중하는 공장이다. 제13장에서 공부할 적시시스템(just-in-time system)의 한 성공요인이기도 하다.

오늘날 제품과 기술의 수명주기가 짧고 유연성이 중요한 기업환경에서 제품유연성과 수량유연성에 적절히 대처하기 위해서는 집중화 공장이 옳은 선택이라고 할 수 있다. 규모가 큰 시설에도 집중화 공장의 개념을 적용할 수 있다. 공장 내 공장(plant within a plant: PWP)이라고 하는 작고 더욱 전문화된 공장으로 쪼개서 운영, 경쟁 우선순위, 기술, 노동력 등을 독립적으로 수행할 수 있다.

4. 시설증설의 시기

수요가 꾸준히 증가하고 시설을 큰 규모로 증설해야 하는 경우 기업이 취할 수 있는 전략은 세 가지이다. 이는 [그림 7-4]가 보여 주고 있다.

그림 7-4 능력증설의 시기전략

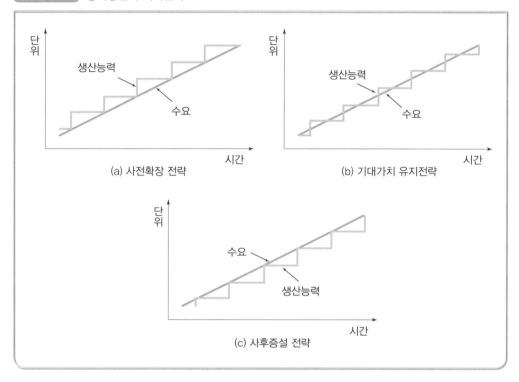

(a) 사전확장 전략

(b) 기대가치 유지전략

(c) 사후증설 전략

- 사전확장 전략(proactive strategy) : 이는 수요가 크게 증가할 것으로 기대하여 시설을 큰 규모로 일시에 증설하는 확장주의 전략(expansionist strategy)이다. 이러한 전략을 사용하면 생산여유능력(초과능력)이 존재하는데 이러한 여유능력 유지비용보다 품절비용이 상당히 클 때 고성장산업에서 추구한다.

- 기대가치 유지전략(expected value strategy) : 사전확장 전략과 사후증설 전략의 중간적 형태로서 생산능력을 기대수요에 가급적 맞추려는 전략이다. 따라서 생산여유능력을 유지하지 않으므로 초과능력을 갖게 될 가능성이나 부족능력을 갖게 될 가능성이 같게 된다.

- 사후증설 전략(reactive strategy) : 이는 가장 보수적인 관망전략(wait and see strategy)이다. 이러한 전략을 구사하면 생산부족능력이 발생하므로 여유능력의 유지비용이 품절비용보다 상당히 클 때 선호된다. 이러한 전략은 능력이용률과 투자수익률을 높이는 효과를 갖는다. 그러나 잔업, 재고, 하청 등을 통한 단기생산능력의 증대는 기업이익을 장기적으로 감소시킬 뿐만 아니라 시장점유율의 감소를 초래할 가능성이 높다.

위에서 설명한 세 가지 전략 중에서 기업은 어떤 전략을 선택할 것인가? 이를 위해서는 생산능력 비율(capacity ratio: CR)을 이용할 수 있다.

$$CR = \frac{C_s - C_e}{C_s}$$

C_s : 단위당 품절비용

C_e : 초과능력비용

생산능력 비율을 이용할 때의 의사결정 규칙은 다음과 같다.

$CR > 0.5$ 사전확장 전략

$-0.5 \leq CR \leq 0.5$ 기대가치 유지전략

$CR < -0.5$ 사후증설 전략

예 7-2

태백산전자에서는 시설확장 프로젝트를 평가하려고 한다. 프로젝트의 수명기간 동안 초과능력의 연간비용은 단위당 5만 원이라고 한다. 연간 품절비용이 6만 원, 20만 원, 50만 원, 2만 원이라고 할 때 어떤 전략을 추구해야 하는가?

해답

$$CR = \frac{C_s - C_e}{C_s} = \frac{6-5}{6} = 0.17$$

$-0.5 < CR = 0.17 < 0.5$이므로 기대가치 유지전략을 추구한다.

$$CR = \frac{20-5}{20} = 0.75$$

$CR = 0.75 > 0.5$이므로 사전확장전략을 추구한다.

$CR = \frac{50-5}{50} = 0.9 > 0.5$이므로 사전확장전략을 추구한다.

$CR = \frac{2-5}{2} = -1.5 < 0.5$이므로 사후확장전략을 추구한다.

5. 시설의 형태

어떤 형태의 시설을 선택할 것인가에 관한 생산능력 전략에서 고려할 요인은 다음과 같다.

- 제품중심 시설
- 시장중심 시설
- 프로세스 중심 시설
- 범용 시설

제품중심 시설(product-focused facilities)은 수송비가 저렴하거나 규모의 경제가 높은 경우에 한 위치에 집중적으로 설립되는데 큰 시장을 목표로 한 가지 정도의 제품을 생산한다.

시장중심 시설(market-focused facilities)은 시장마다 설립되는데 특히 서비스의 경우에는 수송이 불가능하기 때문에 이러한 전략을 선호한다. 예컨대 각 지역에 설립된 침대공장과 외국에 설립하는 공장들은 이러한 범주에 속한다.

프로세스 중심 시설(process-focused facilities)은 한 가지 정도의 기술을 갖는 시설을 말한다. 이러한 시설에서는 구성품이나 부품을 생산한 후 다른 시설로 운송하여 조립하게 한다.

범용 시설(general-purpose facilities)은 몇 가지 형태의 제품을 생산하는 데 이용된다. 예컨대 책, 연하장, 달력 등을 생산하는 인쇄소에서는 이러한 시설을 선호한다.

7.5 생산능력 결정기법 : 의사결정 나무

미래의 생산능력 추가소요량이 결정되면 이를 실행할 여러 가지 대안을 모색하게 되는데 이러한 설비증설의 대안을 평가하는 기법으로서 고정비−변동비 개념, 손익분기점 분석, 의사결정 나무 분석이 사용되는데 이 중에서 널리 사용되는 의사결정나무 분석(decision tree analysis)을 공부하기로 한다.

의사결정나무는 가장 큰 기대가치(expected value)를 갖는 해(解)에 이르도록 내려져야 하는 의사결정의 순서를 나타내는 논리적 그림이다. 의사결정나무는 왼쪽에서 오른쪽으로 그려 나가지만 해를 구하기 위해서는 오른쪽에서 왼쪽으로 진행한다.

의사결정 나무를 사용할 때는 기업은 모든 대안과 모든 실제상황(state of

nature)을 알고 있다, 모든 결과가 발생할 확률을 알고 있다, 기업은 성과(payoff)를 정확하게 평가할 수 있다는 세 가지 가정이 전제되어야 한다.

의사결정 나무에는 두 종류의 마디가 있는데 가장 왼쪽에서 시작하는 마디를 의사결정 마디(decision node)라 하고 □로 표현한다. 이는 의사결정을 내려야 하는 시점을 의미한다. 이 마디에서 가지가 발생하는데 이는 각 대안을 나타낸다. ○로 표현되는 마디는 기회마디(chance node)라 하는데 확률적 상황이 전개되는 시점을 의미한다. 각 기회마디에 대해 기대화폐가치(expected monetary value: EMV)를 다음과 같이 계산한다.

$$EMV(A_i) = \sum_{j=1}^{n} (P_j)(O_{ij}) \qquad i=1, 2, \ldots, n \quad j=1, 2, \ldots, n$$

$EMV(A_i)$: 대안 A_i의 기대화폐가치
P_j : 실제상황 j가 발생할 확률
O_{ij} : 대안 A_i와 실제상황 j가 발생할 때 결과하는 금전적 성과
n : 대안의 수

이와 같이 각 실제상황에 대해 *EMV*를 계산한 후 가장 큰 *EMV*를 갖는 대안을 선정하게 된다.

* 예 7-3

병원에서 사용하는 가운을 생산하는 최 사장은 공장확장을 고려하고 있다. 공장의 규모는 소, 중, 대이다. 새로운 시설에서는 새로운 타입의 가운을 생산할 예정인데 이 제품에 대한 판매가능성은 모르는 상태이다. 각 대안과 시장상황에 대한 예상이익과 발생확률은 다음과 같다. 의사결정나무를 그리고 기대화폐가치에 입각한 대안의 선정을 결정하라.

공장규모	시장상황	확률	이익
대규모	유리한 시장	0.4	100,000
	불리한 시장	0.6	−90,000
중규모	유리한 시장	0.4	60,000
	불리한 시장	0.6	−10,000
소규모	유리한 시장	0.4	40,000
	불리한 시장	0.6	−5,000

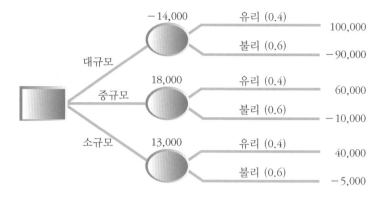

$EMV_{대} = 0.4(100,000) + 0.6(-90,000) = -14,000$

$EMV_{중} = 0.4(60,000) + 0.6(-10,000) = 18,000$

$EMV_{소} = 0.4(40,000) + 0.6(-5,000) = 13,000$

EMV가 가장 큰 중규모 공장을 선정해야 한다.

7.6 시설입지 결정의 성격

생산시스템의 물리적 구조물의 입지(location)는 장기적인 경영에 영향을 미치는 중요한 전략적 의사결정문제이다.

그 이유는 첫째, 입지라는 것은 미래의 불확실성하에서 다량의 장기적인 자본투자를 포함한다는 것이다. 둘째, 입지는 생산시스템의 제약조건, 즉 관계법규, 노동구매시장, 지역사회 등을 결정하며, 이들 조건은 일단 입지하면 거의 반영구적으로 고정된다. 셋째, 입지는 생산비용 및 시장에의 분배비용의 최저한계를 설정함으로써 기업의 경쟁적 위치에 심각한 영향을 미친다는 것이다.

그러면 시설입지 문제는 언제 발생하는가? 먼저 신설되는 기업에 입지문제가 당연히 발생한다. 다음에 기존기업들의 경우에도 생산시스템에의 투입요소, 즉 노동, 원자재, 에너지 등의 변화로 입지문제가 거론될 수 있다. 즉 요소

그림 7-5　시설입지 선정에서 상호관계하는 요인들

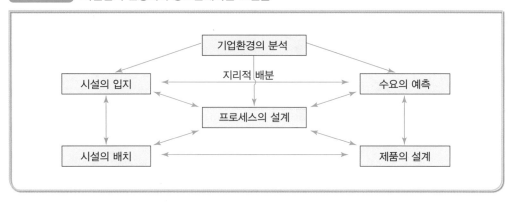

들의 가격 및 품질의 변화 혹은 어업, 임업, 광업 등과 같이 투입요소의 일시적인 고갈 등으로 재입지의 필요성이 생길 수 있다. 또한 시장의 이동, 즉 지리적인 수요분포의 심각한 변화가 있는 경우에도 입지문제는 발생한다.

　　그리고 수요량의 증가를 기존시설로는 모두 충당할 수 없을 때 새로운 시설의 입지를 고려하게 된다. 입지를 마케팅전략의 일환으로 보기도 한다. 특히 직접 소비자와 접촉하는 소매점, 은행, 식당 등은 판매확장의 수단으로 입지를 고려한다. 그 외에도 여러 가지의 법률적·경제적·기술적·사회적·정치적 환경의 동적인 변화 때문에 기업은 입지를 정기적으로 검토하는 것이 바람직하다.

　　오늘날에는 기업경영이 글로벌화함에 따라 생산시설이 세계 곳곳에 입지하는 추세에 있다. 글로벌 입지에 대해서는 뒤에 설명할 것이다.

　　경영자가 이러한 입지문제에 직면했을 때는 입지를 기업의 다른 기능들과의 상호관계에서 파악해야 한다. 입지는 환경의 분석, 수요의 예측, 프로세스의 설계, 시설의 배치와 관계가 있으므로 이들을 시스템적 관점에서 전체적으로 고려해야 한다. 이 관계가 [그림 7-5]에 나타나 있다.

7.7 시설입지 선정의 영향요인

입지문제에 대한 보다 명확한 이해를 위하여는 생산·운영시스템을 그의 환경과의 관계하에서 고찰해야 한다. 이것이 [그림 7-6]에 나타나 있다. [그림 7-6]과 같이 생산시스템은 각종의 사회적·법적·정치적·기타의 제약 아래에서 인적자원과 자재, 에너지 등의 천연자원 및 기타 투입물을 입력하여 프로세스 기술로 가공한 후 그 산출물을 지리적으로 분산되어 있는 잠재고객들의 시장에 배송한다.

이 과정에서 입지선정에 영향을 미치는 중요한 비용을 고려한다면 다음과 같다. 먼저 요소의 공급비용으로서 노동력과 원료, 에너지 등을 구입하는 비용이다. 프로세스 비용은 주어진 기술하에서의 가공비용이며, 배송비용은 제품의 수송 혹은 고객에의 서비스에 드는 비용이다. 이 비용들은 입지에 있어서 유형적인 요인이 된다.

그 외에도 유형, 무형의 입지요인들이 있는데, 그것은 [그림 7-6]에 나타나는 바와 같이 생산투입요소, 시장, 프로세스 기술, 환경에 관련된다. 한편 시설의 입지결정 시 고려할 요인은 공급사슬 파트너들의 위치이다. 많은 기업에서는 공급업자에 근접하여 입지하기도 하고 공급업자들로 하여금 자기 기업에

그림 7-6 생산·운영시스템과 입지선택에 영향을 미치는 비용들

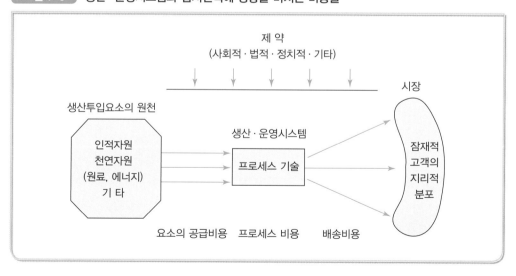

가까이 입지하도록 강요하기도 한다. 예를 들면 Dell 컴퓨터는 공급업자들로 하여금 15분 거리 내에 입지하도록 요구한다. 이와 같이 공급사슬 파트너 사이에 근접해 있고 생산능력에 균형이 유지되면 이들 사이에서 자재의 흐름이 원활하게 진행된다.

■ 투입요소

다량의 노동력 혹은 특정한 기술인력을 필요로 하는 기업에는 적절한 노동시장에의 근접성이 지배적인 요인이 된다. 예컨대 노동집약적인 조립라인공장은 대도시나 그 근처에 입지하려는 경향이 있다. 그 외에도 임금의 수준, 노동력의 생산성, 통근의 편의성, 노동조합의 특성 등이 고려된다.

일반적으로 분해적 프로세스(analytic process)를 사용하는 산업, 즉 원료가 분해되어 여러 가지의 제품이 만들어지는 임업, 광업, 농업 등은 원료의 공급지 근처에 입지하는 경향이 있다. 반면에 종합적 프로세스(synthetic process)를 사용하는 산업, 즉 다양한 원료와 부품을 결합하여 완제품으로 조립하는 산업은 시장 근처에 입지하는 경향이 있다.

■ 프로세스 기술

기술에 의해 입지가 제한받는 경우가 많다. 제지공장은 다량의 용수를, 알루미늄공장은 대량의 전기에너지를 소요하며, 프로세스가 특정한 습도와 온도를 요구하는 경우도 있다. 소음을 내거나 악취를 내는 프로세스가 사용되는 경우에는 주거지에서 멀리 떨어져 입지할 것이 요구된다.

■ 환경

환경적 요인은 생산시스템에의 제약과 관련되는 것으로 이에는 인프라(infrastructure), 사회 및 문화적 여건, 법률적 및 정치적 여건을 들 수 있다.

인프라란 기업을 지원해 줄 동력, 용수, 소방, 도로, 통신 등 공공시설의 적합성, 신뢰성, 비용을 말한다.

사회 및 문화적 여건이란 그 지역의 인구학적 변수, 즉 인구수, 분포, 연령, 이동상태와 지역사회의 관습, 새로운 기업에 대한 태도 등을 말한다.

법률적 및 정치적 여건은 최종결정을 하기 전에 주의 깊게 검토해야 할 여러 가지의 제약 및 기회이다. 지역에 따라 공해, 건축, 조세 등에 대한 규제가 다양하다. 어떤 산업의 입지가 금지되어 있는 지역도 있다.

7.8 글로벌 입지

공장의 입지선정에 영향을 미치는 중요한 요인들을 고려하면서 기업은 오늘날 글로벌화(globalization)가 추세라는 사실도 생각해야 한다.

글로벌화란 시설을 세계에 걸쳐 입지하는 과정을 의미한다. 통신시설과 교통수단의 발달로 인하여 거리와 국경이 문제시되지 않고 있다. 팩스기, e-mail, 화상회의, 밤새배송 등으로 시장과 경쟁이 점점 글로벌화하고 있다.

비용에 입각하여 경쟁하기 위하여 기업들은 자원공급을 찾아 세계 곳곳에 영업을 확장하고 있다. 이제 거리 외의 다른 요인들이 글로벌 입지(global location) 선정에 중요한 요인이 되고 있다.

글로벌화는 여러 가지 장점을 제공한다.

- 외국시장의 침투이다. 외국으로부터의 수입제품에 대한 수요가 확대되고 있어 이러한 시장은 경쟁의 새로운 무대가 되고 있다. 외국에 생산시설이 입지함으로써 수입품을 구매하는 데 관련된 나쁜 인상을 줄일 수 있다.
- 관세와 무역장벽의 완화이다. 많은 나라에서는 외국제품의 수입을 막기 위하여 수입 쿼터제를 적용하는데, 해외진출은 이러한 무역장벽을 완화하는 데 기여한다.
- 저렴한 노동력의 이용이다. 우리나라의 기업들도 값싼 노동력을 이용하기 위하여 중국이나 동남아 국가로 진출하고 있다.
- 적시(just-in-time: JIT)제조시스템을 적용하기 위해서이다. 공급업자는 제조회사에 근접하여 적시에 납품하여야 한다. 반대로 제조회사는 공급업자에 근접하기 위하여 이동하기도 한다.

그러나 해외영업을 위해서는 고려해야 할 사항도 많다.

- 서로 상이한 문화의 영향을 고려해야 한다. 가치관, 규범, 윤리, 표준 등이 서로 상이한 문화 때문에 현지에 적응하는 데 오랜 시간이 걸린다.
- 언어의 장벽은 또 다른 문제점이다. 상이한 언어의 사용으로 인하여 작업자들과의 커뮤니케이션이 쉽지 않고 작업지시와 토의에 오해를 유발할 소지가 있기 때문에 언어의 장벽을 무너뜨릴 준비가 철저히 진행되

어야 한다.

- 국가간 법과 규정의 차이로 관행에 변화를 초래할 수도 있다. 오염에 관한 규정이나 노동관련 법규가 서로 다를 수 있다. 또한 문화의 차이로 인하여 뇌물이 허용되는 나라도 있지만 법으로 금지된 나라도 있다.
- 불안정한 정부를 가진 나라에서는 정치적 위험이 따른다. 정치가 불안정한 기간에는 기업의 기술이 몰수될 수도 있는 것이다.
- 인프라(infrastructure)가 잘 갖추어져 있는가 하는 것이다. 개발도상국은 개발국과 달리 인프라가 부족하여 외국 영업하는 데 아주 어려움이 있을 수 있다.

기업의 글로벌화란 공급사슬의 확대를 의미한다. 공장을 외국에 건설하고 원자재와 부품을 공급업자로부터 공급받아 외국 근로자들로 하여금 제품을 생산한 후 유통센터와 소매점을 통하여 소비자들에게 공급하는 과정은 국내에서 하는 것과 거의 동일하지만 경쟁이 더욱 심한 글로벌 시장에서 공급사슬관리를 한다는 것은 국내에서는 경험할 수 없는 복잡하고 위험이 따르는 일이기도 하다. 예를 들면 언어와 문화의 차이, 환율변동, 군사충돌, 공급사슬 파트너들과의 신뢰와 협조의 필요성 등이 그것이다.

기업의 글로벌화에도 자재/제품, 정보, 돈의 흐름을 잘 관리해야 한다. 공급사슬이 좋으면 경쟁에서 이겨 성공할 수 있다. 공급사슬의 효율성과 효과성에 힘입어 성공한 기업들은 수없이 많다. 이와 같이 공급사슬과 공급사슬관리는 글로벌 경제에서 큰 역할을 수행하고 많은 기업의 성장과 성공을 이끌기도 하였다.

글로벌 시장에서 성공하기 위해서는 제품개발, 기술, 마케팅, 제조, 공급사슬들에 관한 전략을 수립할 필요가 있다. 예를 들면 자재와 구성품을 전략적으로 아웃소싱한다든가, 경쟁의 심화로 인한 제품 수명주기의 단축에 잘 대처하는 것이다.

전술한 바와 같이 고려해야 할 요인의 수가 많고 다양하기 때문에 보편적이고 정형적인 하나의 모델을 개발하기란 매우 어렵다. 또한 모든 가능한 부지에 대하여 평가한다는 것은 엄청난 시간과 비용을 소요할 것이다.

따라서 최적결정을 추구하기보다는 근사에 의한 만족스러운 결정을 추구하는 것이 좋다. 더욱이 입지결정이란 장기적인 결정이며 미래의 각 입지요인들에 대한 정확한 예측은 어렵기 때문에 더욱 만족스러운 결정에 의존하게 된다.

여기에서는 일반적으로 사용할 수 있는 기본적인 모델들 몇 가지를 소개하기로 한다.

■ 손익분기분석

제품에 대한 수요량이 입지 의사결정의 중요한 요인이므로 손익분기분석이 유용할 수 있다.

각 입지의 고정비와 변동비의 비용구조는 다를 것이다. 입지가 수요량에 영향을 미치지 않는다면 각각에 대하여 손익분기분석을 해 봄으로써 최적입지를 선택할 수 있게 된다. 즉 특정 수요량에 대하여 최소비용을 나타내는 입지가 어디인가를 찾는 것이다. 이는 공장이나 창고의 입지와 같이 시설의 위치에 따라 수요의 변동이 발생하지 않고 다만 수송비와 같은 변동비에 차이가 있는 경우에 적용된다.

예를 들어 입지 A, B, C가 있고 비용구조가 다음과 같을 때 각 입지가 바람직하게 되는 수요량의 범위는 얼마인가?

입지	연 고정비	단위당 변동비
A	100	6
B	200	5
C	400	4

생산량을 Q라고 하면 각 입지의 총비용은 다음과 같다.

$$TC_A = 100 + 6Q$$
$$TC_B = 200 + 5Q$$

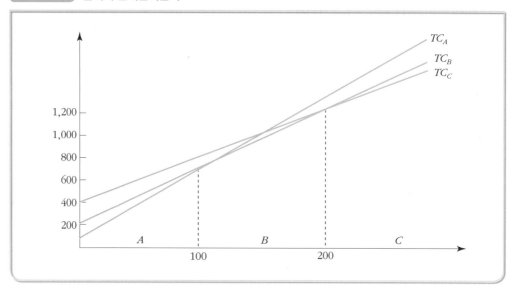

그림 7-7   입지의 손익분기분석

$$TC_C = 400 + 4Q$$

이를 그림으로 나타내면 [그림 7-7]과 같다. 즉 $TC_A = TC_B$로 놓으면 $Q = 100$이고, $TC_B = TC_C$로 놓으면 $Q = 200$이 된다.

따라서 각 입지가 유리한 생산량의 범위는 다음과 같다.

입지	생산량(단위)
A	0~100
B	100~200
C	200 이상

■ 요인평가법

요인평가법(factor rating method)은 입지에 관련된 양적 요인과 질적 요인을 동시에 고려하여 대안들을 체크리스트를 이용하여 평가하기 위한 방법이다. 입지결정에 고려해야 할 요인들을 나열하고, 이들의 상대적 중요성에 따라 가중치를 부여한다. 각 부지에 대해 요인별 평가를 하고, 각 요인의 가중치에 해당하는 평가점수를 곱한 후 각 부지별로 이들을 합산하여 가장 높은 점수를 얻은 부지를 선택하게 된다.

$$S_j = \sum_{i=1}^{m} W_i F_{ij} \qquad (j=1, \ldots, n)$$

S_j = 입지 j의 총점수

W_i = 요인 i의 가중치

F_{ij} = 입지 j의 요인 i의 점수

n = 입지의 수

m = 요인의 수

◆ 예 7-4

어떤 회사는 새로운 공장시설의 입지로 가, 나, 다의 세 대안을 고려하고 있다. 각 대안에 대한 자료는 [표 7-2]와 같다. 10점 만점으로 하여 우수 = 10, 좋음 = 8, 보통 = 6, 나쁨 = 4로 하기로 한다. 투자이익률도 같은 원리로 12%는 10, 9%는 8, 8%는 6의 점수를 부여하기로 한다. 요인평가법에 의하면 어떤 대안이 가장 바람직한가?

표 7-2 **대안에 대한 자료**

입지요인	가중치	부지		
		가	나	다
(1) 지역사회의 태도	0.2	우수	좋음	보통
(2) 노동력의 공급	0.2	보통	좋음	우수
(3) 수송의 편의성	0.2	보통	보통	좋음
(4) 생활비수준	0.1	나쁨	우수	보통
(5) 공급업자에의 근접성	0.1	좋음	나쁨	우수
(6) 예상투자이익률	0.2	9%	12%	8%

해답

[표 7-3]과 같은 결과를 얻는다.

[표 7-3]에서 $S_1 = 7.2$, $S_2 = 7.8$, $S_3 = 7.6$이므로 대안 '나'가 선택된다.

표 7-3 **부지의 요인에 대한 점수계산**

입지요인	가중치	가	나	다
(1)	0.2	$10 \times 0.2 = 2.0$	$8 \times 0.2 = 1.6$	$6 \times 0.2 = 1.2$
(2)	0.2	$6 \times 0.2 = 1.2$	$8 \times 0.2 = 1.6$	$10 \times 0.2 = 2.0$
(3)	0.2	$6 \times 0.2 = 1.2$	$6 \times 0.2 = 1.2$	$8 \times 0.2 = 1.6$
(4)	0.1	$4 \times 0.1 = 0.4$	$10 \times 0.1 = 1.0$	$6 \times 0.1 = 0.6$
(5)	0.1	$8 \times 0.1 = 0.8$	$4 \times 0.1 = 0.4$	$10 \times 0.1 = 1.0$
(6)	0.2	$8 \times 0.2 = 1.6$	$10 \times 0.2 = 2.0$	$6 \times 0.2 = 1.2$
	1.0	7.2	7.8	7.6

■ 운반량–거리 모델

운반량–거리 모델(load-distance model)은 거리에 입각하여 입지대안들을 평가하는 절차이다. 측정할 거리는 시장에의 근접, 공급업자 또는 다른 자원에의 근접을 의미한다.

이 모델의 목적은 이동거리로 가중된 이동 총운반량을 최소로 하는 입지를 선정하려는 것이다. 즉 각 입지에 대하여 운반량–거리 값(load-distance value)을 구하고 가장 작은 값을 나타내는 입지를 선정하게 된다. 각 입지에 대해 '운반량–거리 값'을 구하는 공식은 다음과 같다.

$$LD = \Sigma l_{ij} d_{ij}$$

    LD = 운반량–거리 값

    l_{ij} = 입지 i와 j 사이의 운반량

    d_{ij} = 입지 i와 j 사이의 거리

이 모델에서 입지 사이의 거리는 계산의 단순화를 위하여 직선거리(rectilinear distance)를 사용한다. 즉 입지 사이의 도로가 좌표상에서 수평 또는 수직으로만 놓여 있다고 가정한다.

예컨대 두 입지 A(35, 40)와 B(10, 15)의 거리는 다음과 같이 구한다.

$$d_{AB} = |x_A - x_B| + |y_A + y_B|$$
$$= |35 - 10| + |40 - 15|$$
$$= 40$$

◆ 예 7-5

A, B, C, D 네 개의 도시에 있는 대리점을 돕기 위하여 I과 II의 두 입지대안에 창고를 건립하려고 한다. 대리점과 창고의 좌표는 다음 그림과 같으며 A, B, C, D 각 도시와 창고 사이의 운반량은 15, 10, 12, 5라고 한다. 어디에 창고를 건립해야 하는가?

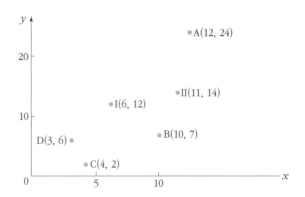

먼저 입지대안 I에 대한 운반량−거리 값을 다음과 같이 계산한다.

도시	운반량(l_{ij})	I 까지의 거리(d_{ij})	$l_{ij}\,d_{ij}$
A	15	$\|12-6\| + \|24-12\| = 18$	270
B	10	$\|10-6\| + \|7-12\| = 9$	90
C	12	$\|4-6\| + \|2-12\| = 12$	144
D	5	$\|3-6\| + \|6-12\| = 9$	45
합계			549

다음에는 입지대안 II에 대한 운반량−거리 값을 다음과 같이 계산한다.

도시	운반량(l_{ij})	II 까지의 거리(d_{ij})	$l_{ij}\,d_{ij}$
A	15	$\|12-11\| + \|24-14\| = 11$	165
B	10	$\|10-11\| + \|7-14\| = 8$	80
C	12	$\|4-11\| + \|2-14\| = 19$	228
D	5	$\|3-11\| + \|6-14\| = 16$	80
합계			553

입지대안 I의 운반량−거리 값이 입지대안 II의 값보다 작으므로 입지 I에 창고를 건립해야 한다.

7.10 공급사슬 협력

한 기업의 생산능력 결정은 그의 활동에만 제한되는 것은 아니다. 많은 경우에 기업은 그의 핵심적인 공급업자와 유통업자의 생산능력을 고려해야 한다. 필요한 자재를 제때에 공급할 수 있도록 공급업자들은 충분한 생산능력을 갖추어야 한다.

공급사슬은 고객수요의 일정 수준을 공급하는 파이프 라인이라고 생각할 수 있다. 그런데 이 파이프 라인이 수요를 만족시키기 위하여는 중단 없이 원활하게 흘러야 한다. 이는 공급사슬의 각 파트너의 생산능력이 균일하면 달성 가능하다. 따라서 기업은 공급업자의 생산능력이 충분하여 제품 배송에 갭이 발생하지 않도록 신경을 써야 한다. 즉 파트너간 균일한 생산능력이 유지되면 자재의 원활한 흐름이 가능하여 재고가 쌓이지 않게 된다.

한편 유통업자도 생산된 제품을 수송할 트럭과 창고, 진열장 등을 충분히 갖추어야 한다. 이와 같이 한 기업의 생산능력 이용능력은 공급사슬 파트너들의 생산능력에 크게 의존하는 경우가 많다.

공급사슬에의 연결은 시설의 입지결정에도 적용된다. 많은 기업은 그의 공급원(source of supply)에 가까이 입지하거나 공급업자로 하여금 가까이 입지하도록 요구하기도 한다. 예를 들면 Dell 컴퓨터회사는 공급업자들로 하여금 자기 시설로부터 15분 거리 내에 입지하도록 강요한다. 또한 Toyota 자동차회사에서도 적시생산시스템(just-in-time production system)을 적용하기 위하여 부품 공급업자들로 하여금 공장 부근에 입지하도록 요구한다. 이는 하루에도 수없이 소량으로 부품을 적시에 공급해야 하기 때문에 취해지는 조치이기도 하다.

공장 부근에 입지하고 공급사슬 파트너 간에 시설능력의 균형이 이루어지면 공급사슬을 통한 원활한 흐름이 가능하게 된다.

1. 생산능력의 개념과 측정방법을 설명하라.

2. 생산능력 결정이 중요한 이유를 설명하라.

3. 생산능력전략에 대하여 설명하라.

4. 최적조업도, 규모의 경제와 비경제를 설명하라.

5. 생산능력 결정의 내용과 사용되는 전략의 종류를 설명하라.

6. 시설의 입지선정에 미치는 영향요인을 설명하라.

7. 시설입지 결정에 있어 공급사슬 파트너의 협력이 요구되는 이유는 무엇인가?

8. 남해화학(주)은 에틸렌에 대한 연간 수요량을 다음과 같이 예측하였다.

갤런	200	220	240	260	280
확률	0.10	0.20	0.30	0.30	0.10

① 생산능력을 260갤런에 맞춘다면 여유능력(capacity cushion)은 얼마인가?
② 유효능력이 발생할 확률은 얼마인가?
③ 생산능력을 260갤런에 맞출 때 공장의 평균이용률은 얼마인가?
④ 품절비용은 갤런당 100,000원이고 건축비용은 갤런당 5,000원이라고 할 때 200갤런의 생산능력을 건축할 때의 총비용은 얼마인가?

9. 제품라인을 확장하려고 하는 어떤 기업은 조그만 시설을 증설할 것인지, 또는 큰 시설을 증설할 것인지를 결정하고자 한다. 만일 조그만 시설을 증설하였을 때 수요가 낮으면 건설비용을 공제한 후의 순현가가 4억 원이라고 추산된다. 만일 수요가 높게 되면 순현가는 5억 원이 된다고 한다.
　만일 큰 시설을 증설하고 수요가 높으면 예상되는 순현가는 8억 원이 되고 수요가 낮으면 −1,000만 원이라고 한다. 수요가 높게 될 확률은 60%이고 낮게 될 확률은 40%라고 할 때 의사결정나무를 이용하여 경제적인 대안을 결정하라.

10. 어떤 회사가 1년에 3,000단위를 생산하여 판매하고 있으며 관련된 비용은 다음과 같다.

고정비/연 :	1억 원
변동비/단위 :	100,000원
판매가격/단위 :	300,000원

① 이 판매량에서 얼마의 이익을 보고 있는가?

② 고정비가 8,000만 원으로 감소한다면 이익에는 어떤 변화가 있는가?

③ 원 문제에서 만약 변동비가 200,000원으로 증가한다면 현재의 이익을 유지하기 위하여 생산량은 얼마나 되어야 하는가?

11. 아시안 제조회사에서는 새 제품을 만들기 위하여 설비를 임차하였다. 비용 및 수요를 예측해 보니 다음과 같다.

연수요 :	20,000단위
연간비용 :	
재료비 :	1억 원
직접노무비 :	23,000원
경비 :	25,000원
일반관리비 :	28,000원

한편 판매경비는 총판매액의 10%가 되리라고 예측한다. 또한 단위당 1,000원의 이익을 보려고 한다.

① 단위당 판매가격은 얼마나 되어야 하는가?

② 만약 경비와 일반관리비만 고정비이고 나머지는 변동비라고 할 때 손익분기점은 몇 개인가?

12. 이화종합병원을 세우려고 하는데 두 부지 A, B가 선정되었다. 몇 가지 중요한 요인들을 고려하면 다음과 같다.

요인	A	B	가중치
① 월간 여행거리(km)			
60세 이상의 환자	20,000	15,000	3
60세 이하의 환자	15,000	18,000	2
의사, 간호사 등	10,000	20,000	2
② 부지가격	30억 원	40억 원	4
③ 응급환자의 평균 여행거리	5.4	4.7	2
④ 지역사회의 협조	아주 좋음	매우 좋음	3
⑤ 의사, 간호사의 선호	아주 좋음	보통	2
⑥ 확장을 위한 여유	보통	아주 좋음	1

요인평가법에 의해 어느 부지를 선호하겠는가?(점수 : 아주 좋음=10, 매우 좋음=8, 좋음=6, 보통=4)

13. 서해전자(주)는 최근에 새로운 제품을 개발하여 생산하고자 한다. 새로운 제품을 생산하기 위하여 회사는 두 가지 대안을 고려하고 있다. 이 제품에 대한 연간수요와 그의 발생확률, 각 대안과 각 상황이 발생할 때 결과할 5년 동안의 총수익이 다음 표와 같다. 현재의 공장을 증설하는 데는 0.8억 원이 소요되고 새로운 공장을 건립하는 데는 1.4억 원이 소요된다고 한다. 의사결정나무를 이용하여 최적결정을 구하라.

(단위 : 억 원)

수요의 확률 \ 대안	P(수요=150,000) =0.4	P(수요=100,000) =0.5	P(수요=50,000) =0.1
신축	3.75	1.25	−1.25
증설	1.50	1.50	−0.50

14. 종로제조(주)는 새로운 공장을 건설하려고 한다. 고려하는 두 입지에 대한 주요 요인별 가중치와 평가점수는 다음과 같다. 어느 입지를 선정해야 하는가?

요인	가중치	울산	군산
노동인구	15	8	10
노조관계	5	6	4
지역사회 태도	5	10	8
정부규제	5	2	6
삶의 질	10	8	6
연 투자이익률	60	6	10
	100		

15. 금강화학(주)은 어떤 제품에 대한 수요를 확률적으로 예측하였다.

갤런	100	110	120	130	140
확률	0.1	0.2	0.3	0.3	0.1

① 생산능력이 130갤런이라고 하면 여유생산능력은 얼마인가?(여유생산능력=생산능력−평균수요)

② 유휴생산능력이 발생할 확률은 얼마인가?

③ 생산능력이 130갤런이라고 할 때 공장의 평균 가동률은 얼마인가?

16. 다음과 같은 고정비와 변동비를 갖는 네 후보지 가운데서 한 곳에 새로운 시설을 입지시키려고 한다. 수요가 3,200단위라고 할 때 어떤 후보지가 가장 유리한가?

입지	고정비(만 원)	변동비/단위
가	72,000	2
나	35,000	10
다	25,000	8
라	50,000	5

17. 한강시멘트(주)는 현재 네 도시에 네 개의 대리점을 소유하고 있다. 하나의 창고를 건립하려고 하는데 후보지는 A와 B이다. 다음 자료는 기존 대리점과 두 후보지 사이의 거리 및 대리점과 창고 사이의 운반량이다. 운반량－거리 모델에 의할 때 어떤 후보지를 선정해야 하는가?

도시	A까지의 거리(km)	B까지의 거리(km)	대리점과 창고 사이의 수송량(t)
가	32.0	14	17
나	8.0	14	12
다	12.5	32	14
라	6.5	26	10

18. 남산공구(주)에서는 새로운 공장을 신축하려고 한다. 각 후보지별 연간 고정비와 단위당 변동비는 다음 표와 같다.

입지	고정비(원)	단위당 비용		
		자재	노임	경상비
군산	2,000,000	0.20	0.50	0.40
울산	1,800,000	0.25	0.80	0.75
광양	1,700,000	1.00	1.00	1.00

① 총비용선을 그려라.
② 각 입지가 경쟁우위를 가질 수 있는 연간 생산량 범위를 구하라.

일단 기업이 시설의 위치를 결정하면 부(사무실), 작업장, 기계, 작업자 등 자원의 배치를 결정해야 한다. 그런데 지금까지 설명한 제품결정, 프로세스 선정, 생산능력계획 및 시설의 입지 등은 시설의 배치와 관련이 있다. 시설의 입지와 배치에 관한 결정은 생산능력에 영향을 미친다. 반대로 생산능력의 확대노력은 그의 입지에 변화를 초래하고 배치에 수정을 요구할 수 있다. 더욱이 새로운 입지가 설정되거나 제품 또는 서비스가 도입되면 배치에 영향을 미치게 된다.

시설의 배치계획은 프로세스 계획의 연장이다. 프로세스 계획에서는 제품설계에 맞추어 가공할 기계를 설계하고 새로운 기술을 도입하게 된다. 시설배치를 통하여 이러한 프로세스를 배열하고 프로세스를 수행하는 데 필요한 공간을 제공하게 된다. 이와 같이 프로세스 계획과 시설의 배치계획은 서로 영향을 미치기 때문에 계획수립 과정에서 서로 정보의 교환이 꾸준히 진행되어야 한다.

시설 배치계획(facility layout planning)은 기업의 목적이나 생산성에 영향을 미치기 때문에 최고경영층의 전략적 의사결정의 내용이 된다. 시설의 배치계획은 기업의 운영전략과 연계되어야 한다. 운영전략은 시설의 배치계획을 운전하고 시설의 배치는 낮은 생산비용, 빠른 납기, 높은 제품품질, 제품과 생산량의 유연성을 목표로 하는 운영전략을 달성하는 수단이 된다.

시설배치는 공장 · 장비 · 인력의 효율적 이용, 정보 · 자재 · 인력의 원활한 흐름, 작업자 사기와 안전한 작업환경의 향상, 가공시간의 단축, 고객만족도 증대, 유연성 등을 달성하도록 설계되어야 한다.

본장에서는 작업흐름에 따른 여러 가지 배치설계의 형태에 대하여 공부하고자 한다. 특히 공장 내에서 부의 위치선정, 작업장 배열 및 조립라인의 균형을 위해 사용되는 계량적 기법에 대하여 설명한다.

시설배치(facility layout)란 공장 또는 서비스시설 내에서 공간을 점유하는 부서(department)의 위치선정과 부서 내에서의 사람·장비·작업장의 배열을 말한다.

시설 배치계획의 목적은 작업, 자재, 정보가 원활하게 시스템 내에서 흘러 전통적으로 작업자와 장비가 가장 효율적으로 작업할 수 있도록 만드는 것이다. 이와 같이 시설의 배치가 잘 되면 다음과 같은 이점이 있다.

- 정보의 흐름이 원활하고 작업자간 커뮤니케이션이 증진된다.
- 작업자와 생산설비의 효율적 이용이 가능하다.
- 제품이 빨리 생산된다.
- 자재의 흐름이 원활하여 재고수준이 감소한다.
- 스케줄링 계획수립이 쉽다.
- 공간이용이 효과적이다.
- 생산상의 애로가 적다.
- 자재취급비용과 운반비용이 감소한다.

그러나 시설배치가 잘못되면 시간과 에너지의 낭비와 혼잡이 유발될 수 있다. 오늘날 시설배치의 특징은 고객의 욕구를 충족시키기 위하여 품질 좋은 제품을 빨리 생산하고 적시에 납품하도록 설계할 뿐만 아니라 제품과 수요량의 변화에 빨리 대응할 수 있도록 설계하는 것이다. 이러한 목적을 달성하기 위하여 시설배치는 더욱 빽빽하게(compact) 설계된다.

오늘날 시설의 공간은 과거의 1/3 정도이다. 공간을 절약하기 위하여 재고는 격감되고 장비는 조그맣게 설계되어 서로 가까이에 비치된다. 또한 통로와 작업장은 비좁아 혼잡하다. 작업자들은 다기능공이다.

이러한 배치설계는 공장의 성과에 전략적 효과를 가져와 자재는 짧은 거리를 이동하고 제품은 빨리 공장 내에서 움직이며 고객은 더욱 효과적으로 서비스를 받는다. 이와 같이 공간, 자재취급, 재고유지 등에 따르는 비용이 감소한다.

시설배치의 최신 경향을 정리하면 다음과 같다.

- 큰 프로세스별 배치 속에 셀루라 제조 배치형태를 취한다.
- 자동화 장비, 예컨대 자재취급, 저장과 회수 시스템을 사용한다.
- 작업자가 전 라인을 볼 수 있고 작업장 사이를 쉽게 움직이도록 U형 생산라인을 설계한다.
- 인접 작업장을 쉽게 볼 수 있도록 벽이나 칸막이를 제거한다.
- 로봇 같은 자동화가 많이 사용되고 작업공간이 좁으며 빽빽한 시설배치가 일반화된다.
- 재고를 보관할 공간이 거의 없다.

8.2 기본적인 배치형태

부 또는 작업장의 시설 내 배열은 작업흐름의 일반적 형태에 의하여 결정된다. 배치형태로는

- 프로세스별 배치
- 제품별 배치
- 위치고정형 배치
- 혼합형 배치
- 셀루라 배치

가 있다.

1. 프로세스(기능)별 배치

프로세스별 배치(process layout, job-shop layout, functional layout)는 선반과 밀링기계처럼 동일한 작업기능을 수행하는 모든 프로세스(작업자와 장비)가 한 지역에 모여 비슷한 활동이 수행되는 배치형태이다.

프로세스별 배치의 목적은 작업장 사이에서 왕래하는 물량의 이동거리를 최소화하는 것이므로 부서간 자재취급비용을 최소화하는 방향으로 이루어져

그림 8-1　프로세스별 배치

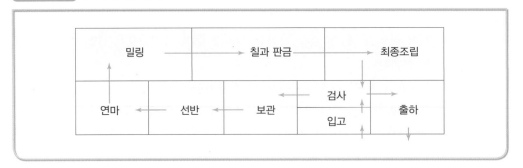

야 한다.

아주 상이한 프로세스 요구와 작업순서를 갖는 다양한 제품을 소량으로 생산하기 위해서는 같은 기능을 수행하는 설비는 같은 작업장에 배치하여 필요에 따라 각 작업장을 찾아 이동하도록 하는 것이 효율적이다. 그렇지만 작업흐름의 패턴은 제품마다 매우 심하다고 할 수 있다.

이와 같이 프로세스별 배치는 단속적 프로세스, 즉 잡샵(job shop)이나 배취생산 프로세스에서 찾아볼 수 있다. 이러한 배치형태에서는 지게차(forklift) 같은 자유통로(variable path)용 운반설비가 필요하다. 범용기계의 사용이 다양한 프로세스 요구를 취급하는 데 필요한 융통성을 제공한다. [그림 8-1]은 프로세스별 배치의 예이다.

프로세스별 배치는 비제조업에서도 이용된다. 예를 들면 병원, 대학교, 은행, 자동차수리소, 항공, 백화점 및 공공도서관 등이다.

프로세스별 배치의 이점은 다음과 같다.

- 다양한 프로세스 요구를 충족시킬 수 있어 설비와 인력의 유연성이 있다.
- 시스템이 설비고장이나 작업자 결근에 의해 휴업할 가능성은 적다.
- 범용설비는 저렴하고 보전하기 쉽다.
- 과업의 다양성으로 직무만족을 증진시킬 수 있다.

반면 프로세스별 배치의 불리점은 다음과 같다.

- 로트생산인 경우 재공품을 저장할 공간이 필요하고 재고비용이 높게 된다.
- 자재운반이 늦고 비효율적이므로 단위당 비용이 높다.
- 설비이용률이 낮다.
- 생산시스템의 계획 및 통제가 더욱 복잡하다.

2. 제품(라인)별 배치

제품별 배치(product layout, flow-line layout)는 수요가 안정적인 대량의 제품이나 고객의 시스템을 통한 원활하고 빠른 흐름을 달성하기 위하여 사용된다. 이는 고도로 반복적이고 표준화된 프로세스 작업을 요하는 제품이나 서비스에 의하여 가능하다. 작업은 일련의 표준화된 과업으로 분해가 가능하여 노동과 설비의 전문화가 용이하다.

각 제품별로 제품이 만들어지는 작업순서에 따라 작업장과 기계설비가 보통 라인으로 배열된다. 따라서 작업의 흐름은 라인을 따라 한 작업장에서 다른 작업장으로 순서 있게 효율적으로 진행한다.

더욱 각 품목이 동일한 작업순서를 따르기 때문에 품목을 운반하는 데 컨베이어(conveyor) 같은 고정통로(fixed path)용 자재운반설비를 사용할 수 있다.

이러한 배치의 결과는 [그림 8-2]와 같은 라인을 형성한다. 자동차와 전자제품 생산과 같은 제조업에서 그 라인은 생산라인(production line) 또는 조립라인(assembly line)이라고 한다. 비제조업에서도 라인이라는 용어를 쓸 수 있다. 예컨대 [그림 8-3]과 같은 라인을 카페테리아(cafeteria) 라인이라 한다.

제품별 배치는 수요가 안정된 표준품의 대량생산과 반복생산의 경우에 알맞은 형태이다. 제품수요가 많기 때문에 제품별 배치는 자동화시설을 요구한다.

제품별 배치의 이점을 요약하면 다음과 같다.

• 높은 생산율을 달성하기 쉽다.
• 대량생산으로 인한 단위당 비용이 낮다.

그림 8-2 **제품별 배치**

그림 8-3 카페테리아 라인

| 식기류 | 디저트 | 샐러드 | 정식 | 감자와 야채 | 빵 | 음료수 | 지불 |

- •노동전문화로 훈련비용을 감소시키고 감독의 폭을 넓힐 수 있다.
- •자재취급비용이 낮다.
- •노동 및 설비의 이용률이 높고 효율적이다.
- •절차계획 및 스케줄링이 시스템의 설계 시에 결정된다.

한편 제품별 배치의 불리점은 다음과 같다.

- •작업자의 작업이 단조롭기 때문에 사기문제가 발생할 수 있다.
- •생산량의 변경 또는 제품 및 프로세스 설계의 변경이 비용통적이다.
- •기계고장이나 잦은 결근으로 전체 시스템이 운휴할 가능성이 높다.
- •특수설비에 투자되는 고정비가 높다.

3. 위치고정형 배치

위치고정형 배치(fixed-position layout)에서 작업진행 중인 제품은 한 작업에서 다른 작업으로 이동하지 않고 한 장소에 고정되어 있고 다만 작업자, 자재, 공구 및 설비가 작업할 제품이 있는 장소를 찾아 이동한다. 제품의 성격상 고정형 배치형태를 취할 수밖에 없는 경우가 있다. 즉 무게, 크기, 부피 등으로 제품을 이동하기가 곤란한 경우에 이러한 형태를 취한다.

위치고정형 배치는 대규모 건설공사, 조선, 대형비행기 제작 등 프로젝트 프로세스에 적합한 형태이다. 위치고정형 배치형태는 [그림 8-4]와 같다.

위치고정형 배치의 이점은 다음과 같다.

- •작업물의 이동이 없어 이의 훼손 및 이동비용을 줄일 수 있다.
- •일단 할당된 작업자는 한 곳에서 계속하여 작업하기 때문에 새로운 활동을 시작할 때마다 그를 지도할 필요가 없다.

그림 8-4 위치고정형 배치

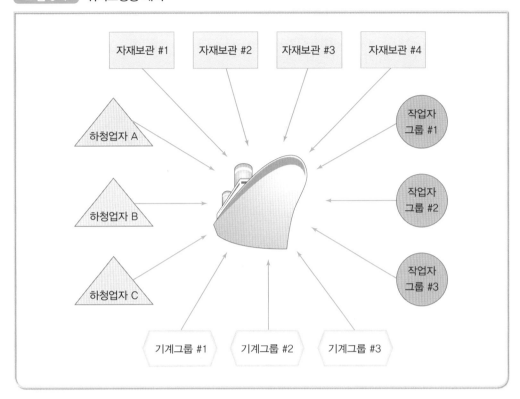

한편 위치고정형 배치의 불리점은 다음과 같다.

- 동일한 작업자가 많은 작업에 관여하므로 재능이 많은 숙련작업자가 필요하다.
- 작업자와 설비의 이동에 따른 비용이 높다.
- 설비이용률이 낮다. 설비는 며칠 내에 다시 필요하다고 생각되면 그 장소에 오래 머무르게 된다.

4. 혼합형 배치

위에서 설명한 세 가지 기본적인 배치형태는 각각 장단점을 가지고 있으므로 어느 한 가지의 배치형태가 특정한 경우의 모든 요구를 정확하게 충족시킬 수 없다. 따라서 기본적인 배치형태를 혼합하여 사용하는 혼합형 배치(hybrid layout)형태가 일반적이다. 예컨대 수퍼마켓에서는 본질적으로 프로세스별 배

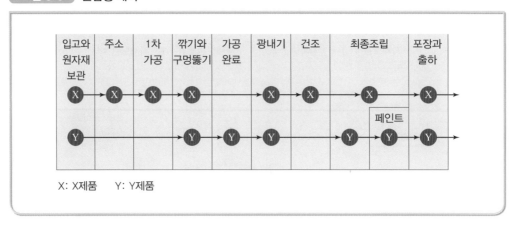

그림 8-5 혼합형 배치

입고와 원자재 보관	주소	1차 가공	깎기와 구멍뚫기	가공 완료	광내기	건조	최종조립	포장과 출하

X: X제품　　Y: Y제품

치형태를 취하지만 재고품 저장소와 계산대에서는 컨베이어를 사용하는 경우가 많다. 병원 또한 프로세스별 배열을 사용하고 있으나 입원환자의 치료를 위해서는 의사, 간호사, 약품 및 특수설비가 환자에 모여드는 위치고정형 방법을 사용하게 된다.

많은 제조업에서도 시설을 프로세스별 배치와 제품별 배치를 혼합하여 사용한다. 예를 들면 한 층은 프로세스별로 배치하고 다른 층은 제품별로 배치한다. 또한 전 프로세스를 제품별 배치(건조, 부품조립, 최종조립)로 배열한 후 건조부(fabrication)에서는 프로세스별 배치형태를 취하고 조립부에서는 제품별 배치형태를 취하는 경우도 있다. [그림 8-5]는 혼합형 배치형태의 한 예이다.

8.3 혼합형 배치

혼합형 배치는 제품별 배치와 프로세스별 배치의 좋은 측면을 결합하는 형태이다. 여기에는 셀루라 배치, 유연생산시스템, 혼합모델 조립라인이 속한다.

1. 그룹 테크놀로지

제품별 배치를 사용하는 대량생산형태에서는 제품의 질적 균등성을 유지하면서 시장성 있는 제품을 단종으로 대량생산하며 그로 인해 적절한 기계와 공구가 설계되고 표준화될 수 있지만, 프로세스별 배치를 사용하는 다품종 소량생산형태에서는 운영관리의 성격상 많은 문제점을 내포하고 있다.

- 생산해야 할 제품의 종류가 많고 생산량과 납기가 다양하다는 점이다.
- 소재로부터 제품까지의 변환과정이 복잡하고 생산 프로세스가 개개의 제품에 따라 다르다.
- 다양한 제품에 대한 수요의 동적 특성 때문에 설비의 과부족이 생기기 쉽다.
- 주문품의 규격변경에 기인하는 프로세스 계획이나 복잡한 재료흐름 때문에 스케줄링이 어렵고 정확한 정보의 부족으로 작업견적을 세우기가 어렵다.

스케줄링이 제대로 수립되지 않으면 납기가 지연되고 생산준비시간과 대기시간이 증가하여 기계설비의 가동률이 떨어지고 재공품 재고가 쌓이는 현상이 초래된다.

그러므로 다품종 소량생산은 이러한 모든 요인들로 인하여 제품 표준화에 의한 대량생산에 비하여 비효율적이며 비경제적이다. 여기서 제품별 배치의 장점을 프로세스별 배치에 가미하여 다품종을 소량생산하면서 자재의 운반, 대기시간을 줄이는 등 효율성을 높이려는 그룹 테크놀로지 개념이 등장하였다.

그룹 테크놀로지(group technology: GT)의 문제는 다음 세 가지로 크게 나누어 볼 수 있다.

- 부품분류 코드 시스템을 개발해야 하는 문제
- 제조 셀(cell)을 형성하기 위해 부품을 부품군(part family)으로 그룹핑하는 문제
- 형성된 제조 셀을 물리적으로 배치하는 문제

그룹 테크놀로지란 소량의 주문생산시스템의 프로세스별 배치에서 다양한 부품들을 형상, 치수, 재질, 가공순서, 사용설비 등의 동질성이나 유사성에 따라 그룹핑하여 부품군으로 나누고 각 그룹별로 필요한 기계설비를 배치함으로써 생산준비시간, 작업장간 운반거리, 대기시간 등을 줄여 생산성을 높이고자 하는 기법이다. [그림 8-6]은 그룹핑하지 않은 부품과 그룹핑한 부품군을 보여 주고 있다. 이렇게 형성된 각 부품군만을 전문적으로 생산하는 제조 셀을 설치함으로써 다품종 소량생산에서 로트(lot)의 크기를 대량화하고 프로세스

그림 8-6   부품군의 예

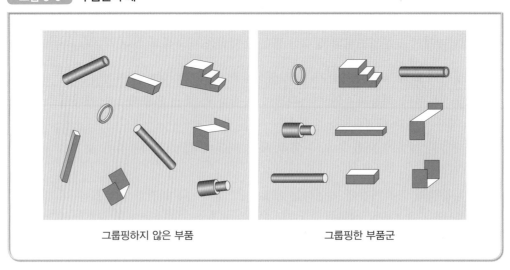

| 그룹핑하지 않은 부품 | 그룹핑한 부품군 |

설계를 합리화하며, 각 그룹 내에서 기기와 공구를 공동사용하고 준비시간, 프로세스간 운반거리, 가공대기시간을 감소시키며, 그룹 내에서의 반복작업에 따라 작업자의 숙련도를 높일 수 있어 다품종 소량생산시스템에서도 표준품 소품종 대량생산시스템의 제품별 배치에서 얻을 수 있는 생산성 향상, 원가절감, 품질향상, 직무만족 등을 실현시킬 수 있는 것이다.

2. 셀루라 배치

셀루라 배치(cellular layout)는 프로세스별 배치의 유연성을 유지하면서 동시에 소수의 제품을 대량생산할 때 이용하는 제품별 배치의 효율성을 결합하는 혼합형 배치형태이다. 그룹 테크놀로지의 개념에 입각하여 [그림 8-6]과 같은 동일한 형상(shape)의 부품군을 가공하는 셀(cell)이라고 부르는 작업장에 동일하지 않은 기계들을 그룹화하여 배치한다([그림 8-7] 참조).

제조 셀(manufacturing cell)이란 하나의 셀에 다수의 유사 부품이나 부품군의 생산에 필요한 상이한 기계들을 가공순서에 따라 배치하는 것을 말한다. 예컨대 [그림 8-7]에서 셀 D에는 밀링(M), 그라인딩(G), 드릴링(D), 호빙(H) 기계가 순서대로 배치되어 있다. 다시 말하면 제조 셀은 유사한 설계나 가공특성을 갖는 부품군을 형성하기 위하여 GT를 이용한다.

셀루라 배치는 다음과 같이 네 단계를 거쳐 진행된다.

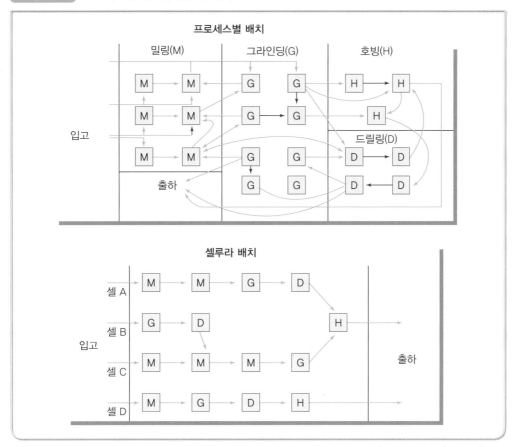

그림 8-7 프로세스별 배치와 셀루라 배치

자료 : L. Krajewski, L. Ritzman & M. Malhotra, *Operations Management*, 10th ed.(Pearson, 2013), p. 306.

- 동일한 흐름경로를 갖는 부품군을 규명한다.
- 각 부품군의 가공조건에 따라 프로세스별로 배치된 기계들을 제조 셀로 다시 그룹화한다.
- 자재이동이 최소화되도록 제조 셀을 조정한다.
- 큰 기계들은 이들을 사용하는 셀에 가깝게 위치시킨다.

제조 셀 내에서는 한 사람 또는 소수의 작업자가 최초 프로세스에서 최종 프로세스까지를 담당하여 완제품을 만들어 낸다. 따라서 전통적인 컨베이어 라인에 의한 대량생산방식과는 전혀 다른 생산방식이다. 제조 셀을 이용하면 자재취급비용은 감소하는 반면 기계 이용률은 증가하고 생산 리드타임은 단축 하는 효과를 가져온다.

표 8-1	셀루라 배치의 혜택		
내용	프로세스별	셀루라
---	---	---
부서 사이의 이동 수	많다	적다
왕래 거리	길다	짧다
왕래 경로	다양하다	고정되다
작업 대기시간	길다	짧다
1단위 생산시간	길다	짧다
가공처리되는 작업의 양	많다	적다
감독의 어려움	높다	낮다
일정계획의 복잡성	높다	낮다
장비 이용률	낮다	높다

[표 8-1]은 프로세스별 배치와 비교한 셀루라 배치의 혜택을 나열한 표이다.

3. 유연생산시스템

유연생산시스템(flexible manufacturing system: FMS)은 이미 제6장에서 설명한 바와 같이 셀루라 제조(cellular manufacturing)보다 더욱 완전히 자동화된 배치형태이다. 이는 단속 프로세스의 유연성(flexibility)과 반복 프로세스의 효율(efficiency)을 혼합한 결과이다. FMS는 [그림 8-8]에서 보는 바와 같이 컴퓨터로 통제하는 기계군, 로봇, 이동·짐싣기·짐부리기용 자동화 자재취급기기, 컴퓨터 통제센터로 구성된다. 부품이 한 기계에서 다른 기계로 이동하는 것과 각 기계에서의 작업시작을 컴퓨터가 통제한다. 이러한 시스템은 고가여서 널리 보급되어 있지 않지만 작업자의 개입이 적기 때문에 조그만 배취(batch) 크기를 좀 더 유연하게 생산하는 제품별 배치의 이점을 살릴 수 있다.

FMS는 부품군을 형성하기 위하여 GT를 이용한다는 점에서 제조 셀과 같은 성격을 갖는다. 또한 FMS는 제조 셀과 같이 저가 다품종 소량생산에 알맞다는 점에서 유사성을 갖는다. 그러나 FMS는 제조 셀보다 더 많은 자동화, 로봇, 컴퓨터 통제에 의존하고 기계를 운전할 작업자 없이도 작동할 수 있는 차이점을 갖는다.

그림 8-8 유연생산시스템

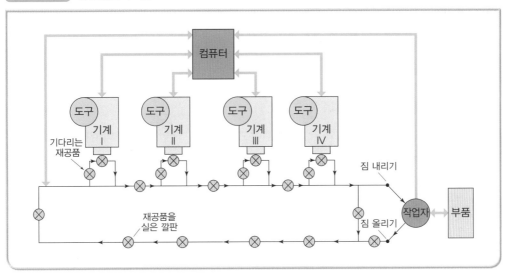

8.4 프로세스별 배치의 설계

1. 개념

프로세스별 배치의 설계에서 기본적 결정은 작업장 또는 부서의 접근 필요성에 입각한 상대적 위치에 관한 것이다. 배치결정의 기준은 일반적으로 공장에서 자재취급비용(materials handling cost), 운반거리의 최소화 또는 서비스업에서 종업원 또는 고객의 이동시간(traveling time)의 최소화이다.

의사결정기준에는 계량적 기준으로서의 운반량–거리 모델(load-distance model)이 있다.

2. 운반비용 모델

작업장 사이에 흐르는 자재의 취급(운반)비용을 최소로 하는 배치의 결정은 다음 공식을 사용한다.

$$총비용 = \sum_{i=1}^{n} \sum_{j=1}^{n} L_{ij} C_{ij} D_{ij}$$

L_{ij} = 일정 기간 동안 작업장 i와 작업장 j 사이의 운반횟수(또는 운반량)

C_{ij} = 작업장 i에서 작업장 j 사이 1회 운반의 단위거리당 운반비용(또는 시간)

D_{ij} = 작업장 i에서 작업장 j까지의 거리

n = 작업장의 수

위의 식에서 L_{ij}와 C_{ij}는 상수이고, D_{ij}만이 작업장 i와 j의 위치에 의존하는 변수이다. 따라서 총비용을 최소로 하기 위해서는 총운반거리(D_{ij})를 최소로 하는 배열을 찾아야 한다. 따라서 운반횟수가 잦은 부서들은 서로 인접하여 배열하도록 해야 한다. 만일 한 운반량(load)을 한 거리단위 이동하는 데 소요되는 비용이 일정하다고(비용은 작업장 사이 거리의 선형함수라고) 가정하면 위 공식은 '운반량 – 거리 값 $= \sum_{i=1}^{n} \sum_{j=1}^{n} L_{ij} D_{ij}$의 운반량 – 거리 모델'이 된다.

이 문제를 예시하기 위하여 [그림 8-9]와 같이 크기가 같은 다섯 개의 부서가 배열되어 있다고 하자.

이 문제의 첫째 단계는 각 작업장간 운반횟수(L_{ij})에 관한 자료를 수집하는 것이다. 부서 i와 부서 j 사이의 주당 왕복 운반횟수를 나타내는 [표 8-2]가 주어졌다고 하자.[1]

둘째 단계는 각 작업장 사이의 거리를 결정하는 것이다. 이러한 거리는 어떻게 작업장을 배열하느냐에 따라 다른데 [그림 8-9]는 최초의 배열이다. 이 최초의 배열에 따라 각 작업장 간의 거리를 측정할 수 있는데 이 모델에서 부서 사이의 거리는 계산의 단순화를 위하여 제7장에서 사용한 직선거리(rectilinear distance)를 적용하고자 한다. 직선거리란 작업장 사이의 길이 좌표상에서 수평

그림 8-9 현행 배치

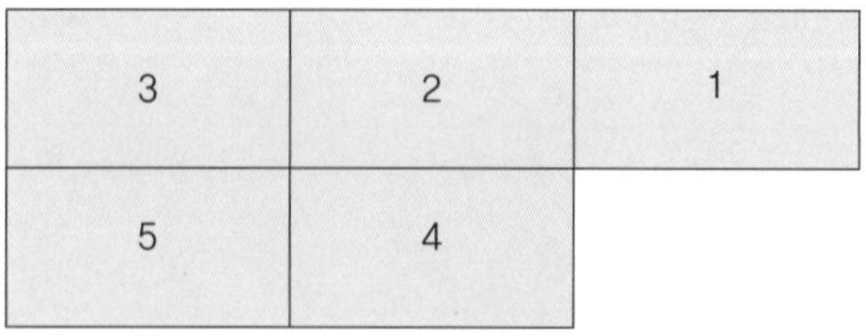

---

1 운반횟수를 편의상 왕복으로 계산한다. 물론 작업장 i와 작업장 j 사이의 운반횟수를 작업장 j와 작업장 i 사이의 운반횟수와 별도로 작성할 수도 있다.

부서	1	2	3	4	5
1		100	200	100	400
2			200	500	300
3				100	100
4					200
5					

부서	1	2	3	4	5
1		1	2	2	3
2			1	1	2
3				2	1
4					1
5					

또는 수직으로만 놓여 있다고 가정하여 동－서, 남－북의 이동을 수행하는 두 부서 사이의 최단거리를 말한다.

그런데 배열된 각 부서는 크기가 같은 하나의 블럭(block)이라고 할 수 있기 때문에 수평 또는 수직으로 인접하여 배치된 두 부서 사이의 거리는 1블럭 단위라고 할 수 있다. 예를 들면 [그림 8-9]에서 부서 3과 2, 부서 2와 4는 1블럭 단위이고 부서 1과 5는 3블럭 단위이다. 이와 같은 방식으로 각 부서 사이의 거리를 계산한 결과가 [표 8-3]이다.

지금까지 최초의 배치에 대한 운반횟수표(L_{ij}) 및 거리표(D_{ij}) 등이 결정되었는데 이제 이들 표를 이용하여 각 부서 사이의 운반량－거리 값(load-distance value)을 계산할 수 있다. [표 8-4]에서 각 칸은 L_{ij}와 D_{ij}를 곱하여 얻은 것이다. 예컨대 작업장 1에서 작업장 2까지의 주간 운반량－거리 값은 100(1)＝100이다. 같은 방식으로 계산할 때 작업장 1에서 작업장 3까지의 값은 200(2)＝400이 된다. [표 8-4]의 모든 칸에 대하여 이와 같이 계산한 후 이들을 모두 합하면 주간 총운반량－거리 값은 3,700이 된다. 이렇게 함으로써 [그림 8-9]의 최초의 배열에 대한 평가는 완료된 것이다.

최초의 특정 배열에 대한 총운반량－거리 값을 계산한 후에는 총운반량－거

표 8-4 부서 사이의 운반량 – 거리 값

부서	1	2	3	4	5
1		100	400	200	1,200
2			200	500	600
3				200	100
4					200
5					

리 값을 감축할 수 있는 개선된 재배치를 고려할 수 있다. 이는 작업장들을 서로 교체함으로써 가능한 모든 D_{ij}의 배열조합(5! = 120)에 대하여 총운반량 – 거리 값을 계산함으로써 가능하다. 이때 고려할 수 있는 기준은 운반량 – 거리 값의 최소화이다. [표 8-2]와 [표 8-3]에서 부서 1과 5 사이의 주당 운반량 – 거리 값은 1,200으로 가장 많다. 따라서 부서 1과 5를 우선 인접시키도록 하자.

[그림 8-10]은 새로운 부서배치이다. [표 8-3]은 아무런 변화가 없지만 [표 8-3]은 [표 8-5]와 같이 새로 계산해야 한다.

부서 교체에 따른 새로운 배치의 주당 총운반량 – 거리 값은 [표 8-6]과 같다. 부서의 교체에 따른 주당 총운반량 – 거리 값은 3,100으로 부서를 교체함으로써 3,700 − 3,100 = 600을 절약할 수 있게 되었다.

그림 8-10 새로운 배치

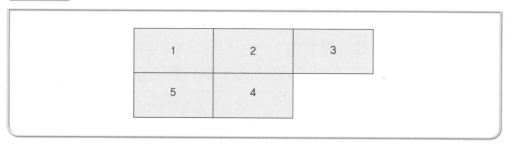

표 8-5 새로운 각 부서 사이의 거리(D_{ij})

부서	1	2	3	4	5
1		1	2	2	1
2			1	1	2
3				2	3
4					1
5					

표 8-6 새로운 배치의 주당 총운반량 – 거리 값

부서	1	2	3	4	5
1		100	400	200	400
2			200	500	600
3				200	300
4					200
5					

8.5 제품별 배치의 설계 : 조립라인 균형

1. 조립라인 균형의 의의와 목적

제품별 배치에서는 라인 프로세스에서 작업하는 순서가 제품설계에 의하여 고정되어 있으므로 제품은 한 작업장에서 다음 작업장으로 흐르는 라인을 따라 순차적으로 만들어진다. 따라서 조립라인의 설계에서 풀어야 할 문제는 특정 제품의 생산량을 가장 효율적으로 생산하기 위해서는 작업장의 수는 얼마로 해야 하며 각 작업장에서 수행하는 과업들은 무엇인가를 결정하는 것이다.

제품별 배치의 장점은 필요한 작업을 더 이상 나눌 수 없는 일련의 요소과업(elemental task)으로 분할하여 미숙련노동자 또는 전문기계에 의하여 빨리, 그리고 반복적으로 수행할 수 있게 하는 것이다. 일반적으로 조립라인에서 작업장들은 제품의 작업순서에 따라 결정되는데 이동 컨베이어(moving conveyer)가 일정한 시간간격마다 앞으로 이동하여 작업장 사이를 연결해 준다. 그리고 이 일정한 시간간격 동안 모든 작업장은 주어진 과업들을 수행하게 된다.

조립라인 균형(assembly line balancing)이란 제품별 배치에 있어서 각 작업장에서 수행할 작업시간이 균형을 이루어 일정한 시간간격에 알맞도록 과업을 각 작업장에 할당하는 과정이다. 이는 각 작업장 사이의 생산능력의 균형화를 위해서 각 작업장에서 수행하는 작업범위를 어떻게 결정해야 하는가의 문제이다. 제품생산에 요구되는 과업을 조립순서에 따라 일련의 작업장에 배정함에 있어서 모든 작업장들이 일정률로 작업하도록 라인을 균형화시킨다.

라인균형의 목적은 작업장의 수를 최소로 하고 각 작업장에 할당된 과업의 수가 조정되어 각 작업장에서 그 과업들을 수행하는 데 거의 동일한 시간이 소요됨으로써 제품이 생산라인을 원활하게 흐르고 모든 작업장에서의 기계 및 작업자의 유휴시간을 최소로 하려는 것이다. 이런 일정한 시간간격을 주기시간(cycle time)[2]이라고 하는데 각 작업장에 주기시간에 거의 가까운 시간이 소요되도록 과업들을 할당하는 것이다.

완전한 균형은 각 작업장에서 수행하는 작업시간이 주기시간과 동일할 때 가능한데, 이렇게 되면 각 작업장에 유휴시간이 존재하지 않으므로 작업자와 설비의 효율성이 높게 된다. 그러나 실제로는 다른 작업장에 비하여 작업시간이 긴 애로작업장(bottleneck operation)이 존재하므로 완전한 균형을 기대하기 어렵다. 문제를 더욱 복잡하게 하는 것은 제품설계와 프로세스 기술에 의하여 결정되는 과업의 순서를 나타내는 기술적 선행관계(precedence relationship)를 절대적으로 지켜야 한다는 것이다.

2. 조립라인 균형의 절차

하루에 8시간씩 작업하면서 매일 40개의 HDTV를 생산하는 조립라인에서 작업장의 수와 각 작업장에서 처리해야 하는 과업들을 결정하는 조립라인 균형문제를 절차에 따라서 설명하기로 하자.

HDTV의 생산에 요구되는 과업(task)들의 시간과 각 과업의 직전 선행과업(immediate predecessor)은 [표 8-7]에서 보는 바와 같다.

첫째, 과업 간의 연속적인 선행관계를 나타내는 선행도표(precedence diagram)를 작성한다.

선행도표는 원(○)과 화살표(→)로 구성되어 있는데 원은 개별 과업을, 그리고 화살표는 과업수행의 순서를 나타낸다. 이와 같이 선행도표는 원 또는 마디(node)로 나타내는 과업과, 마디들을 연결하는 화살표로 나타내는 선행관계로 구성되는 네트워크(network)이다. [그림 8-11]은 HDTV 네트워크이다.

둘째, 다음 공식을 사용하여 주기시간(cycle time: C)을 결정한다.

$$주기시간 = \frac{가능한\ 작업시간}{원하는\ 생산량}$$

---

2 주기시간은 조립라인의 마지막 작업장에서 완성된 제품이 연속적으로 생산되어 나오는 시간간격이라고 할 수 있다.

표 8-7 HDTV의 조립시간 및 선행관계

과업	과업시간(분)	직전 선행과업
A	11	—
B	11	A
C	5	B
D	4	B
E	12	A
F	3	C, D
G	8	F
H	11	E
I	3	G, H
총과업시간	68	

그림 8-11 HDTV의 선행도표

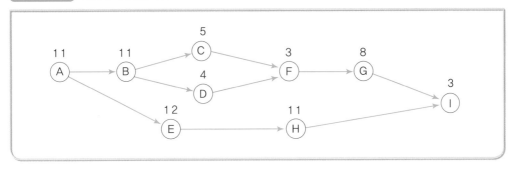

주기시간이란 제품이 각 작업장에서 머무르는 최장시간인데, 조립라인으로부터 떨어져 나오는 두 완제품 사이의 시간간격을 말한다.

하루 8시간 작업하여 40개의 HDTV를 생산한다면 주기시간은 다음과 같다.

$$C = \frac{8 \times 60분}{40} = 12(분/개)$$

매 12분마다 1개씩 HDTV를 조립한다.

셋째, 다음 공식을 이용하여 이론적 최소 작업장 수(N_t)를 결정한다.

$$N_t = \frac{\sum_{i=1}^{n} t_i}{C} = \frac{총과업시간}{주기시간}$$

작업장의 수는 원하는 생산율과 각 작업장에서 처리할 과업들을 할당할 능력의 함수이다. 각 작업장에서 처리하는 총과업시간이 주기시간과 동일하면 완전균형(perfect balance)이 이루어진다. 그러나 각 작업장에서 소요되는 과업시간이 똑같을 수가 없으며 또한 직전 선행관계를 꼭 지켜야 하기 때문에 완전균형은 실제로 불가능하다. 이러함에도 불구하고 완전균형이나 100% 효율을 전제하고 작업장의 수를 가능한 한 적게 유지하려고 한다.

N_t가 소수점 이하의 값을 가지면 이를 가까운 큰 숫자에 절상한다. 그러나 실제 작업장 수(N_a)는 각 작업장에 과업들을 그룹화할 수 있는가에 따라 절상된 작업장 수 이상이 될 수 있다.

HDTV 문제에서 최소 작업장 수는 다음과 같다.

$$N_t = \frac{총과업시간}{주기시간} = \frac{68}{12} = 5.67 \fallingdotseq 6$$

따라서 실제 작업장 수는 6 이상이다.

넷째, 과업을 작업장에 할당하는 규칙을 선정하고 이에 따라 할당한다.

본서에서는 널리 사용되는 탐색법 중에서 순위가중배열법을 이용하기로 한다. 이는 다음의 단계를 거친다.

- 자신의 과업시간과 그의 모든 후속과업의 시간을 합하여 순위가중치를 구한다. 예를 들어 과업 A와 과업 D의 순위가중치는 [그림 8-11]로부터 다음과 같이 구한다.

  과업 A : 11＋11＋5＋4＋12＋3＋8＋11＋3＝68

  과업 D : 4＋3＋8＋3＝18

- 순위가중치의 내림차순으로 과업들을 재배열한다. 이는 [표 8-8]의 '순

표 8-8 순위가중치 및 그의 순서

과업	과업시간	순위가중치	순위가중치 순서	과업	과업시간	작업장
A	11	68	68	A	11	I
B	11	34	34	B	11	II
C	5	19	26	E	12	IV
D	4	18	19	C	5	IV
E	12	26	18	D	4	III
F	3	14	14	F	3	IV
G	8	11	14	H	11	VI
H	11	14	11	G	8	V
I	3	3	3	I	3	VI

위가중치순서' 열과 같다.

- 가장 높은 순위가중치를 갖는 과업부터 시작하여 차례로 과업을 작업장에 할당한다.

과업을 작업장에 할당할 때 과업의 선행관계를 고려하면서 동시에 과업시간의 합이 주기시간을 넘치지 않도록 주의해야 한다.

HDTV 문제에서 작업장 I에는 과업 A만 할당한다. 왜냐하면 선행도표를 볼 때 과업 B와 과업 E도 작업장 I에 할당할 자격을 갖지만 과업 B 또는 과업 E를 작업장 I에 추가하면 과업시간의 합이 주기시간 12분을 넘치기 때문이다.

작업장 Ⅱ에는 과업 B만 할당한다. 선행도표를 볼 때 과업 E, C, D도 작업장 Ⅱ에 할당할 자격을 갖지만 할당하면 주기시간을 넘치기 때문이다. 이와 같은 방식으로 작업장 Ⅲ에는 과업 E만 할당한다. 작업장 Ⅳ에는 과업 C, 과업 D, 과업 F를 할당할 수 있다. 이는 선행관계에도 문제가 없고 과업시간 5＋4＋3＝12분이 주기시간 12분을 초과하지 않기 때문이다.

작업장 Ⅴ에는 과업 H를 할당하고 작업장 Ⅵ에는 과업 G와 과업 I를 할당한다. 이의 결과가 [그림 8-12]에 정리되어 있다.

다섯째, 다음의 공식을 이용하여 조립라인의 실제 효율(efficiency)을 평가한다.

$$효율 = \frac{총과업시간}{실제\ 작업장\ 수(N_a) \times 주기시간(C)}$$

HDTV 문제에서 효율은 다음과 같다.

그림 8-12 과업의 작업장 할당결과

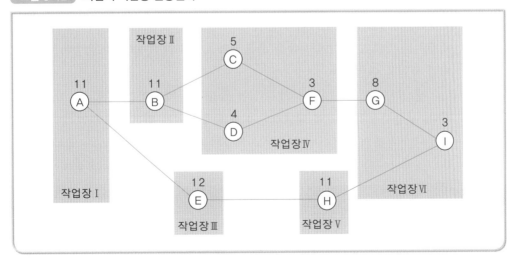

$$효율 = \frac{68}{6 \times 12} = 94.45(\%)$$

따라서 하루 작업시간 8시간 중 94.45%는 실제로 작업에 투입되었고 나머지 5.55%는 유휴시간임을 알 수 있다.

각 작업장별 주기시간당 유휴시간은 다음과 같다.

작업장	할당된 과업	과업시간	유휴시간
I	A	11	12−11=1
II	B	11	12−11=1
III	E	12	12−12=0
IV	C, D, F	5+4+3=12	12−12=0
V	H	11	12−11=1
VI	G, I	8+3=11	12−11=1
			4

여섯째, 만일 조립라인의 효율이 만족스럽지 않으면 다른 규칙을 사용하여 재균형을 시도해야 한다.

8.6 공급사슬 협력

자재는 생산시설 내·외에서 원활히 흘러야 한다. 공급사슬을 이루는 모든 파트너들은 최초의 공급업자로부터 최종소비자에 이르기까지 원자재, 부품, 구성품, 완제품 등이 원활하고 효율적으로 흐르도록 서로 연결되어야 한다. 설비배치는 파트너 사이에 제품을 효율적으로 입고하고 출하 및 운송하는 데 중요한 역할을 수행한다.

생산라인에 바로 이동시키기 위한 효율적인 배송의 설비배치는 아주 중요하다. 생산시설의 배치와 생산라인의 형태에 알맞게 입고와 출하의 독(dock)을 위치시켜 제품의 흐름이 생산시설과 독 사이에서 원활히 흐르도록 해야 한다.

소매점에의 제품배송도 판매량을 제고시키는 방향으로 이루어져야 한다. 예를 들면 바로 진열할 수 있는 깔판에 제품을 배송함으로써 짐을 내리고 선반에 다시 진열하는 작업을 생략할 수 있다.

1. 현대적 시설배치의 특징을 설명하라.

2. 프로세스의 형태를 설명하라.

3. 프로세스의 배치형태를 설명하라.

4. 조립라인 균형의 의의와 목적을 설명하라.

5. 그룹 테크놀로지, 제조 셀, 유연생산시스템의 개념 및 그들의 관계를 설명하라.

6. 시설의 배치에 있어서 공급사슬 파트너의 협력이 필요한 이유는 무엇인가?

7. 테니스 라켓을 생산하는 종로산업(주)은 XL-300모델의 조립라인을 계획하고 있다. 아래와 같이 여섯 개의 작업장에 여덟 개의 과업이 할당되어 있다. 하루의 작업시간이 8시간이라고 가정할 때 아래 물음에 답하라.

작업장	과업	시간(초)	작업장	과업	시간(초)
1	A	12		E	12
	B	9	4	F	18
2	C	24	5	G	15
3	D	12	6	H	18

① 생산 주기시간은 얼마인가?
② 테니스 라켓의 매일 생산량은 얼마인가?
③ 조립라인의 효율은 얼마인가?
④ 각 작업장의 매일 유휴시간은 얼마인가?
⑤ 조립라인의 매일 유휴시간은 얼마인가?

8. 조립라인을 통하여 생산되는 제품 X에 대한 정보가 다음과 같을 때 물음에 답하라. 단, 하루의 생산량은 15개이며 하루의 작업시간은 420분이라고 한다.

과업	시간(분)	직전 선행관계	과업	시간(분)	직전 선행관계
A	25	–	F	22	D, E
B	15	A	G	10	F

C	20	A		H	8	F
D	15	B, C		I	5	G, H
E	12	A				

① 선행관계도표를 작성하라.

② 생산주기시간을 계산하라.

③ 이론적 최소 작업장 수를 계산하라.

④ 순위가중배열법을 사용하여 과업을 작업장에 할당하라.

⑤ 조립라인의 효율을 계산하라.

9. 17개의 과업으로 구성되는 조립라인을 균형화하려고 한다. 가장 긴 과업은 2.4분이고, 모든 과업을 수행하는 데 소요되는 시간은 18분이다. 하루의 작업시간은 450분이다.

① 최소 및 최대 주기시간을 결정하라.

② 이론적으로 가능한 하루의 생산량 범위를 결정하라.

③ 최대생산량을 추구한다면 필요한 최소 작업장 수는 얼마인가?

④ 하루의 생산량이 125단위라면 생산주기시간은 얼마인가?

10. 하루 8시간 작업하면서 60개의 생산량을 달성하고자 한다. 과업에 관한 정보가 다음과 같을 때 생산라인을 균형화하기 위한 질문에 답하라.

과업	시간(분)	직전 선행관계	과업	시간(분)	직전 선행관계
A	5	–	E	6	C
B	3	A	F	1	C
C	4	B	G	4	D, E, F
D	3	B	H	2	G

① 선행관계도표를 작성하라.

② 주기시간을 결정하라.

③ 필요한 최소 작업장 수를 결정하라.

④ 순위가중배열법을 사용하여 과업을 할당하라.

⑤ 조립라인의 효율을 계산하라.

11. 시간당 30개의 제품을 생산하는 조립라인을 균형화하고자 한다. 과업, 과업시간, 선행관계가 다음 표와 같다.

과업	과업시간	직전 선행과업
A	25	–
B	30	A

C	15	A
D	30	A
E	40	C, D
F	20	D
G	10	B
H	15	G
I	35	E, F, H
J	25	I
K	25	J
	270	

① 선행관계도표를 작성하라.

② 주기시간을 계산하라.

③ 필요한 최소 작업장 수를 계산하라.

④ 순위가중배열법을 사용하여 과업을 할당하라.

⑤ 실제 작업장 수는 얼마인가?

⑥ 조립라인의 효율을 계산하라.

12. 다음과 같이 배열된 여섯 개 부서 사이의 주간 운반량 수가 다음 표와 같다. 부서 사이의 운반량은 지게차를 이용하는데 인접된 부서 사이의 운반비용은 1원, 인접되지 않은 부서 사이의 비용은 2원이라고 가정한다.

1	2	3
4	5	6

	1	2	3	4	5	6
1	—	50	100	0	0	20
2		—	30	50	10	0
3			—	20	0	100
4				—	50	0
5					—	0
6						—

① 최초의 배치계획에 대한 총운반비용을 계산하라.

② 운반량의 수가 많은 부서부터 인접시키려고 한다. 새로운 배치계획에 대해 총운반비용을 계산하라.

13. 다음과 같이 배치된 여섯 개 부서 사이에 1주일 동안 이동하는 고객의 수는 아래 표와 같이 예상된다.

	A	B	C
	D	E	F

	A	B	C	D	E	F
A	−	80	0	0	0	60
B	0	−	0	0	110	0
C	0	80	−	0	0	0
D	0	0	90	−	0	0
E	50	0	0	0	−	40
F	0	70	0	0	110	−

① 각 부서 사이에서 오고 간 고객의 수를 구하라.

② 인접하지 않은 부서 사이에서 오고 간 고객의 수를 구하라.

③ 위 ②에서 구한 고객의 수를 최소화하는 새로운 배치계획을 구하라.

14. 여섯 개의 과업으로 제품을 생산하는 조립라인을 균형화하고자 한다. 과업, 선행관계, 소요시간이 다음 표와 같다.

과업	직전 선행관계	소요시간(분)
A	−	0.15
B	A	0.43
C	A	0.45
D	A	0.17
E	C, D	0.60
F	B, E	0.50

① 선행도표를 그려라.

② 하루 8시간, 1주일 5일간 작업하면서 4,000개를 생산한다. 주기시간을 구하라.

③ 이론적 작업장 수와 실제 작업장 수를 구하라.

④ 순위가중배열법을 사용하여 과업을 작업장에 할당하라.

⑤ 조립라인의 효율을 구하라.

15. 시간당 33개씩 생산하는 조립라인에서 과업을 작업장에 효율적으로 할당하고자 한다.

과업	직전 선행관계	소요시간(분)
A	−	1.4
B	A	0.5
C	B	0.6
D	B	0.7
E	B	0.8
F	C	0.5
G	D, E	1.0
H	F, G	0.5

① 선행관계도표를 그려라.

② 시간당 60분 작업할 때의 주기시간을 구하라.

③ 필요한 최소 작업장 수를 결정하라.

④ 순위가중배열법에 따라 과업을 작업장에 할당하라.

⑤ 조립라인의 효율을 구하라.

16. 시간당 50개를 생산하는 조립라인에서 과업을 작업장에 효율적으로 할당하고자 한다.

과업	직전 선행관계	과업시간(초)
A	—	26
B	A	60
C	B	36
D	B	46
E	B	10
F	C, D, E	52
G	F	20
		250

① 선행도표를 그려라.

② 원하는 생산율을 달성하기 위한 주기시간을 구하라.

③ 이론적 최소 작업장 수를 구하라.

④ 과업을 각 작업장에 할당하라.

⑤ 조립라인의 효율을 구하라.

17. 종로철공소에서는 부서를 재설계하려고 한다. 현행 배열과 부서간 왕복횟수는 다음과 같다.

A	B	C
D	E	F

부서	부서간 왕복횟수					
	A	B	C	D	E	F
A	—	12	17	—	—	50
B		—	—	25	15	25
C			—	45	—	12
D				—	—	20
E					—	—
F						—

① 현행 배열의 운반량-거리 값을 구하라.

② 부서간 왕복횟수가 많은 부서 A와 F, 부서 C와 D 등을 인접시키는 새로운 배열의

운반량 – 거리 값을 구하라.

18. 남산(주)는 새로운 조립라인을 설계하려고 한다. 라인에서는 시간당 50단위씩 생산가능하다. 다음과 같이 표가 주어졌다.

과업	직전 선행과업	과업시간(초)
A	–	55
B	A	30
C	A	22
D	B	35
E	B, C	50
F	C	15
G	F	5
H	G	10

① 애로과업은 무엇인가?
② 주기시간을 구하라.
③ 단위당 72초의 주기시간을 이용하여 과업들을 작업장에 할당하라.
④ 이론적 작업장 수를 계산하라.
⑤ 라인의 효율과 유휴시간(%)을 계산하라.

19. 시간당 50패키지를 생산할 조립라인을 설계하려고 한다.

과업	직전 선행과업	과업시간(초)
A	–	25
B	A	60
C	B	35
D	B	45
E	B	10
F	C, D, E	50

① 선행도표를 그려라.
② 주기시간을 구하라.
③ 이론적 최소 작업장 수는 얼마인가?
④ 과업들을 각 작업장에 할당하라.
⑤ 효율과 유휴시간(%)을 구하라.

제 **5** 편

생산 · 운영시스템의 관리

제 9 장

공급사슬관리

1970년대에는 품질경영이 기업의 주된 전략적 관심이었고 1980년대에는 제13장에서 설명할 린 생산시스템을 글로벌 시장에서 경쟁우위를 확보할 수단으로 여겨 왔다.

그러나 현대에는 글로벌화와 정보기술의 발달로 공급사슬관리가 품질과 재고를 관리하고 고객을 만족시키고 조직 경쟁력을 유지할 새로운 생산 패러다임으로 각광받고 있다.

기업은 원자재와 부품 등을 구매하여 제품이나 서비스를 생산하고 이를 필요로 하는 고객에게 판매한다. 그런데 원자재의 공급업자로부터 이를 구매하여 만든 제품의 최종소비자에 이르는 과정을 보면 매우 복잡한 경우가 많다. 공급업자, 조립자, 제조자 등을 많이 거친 후에 또 도매상이나 대리점을 거쳐 소매점에서 고객에게 제품을 판매하게 된다. 이러한 과정에서 자재와 정보가 흐르게 되고 재고가 쌓이게 되는 시간이 길어져 고객 서비스가 나빠지는 등 관리부실로 인한 경쟁력 상실을 경험하게 된다.

공급업자들로부터 최종소비자에 이르는 자재와 정보의 흐름을 우리는 관리해야 할 시스템으로 여기는데 이러한 관점을 공급사슬관리라고 부른다.

효율적·효과적으로 공급사슬을 관리하면 불확실성과 위험을 줄임으로써 낮은 재고와 원가, 높은 생산성과 이익, 짧은 리드타임, 대고객 서비스수준의 향상, 수요변동에의 대응능력 향상 등 많은 혜택을 누릴 수 있다.

지금 진행되는 미국과 중국 간의 패권경쟁으로 인한 중국경제의 파탄으로 중국에 있는 우리 수출기업들의 공급사슬이 재편됨에 따라 공급사슬관리에 어려움이 따를 것이다.

본장에서는 공급사슬과 공급사슬관리의 개념과 필요성을 살펴보고 공급사슬 전략 및 Internet과 전자 상거래가 공급사슬에 미치는 영향 등을 공부할 것이다.

9.1 공급사슬의 의의와 구성요소

1. 의의

한 기업이 제품을 생산하기 위해서는 제2차 공급업자, 제1차 공급업자 등을 거치면서 만들어진 원자재, 부품, 구성품 등을 구입하여 완제품을 제조 또는 조립한 후 창고회사, 도매점, 소매점 등 유통업자들을 거쳐 최종소비자들이 이를 구매하게 된다. 이와 같이 여러 공급업체로부터 자재를 구입하여 이를 중간재와 최종재로 변형시키고 이들 완제품을 최종소비자에게 공급하는 데 관련된 모든 활동의 통합을 공급사슬(supply chain)이라고 정의할 수 있다.

즉 공급사슬이란 [그림 9-1]에서 보는 바와 같이 원자재로부터 공급업체, 제조업자, 운송업체, 도매상, 소매상, 최종고객에 이르는 생산 및 공급과정의

그림 9-1 공급사슬의 과정

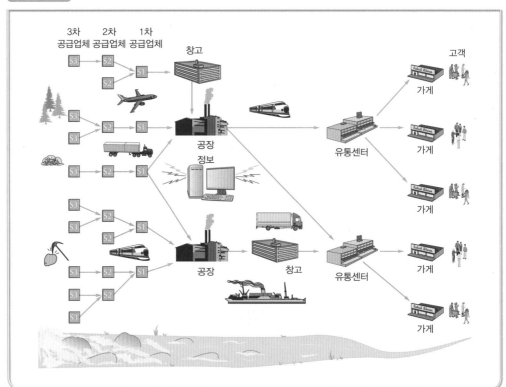

모든 요소를 사슬로 연결하는 것이다. 공급사슬은 개별 기업에서 제품이나 서비스가 사슬을 통해 진행할 때 가치가 부가한다는 가치사슬(value chain)보다 넓은 개념이다.

공급사슬은 제품이나 서비스의 생산 또는 공급과 관련된 모든 시설, 기능, 활동들의 연속을 말한다. 여기서 연속(sequence)이란 맨 처음 원자재의 공급업자로부터 시작하여 최종소비자에 이르는 모든 과정에 연장됨을 의미한다. 시설이란 창고, 공장, 대리점, 소매 아울렛(outlet) 등을 의미한다. 또한 기능과 활동은 수요예측, 구매, 재고관리, 정보관리, 품질보증, 생산 스케줄, 유통, 납품, 고객 서비스 등을 포함한다. 이러한 모든 기능들은 단기적으로는 제품수요에 의해 영향을 받지만 장기적으로는 신제품 및 프로세스, 기술진보, 시장변화에 의하여 영향을 받는다. 공급사슬관리는 이러한 모든 활동들을 조정함으로써 고객에게 저가의 품질 좋은 제품을 제공하게 된다. 성공적인 공급사슬관리는 기업에 경쟁우위를 제공하고 낭비는 줄이며 최종고객에 가치를 최대화하게 된다.

공급사슬에는 기본적으로 세 가지의 흐름이 존재한다. 공급사슬의 시작(최초의 공급업자)으로부터 제조 프로세스를 거쳐 사슬의 끝(최종소비자)을 향한 자재, 제품, 서비스의 이동과 공급사슬의 역방향으로 흐르는 재무의 흐름 및 사슬의 각 부분 사이에서 양방향으로 흐르는 정보의 교환이다. 이는 [그림 9-2]가 보여 주고 있다. 여기서 제조업과 관련된 자재의 흐름이란 원자재, 구

그림 9-2 공급사슬 내 흐름

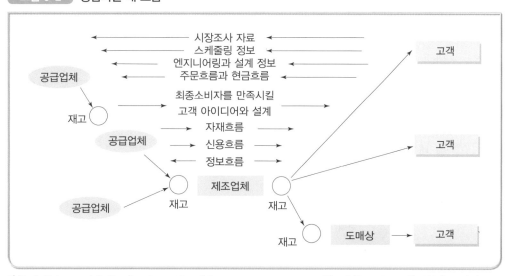

자료: J. Heizer and B. Render, *Principles of Operations Management*, 4th ed.(Prentice Hall, 2001), p. 434.

성품, 조립품, 소모품의 구매, 저장, 이동, 가공을 의미한다.

재무의 흐름 속에는 신용조건, 지불, 위탁판매 등이 포함되고 정보의 흐름 속에는 판매예측 및 판매자료의 공유, 주문발송, 화물의 추적, 주문상태의 갱신 등이 포함된다. 오늘날 정보기술의 발달로 이러한 흐름을 효율적으로 관리할 수 있게 되었다. 정보의 송·수신에 따른 비용의 격감과 통신의 스피드로 말미암아 공급사슬 활동을 조정하고 적시결정의 능력이 크게 향상되었다.

공급사슬관리에 있어서는 공급사슬을 통과하는 자재, 서비스, 돈, 정보의 흐름을 전체 시스템의 관점(total systems approach)에서 관리함으로써 흐름을 효과적, 효율적으로 관리하고 불확실성과 위험을 줄임으로써 재고수준은 낮추고 리드타임과 대고객 서비스수준은 향상시키려고 한다.

모든 기업은 적어도 하나의 공급사슬의 일부분이지만 기업에 따라서는 여러 개의 공급사슬에 속하기도 한다. 공급사슬에 속한 기업의 수와 형태는 공급사슬이 제조업체이냐 또는 서비스업체이냐에 따라 결정된다. 공급사슬에 속하는 모든 기업을 조정하는 것은 저가의 품질 좋은 제품을 적시에 공급하는 데 아주 중요하다. 그러나 사슬에 속한 특정 기업의 운영관리 측면에서 볼 때 사슬의 일부분에만 관심을 갖게 된다. 즉 각 기업은 그의 직전 공급업체(1차 공급업체)로부터 다음 고객(1차 고객)으로 흐르는 자재의 이동과 관련된 모든 기능, 예컨대 구매, 창고, 검사, 자재취급, 생산, 출하 및 배송 등의 관리에 각별한 주의를 기울이게 된다.

공급사슬 구조는 [그림 9-3]에서 보는 바와 같이 한 기업의 여러 분야를 포함하는 내부 공급사슬(internal supply chain) 외에 [그림 9-4]에서 보는 바와 같은 여러 기업의 외부 공급사슬(external supply chain)을 포함한다. 공급사슬의 내적 부분이란 여러 프로세스에서 필요한 자재와 부품을 구매하고 사용하여 제품이나 서비스를 생산하고 통제하는 생산·운영기능 자체를 말하고, 외적 부분이란 외부로부터 자재, 부품, 장비 등 여러 투입물을 공급받는다든지 최종소

 **내부 공급사슬**

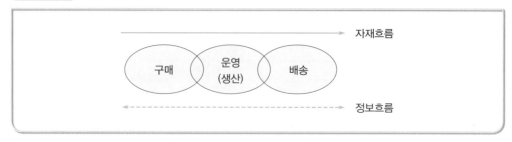

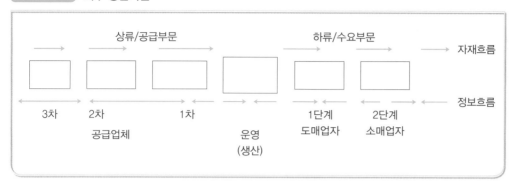

그림 9-4 외부 공급사슬

상류/공급부문　　　　　　　하류/수요부문

자재흐름

정보흐름

3차　　2차　　　　1차　　　　　　　1단계　　2단계
　　　공급업체　　　　　　　운영　　도매업자　소매업자
　　　　　　　　　　　　　　(생산)

비자에게 제품과 서비스 등 산출물을 배송하는 것을 말한다.

공급사슬에 속한 각 기업은 공급부문과 수요부문을 갖는다. 공급부문은 사슬의 맨 앞에서 시작하여 기업의 내부운영(생산)에서 끝난다. 예를 들면 각종 원자재와 부품 등을 공급하는 업체들은 여기에 속한다. 이를 강물의 흐름에 비유한다면 상류(upstream)에 해당한다. 반면 수요부문은 기업의 산출물이 인접 소비자에게 전달하는 지점에서 시작하여 사슬의 맨 끝에 있는 최종소비자에서 끝난다. 이는 사슬의 판매 및 분배부문을 의미한다. 예를 들면 유통업체, 창고, 도매업자, 소매업자, 최종소비자 등은 여기에 속한다. 이는 강의 하류(downstream)에 해당한다.

각 부문의 길이는 공급사슬에서 어떤 특정 기업이 어디에 있느냐에 따라 결정된다. 기업이 최종소비자에 가까우면 그의 수요부문은 짧고 공급부문은 길다고 할 수 있다.

공급사슬관리(supply chain management: SCM)의 목적은 공급사슬에 속한 공급부문과 수요부문을 연결함으로써 전 사슬에 걸쳐 시장수요를 효율적으로 충족시키려는 것이다. 또한 전체 공급사슬에 걸치는 자재, 정보, 서비스, 자금의 흐름을 효과적·효율적으로 관리하고 불확실성과 위험을 줄임으로써 재고와 리드타임은 낮추고 대고객 서비스 수준은 높이려는 것이다.

공급사슬의 또 다른 목적은 공급사슬 전체의 가치를 최대화하려는 것이다. 이러한 가치는 고객이 완제품에 대해 부여하는 가치와 제품생산에 전체 공급사슬이 투입한 비용의 차이로서 수익성으로 평가한다. 따라서 공급사슬의 성공은 공급사슬 수익성으로 가늠한다.

2. 구성요소

모든 회사의 공급사슬 구조는

- 외부 공급업자
- 내부 생산기능
- 외부 유통업자

라는 세 개의 구성요소를 갖는다. [그림 9-5]는 포장된 유제품(dairy products)의 공급사슬을 보여 주고 있다.

제조업체는 외부로부터 제품생산에 필요한 원자재 또는 부품을 공급받는다. 유제품 가공 및 포장회사는 [그림 9-5]에서 보는 바와 같이 많은 회사로부터 원료를 공급받는다. 특히 가공시설에 자재를 직접 공급하는 업자를 1차 공급업체(tier one supplier)라고 한다. 그림에서 우유 농장, 판지 용기 제조업자, 플라스틱 용기 제조업자, 레이블(label) 회사 등이다.

종이공장과 화학공장은 1차 공급업체에 직접 판지와 화학제품을 공급하기 때문에 2차 공급업체(tier two supplier)라고 한다. 목재회사와 화학추출공장은 3차 공급업체(tier three supplier)이다.

기업은 공급업자 관리에 많은 신경을 쓰는데 이는 자재비가 판매가의 50~60%를 차지하기 때문이다.

유제품 생산업체의 기능은 다음과 같은 내용을 포함한다.

- 우유를 유제품으로 가공하고 포장하여 소매업체에 유통시킨다.
- 좋은 관계를 유지할 공급업자를 선정하고 구매한다.
- 우유를 유제품으로 가공할 생산계획과 통제를 실시한다.
- 유제품의 품질을 보증한다.

이와 같이 내부 생산기능은 구매, 프로세싱, 생산계획 및 통제, 품질관리, 출하 등을 포함한다.

외부 유통업체는 완제품을 최종소비자에게 판매할 수 있도록 필요한 장소로 수송하는 일을 담당한다. 물류관리자는 교통관리와 유통관리를 하면서 제품이 장소 사이를 흐르도록 한다. [그림 9-5]에서 1차 고객(tier one customer)은 도매 식품점, 2차 고객(tier two customer)은 소매 식품점, 3차 고객(tier three customer)은 최종소비자이다.

그림 9-5　유제품의 공급사슬

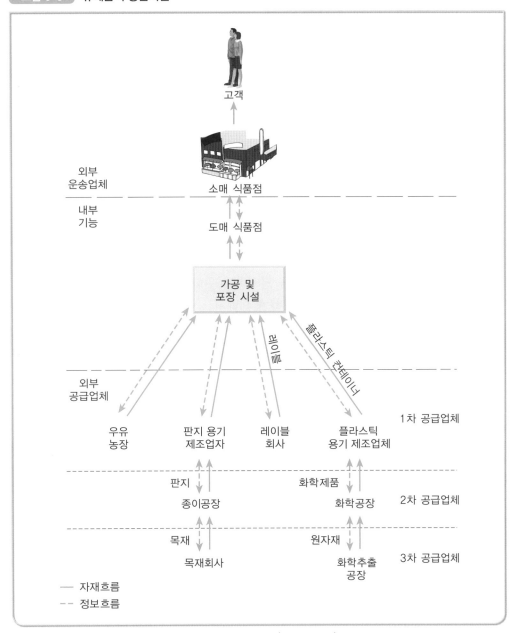

자료 : R. Reid & Sanders, *Operations Management*, 5th ed.(Wiley, 2013), p. 101.

개별 제조회사의 경우 공급사슬관리에 가장 관련 있는 부문은 회사의 직접 공급업자로부터 직접 고객으로의 자재의 흐름과 관련 있는 관리기능은 물론 구매, 창고관리, 검사, 생산, 자재취급, 출하, 운송 등이다. [그림 9-6]은 제조업에서 흔히 볼 수 있는 공급사슬관리와 관련된 자사 내의 활동들을 보여 주고 있다. 그러나 공급사슬관리는 이러한 범위를 넘어 모든 공급사슬 파트너 사이의 여러 가지 활동들을 조정하는 것을 의미한다. 즉 공급사슬을 흐르는 자재, 제품, 서비스, 정보의 흐름을 총비용은 낮추면서 고객의 욕구를 만족시키도록 관리하고 조정하는 것이다. 전통적으로는 [그림 9-6]에서처럼 공급사슬의 각 파트너가 자신의 목적을 달성하기 위하여 따로따로 관리하였지만 오늘날에는 글로벌 시장에서 경쟁하기 위해서는 공급업자 – 생산자 – 판매자의 모든 부분이 통합하여 공동으로 노력을 해야 한다.

급격한 기술향상과 경쟁압력으로 인하여 1980년대에 시작한 고객수요의 폭넓은 변화로 하여금 기업들은 내적 초점으로부터 외적 초점으로 이동하여

그림 9-6 공급사슬 활동

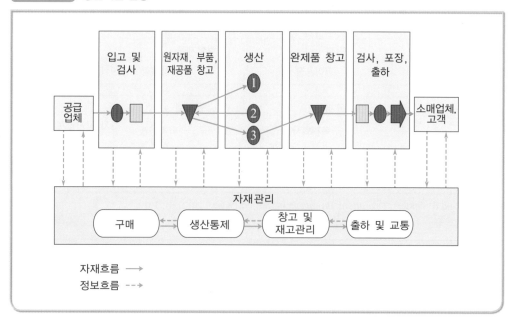

공급사슬 내의 파트너들과 핵심 프로세스를 공유하고 조정하게 되었다.

공급업자와 그의 고객들은 서로 협조하고 협력하면서 정보와 지식을 공유하고 Internet과 전자자료교환(EDI)을 통한 커뮤니케이션을 원활히 해야 한다. 수요정보, 수요예측, 재고상태, 생산일정, 생산능력계획, 판촉계획, 수송계획 등에 관해 공유하며 협력해야 한다. 오늘날 공급사슬관리의 특징은 공급업자, 생산자, 유통업자, 고객 사이에 정보가 신속하게 흐르는 것이다.

공급업자와 고객들은 동일한 목적을 가져야 한다. 서로 신뢰하여야 한다. 고객은 공급업자가 제공하는 제품과 서비스의 품질을 믿어야 한다. 특히 공급업자와 고객은 공급사슬의 설계에 동참함으로써 목적을 공유하고 커뮤니케이션과 정보의 흐름을 증진하도록 해야 한다.

공급사슬에 속한 모든 회사들을 조정하고 이들 사이에 효과적으로 커뮤니케이션이 이루어지도록 하는 것은 품질 좋은 제품을 저가로 적시에 공급하기 위해서는 필수적이다. 공급사슬 구성원간 조정과 협력이란 의사결정 권한, 업무, 자원 등의 교환 등 관련 업무에 대한 조정(위임)을 추진함을 말한다. 예를 들면 소매업체가 제공하는 모든 재고정보를 바탕으로 소매업체 대신 제조업체가 재고보충과 관련된 의사결정 권한을 위임받을 수 있다. 이는 공급업체가 제품, 시장상황, 예측기법 등에 있어 폭넓은 지식을 갖고 있다고 봄으로써 재고보충을 더 잘할 수 있다고 보기 때문에 가능한 것이다.

이러한 사고가 발전하여 오늘날 공급자주도 재고관리(vendor managed inventory: VMI)가 활용되고 있다. 이는 주문자와 공급자 사이에 전략적 제휴를 통해 주문자로부터 판매정보, 생산일정, 재고현황 등의 정보를 받아 공급자가 주문자의 재고주문 및 관리를 수행하는 방식이다. 이렇게 함으로써 공급 리드타임 단축, 재고감축, 결품방지 등을 통해 비용을 감축할 수 있다.

공급사슬 파트너 간에 정보와 지식의 공유가 제대로 이루어지면 업무의 재조정이 가능하다. 제조업체는 전통적으로 도매업체와 소매업체가 담당해 왔던 주문기능을 직접적으로 수행하려는 경향이 나타나고 있다. 예를 들면 Dell 컴퓨터에서는 제품을 고객에게 직접 배달한다. 이와 같이 제조업체가 판매, 고객 서비스, 배송 등을 담당한다. 그러나 IBM에서는 제품의 기본 사양만을 제공하고 소매업체는 판매 및 고객 서비스는 물론 고객의 니즈에 따른 제품 사양의 제공을 담당하게 된다.

과거에는 모든 기업이 공급사슬을 관리하는 데 관심이 적었다. 대신 운영과 직전 공급업체(immediate supplier)만 강조하였다. 그러나 오늘날에는 다음과 같은 여러 가지 요인으로 기업은 경쟁전략의 일환으로 공급사슬관리를 적극적으로 수행할 필요가 있다.

- 운영의 향상 : 그동안 많은 기업에서는 린 생산시스템(lean production system)과 종합적 품질경영(TQM)을 채택하여 원가를 낮추면서 품질향상을 달성할 수 있었다. 그러나 지금도 구매, 유통, 물류 면에서 향상의 기회는 상존한다. 공급사슬에 속한 외부 고객과 공급업자와의 관계를 고려하여 내부 운영을 더욱 향상시킬 수 있다.
- 아웃소싱의 증가 : 기업은 제품이나 서비스를 외주하는 아웃소싱(outsourcing)의 수준을 증가함으로써 대신 물류, 포장, 짐 싣기와 부리기, 이동 등에 많은 시간과 비용을 투입하게 된다. 그러나 공급사슬관리를 잘하면 이런 시간과 비용의 상당 부분을 감축할 수 있다.
- 운송비의 증가 : 운송비는 증가하는데 이를 잘 관리할 필요가 있다.
- 경쟁압력 : 신제품 수의 증가, 제품개발 사이클의 단축, 맞춤에 대한 수요증가 등에 대한 경쟁압력이 증가하고 있다. 이러한 압력에 대해 공급사슬관리는 효과적으로 대응할 수 있다.
- 글로벌화 : 글로벌화의 증가로 공급사슬의 지리적 길이와 리드타임이 확대되고 불확실해지고 있다. 글로벌 물류 프로세스에 대한 합리적인 계획, 관리, 조정, 통제가 더욱 필요해진다.
- 전자 상거래의 증가 : 기업이 구매와 판매에 있어 전자상거래를 이용하는데 이는 기업에 새로운 차원과 도전을 제공한다.
- 공급사슬의 복잡성 : 공급사슬은 복잡하고 불확실성을 내포한다. 불확실한 예측, 늦은 배달, 장비고장, 주문의 취소 및 변경 등 불확실성을 완화해야 한다.
- 재고관리의 필요성 : 공급사슬에 걸쳐 재고수준을 조정할 필요가 있다. 재고의 과다 및 부족은 막대한 비용과 생산상의 차질을 가져올 수 있다. 자

재가 전체 공급사슬을 통해 이동하는 데는 수개월이 걸리고 이러는 동안 재고로 기다리는 시간이 막대하므로 전체 공급사슬 주기시간을 단축함으로써 재고감소, 유연성 증가, 비용절감, 향상된 배송을 기할 수 있다.

이와 같은 환경의 변화로 기업들은 경쟁력 강화의 압력을 받고 있다. 기업이 경쟁적이 되기 위한 한 방법이 공급사슬관리의 실행이다. 모든 공급사슬 활동을 조정함으로써 고객들은 원하는 제품을 경쟁가격으로 원하는 때에 구입할 수 있는 것이다. 나아가 공급사슬 내의 기업들은 전체 공급사슬에 걸쳐 비용을 최소화함으로써 혜택을 볼 수 있게 된다. 공급사슬 내의 모든 활동들이 통합·조정되면 정보와 자재가 원활하게 흐른다.

그러나 이러한 흐름들을 효과적으로 관리하는 것은 특히 글로벌 기업의 경우 매우 어려운 과제이다. 다국적 기업의 공급사슬은 매우 복잡할 수 있다. 왜냐하면 세계 여러 나라에 위치한 여러 기업들로 구성되기 때문이다. 이들 각 기업은 국제조달, 생산, 주문조달, 재고보충, 고객 서비스 등 여러 가지 활동을 각자 수행한다. 공급업체 간에 서로 경쟁자가 될 수도 있고 경우에 따라서는 고객이 될 수도 있다.

9.4 공급사슬의 통합

복잡한 글로벌 공급사슬 환경에서 점증하는 고객수요와 제품 다양성을 관리하는 공급사슬이 성공적이고 효율적이기 위해서는 모든 파트너들이 서로 협력하고 함께 일을 해야 한다. 이러한 조정의 수준을 공급사슬 통합(supply chain integration)이라고 한다. 공급사슬이 제대로 통합이 되면 비용감축 이상으로 이윤을 창조하고, 시장점유율을 확대시키고, 경쟁지위를 강화시키고, 고객가치를 증진시킨다.

공급사슬 통합을 달성하는 분야는 다음과 같다.

- 프로세스
- 정보통합

- 조정과 협력
- 조직의 연계

　　프로세스 통합(process integration)이란 공급사슬 내에서 프로세스들을 공동으로 관리하기 위하여 정보를 공유하고 협력하며 자원을 조정하는 것을 의미한다. 많은 기업의 경우 종업원이든 관리자든 내부 보호에 익숙한 관계로 다른 기업 사람들과 활동들을 조정한다는 것은 쉬운 일이 아니다. 특히 기업 내에서의 정보공유도 어려워 내부 프로세스 통합이 순조롭지 않은 판국에 훈련과 준비, 유능한 파트너, 신뢰, 정보시스템, 조직 문화의 변화 등을 수반해야 하는 외부 통합을 시도한다는 것은 무척 힘든 일이다.

　　정보통합(information integration)이란 파트너간 정보공유(information sharing)를 의미한다. 파트너들은 수요자료, 재고상태, 능력계획, 생산 및 출하계획, 판촉계획, 수요예측 등에 관한 정보를 공유하고 예측과 재고보충을 위해 서로 협력하게 된다.

　　정보통합은 공급사슬 통합의 기본 전제이기 때문에 파트너들은 서로 간에 자재, 정보, 금전의 흐름을 공유할 수 있도록 쉽게 온라인에 접속할 수 있어야 한다. 정보의 공유가 강화될수록 채찍효과 같은 수요 왜곡현상의 가능성은 더욱 낮아진다. 하류 파트너는 고객에 대한 판매정보를 상류 파트너와 공유하고 상류 파트너는 재고수준, 생산능력, 출하계획 등의 정보를 하류 파트너와 공유함으로써 하류 파트너는 공급업체의 공급능력에 대한 명확한 상황을 파악할 수 있으므로 과다주문과 같은 비효율적 행위를 최소화할 수 있게 된다. 오늘날 정보통합은 IT의 발전으로 가능하게 되었다.

　　조정과 협력(coordination)이란 공급사슬 파트너 간에 의사결정 권한, 업무, 자원 등의 교환 등 관련 업무에 대한 조정을 시도하는 것을 말한다. 특정 파트너가 다른 파트너에 비하여 의사결정을 잘한다고 할 때 특정 파트너에게 의사결정 권한을 위임하게 되면 공급사슬의 전반적인 효율성이 증진될 수 있다. 이러한 예는 식품산업에서 볼 수 있는데, 소매업체가 재고보충을 위해 주문결정을 하는 것이 아니라 제조업체가 소매업체가 제공하는 판매시점(point of sale: POS) 자료와 재고정보를 바탕으로 소매업체의 재고보충 권한을 이양받게 된다.

　　업무의 재조정이란 공급사슬 파트너 간에 물리적인 활동들을 재분배하는 것을 말한다. 예를 들면 PC 산업에서는 제조업체가 판매, 고객 서비스, 제품맞춤, 배송을 담당하는 경우가 있다. Dell 컴퓨터에서는 제품을 고객에게 직접 배달한다.

의사결정 권한과 업무의 재분배 외에 공급사슬 파트너들은 자원을 공동으로 조정하고 공유함으로써 시너지 효과를 추구하는 경우도 있다. 공동창고, 공동재고관리, 공동구매 등이 예이다.

공급사슬 파트너 간에 밀접한 조직관계가 형성되어야 완전한 공급사슬 통합이 가능한 것이다. 파트너들은 EDI나 Internet을 통한 커뮤니케이션 채널을 유지해야 한다. 한편 파트너들에 대한 성과측정시스템이 통합되어야 한다. 통합된 활동들의 성과를 제대로 측정할 공동 성과측정시스템이 필요하다. 왜냐하면 공급사슬 파트너들이 공급사슬 성과에 공동으로 책임을 지도록 하기 위해서이다.

공급사슬 프로세스 통합이 말처럼 쉬운 과업은 아니다. 그러나 파트너간 협력과 정보공유가 실현된다면 그의 혜택 또한 막대한 것으로 알려졌다. 예를 들면 파트너간 비용감소, 고객수요와 시장변화에 신속 대응하는 유연성 증대, 안전재고 등 프로세스 문제의 감소, 품질수준의 향상, 시장에 출하하는 리드타임의 축소, 자원의 효율적 이용 등 수없이 많다고 할 수 있다.

9.5 공급사슬의 유형

기업은 제공하는 제품이나 서비스의 성격에 따라 이들 수요를 만족시키도록 공급사슬을 설계해야 한다. 패션제품이나 기술 같은 일부 제품그룹은 혁신적인 성격을 띠어 수요예측이 쉽지 않아 고객의 취향이 변화한다든지 수요가 변동할 때 이에 신속하게 대처해야 한다. 반면 자동차나 전자제품 같은 표준품은 수요예측이 가능하여 생산·운영에 있어서 효율(efficiency)이 강조된다.

이와 같이 기업이 생산하는 제품의 수요 성격에 따라 구성하는 공급사슬의 형태도 차이가 있게 된다. 제품의 성격에 따른 경쟁 우선순위를 유연성에 두느냐 또는 효율성에 두느냐에 따라 공급사슬도 반응적 공급사슬과 효율적 공급사슬로 구분할 수 있다.

1. 반응적 공급사슬

제품 수명주기가 짧고 고객의 취향이 쉽게 변하는 패션제품의 경우와 같이 신제품의 도입과 시장수요의 변화에 민감하게 반응하도록 설계된 공급사슬을 반응적 공급사슬(responsive supply chain)이라고 하는데 혁신적 공급사슬(innovative supply chain)이라고도 한다.

반응적 공급사슬의 파트너들은 신제품이 도입되고 수요가 변할 때 신속하게 반응하기 위하여 신제품 도입에 따른 고객반응에 관한 정보와 고객이 미래제품에 대해 기대하는 것에 관한 정보를 서로 교환하도록 해야 한다. 반응적 공급사슬의 파트너가 되기 위해서는 속도와 유연성, 시장정보를 전송할 능력을 갖추어야 한다. 반응적 공급사슬의 파트너들은 개발속도, 빠른 배송, 맞춤, 다양성, 수량유연성, 높은 품질과 같은 경쟁 우선순위를 갖추어야 한다. 기업은 고객이 주문할 때까지 어떤 제품을 공급해야 할지 모른다. 반응적 공급사슬의 초점은 값비싼 재고를 피할 수 있도록 반응시간을 짧게 유지하려는 것이다.

이러한 반응성을 달성하기 위해 기업은 주문생산 및 대량맞춤형 프로세스인 유연생산시스템을 활용할 수 있다.

2. 효율적 공급사슬

긴 제품 수명주기와 안정적이고 예측가능한 수요를 갖는 제품을 대량으로 생산하는 기업은 비용을 절감하기 위해 효율적 운영을 강조하는 효율적 공급사슬(efficient supply chain)을 설계해야 한다. 효율적 공급사슬의 파트너가 되기 위해서는 비부가가치 활동의 제거와 규모의 경제(economies of scale) 실현을 통한 비용을 절감하고 재고수준을 최소화하는 능력을 갖추어야 한다. 이러한 파트너는 제품을 계획생산하기 때문에 신제품을 자주 도입할 필요도 없고 다양성이 요구되지도 않는다. 효율적 공급사슬의 파트너들은 저가, 지속적 품질, 적시 배송과 같은 경쟁 우선순위를 갖추어야 한다. 효율적 공급사슬의 초점은 재고수준은 최하수준으로 유지하면서 서비스, 자재, 돈, 정보의 흐름을 효율적으로 관리하려는 것이다.

[표 9-1]은 반응적 공급사슬과 효율적 공급사슬의 설계특성을 비교하고 있다. 또한 [그림 9-7]은 잡샵과 배취 프로세스를 갖는 기업에는 반응적 공급

표 9-1 **공급사슬의 유형에 따른 설계특성**

요인	반응적 공급사슬	효율적 공급사슬
운영전략	조립생산, 주문생산, 설계생산, 맞춤생산, 다양성 강조	계획생산, 표준품, 대량생산
여유능력	높음	낮음
재고투자	빠른 배송시간에 필요한 재고	낮음, 높은 재고회전
리드타임	매우 짧음	짧음
공급업자 선정	빠른 배송시간, 맞춤, 다양성, 수량유연성 등 강조	저가, 꾸준한 품질, 적시배송 등 강조

그림 9-7 **프로세스와 공급사슬 유형의 관계**

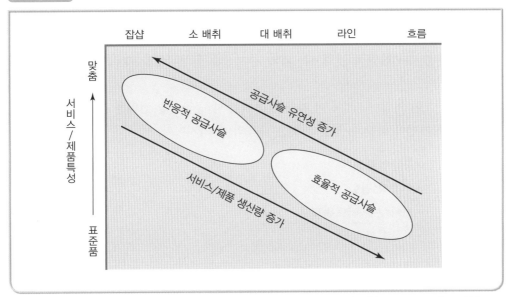

자료: L. Kraijewski, L. Ritzman & M. Malhotra, *Operations Management*, 10th ed.(Pearson, 2013), p. 395.

사슬이 알맞고 라인이나 흐름 프로세스를 갖는 기업에는 효율적 공급사슬이 알맞음을 보여 주고 있다.

공급사슬관리는 오늘날 품질 좋은 제품이나 서비스를 저가로 적시에 공급해야 하는 기업에서 전략적 고려의 대상으로 부상하였다. 첫째, 자재가 모든 공급사슬을 흐르는 데는 보통 6개월 이상이 소요된다. 이와 같이 자재가 재고로 기다리는 시간이 길기 때문에 공급사슬 주기시간을 감축함으로써 재고를 줄이고 유연성을 높이며 비용을 줄이면서 빨리 배달할 수 있기 때문이다.

둘째, 많은 기업이 내부업무를 향상시킨 후에 이제는 외부의 공급업자와 고객과의 관계를 파악함으로써 내부업무를 더욱 향상시키고자 하기 때문이다. 셋째, 시스템적 사고를 적용하여 부서 간의 장벽을 허물고 기업의 내부적인 통합을 추구하면서 기업 내·외의 가치창출 활동과정을 관리하고자 하기 때문이다.

한 기업(제조업체)이 자재를 구매할 때 공급사슬 전략을 결정해야 한다. 보통 기업이 취할 수 있는 전략은 다음의 네 가지이다.

- 공급업체의 수
- 수직적 결합
- 케이렛수 네트워크
- 가상회사

1. 다수 공급업체와 소수 공급업체

기업이 공급업체를 선정할 때 고려하는 중요한 기준은 가격, 품질, 배송 등이다. 그런데 기업이 공급업체와 유지하는 관계의 성격도 그 기업이 구입하는 제품과 서비스의 가격, 품질, 적시에 영향을 미친다.

전통적으로 한 기업은 다수의 공급업체(many suppliers)와 거래를 하였지만 근래에 TQM과 JIT를 사용하는 기업에서는 소수의 공급업체(few suppliers)와 거래를 하는 경우가 일반적이다.

오늘날 구매업체는 단기적 낮은 가격에 바탕을 두지 않고 완벽한 품질의 부품을 소량으로 자주 공급할 수 있는 납품(공급)업체를 선호한다. 구매업체는 상호신뢰에 입각하여 납품업체와 장기계약을 체결하고 부품의 품질을 보장받는다. 이와 같이 구매업체와 납품업체의 관계는 파트너의 협조관계로서 상호이익을 추구하려는 관계이다.

이러한 관계는 공급업체의 수를 소수로 제한할 때 가능한데 심지어는 단일부품업체(single-sourcing)라는 제도가 일반적이다. 공급사슬에서 공급업체의 수를 감축하는 것은 공급사슬을 관리할 때 복잡성을 덜어 준다는 이점 외에도 규모의 경제(economies of scale)와 학습곡선(learning curve)을 가져와 유통비와 생산비를 절감하는 효과를 가져오게 된다. 그러나 반면에 예기치 않은 상황에서 발생하는 공급의 중단이라는 위험도 따른다.

2. 수직적 통합

모든 기업은 그의 생산 프로세스에 필요한 투입물로서 원자재, 부품 또는 서비스를 다른 제조업체로부터 구매한다. 수직적 통합(vertical integration)이란 전에는 구매하던 제품이나 서비스를 생산할 능력을 갖추거나 아예 공급업체와 유통업체를 실제로 소유·경영하는 것을 의미한다.

한 기업이 공급사슬에 있는 더 많은 프로세스를 스스로 수행하면 더욱 수직적으로 결합되고, 반대로 어떤 프로세스들을 스스로 수행하지 않으면 아웃소싱(outsourcing)에 의존하여 공급업체나 유통업체로 하여금 이러한 프로세스를 수행토록 하여 필요한 서비스 또는 자재를 구매하게 된다. 이와 같이 수직적 결합과 아웃소싱은 동전의 양면과 같다. 이러한 결정을 제조 또는 구매(make or buy)결정이라고도 한다. 제조결정은 많은 결합을 의미하고 구매결정은 많은 아웃소싱을 의미한다. 기업은 무엇을 구매하고 무엇을 제조할 것인가를 결정한 이후에는 모든 프로세스와 공급사슬을 조정하고 통합하도록 해야 한다.

오늘날 많은 기업에서는 자체 내에서 제조하기보다 외주에 의존하는 경우가 증가하고 있다. 예를 들면 PC 회사는 컴퓨터에 필요한 거의 모든 부품을 공급업체에서 구매하고 단순히 컴퓨터를 조립하여 판매한다. 서비스도 아웃소싱에 의존하기도 한다. 예를 들면 자료처리, 보수, 음식 서비스 등이다.

기업은 여러 가지 이유로 아웃소싱을 선호한다. 외부의 공급업체가 규모의 경제를 누려 자재, 부품, 서비스 등을 더욱 값싸고 더욱 좋게 만들어 공급할 수 있다면 구태여 스스로 제조할 필요가 없는 것이다. 외부 공급업체가 전문기술이나 지식 또는 특허를 보유하고 있는 경우에는 더욱 아웃소싱에 의존하게 된다.

한편 아웃소싱은 기업에 유연성을 증가시킨다. 기업이 다운사이징(downsizing)할 때 아웃소싱은 증가한다. 기업이 핵심활동에 전념하고자 할 때 다른 활동들은 다른 기업에 하청을 줄 수 있다.

아웃소싱은 혜택도 주지만 위험도 따른다. 아웃소싱에 의존하면 통제의 권한을 행사할 수 없고 공급업체에 너무 의존하게 된다. 따라서 기업이 아웃소싱을 결정하기 위해서는 다음과 같은 요인들을 고려해야 한다.

- 제조가격과 구매가격
- 수요의 안정성과 가능한 계절성
- 품질상의 차이
- 운영에 통제를 유지하고자 하는 욕망
- 기업 내 유휴능력
- 리드타임
- 전문기술 또는 특허의 소유
- 기술의 안정성
- 기업전략

3. 케이렛수 네트워크

일본에서 대부분의 제조업 대기업들은 소수의 공급업체로부터 구매하는 것과 수직적 결합을 취하는 것의 중간형태를 선호한다. 이러한 제조업체들은 소유 또는 대출을 통하여 공급업체에 재정적 지원을 제공한다. 공급업체는 케이렛수(keiretsu, 系列)라고 하는 기업연합(company coalition)의 한 파트너가 된다.

기업연합의 파트너가 되면 장기적 관계를 맺어 제조업체에 전문기술과 안정된 품질생산을 제공한다. 케이렛수의 파트너는 다시 제2 또는 제3의 기업연합의 파트너를 가질 수 있다.

4. 가상회사

가상회사(virtual company)는 종업원이나 빌딩도 없이 컴퓨터와 Internet을 이용하여, 제품이나 서비스를 생산하는 회사이다.[1] 이는 설계, 생산, 유통 등을 수행하는 회사들을 조정하기 위하여 존재한다. 가상회사는 쉽게 파트너십을

---

1 가상회사는 hollow company 또는 network company라고도 부른다.

형성하지만 필요치 않으면 이를 해체한다.

가상회사를 설립하기 위해서는 사무실, 컴퓨터, 전화를 전세로 얻고 사무직원을 몇 명 고용한다. 생산하고자 하는 제품을 설계하기 위해서는 설계전문회사와 계약을 맺고, 유통과 마케팅을 위해서는 시장조사 회사와 계약을 맺는다. 설계가 완료되면 이를 생산할 제조회사를 선정한다. 다음에는 이 제품의 운송, 배분, 창고업무를 수행할 회사들과 계약을 체결한다. 이와 같이 가상회사는 시설과 종업원 없이 제품이나 서비스를 생산·판매할 수 있다.

이러한 가상회사는 시장이 급속히 변화하고 이에 빨리 대응할 수 있을 때는 효율적이지만 반대로 시장이 안정적인 경우에는 비용의 부담으로 전통적인 회사들과 경쟁할 수 없는 약점이 있다.

가상회사는 컴퓨터와 Internet의 사용을 통해 설립할 수 있다. 빠른 커뮤니케이션과 공급업체 및 계약업체에 관한 정보의 접근으로 같은 곳에 위치하지 않은 많은 사람들을 끌어모을 수 있게 되었다. 회의는 양방향 비디오 연동장치를 이용하여 진행할 수 있고 서신은 e-mail을 통하여 취급할 수 있다.

가상공급사슬(virtual supply chain)은 공급사슬의 모든 활동을 조정하는 적어도 하나 이상의 가상회사로 구성된다. 한 회사가 전체의 사슬을 소유할 수 없고 다만 다른 회사와의 계약이나 파트너십의 사용을 통해 공급사슬 가운데 제품의 설계와 자재의 이동을 통제할 수 있다. Benetton사는 가상공급사슬의 대표적인 예이다. 이 회사는 공급사슬의 일부만을 소유하지만 공급, 생산, 유통의 모든 부문을 계약과 사용권 협정을 통해 통제할 수 있다.

9.7 채찍효과

1. 정의

전통적으로 정보는 공급사슬의 인접 파트너 사이에서만 공유되었고 정보도 매우 제한적이었다. 예를 들면 소매점은 도매점에서 물품을 주문할 때 수량과 납품시기를 알려 줄 뿐이다. 미래에 예상되는 수요의 변화, 가능한 추세, 세일 계획 등 정보는 거의 공유하지 않는다. 이와 같이 공급사슬에서 정보공유(information sharing)의 제한된 접근은 공급사슬의 성과를 증진시키지 않고 오히려 채찍효과와 같은 나쁜 결과를 초래한다.

공급사슬에서 나타나는 비효율성의 대표적인 현상이 채찍효과이다.

채찍효과(bullwhip effect)란 공급사슬 속에 있는 소매점이 고객으로부터 제품에 대한 약간의 수요증가를 경험한 후 도매점에 주문할 때 품절을 방지하기 위하여 주문량을 약간 부풀리고, 도매점은 소매점으로부터 주문량이 증가하였음을 알고 품절을 방지하기 위하여 주문량을 더욱 부풀려 공장에 주문하고, 공장은 제품을 만드는 원자재의 공급업자에게 상당히 많은 양의 주문을 하게 되는데, 이와 같이 하류인 소매점에서의 약간의 수요변동이 상류로 올라가면서 원자재에 대한 눈덩이 같은 상당한 수요증가를 초래하는 수요정보의 왜곡현상을 말한다.

공급사슬의 각 파트너가 서로 다른 자료에 입각하여 수요를 예측하고 하류(downstream)로부터 공급사슬을 따라 상류(upstream)로 올라갈수록 이러한 자료는 소매점의 수요를 더욱 더 반영할 수 없기 때문에 수요의 변동이 눈덩이처럼 증폭되는 채찍효과는 이와 같은 부정확한 수요자료 또는 수요예측과 같은 정보의 왜곡 또는 정보의 불확실성 때문에 발생한다. [그림 9-8]은 이러한 채찍효과를 나타내고 있고 [그림 9-9]는 채찍효과를 유발하는 수요예측의 전통적인 방법을 나타내고 있다.

채찍효과는 공급사슬을 이루는 파트너가 자기 이익만을 생각하고 주문결정을 내리고 또한 인접 파트너로부터 정확한 수요정보를 갖고 있지 않기 때문

그림 9-8 채찍효과

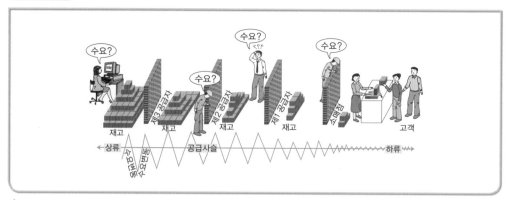

자료 : R. Russell and B. Taylor, *Operations and Supply Chain Management*, 8th ed.(John Wiley & Sons, 2014), p. 326.

그림 9-9 수요예측의 전통적인 방법

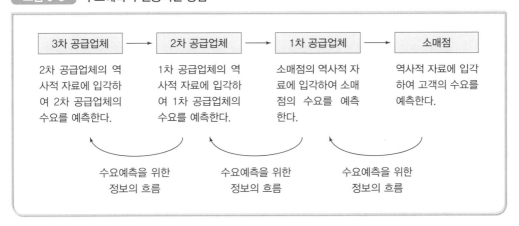

에 발생한다. 만일 각 파트너가 공급해 주는 하류의 다음 파트너에 대한 실제 수요가 얼마인지 정확하게 모르는 상태에서 자신의 수요예측을 하게 되면 불확실성을 보상하기 위해 과도한 안전재고를 쌓아 두게 된다.

[그림 9-9]에서 소매점에 대한 수요는 비교적 안정적이다. 그러나 수요가 약간 변동하고 도매점이 이의 원인을 정확하게 알지 못하면 이에 과민반응하여 그의 주문량을 증대하게 된다. 이와 반대로 소매점으로부터 주문이 예상 외로 줄어들면 자신의 주문량을 더욱 감소시킨다. 이러한 현상은 상류로 올라갈수록 더욱 증폭된다.

이와 같이 공급사슬 사이에 채찍효과가 발생하면 과다한 재고투자, 낮은 대고객 서비스수준, 비효과적 수요이용, 생산능력의 잘못 사용, 수입상실 등이 유발된다. 따라서 정확한 수요예측이 필요하다. 그러나 완전한 의미의 정확한 수요예측이란 불가능하고 다만 미래에 대한 불확실성을 감소시킬 뿐이다. 그래서 어느 정도의 불확실성에 대응하기 위해 모든 공급사슬의 프로세스가 신축적일 필요가 있는 것이다.

2. 발생원인과 결과

채찍효과는 다음과 같은 네 가지 원인에 의하여 발생한다.[2]

---

2 H. L. Lee, V. Padmanabhan, and S. Whang, "The Bullwhip Effect in Supply Chains," *Sloan Management Review* 38, no. 3(1997), pp. 93~102.

■ 수요예측의 갱신(demand forecast updating)

공급사슬의 각 파트너가 직접 고객의 주문에 근거하여 수요예측을 하게 되면 상류로 올라갈수록 수요변동은 크게 증폭된다. 예컨대 도매업자가 최종 소비자의 실제 수요가 아닌 소매업자의 주문에 근거하여 주문하게 되면 증폭하게 된다. 이는 [그림 9-9]에서 보는 바와 같다.

품절현상을 미리 방지하고자 안전재고(safety stock) 수준도 높게 책정하여 발주량의 변동폭이 더욱 더 커지게 된다. 이와 같이 안전재고가 채찍효과의 큰 원인이라고 할 수 있는데 주문의 리드타임이 긴 제품의 경우에는 수요가 더욱 불확실하여 안전재고가 더욱 증가하는데 이러한 현상이 공급사슬의 모든 단계에서 채찍효과를 더욱 확대시킨다.

■ 일괄주문(order batching)

주문량의 크기가 커지면 채찍효과가 발생한다. 공급사슬 파트너들은 주문 비용을 절감하기 위해서 또는 수량할인을 이용하기 위해서 재고를 보충할 주문을 자주 발령하지 않고 기다렸다가 실제 수요량을 고려치 않고 한 번에 많은 양을 일괄적으로 주문하게 된다.

이러한 현상은 최종소비자의 수요가 비교적 안정적이더라도 발생하기 때문에 불필요한 재고를 오랫동안 쌓아 두게 된다.

■ 가격변동(price fluctuation)

최종소비자가 세일할 때 어떤 품목을 더 많이 사는 경우처럼 제조업자가 가격할인, 쿠폰, 리베이트 등을 제시하면 도매업자는 선구매(forward buy)를 하게 된다.

이러한 도매업자의 선구매 행위는 최종소비자의 실제 수요량 이상으로 주문하게 되어 공급사슬을 올라갈수록 채찍효과를 더욱 발생시키게 된다.

■ 공급업자의 배분현상(rationing and shortage gaming)

공급물량의 부족현상이 예상되면 도매업자나 소매업자는 고객을 위해 물량을 확보하기 위하여 실제로 필요한 양 이상으로 그리고 사전에 제조업자에게 주문하게 된다.

이 경우 제조업자는 공급가능한 물량보다 넘치는 비현실적인 수요량을 경험하면서 제한된 물량을 이들 도매업자와 소매업자에게 총수요량에 대한 이들

주문량의 비율에 따라 배분하게 된다.

공급사슬에서 채찍효과가 나타나면

- 과도한 재고투자
- 열악한 고객 서비스
- 비효과적인 수송이용
- 잘못 사용되는 제조능력
- 수입감소

등이 나타난다.

3. 억제방안

예를 들면 제품을 대량으로 수송하여 비용을 절감하려는 인센티브가 있는 한 채찍효과를 완전히 제거하기는 어렵지만 그 발생원인을 이해한다면 이를 완화할 수 있는 방안을 실천해야 한다.

정보기술이 발전함에 따라 채찍효과를 완화할 수 있는 방안이 제시되었다.

- 수요예측의 정확성을 기하기 위하여 공급사슬의 모든 파트너 사이에 정보를 공유해야 한다. 최종소매업자의 판매자료에 관한 정보가 공급사슬의 모든 파트너에 직접 공유될 수 있도록 해야 한다. [그림 9-10]은 수요예측의 현대적 방법을 나타내고 있다.

  이는 공급사슬의 모든 공급업체들이 동일한 소매점의 판매자료에 입각하여 수요를 예측하는 것을 의미한다. 공급업체들은 역사적인 일괄(묶음)주문(batched order)을 사용한 수요예측이 아니고 고객의 실제 수

그림 9-10 **수요예측의 현대적 방법**

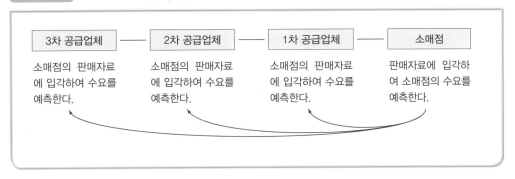

요자료에 입각하여 바로 생산하고 배송할 수 있는 것이다.

EPOS(electronic point-of-sale) 시스템 같은 정보기술을 사용하여 소매업자들은 금전등록기(cash register)에서 고객의 수요정보를 취합하여 창고와 공급업체에 전송할 수 있다.

- 주문비용이 비교적 높기 때문에 일괄주문하므로 파트너들 간에 전자자료교환(electronic data exchange: EDI)과 e-구매(e-purchase)를 사용하여 정보를 전송함으로써 주문비용을 아주 낮출 수 있다. 따라서 소량주문을 자주 할 수 있게 된다.
- 제조업자들이 서로 관계를 공고히 하여 균일한 도매가격정책을 고수함으로써 가격할인을 통한 소매점의 선구매 인센티브를 제거할 수 있다.
- 공급업자가 재고부족현상에 처하게 되면 주문량이 아니라 과거 판매실적에 비례하여 고객에게 배분하도록 한다.

9.8 공급사슬의 성과측정

특정 기업의 공급사슬 성과의 측정은 생산·운영관리의 목표인 비용, 품질, 납품(시간), 유연성의 측면에서 고려할 수 있다. 그러나 기업은 재고수준을 낮춤으로써 효율적으로 공급사슬을 관리하고자 하므로 다음과 같은 주요 성과척도(key performance indications: KPI)를 이용한다.

- 재고회전율
- 재고의 공급주(일)수

재고회전율(inventory turnover)이란 연간 매출액(cost of annual sales)을 연간 평균재고로 나눈 값을 말한다. 이는 재고자산에 대한 판매효율을 나타낸다.

$$재고회전율 = \frac{연간\ 매출액}{연간\ 평균재고}$$

$$= \frac{연간\ 매출액}{연간\ 평균총괄\ 재고가치}$$

$$= \frac{\text{연간 매출액}}{\sum(\text{품목 } i\text{의 평균재고})(\text{품목 } i\text{의 단위당 가치})}$$

여기서 평균총괄 재고가치(average aggregate value of inventory)란 원자재, 재공품, 완제품 등 재고로 쌓여 있는 모든 품목의 총가치(비용)를 말한다. 한편 매출액은 완제품에 대해 비용으로 계산한 가치를 말한다. 따라서 최종 판매가격을 의미하지 않는다. 재고회전율이 높을수록 재고자산이 효율적으로 관리됨을 의미한다.

공급주수는 몇 주분의 재고가 특정 시점에 쌓여 있는가를 나타내는데 작을수록 전반적인 재고수준은 낮아진다.

$$\text{공급주수} = \frac{\text{평균총괄 재고가치}}{\text{주당 매출액}}$$

✱ 예 9-1

발전기를 제조하는 한강(주)의 작년 매출액은 400억 원, 자재와 부품의 평균 재고가치는 7억 원, 재공품의 평균가치는 18억 원, 완제품의 평균가치는 12억 원이었다.
① 회사의 재고회전율을 구하라.
② 회사의 공급일수를 구하라.

해답

① 재고회전율 $= \dfrac{\text{매출액}}{\text{평균총괄 재고가치}}$

$\qquad\quad = \dfrac{400}{7+18+12}$

$\qquad\quad = 10.8(\text{회}/\text{연})$

② 공급일수 $= \dfrac{\text{평균총괄 재고가치}}{\text{매출액}/365\text{일}}$

$\qquad\quad = \dfrac{37}{400/365}$

$\qquad\quad = 33.8(\text{일})$

9.9 공급사슬의 위기관리

　공급사슬 내에서 제품과 서비스의 공급에 중단이 발생하면 위기가 발생하였다고 한다. 이러한 위기가 발생하게 되는 원인은 다양하지만 보통 품질과 안전문제 발생, 공급물량 부족, 법적 문제 발생, 규제 및 환경요구의 준수, 기후 및 자연재해, 전쟁 및 테러 발생 등을 들 수 있다.

　글로벌 경제가 활발해지면서 위기관리(risk management)는 그 어느 때보다 관리자들에게는 큰 관심사가 아닐 수 없다. 공급사슬이 붕괴하게 되면 바로 고객 서비스에 영향을 미치기 때문이다.

　기업이 위기를 관리하기 위하여 사용할 수 있는 활동들을 정리하면 [표 9-2]에서 보는 바와 같다.

표 9-2 　위기관리 활동

위기관리 활동	코멘트
•안전재고 증가와 선구매	비용발생, 임시변통에 불과
•대리 공급업체 및 물류 서비스	추가적인 시간과 관계설정이 필요
•공급원 다양화	지리적으로 분산된 시장으로부터의 공급업자는 붕괴의 영향을 최소화할 수 있음
•공급사슬 IT 시스템 활용	파트와의 정보수집 및 공유는 붕괴를 감소시킬 수 있음
•공식적인 위기관리 프로그램 개발	가능한 붕괴에 적절한 대응책 강구

9.10 구매관리

　구매부에서는 생산시스템에서 사용되는 원자재, 부품, 기계, 조립품, 사무용품, 제품, 서비스 등의 구매요청이 있으면 적합한 공급업체를 선정하고 주문을 발송한 후 이를 추적하고 수령하는 일련의 과정을 반복하는데, 이러한 필요자재의 조달과정을 관리하는 것을 구매관리(purchasing management)라고 한다.

오늘날 구매의 중요성은 다음과 같은 요소로 인하여 점증하고 있다.

- 이익에 미치는 자재비
- 제조의 자동화
- 전자 상거래
- 글로벌 경쟁

평균적으로 구매비는 판매액의 60%를 점한다. 예를 들면 자동차 제조회사는 60%, 식료품 가공업자는 70%, 정유회사는 80%를 지불한다. 그런데 이 비율은 증가할 것이다.

제조업에서 자동화가 진전함에 따라 생산비 가운데서 노무비의 비용은 감소할 것이기 때문에 생산비 관리에서 자재비에 대한 관심이 높아질 것이다. 한편 설계가 잘 되고 품질 좋은 자재가 적시에 적량으로 공급되어야 한다.

Internet과 정보기술이 발전함에 따라 기업간 전자 상거래가 일반화될 것이다. 이제 구매자는 자재가 있는 곳을 쉽게 찾고, 온라인으로 구매계약을 체결하며, 구매주문은 공급업체의 웹 사이트(web site)에 전달하며, 주문의 이동과정을 Internet을 통하여 추적할 수 있게 되었다.

세계시장을 향한 글로벌 경쟁의 심화로 모든 제조업체는 생산비를 낮추려고 노력한다. 이를 위해서는 자재비를 감소시켜야 하기 때문에 구매기능이 매우 중요시되고 있다.

구매관리를 잘 수행하는 것은 결국 다음과 같은 목표를 달성하여 공급사슬의 가치와 수익성을 높임으로써 공급사슬 전체의 경쟁력을 높이게 된다.

- 적정가격으로 구매한다.
- 적시에 공급한다.
- 제품이나 서비스의 고급품질을 보증한다.
- 적량으로 공급한다.
- 자격자로부터 구매한다.

물류(logistics)란 공장 내에서 자재와 정보의 이동, 공급업체로부터 자재의 입고 및 고객에 대한 제품의 출하 등을 관리하는 기능을 말한다. 자재라 함은 생산 프로세스에서 사용되는 원자재와 재공품 외에도 연료, 장비, 부품, 도구, 주유, 사무용품 등을 포함한다.

1. 공장 내 자재의 이동

제조시설 내에서의 자재의 이동은 운영관리의 한 부분이다. 운영관리는 스케줄링, 생산능력통제, 판매 및 운영계획 등 본서의 내용이 주가 되지만 다음과 같은 활동도 포함한다.

- 들어오는 운송차에서 자재를 받아 도크에 내려놓는다.
- 도크로부터 자재를 검사실로 이동한다.
- 검사실로부터 자재를 창고로 이동한다.
- 창고로부터 자재를 생산현장으로 이동한다.
- 생산현장 사이에 자재를 이동한다.
- 완제품을 창고로 이동한다.
- 창고로부터 완제품을 이동하여 포장한다.
- 포장한 완제품을 도크로 이동한다.
- 도크에서 완제품을 출하한다.

2. 입고와 출하

기업에서 수송과는 화물발송의 일정, 방법, 시간표, 급송방법 등을 관장한다. 오늘날 발송비용이 막대하기 때문에 기업에서는 공장, 창고, 기타 시설은 발송비용을 최소화할 수 있는 곳에 위치하고 있다.

유통시스템을 통해서 완제품을 고객에 출하하는 것을 유통(distribution)이라고 한다. 유통시스템이란 공장에서 출발하여 고객에게 도달할 때까지에 존재하는 제품의 발송점과 수령점의 네트워크를 말한다.

오늘날 세계 일류기업은 그들의 핵심역량에 전념하기 위해서 창고업무와 유통업무 등은 물류관리를 전문으로 하는 업체에 아웃소싱하고 있다. 예컨대 미국의 UPS(United Parcel Service)는 다양한 물류서비스를 대행하고 있다. 이러한 물류관리 전문업체를 이용하면 물류정보, 낮은 수송비와 창고비, 잘 훈련된 물류전문인을 공급받을 수 있다.

9.12 공급사슬과 정보기술

모든 공급사슬 과정과 파트너들을 연결하는 역할을 정보가 수행한다. 컴퓨터와 정보기술(information technology: IT)이 공급사슬을 통해 실시간, 온라인 커뮤니케이션을 가능케 한다.

오늘날 공급사슬관리는 정보기술을 사용함으로써 재고수준이나 효율성 그리고 비용 등에 커다란 영향을 미치고 있다. 정보기술이 없었다면 공급사슬 관리가 지금처럼 효과적으로 수행될 수 없었을 것이다.

전통적으로 재고는 구매자가 보유하여 재고를 언제, 얼마를 보충할 것인가를 통제하였다. 그러나 근래에는 IT와 소프트웨어의 진보에 힘입어 전통적인 재고관리 기법이 변하였다. IT 도구를 사용하여 재고의 위치를 추적할 수 있어 재고는 공급사슬의 어디에도 쌓아 둘 수 있게 되었다. 전통적 관행과 달리 공급업자가 재고를 보유하다가 구매자가 필요로 하면 바로 배송하게 한다. 이렇게 하면 구매자는 자주 조금씩 주문하게 되어 저장시설을 가질 필요가 없어져 전반적으로 재고비용을 절감할 수 있게 된다.

이렇게 하기 위해서는 공급업자는 구매자의 수요예측과 판매자료를 IT를 통해 공유함으로써 재고비용을 최소화하고 그의 공급사슬을 최적화하도록 해야 한다.

중요한 정보기술을 요약하면 다음과 같다.

1. Internet

많은 회사에 Internet은 공급사슬의 혁명을 가져오고 있다. Internet은 공급사슬의 설계와 관리에 지대한 영향을 끼치고 있다. 기업은 Internet을 통하여 판매, 구매, 커뮤니케이션, 재고관리, 고객 서비스, 발주 등 제품이나 서비스의 판매와 구매에 필요한 상거래를 수행한다. 이를 전자 상거래(e-business 또는 e-commerce)라고 한다.

그런데 이러한 판매의 대부분은 고객에 대한 직접판매가 아닌 기업간 거래이다. 즉 기업들의 공급업체, 유통업체, 고객 등과의 공급사슬거래를 위하여 Internet 판매가 크게 이용되고 있다.

Internet의 사용은 커뮤니케이션의 가속화로 공급사슬에의 접근성과 속도를 더해 준다. 기업은 Internet을 통하여 공급업체, 공장, 유통업체, 고객에 직접 연결함으로써 전통적으로 주문하고 구매하는 활동에 소비하였던 시간을 획기적으로 단축하는 데 성공하였다.

Internet을 통한 고객에의 직접판매는 전통적으로 사용해 왔던 소매상과 유통센터 같은 마케팅 채널의 변화를 초래하였다. 트럭을 이용하여 창고 또는 소매상에 대량의 제품을 수송하는 대신에 고객에게 직접 택배하는 시스템의 정착으로 말미암아 창고정책, 운송시스템, 유통네트워크, 포장시스템, 자재운반시스템 등은 큰 영향을 받게 되었다.

기업은 제품개발기간을 단축하고 부품과 자재의 주문과 배달시간을 가속화시키며 주문과 판매의 진행상황을 바로 추적할 수 있고 고객과 공급업체로부터 정보를 즉시 피드백 받을 수 있게 되었다.

즉 가격, 자재의 위치, 화물의 배송 진행상황, 부품의 입수가능성 등에 대한 정보를 쉽게 얻을 수 있다. 이와 같은 믿을 수 있는 정보와 속도는 기업으로 하여금 재고를 최소화하는 데 큰 도움을 준다. 공급업체들은 구매업체의 재고와 생산계획에 쉽게 접근할 수 있고 자재의 납품 스케줄을 잘 준수할 수 있기 때문에 구매업체의 재고수준이 격감할 수 있다.

Internet의 사용은 공급사슬에서 사업을 수행하는 기본적인 성격을 변화시키고 있다. Internet은 제조업체, 공급업체, 유통업체 사이의 전통적 역할을 흐리게 하고 중개자들을 제거함으로써 새로운 형태의 연결고리를 형성하고 있다. Internet은 또한 전에는 불가능하였던 지역적 장벽을 허물고 세계 어느 나라에서든지 시장과 고객을 개척할 수 있게 만들었다.

2. 전자자료교환

전자자료교환(electronic data exchange: EDI)이란 표준화된 양식을 사용하는 일상적인 업무서류를 두 기업간 컴퓨터 네트워크를 통하여 서로 교환하는 기술을 말한다.

EDI가 취급할 수 있는 일상적인 서류에는 송장(invoice), 구매주문서, 지급명세서 등인데 이는 전화나 서류발송을 위한 우편을 통하지 않는다.

예를 들면 고객이 공급업체로부터 제품을 구매코자 하면 전자 카탈로그(catalog)를 찾아 그 품목을 클릭함으로써 주문을 한다. 그러면 공급업체의 컴퓨터는 고객의 신용상태를 체크하고 주문 품목의 재고를 확인한다. 공급업체의 출고부는 전자적으로 이 사실을 알고 즉시 제품을 출하하고 회계부는 고객에게 전자적으로 대금을 청구한다.

EDI는 기업에 정보에의 신속한 접속, 향상된 고객 서비스, 서류작업의 감소, 커뮤니케이션의 향상, 생산성 증가, 추적 및 재촉, 비용감축 등 여러 가지 혜택을 제공한다.

한편 EDI의 사용으로 기업간 수요정보를 실시간 공유함으로써 수요예측을 좀 더 정확하게 할 수 있게 된다.

공급사슬을 따라 흐르는 자재의 실시간 추적을 위해 사용되는 자동화된 자재정보 입력기술로는 다음과 같이 바코드, RFID, RTLS(real-time locating systems), 바이오메트릭(biometric), 카드 등이 있는데 그 가운데서 일부만 설명하고자 한다.

3. 바코드

바코드(bar code) 시스템에서는 컴퓨터가 읽을 수 있는 코드를 공급사슬을 통해 흐르는 품목, 예컨대 제품, 컨테이너, 짐 또는 차량에 부착한다. 바코드에는 품목에 관한 여러 가지 정보, 예컨대 제품에 관한 설명, 품목번호, 출발지와 목적지, 특별 취급절차, 가격, 주문번호 등이 검고 흰 줄무늬로 표시되어 있다.

회사의 컴퓨터에 연결된 전자 스캐너(scanner)를 사용하여 정보를 바코드에 주사(走査)하면 곧바로 공급사슬의 회원에게 그 품목의 위치는 물론 여러 가지 중요한 정보를 제공하게 된다.

바코드 기술은 공급사슬관리에 막대한 영향을 미쳤다. 예를 들면 택배회사인 FedEx와 UPS는 즉시 상세한 추적정보를 자신과 고객에게 공급하기 위하여 바코드를 사용한다. 수퍼마켓이나 항공회사 등은 바코드를 사용함으로써 재고관리와 짐 관리를 효과적으로 수행할 수 있다.

4. RFID

RFID(radio frequency identification: RFID)는 바코드와 같은 기능을 수행할 수 있는 기술로서 스캐너와 출하 컨테이너 같은 품목 사이에 자료를 전송하기 위하여 라디오 주파수를 사용한다.

RFID는 코드화된 정보를 안테나를 통해 전송하기 위하여 마이크로칩을 내장한 태그(tag)나 트랜스폰더(transponder)와, 태그로부터 자료를 읽거나 태그에 새로운 정보를 기록하기 위해 태그에 신호를 보내는 RW 장치(read-write device)로 구성되어 있다.

RFID 태그는 RFID 판독기(스캐너)의 전송부분에 놓을 때만 작동한다. 정보는 자동적으로 전송되기 때문에 개별 바코드 레이블을 스캔할 필요가 없다. 따라서 노무비를 절약하면서 재고수준을 정확하게 알 수 있다.

RFID를 사용하기 위해서는 RFID 태그를 구입하여 깔판(pallet), 상자, 컨테이너 속에 들어 있는 제품에 적용하여야 한다. 이는 공급업체로 하여금 RFID 태그를 발생시켜 이것이 출하되기 전에 제품에 적용시키도록 해 주는 원격 RFID 인쇄기술을 사용함으로써 가능하다. 공급업자가 RFID 태그와 사전출하통지서를 사용하면 고객은 제품을 스캔하지 않고 수령할 수 있으며 자동추적도 가능하게 된다.

9.13 전자 상거래

e-비즈니스(e-business)란 컴퓨터 네트워크상에서 디지털 과정에 의하여 발생하는 모든 사업행위를 말한다. 오늘날 Internet상에서는 고객, 파트너, 공

급업체, 종업원 등이 전자적으로 연결되어 있다.

e-비즈니스에서는 공급사슬거래가 다양한 전자미디어, 예컨대 EDI, e-mail, 전자인쇄, 이미지 가공, 전자 게시판, 공유된 데이터베이스, 바코드, 팩스, 자동음성메일, CD-ROM 카탈로그, Internet, 웹 사이트 등을 통하여 진행된다. 또한 공급업체와 고객 사이에 필요한 정보를 전자적으로 전송하는 과정을 자동화함으로써 노무비와 시간을 절약할 수 있다.

전자 상거래(e-commerce)는 e-비즈니스보다 좁은 개념인데 전자적으로 발생하는 교환 또는 거래를 지칭하는 용어이다. 법률적으로 전자상거래는 제품이나 서비스의 거래에 있어 전부 또는 일부가 전자자료교환(EDI) 등 전자적 방식에 의하여 처리되는 거래로 정의하고 있다.

전자 상거래를 거래 주체에 따라 구분하면 다음과 같다.

■ 기업간 전자 상거래

기업간 전자 상거래(business to business: B2B)란 Internet과 같은 전자적인 방식을 이용하여 기업들 사이에서 발생하는 각종 상거래(예컨대 원자재 판매 및 구매)와 업무(예컨대 제품의 공동개발 및 생산, 금융결제) 등을 처리하는 것을 말한다.

오늘날 B2B 상거래에서 괄목할 추세는 B2B 시장의 개설이다. B2B 시장(B2B marketplace)이란 많은 판매자와 구매자가 모여 제품이나 서비스를 사고 파는 상거래의 중심(hub) 역할을 하는 중개자(intermediary)가 개설하는 전자시장을 말한다. 예를 들면 Internet상 자동차 경매시장과 중고차시장 등은 여기에 속한다.

코로나 19 이후 면대면 오프라인 거래가 큰 타격을 받으면서 가상공간에서 만나 해결하는 언택트(untact) 문화로 급격히 변화하고 있다. 판매하려는 공급자와 구매하려는 수요자가 가상공간에서 서로 소통하고 거래계약하는 새로운 플랫폼(platform)의 방식이 유행할 것이다.

■ 기업과 고객간 전자 상거래

기업과 고객간 전자 상거래(business to consumer: B2C)란 소비자가 Internet을 통하여 기업의 제품과 서비스를 구매·이용하는 방식을 말한다. 여기에는 Internet 쇼핑몰, Internet 방송 및 신문 등이 속한다.

▪ 기업과 정부간 전자 상거래

기업과 정부간 전자 상거래(business to government: B2G)란 정부 및 공공기관이 구매코자 하는 상품목록과 수량, 조건 등을 사이트에 공시하면 기업들이 입찰하여 거래를 성사시키는 방식을 말한다. 여기에는 정부가 Internet을 통하여 세금을 징수하는 것과 기업대상 각종 서비스를 제공하는 것도 포함된다.

▪ 정부와 소비자간 전자 상거래

정부와 소비자간 전자 상거래(government to consumer: G2C)란 전자매체를 이용하여 정부가 세금을 부과·징수하고 각종 주민생활 서비스를 제공하며 면허 등의 발급/갱신 업무를 수행하는 방식을 말한다.

▪ 소비자간 전자 상거래

소비자간 전자 상거래(consumer to consumer: C2C)란 벼룩시장(www.findall.co.kr)에서처럼 소비자들 사이에서 자동차와 부동산 등의 매매가 이루어지는 방식을 말한다. 여기에는 Internet을 통하여 개인 서비스 광고나 지식 및 전문기술을 판매하는 경우라든지 경매 사이트에서 개인 물건을 경매에 부치는 경우 등이 포함된다.

1. 공급사슬과 공급사슬관리의 개념을 설명하라.

2. 공급사슬관리는 왜 필요한가?

3. 공급사슬 파트너 사이에 통합이 왜 필요하며 어떻게 해야 하는가?

4. 공급사슬 전략에 관해 설명하라.

5. 채찍효과를 설명하라.

6. 구매관리와 물류관리에 관하여 설명하라.

7. 공급사슬관리를 위하여 사용되는 정보기술을 요약하라.

8. Internet이 공급사슬에 미치는 영향은 무엇인가?

9. 전자 상거래를 설명하라.

10. 자전거를 생산하는 성동(주)의 201A년 매출액은 500억 원이었고 각 품목의 평균재고와 단가는 다음 표와 같았다.

품목	번호	평균재고	단가(만 원)
원자재	1	500	12
	2	100	10
재공품	3	600	25
	4	1,000	30
완제품	5	300	75
	6	400	90

① 201A년 재고회전율을 구하라.
② 201A는 평균 몇 주간의 공급량을 재고로 쌓아 두었는가?

11. 201A년 자전거를 판매하는 김 사장의 매출액은 3,000,000원이고 평균재고는 250,000원이었다.

① 재고회전율을 계산하라.

② 공급주수를 구하라.

③ 김 사장은 다음 해에 평균재고는 250,000원으로 유지한 채 매출액은 20% 인상할 계획을 갖고 있다. 재고회전율을 구하라.

12. 어느 회사의 연차보고서에 기록된 자료는 다음과 같다.

순수입		33억 원
판매액		14억 원
재 고		
원자재	0.75	
재공품	0.15	
완제품	0.85	
	1.75	

① 재고회전율을 구하라.

② 공급주수를 구하라.

13. (주)태양의 201A년 초의 재고자산은 375,000달러이었고 연말의 재고자산은 325,000달러이었으며 총자산은 5,000,000달러이었다. 한편 그 해의 연간 판매액은 8,000,000달러이었다.

① 총자산 중에서 차지하는 재고자산의 비중은 몇 %인가?

② 재고회전율을 구하라.

③ 공급주수를 구하라.

제10장

판매 및 운영계획

수요의 계절변동은 산업계나 서비스업에서 항상 볼 수 있는 현상이다. 수개월 전에 특정 제품이나 서비스의 수요량과 시기를 정확하게 예측한다는 것은 거의 불가능한 일이다. 그렇지만 수요에 대처하기 위해서는 미리 노동력과 재고 등 생산능력의 요구량과 비용을 추산해야 한다.

기업에서 장기적으로 변동하는 수요는 생산시스템의 확장이나 축소를 통한 생산(시설)능력의 조정을 통하여 만족된다. 이는 이미 제7장에서 공부하였다. 그런데 2개월~1년까지의 기간 동안 계절요인에 의한 수요의 변동을 경제적으로 만족시키기 위해서는 판매 및 운영계획(sales and operations planning: S&OP)을 수립하게 된다.

판매 및 운영계획은 생산·운영, 재무, 엔지니어링 등과 공유하는 정보에 입각하여 마케팅 그룹이 수립하는 마케팅계획으로부터 시작한다. 다음에는 마케팅계획을 지원하기 위하여 총괄계획, 즉 생산계획을 수립하게 된다. 이는 주어진 장기 생산능력의 제약하에서 수립된다.

총괄계획이란 위 짧은 기간 동안에는 새로운 시설의 신축이나 장비를 구매할 수 없기 때문에 작업자의 채용과 해고, 작업일의 증감, 잔업, 재고의 증감, 하청 등의 방법을 통하여 고르지 않은 수요를 만족시키는 계획을 말한다. 기업은 그의 생산능력과 시장요구의 균형을 추구해야 한다. 그런데 수요는 일정하지 않고 변동하기 때문에 수요에 맞춰 얼마만한 생산능력이 필요한가, 요구되는 생산능력을 어떻게 제공할 것이며 여러 기간에 걸쳐 수요의 변동을 어떻게 균형화시킬 것인가? 라는 문제를 해결해야 한다.

판매 및 운영계획은 기업의 마케팅, 운영, 구매, 재무, 엔지니어링 등 부서가 수요와 공급을 균형시키기 위하여 작성하는 중기의 기능계획을 통합하여 수립하게 된다. 판매 및 운영계획은 공급사슬에 걸쳐 영향을 미치는 계획정보로서 모든 공급사슬 파트너들과 공유하도록 해야 한다.

본장에서는 총괄계획의 수립과정과 전략 등에 관하여 공부한다.

최고경영층은 보통 2~10년의 계획기간 동안에 기업의 방향과 목표를 설정하고 이를 완수하기 위하여 재무, 마케팅, 운영 및 엔지니어링 부문으로부터 자료를 수집한 후 장기적이고 전략적인 비즈니스 계획을 수립한다. 이 전략적 비즈니스 계획은 매년 갱신하고 재평가한다.

장기적이고 전략적인 비즈니스 계획은 중기계획인 판매 및 운영계획(S&OP)의 출발점이다. 판매 및 운영계획은 기업의 장기적 목적과 전략에 부합해야 하고 장기적 시설과 자본예산 결정으로 만들어지는 제약 속에서 수립된다. S&OP는 마케팅, 운영, 재무, 엔지니어링 부문에서 수립하는 기능별 계획(functional plan)을 교차기능팀(cross-functional team)[1]이 통합하는 계획이다. S&OP는 수요가 변동하고 불확실한 환경에서 제품의 공급과 수요를 일치시키기 위하여 2개월에서 12개월 정도 기간 동안 매월 갱신함으로써 공급과 수요의 불일치를 해결하려고 한다.

1. 마케팅계획

판매 및 운영계획은 운영, 재무, 엔지니어링 부문과 공유하는 정보를 가지고 마케팅 그룹이 수립하는 마케팅계획(marketing plan)으로부터 시작한다.

마케팅계획은 전략적 비즈니스 계획에서 명시한 이익수준, 성장률, 투자수익을 달성하는 데 필요한 판매고를 제시한다. 이 외에 마케팅계획은 목표시장, 시장점유율, 가격·품질·유연성·시간과 같은 경쟁요인, 예상이익마진 등을 포함한다.

2. 총괄계획

총괄계획(aggregate plan) 또는 생산계획(production plan)은 운영그룹이 마케팅계획을 지원하기 위하여 필요로 하는 자원을 규명한다. 총괄계획은 제4장에서 취급한 예측모델을 사용하여 구한 개별 제품이나 서비스의 수요에 입각하지 않고 이들 수요를 제품라인 또는 제품군(product family)으로 총합하는 총괄수요(aggregate demand)를 만족시키기 위한 계획이다. 예를 들면 19인치, 21인치, 25인치 컬러 TV를 생산하는 회사의 경우 이들 모델의 수요를 합산하여

---

1 교차기능팀은 자율적 작업팀이라고도 한다.

그림 10-1　판매 및 운영계획의 수립과정

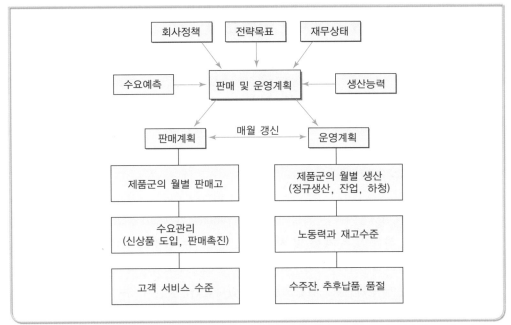

자료 : Roberta S. Russell and Bernard W. Taylor Ⅲ, *Operations Management*, 8th ed.(John Wiley & Sons, Inc., 2014), p. 459.

하나의 TV 제품으로 취급하여 계획을 수립하는 것이다. 이와 같이 모든 제품들에 대한 능력은 공통 측정단위를 사용하여 총괄적인 생산능력 소요량을 파악하게 된다.

총괄계획은 생산율과 노동력 크기를 세분화하는데 이는 보유재고량, 잔업량, 하청량, 작업자의 고용과 해고, 고객주문의 추후납품 등을 결정하는 데 도움을 준다.

총괄계획을 작성하는 기본 목적은 기업에서 이용가능한 자원의 한계 내에서 가장 합리적으로 고르지 않은 수요를 만족시키는 전략을 수립하고자 하는 것이다. 즉 총괄계획을 수립함으로써 비용, 재고투자, 생산율 변화 및 작업자 수준변화는 극소화하면서 고객 서비스와 공장 및 장비의 이용은 극대화하고 기대수요와 시설능력을 균형화시키려고 한다. 총괄계획은 앞에서 언급한 바와 같이 중기계획으로서 생산능력계획 같은 장기계획결정의 제한을 받음과 동시에 스케줄링이나 자재소요계획 같은 단기계획 결정에 제한을 가한다.

총괄계획은 넓은 의미로 판매 및 운영계획의 한 부분이지만 좁은 의미로는 동의어로 사용되기도 한다. [그림 10-1]은 지금까지 설명한 판매 및 운영계획의 수립과정을 나타내고 있다.

10.2 총괄계획의 수립단계

총괄계획을 수립하는 데는 일반적으로 [그림 10-2]에서처럼 네 단계를 거친다. 각 단계를 개괄적으로 설명하면 다음과 같다.

1. 총괄수요의 예측

총괄수요의 예측은 계획대상기간(planning horizon) 동안의 각 기간별로 제공하고자 하는 모든 제품 및 서비스에 공통되는 단위로 기대되는 수요를 총합하여 제품그룹별로 구한다. 예를 들면 페인트 제조회사의 경우 총괄수요는 용기의 크기에 관계 없이 갤런으로 표현한다든가, 병원의 경우 침대의 크기에 관계없이 침대 수로 표현하는 것이다.

그림 10-2 총괄생산계획의 절차

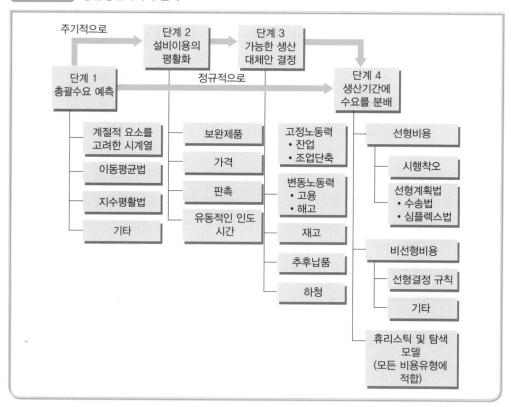

2. 수요 옵션

고객수요를 충족시킬 경제적 전략은 수요관리(demand management) 또는 능력조정(adjusting capacity)을 통하여 달성할 수 있다. 총괄계획 전략에는 능동적 전략, 수동적 전략, 혼합전략이 있다. 능동적 전략은 수요 옵션(demand option)을 사용한다. 즉 수요를 변경시켜 생산능력과 균형을 맞추려는 것이다. 수동적 전략은 생산능력 옵션(capacity option)을 사용한다. 즉 생산능력을 변경시켜 수요와 균형을 맞추려는 것이다. 혼합전략은 수요와 생산능력의 변경을 통해 이들의 균형을 도모하는 것이다.

수요와 공급을 균형화시키기 위하여 기업들이 사용하는 수요 옵션은 다음과 같다.

- 가격정책을 통하여 수요의 수준과 시기에 영향을 미치는 것이다. 즉 수요가 많을 때는 가격을 높여 수요를 줄이고 수요가 적을 때에는 가격을 낮추어 수요를 증가시키도록 차별가격정책을 사용하는 것이다. 야간 전화료의 할인, 극장의 조조할인, 야간 비행기요금의 할인, 소비재의 창고할인 등이 그 예이다.
- 수요의 수준과 시기에 영향을 미치는 광고나 판매촉진활동을 사용할 수 있다.
- 기존제품의 수요가 없는 계절에 잘 팔리는 보완적 제품(complementary or counter-seasonal product) 또는 반(反)계절상품을 개발하는 것이다. 동일한 생산기술을 사용하되 수요패턴이 기존제품에 보완적인 새로운 제품을 개발함으로써 [그림 10-3]과 같이 공장의 부하(load)를 평준화할 수 있는 것이다. 예컨대 여름에 잘 팔리는 에어콘과 겨울에 잘 팔리는 난방장치를 동시에 취급하는 기업의 경우이다.
- 예약제도를 실시한다. 의사, 변호사, 자동차 수리점, 호텔, 비행기 등 사전예약을 실시하여 수요를 고르게 한다.
- 고객과 합의하에 수주잔(backlog)과 미충족주문(backorder)의 수령을 통해 추후납품(후납)함으로써 수요의 평활화를 추구하는 정책을 사용할 수 있다.

선박이나 항공기처럼 맞춤제품이나 맞춤서비스를 주문생산하는 기업에서는 고객으로부터 주문을 계속 받으면서 가까운 미래에 공급하겠다는 약속을

그림 10-3 보완적 제품개발에 의한 부하평준화

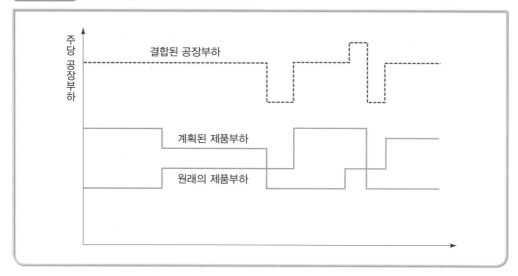

하는 수주잔 주문정책을 사용한다. 즉 성수기에 주문을 받았다가(증가) 비수기에 충족시키는(감소) 리드타임을 강요하는 것이다.

이러한 정책은 미래의 생산소요량에 대한 불확실성을 감소시키고 생산소요량을 고르게 하는 효과는 있지만, 속도라는 경쟁무기는 상실하게 된다. 이러한 정책을 사용하는 예는 치과, TV 수리점, 자동차 수리점을 들 수 있다.

표준품을 계획생산하는 기업에서는 성수기에 일시적으로 품절이 되어 고객의 주문을 즉시 충족시킬 수 없는 경우에는 고객의 양해하에 가급적 빨리 충족시키겠다는 추후납품정책을 사용할 수 있다.

이러한 정책은 다음 기간의 생산소요량에 증가효과를 가져오지만 고객의 불만족을 초래하여 미래에 고객을 상실할 가능성이 있기 때문에 피하는 것이 바람직스럽다.

3. 생산능력 옵션

다음에는 생산능력을 조정하여 제품과 서비스의 공급을 변경함으로써 수요를 가장 경제적으로 만족시키는 생산능력 옵션을 이용한 생산방안을 결정하는 것이다.

• 고용수준을 일정하게 유지하고 잔업(overtime: 초과근무)이나 유휴시간

(idle time, under time: 단축근무)을 사용하여 생산율(production rate)을 조정하는 것이다. 생산율이란 단위 기간(시간, 일) 동안 완료되는 제품의 수를 말한다. 이러한 변수들은 계절적 수요의 변화가 일시적인 피크(peak)일 때 주로 사용된다. 잔업의 경우에는 더 높은 임률을 적용하므로 비용이 많이 들게 되며 작업자들도 기피하는 단점이 있다.

- 유휴시간은 잔업의 반대개념으로서 작업자의 해고 대신에 봉급은 제대로 지불하면서 훈련이나 프로세스 개선 및 문제해결에 시간을 보내도록 하거나 작업속도를 늦추어 생산율을 감소시키는 방안이다. 유휴시간은 노동능력이 수요요구량보다 클 때 재고증가를 피하기 위하여 이용되며, 특히 고급기술자를 보유한 프로세스 중심(process focus)의 기업에서 해고할 수 없기 때문에 이용된다.

- 수요변동에 따라 고용 또는 해고를 통하여 고용수준 및 생산율을 변경하는 것이다. 수요가 잔업이나 유휴시간으로 만족시킬 수 있는 한계를 벗어 변동하게 되면 고용이나 해고를 통하여 작업자의 수를 증감할 수 있다. 고용이나 해고는 노조와의 관계, 생산성, 그리고 사기에 영향을 미칠 뿐만 아니라 고용 또는 해고에 따른 비용이 수반되는 결점이 있으나, 작업자의 특수한 기술을 요하지 않는 경우에는 이용할 수 있다.

- 고용수준과 생산율을 모두 일정하게 유지하고 완제품의 재고증가를 통하여 수요를 만족시키는 것이다. 비수기에 정상가동하여 재고를 축적하였다가 성수기에 이로써 수요를 흡수하는 방안이다. 제조업의 경우에 많이 사용되는 전략이지만, 특히 유행에 민감한 의류나 부패하는 제품 등에는 사용할 수 없고 또한 서비스업에서도 사용할 수 없다. 재고로 축적하는 동안 여러 가지 비용이 발생한다.

- 고용수준과 생산율을 모두 일정하게 유지하고 하청(subcontracting)을 이용하여 수요를 만족시키는 것이다. 이상에서 설명한 변수들을 이용하더라도 수요를 만족시킬 수 없을 때에는 다른 기업에 의뢰하여 완제품, 중간조립품 또는 부품 등을 공급받는 것이다. 하청업자는 사전에 정한 품질수준 및 납품날짜를 준수해야 한다. 하청을 주는 경우에는 자기회사에서 제조하는 경우보다 많은 비용이 소요된다.

- 수주잔과 미충족주문 같은 후납정책을 고객과 합의하여 사용한다.

- 임시고용 또는 다른 기업과의 시설의 공동이용을 선택하는 것이다.

4. 최적 생산전략 결정

　　모든 가능한 생산방안이 밝혀지고 그의 단위당 비용이 결정되면 최적전략을 결정할 수 있다. 최적전략이란 전 계획기간 동안 총비용을 최소로 하는 생산방안을 사용하여 각 기간별로 예측된 수요를 할당하는 것을 말한다.

10.3　공급사슬을 통한 S&OP의 연결

　　총괄계획수립은 미래 중기에 어떻게 생산능력이 사용될 것인가를 결정하기 때문에 생산·운영기능의 주된 책무이다. 다시 말하면 총괄계획은 제품수요에 입각해서 생산율과 작업자 수를 결정한다. 그러나 이를 수립하는 데는 회계, 재무, 마케팅, 인적자원 등 기업의 모든 기능의 조정과 협조가 이루어져야한다. 따라서 이러한 부서들이 참여하는 교차기능팀에 의해서 총괄계획은 수립된다.

　　한 기업의 총괄계획은 그의 공급사슬 파트너들에게도 영향을 미친다. 자재를 이동하고 저장하는 주요 공급업체의 지원 없는 총괄계획은 실패할 가능성이 높다. 따라서 총괄계획의 수립 시 공급사슬 파트너들과 연결하여 협조하고 조정해야 한다. 이러한 공급사슬을 통한 협조가 있을 때 특히 비용과 같은 영역에서 전반적인 공급사슬의 성과에 있어 향상을 기할 수 있게 된다.

　　예를 들면 어떤 기업이 균등생산계획을 수립하여 자재의 주문을 안정화시키면 공급업자는 그 기업에 가격할인 등 혜택을 줄 수 있는 것이다.

　　총괄계획수립의 연결은 공급사슬 파트너 사이의 동시 수립을 가능케 하여 불확실성을 제거하는 데 도움이 된다. 예를 들면 어떤 기업이 S&OP를 수립하면 그의 파트너들은 이러한 정보를 이용하여 자신들의 활동이나 계획을 비교적 정확하게 수립할 수 있다. 이렇게 함으로써 그 기업의 자재에 대한 수요가 언제, 얼마일지 추정할 필요가 없게 된다. 왜냐하면 주일정계획(master production schedule: MPS)을 모든 공급사슬 파트너들이 공유하면 제품들의 완료일을 예상할 수 있기 때문이다. 이와 같이 MPS는 공급사슬 파트너들 사이에

그림 10-4   S&OP의 연결

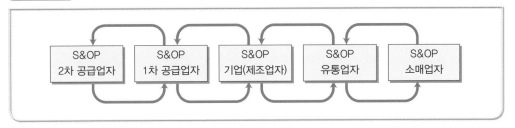

커뮤니케이션을 가능케 하는 주요 수단이 된다.

　한편 기업은 유통업체, 도매점, 소매점과 같은 하류 파트너들과 연결을 수립할 수 있다. 이를 통해 기업은 더욱 정확한 판매예측을 얻을 수 있다.

　S&OP와 관련된 정보는 상류로는 물론 하류로도 흐른다. 예를 들면 주요 공급업자가 생산능력을 확대한다면 그 기업은 이러한 정보를 S&OP 수립 시에 반영할 수 있다. 계획의 공유는 이미 많은 산업계에서 행해지고 있으며 큰 조정, 생산성 향상, 자재와 서비스의 원활한 흐름을 통한 비용의 절감효과가 나타나고 있다. [그림 10-4]는 공급사슬의 상·하류를 통한 S&OP의 연결상태를 보여 주고 있다.

10.4   총괄계획 전략

　총괄수요는 매월 변동하기 때문에 고르지 않다. 이 고르지 않은 수요변동에 대처하기 위해 사용할 수 있는 전략변수들은 생산율, 채용과 해고를 통한 고용수준의 변동, 잔업과 유휴시간에 의한 작업시간의 조정, 작업 교대조 추가, 재고 및 추후납품, 하청 등이다.

　총괄계획을 수립할 때는 상충하는 목표들을 균형화해야 한다. 재고투자, 생산율의 변동, 작업자 수준의 변동, 총비용 등을 최소로 하면서 고객 서비스, 공장과 장비의 이용, 이익 등을 최대로 해야 하기 때문에 이러한 상충하는 목표를 균형 있게 만족시킬 전략의 수립이 필요하다.

　변동하는 수요를 만족시키기 위하여 사용되는 총괄계획의 전략으로서는

- 순수전략 ┌ 추적전략
          └ 균등생산전략
- 혼합전략

이 있다.

변동하는 수요를 흡수하기 위하여 여러 통제가능변수 중에서 추적전략과 균등생산전략처럼 하나의 변수를 사용하면 순수전략(pure strategy)이라 하고, 두 개 이상의 변수를 사용하면 혼합전략(mixed strategy)이라 한다. 기업에서는 일반적으로 혼합전략을 많이 사용한다.

어떤 변수를 사용하여 어떤 전략을 사용하느냐 하는 것은 그 기업이 처한 환경과 그 기업의 생산전략에 따라 달라진다. 일반적으로 프로세스 중심(process focus)의 기업은 수요변동에 쉽게 대응할 수 있기 때문에 잔업, 하청 혹은 작업자 수준변동 같은 변수를 이용해서 수요를 만족시킬 수 있지만, 제품중심(product focus)의 기업은 수요의 변동을 흡수하기 위하여 주로 재고변동, 휴가 또는 단축근무 등을 사용할 수 있다.

추적전략(chase strategy)이란 각 기간에 변동하는 생산소요량에 맞도록 작업자 수준이나 생산율을 조정하는 전략이다. 즉 자원을 수요에 맞추기 때문에 어떤 기간에도 계획된 산출량과 기대수요가 일치하게 된다. 따라서 재고의 증감이나 유휴시간 등은 사용되지 않는다. 대신 작업자를 채용하거나 감원하고, 잔업이나 하청 등이 사용될 수 있다. 추적전략은 재고투자, 잔업, 하청, 품절가능성이 최저가 되는 장점이 있는 반면에, 작업자 증감에 따르는 비용과 생산성 및 품질의 저하를 초래하는 단점이 있다. 특히 작업자 해고는 노조의 반대에 부딪힌다. 이러한 전략은 주로 주문생산업체에서 사용한다.

균등생산전략(level strategy)은 수요변화와 관계 없이 전 계획기간 동안의 평균수요(average demand)를 만족시킬 작업자 수준을 일정하게 유지하여 정규작업시간에 의한 생산율을 일정하게 유지하는 평준전략이다. 그러나 변동하는 수요는 다음과 같은 변수를 사용함으로써 만족시킨다.

- 잔업이나 유휴시간의 사용
- 재고의 증감
- 수요가 증가할 때에 품절을 일시적으로 허용하고 추후납품의 사용
- 하청의 사용
- 임시고용(비정규직)이나 다른 기업과의 시설의 공동이용

그림 10-5　수요패턴과 두 전략의 비교

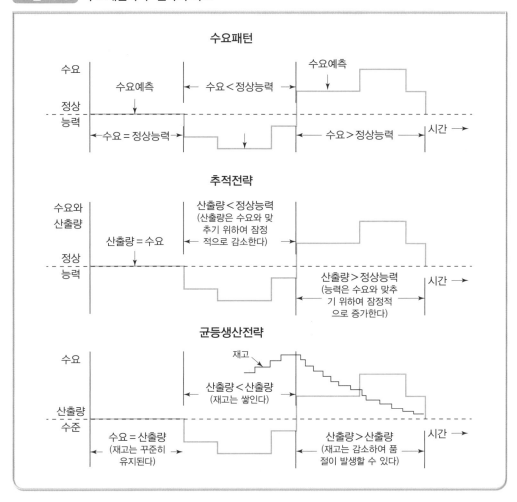

이러한 전략은 고용안정의 효과는 있으나 재고증가에 따른 비용증가와 추후납품에 따른 고객 서비스의 불만족을 초래하는 단점을 갖는다. 이러한 전략은 주로 계획생산 업체에서 사용한다.

　　기업에서는 회사정책, 신축성, 비용 등 요인을 고려하면서 전략을 선정한다. 예를 들면 해고와 하청의 금지, 파트타임 작업자의 근무시간 제한 같은 정책을 따라야 하는 회사라든지 정유공장이나 자동차 조립공장에서는 추적전략에 필요한 유연성을 기대할 수 없다. 따라서 총괄계획은 기업의 정책이나 협정을 지켜야 하는 제약 속에서 비용을 최소로 하는 전략을 추구하게 된다.

　　[그림 10-5]는 수요패턴과 이에 대응하는 두 전략을 나타내고 있다.

총괄계획을 수립할 때 고려하는 비용은 다음과 같다.

■ 채용비용과 해고비용

채용비용은 모집비용, 선발비용, 훈련비용 등을 포함하고 해고비용은 퇴직수당과 같은 해고를 보상하는 데 소요되는 제반 비용을 포함한다.

■ 잔업비용과 유휴시간비용

잔업비용은 하루 8시간씩 1주일에 40시간 작업하는 데 지불하는 정상작업임금 이상으로 지불하는 비용으로 40시간 이상의 초과시간에 대해서는 정규임금의 150%를 지불한다. 한편 유휴시간비용은 정규시간 이하로 공장을 가동할 때 발생하는 유휴시간에 정규임금을 지불하는 것이다.

■ 재고유지비용과 재고부족비용

재고유지비용은 제품 한 단위를 재고로 일정한 기간 동안 유지하는 데 소요되는 비용으로서 자본비용, 기회비용, 보관비용, 진부화에 따른 비용 등을 포함한다. 이 비용은 재고가의 퍼센트로 표현하기도 한다.

재고부족비용(shortage cost)은 고객의 수요가 가용재고보다 큰 경우에 발생한다. 이와 같이 일시적으로 품절이 발생하면 고객이 주문을 취소함으로써 판매상실(lost sale)과 고객상실에 따른 이익과 신용의 상실이 불가피한 품절비용(stockout cost)이 발생하든지 또는 고객이 주문이 충족될 때까지 기꺼이 기다려주는 추후납품비용(backorder cost)이 있을 수 있다.

추후납품비용에는 벌과금, 생산독촉비용, 가격할인, 부가적인 서류정리비용 등 납품지연에 따른 여러 가지 비용이 포함된다.

■ 하청비용

하청비용은 생산능력부족 등의 이유로 자체 내에서 생산할 수 없는 경우에 제품생산에 따른 하청업자에게 지불하는 비용으로서 보통 자체에서 생산하는 비용보다 더 많이 지불한다.

10.6 총괄계획 수립기법

총괄계획을 수립하는 기법으로서는 여러 가지가 있다. 그러나 이들은 크게 다음과 같이 분류할 수 있다.

- 도시법
- 수리적 모델
- 휴리스틱기법

기업에서는 실제적으로 그래프나 차트를 이용하는 방법이 널리 이용되고 있다. 이 방법은 여러 가지 변수들을 이용한 전략들에 대하여 관련 비용을 계산하여 총비용이 최소인 전략을 선택하는 것이다.

1. 도시법

도시법(graphic and charting method)이란 예측된 수요와 현존생산능력을 비교할 수 있도록 간단한 표와 그래프를 작성하는 방법이다. 그래프나 차트를 이용하는 방법은 시행착오적 방법이므로 최적계획을 항상 결과하는 것은 아니라는 단점을 가지고 있다.

그래프나 차트를 이용하는 방법은 다음과 같은 절차를 거친다.

- 각 기간별로 총괄수요를 결정한다.
- 각 기간별로 정규시간, 잔업시간, 하청 등 생산능력을 결정한다.
- 정규시간, 잔업시간, 하청, 재고유지 또는 추후납품에 대한 단위 비용을 결정한다.
- 안전재고수준, 최대재고수준, 희망하는 고용수준 등에 대한 기업의 정책을 결정한다.
- 각 대안을 작성하고 비용을 계산한다.
- 만족할 수 있는 계획이면 최소비용의 대안을 선택하고, 그렇지 않으면 다른 대안을 작성한다.

하나의 예로써 윌슨(주)이 6개월 동안 테니스 라켓을 생산할 총괄계획을 수립하는 문제를 들기로 하자. [표 10-1]은 수요예측과 매월 작업일 수 그리고

| 표 10-1 | 수요예측과 비용정보 |

월	수요예측	생산소요량	작업일 수	항목	비용
				채용비용	4,000원/인
				해고비용	6,000원/인
1	2,500	2,000	23	재고유지비용	110원/단위/월
2	2,500	2,500	20	추후납품비용	130원/단위/월
3	2,500	2,500	23	하청비용	90원/단위
4	3,500	3,500	22	정규임금	10원/인/시간
5	3,000	3,000	21	잔업임금	15원/인/시간
6	1,500	2,000	23	작업시간	3시간/단위
합계	15,500(개)	15,500(개)	132		

비용정보를 나타내고 있다. 회사는 작년 말에 재고로 500개를 보유하고 있으며 6월 말에 보유해야 할 재고수준도 500개라고 한다. 따라서 1월의 생산소요량 (production requirement)은 수요예측－연말 재고＝2,500－500＝2,000이며, 6월의 생산소요량은 수요예측＋월말 재고＝1,500＋500＝2,000이다. 회사는 안전재고를 보유하지 않는 정책을 사용하며 재고유지비용은 월말 재고수준에 대하여 계산한다. 1월 1일 회사의 작업자 수는 40명이다.

회사가 고려하는 생산계획은 다음과 같다.

- 계획 1 : 작업자수준을 증감시켜 매월 생산소요량만큼 생산하는 순수 추적전략을 추구한다. 작업자들은 1주일에 5일간, 매일 8시간씩 정상적으로 작업한다.
- 계획 2 : 작업자 수를 월평균 생산소요량에 해당하는 수준으로 매월 일정하게 유지하고 변동하는 수요는 재고증가와 품절로 흡수하는 순수 균등생산전략을 추구한다. 따라서 품절이 발생하면 다음 달 생산하여 곧바로 추후납품(backorder)하고 이의 비용을 계산한다.
- 계획 3 : 작업자 수를 현재의 40명으로 매월 일정하게 유지하고 변동하는 수요는 재고증가와 하청으로 흡수하는 혼합전략을 추구한다.

계획 1은 월 생산소요량에 맞추어 생산함으로써 필요에 따라 작업자들을 고용하고 해고하는 전략이다. 생산소요량을 생산하기 위해서는 필요한 작업자 수가 얼마인지 매월 계산해야 한다. 이를 구하는 공식은 다음과 같다.

$$월\ 작업자\ 수 = \frac{월\ 생산소요량 \times 단위당\ 작업시간}{월\ 작업일\ 수 \times 8시간}$$

$$= \frac{\text{월 생산소요시간}}{\text{작업자 1인당 월 작업시간}}$$

이 공식을 이용하여 1월의 작업자 수를 구하면 다음과 같다.

$$1\text{월 작업자 수} = \frac{2,000 \times 3}{23 \times 8} = 32.6 \fallingdotseq 33(\text{명})$$

1월 1일의 작업자 수는 40명인데 1월의 필요 작업자 수는 33명(반올림하기로 함)이므로 7명을 해고해야 한다. 이러한 방식으로 매월 필요한 작업자 수를 계산하고 전월의 작업자 수와 비교하여 채용인원이나 해고인원을 계산하면 된다.

정규임금이란 작업자들이 시간당 10원씩, 하루 8시간씩 한 달간 정규적으로 작업하여 받는 총액임금을 말하는데 다음과 같은 공식을 이용하여 계산한다.

$$\text{월 정규임금} = \text{월 작업자 수} \times 8\text{시간} \times \text{월 작업일 수} \times \text{시간당 임금}$$
$$= \text{월 생산소요시간} \times 10\text{원}$$

이와 같이 계산한 결과가 [표 10-2]이며 이때의 관련 비용은 837,000(원)

표 10-2 계획 1의 결과

항목 \ 월	1	2	3	4	5	6	합계
① 생산소요량	2,000	2,500	2,500	3,500	3,000	2,000	15,500
② 생산소요시간 (①×3)	6,000	7,500	7,500	10,500	9,000	6,000	
③ 작업일 수	23	20	23	22	21	23	132
④ 생산시간/인 (③×8)	184	160	184	176	168	184	
⑤ 필요 작업자 수 (②÷④)	33	47	41	60	54	33	
⑥ 채용인원		14		19			
⑦ 해고인원	7		6		6	21	
⑧ 채용비용 (⑥×4,000)		56,000		76,000			132,000
⑨ 해고비용 (⑦×6,000)	42,000		36,000		36,000	126,000	240,000
⑩ 정규임금 (②×10)	60,000	75,000	75,000	105,000	90,000	60,000	465,000
⑪ 총비용 (⑧+⑨+⑩)	102,000	131,000	111,000	181,000	126,000	186,000	837,000

이다.

계획 2는 월평균 생산소요량에 해당하는 수준으로 작업자 수를 매월 일정하게 유지하고 변동하는 수요는 재고증가와 추후납품으로 흡수하는 전략이기 때문에 필요한 작업자 수를 다음과 같은 공식을 이용하여 구해야 한다.

$$필요\ 작업자\ 수 = \frac{6개월간\ 생산소요량 \times 단위당\ 작업시간}{6개월간\ 작업일\ 수 \times 8시간}$$

$$= \frac{15,500 \times 3}{132 \times 8} ≒ 44(명)$$

매월 작업자 수는 44명으로 일정하므로 1월 초에 4명을 채용한다. 이 44명에 1인당 월 생산시간을 곱하면 월 생산가능시간이 나온다. 월 생산가능시간을 단위당 생산시간으로 나누면 월 실제생산량이 나오는데, 이를 월 생산소요량과 비교하면 월말 재고수준 또는 추후납품할 수량을 알 수 있다.

예를 들어 1월 말 재고수준은 다음과 같이 구한다.

$$실제생산량 = \frac{44 \times 작업일\ 수 \times 8시간}{단위당\ 생산시간} = \frac{월\ 생산가능시간}{단위당\ 생산시간}$$

$$= \frac{44 \times 23 \times 8}{3} = 2,699(시간)$$

$$1월\ 말\ 재고수준 = 1월의\ 실제생산량 - 1월의\ 생산소요량$$
$$= 1월의\ 실제생산량 - (1월의\ 수요예측 - 연말\ 재고수준)$$
$$= 2,699 - (2,500 - 500)$$
$$= 699(개)$$

만일 재고부족(품절)이 발생하면 추후납품비용을 계산하고 다음 달 생산해서 납품해야 한다.

예컨대 4월 말 재고부족은 $745 + 2,581 - 3,500 = -174(개)$이고 이 부족분은 5월 생산하여 추후납품하게 된다. 따라서 5월 말 재고부족은 $-174 + 2,464 - 3,000 = -710(개)$가 된다.

이상에서 설명한 바와 같이 계산한 결과가 [표 10-3]이며 이때의 관련 비용은 815,890(원)이다.

계획 3은 작업자 수를 현재의 40명으로 계속 유지하면서 재고증가 또는 재고부족(품절)이 발생하면 하청으로 메우는 전략이다.

이와 같이 계산한 계획 3의 결과가 [표 10-4]이며 이때의 관련 비용은

표 10-3 계획 2의 결과

항목 \ 월	1	2	3	4	5	6	합계
① 생산소요량	2,000	2,500	2,500	3,500	3,000	2,000	15,500
② 작업일 수	23	20	23	22	21	23	132
③ 작업시간/인 (②×8)	184	160	184	176	168	184	
④ 작업자 수	44	44	44	44	44	44	
⑤ 채용인원	4						
⑥ 생산가능시간 (③×④)	8,096	7,040	8,096	7,744	7,392	8,096]	
⑦ 실제생산량	2,699	2,347	2,699	2,581	2,464	2,699	
⑧ 기말 재고	699	546	745	−174	−710	−11	
⑨ 채용비용 (⑤×4,000)	16,000	16,000					
⑩ 재고유지비용	76,890	60,060	81,950	218,900			
⑪ 추후납품비용				22,620	92,300	1,430	116,350
⑫ 정규임금	80,960	70,400	80,960	77,440	73,920	80,960	464,640
⑬ 총비용	173,850	130,460	162,910	100,060	166,220	82,390	815,890

2월 말 재고＝699＋2,347−2,500＝546, 4월 말 재고＝745＋2,581−3,500＝−174

표 10-4 계획 3의 결과

항목 \ 월	1	2	3	4	5	6	합계
① 생산소요량	2,000	2,500	2,500	3,500	3,000	2,000	15,500
② 작업일 수	23	20	23	22	21	23	132
③ 작업시간/인 (②×8)	184	160	184	176	168	184	
④ 작업자 수	40	40	40	40	40	40	
⑤ 생산가능시간	7,360	6,400	7,360	7,040	6,720	7,360	
⑥ 실제생산량	2,453	2,133	2,453	2,347	2,240	2,453	
⑦ 기말 재고	453	86	39	−1,114	−1,874	−1,421	
⑧ 재고유지비용	49,830	9,460	4,290				63,580
⑨ 하청비용				100,260	168,660	127,890	396,810
⑩ 정규임금	73,600	64,000	73,600	70,400	67,200	73,600	422,400
⑪ 총비용	123,430	73,460	77,890	170,660	235,860	201,490	882,790

표 10-5 비용비교 (단위: 원)

	계획 1	계획 2	계획 3
채용비용	132,000	16,000	
해고비용	240,000		
재고유지비용		218,900	63,580
추후납품비용		116,350	
잔업비용			
하청비용			396,810
정규임금	465,000	464,640	422,400
총비용	837,000	815,890	882,790

882,790(원)이다.

[표 10-5]는 각 대안의 관련 비용을 요약하여 종합한 결과이다. 이 외에 많은 대안을 고려할 수 있지만 이상에서 계산한 세 개의 대안만을 놓고 볼 때 계획 2가 최소의 비용을 나타내고 있다. 그러나 대안을 선택할 때에는 비용 외에도 고객 서비스, 자원(노동, 장비)의 사용, 고용의 안정 등을 고려해야 한다.

2. 수리적 모델

1950년대 이후 많은 학자들이 총괄생산계획을 수립하는 데 이용할 많은 수리적 기법을 제안하였다. 예를 들면 수송모델, 선형 및 목적계획법 등이 있으나 이들의 설명은 생략하고자 한다.

10.7 주일정계획 수립

1. 총괄계획 분해

총괄계획은 재고 또는 추후납품의 수준, 고용 또는 해고인원 수, 하청량, 잔업량, 정규생산량 등을 제품군(product family)별로 나타낸 전반적 계획이다. 따라서 각 개별 제품을 특정 시기에 얼마 생산할 것인가라는 기업의 현실적인

표 10-6　총괄계획과 주일정계획

월		1	2
매트리스 생산		680	680

	1	2	3	4	5	6	7	8
모델 100	150					150		
모델 200				130			130	
모델 300		200	200		200			200

생산계획의 문제와는 거리가 있게 된다. 그러므로 실행가능한 구체적인 최종제품별 생산계획을 얻기 위해서는 총괄계획을 분해(disaggregation)할 필요가 있다. 이와 같이 총괄계획을 분해하게 되면 작업자 수, 자재, 재고 요구량 등을 결정할 수 있다.

총괄계획을 분해한 결과가 일시적 주일정계획(master schedule: MS)이다. 이는 각 기간에 개별 최종품목(end item)이나 완제품을 총괄계획에서 허용된 자원에 입각하여 실제로 얼마 생산해야 하는가를 나타내는 계획이다. MS가 작성되면 자재와 부품을 구입할 수 있게 되고 스케줄링을 수립하게 되며 재고계획을 수립할 수 있게 된다. MS는 마케팅부와 생산부에 아주 중요한 정보를 내포하고 있다. 주문의 생산일정이 언제 수립되고 완전한 주문이 언제 발령이 되어야 할지를 알려 준다.

[표 10-6]은 매트리스의 총괄계획으로부터 모델별 MS를 작성한 예이다. MS는 보통 주 단위로 작성된다. 이러한 단위를 타임버킷(time bucket)이라고 한다. MS의 계획기간은 1년 또는 그 이상이지만 제품생산에 참여하는 부품 중 가장 긴 리드타임보다 길어야 수요를 계획대로 충족할 수 있는 것이다.

월 생산량을 모델별 주별 생산량으로 분해하기 위해서는 과거의 수요패턴과 마케팅부의 의견을 고려해서 효율적으로 결정해야 한다.

2. 개략능력계획

MS는 현실적인가? 이를 위해 필요한 시기에 필요한 능력이 충분히 있는가?

일단 일시적 MS가 작성되면 이의 타당성을 평가하기 위하여 각 기간별, 각 작업장별 총생산시간을 계산할 수 있는데 이를 개략능력계획(rough-cut capacity

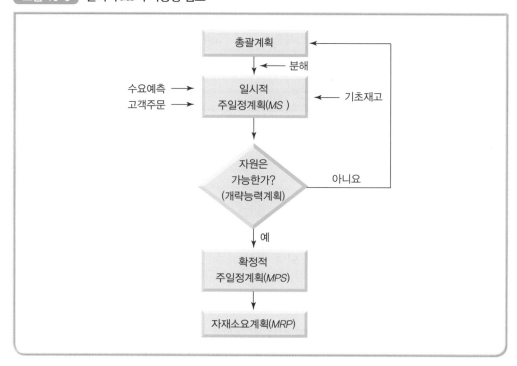

그림 10-6 일시적 *MS*의 타당성 검토

planning)이라고 한다.

　　기계 또는 노동, 저장공간, 운전자금 같은 능력의 제한 또는 애로는 *MS*의 시기와 수량에 영향을 미칠 수 있다. 따라서 일시적 *MS*가 총괄계획에서 결정한 기계능력, 노동력, 잔업, 하청 등 자원으로 생산가능한지 검정을 해야 한다.

　　개략능력계획의 목적은 일시적 *MS*에 의한 생산일정이 특정 기간에 초과부하 또는 과소부하는 걸리지 않는지 검토한 후 그의 내용을 필요에 따라 조정하려는 것이다.

　　만일 작업장이 초과부하되면 잔업이나 하청 등 조치를 강구하든지 또는 *MS*를 수정해야 한다. 반대로 작업장이 과소부하되면 *MS*의 변경을 통하여 더 많은 작업을 추가하든지 또는 작업자의 일부를 그 작업장으로부터 다른 작업장으로 이동시켜야 한다. 이러한 과정은 매 기간 반복해서 *MPS*가 실행가능한 것이 될 때 끝난다. 이렇게 해서 결정되는 확정적 *MPS*는 12장에서 공부할 자재소요계획의 주요한 입력자료가 된다.

　　일시적 *MS*의 타당성 검토과정은 [그림 10-6]이 보여 주고 있다.

*MS*는 제품의 수량과 시기(예컨대 배송시기)를 나타낼 뿐 계획된 생산량(planned production)을 알려 주지는 않는다. *MS*가 언제 얼마의 제품을 배송할 것을 요구하더라도 예상현재고(projected on-hand inventory)에 따라 생산 여부를 결정할 수 있고 또한 생산 로트크기(production lot size)를 생산할 경우에는 다음 기간의 수요를 충족시키기 위하여 초과재고를 유지할 수도 있다.

　　확정적 주일정계획(master production schedule: *MPS*)은 원하는 배송량과 그 시기는 물론 예상현재고(예상보유재고)를 고려한 계획된 생산의 수량과 시기를 나타낸다.

　　*MPS*의 수립과정은 매우 동태적이고 복잡하다. 몇 단계를 거치면서 많은 절충이 이루어져 최종품목별 생산계획이 수립된다. *MS*의 투입물은 [그림 10-7]이 보여 주는 바와 같이 전기로부터 이월된 기초재고, 고객으로부터 받은 확실한 주문(firm order), 각 기간별 수요예측이다.

그림 10-7　*MPS*의 수립과정

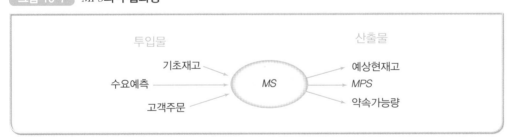

표 10-7　기초재고, 수요예측, 고객주문

	1월				2월			
기초재고=30	1	2	3	4	5	6	7	8
수요예측	30	30	30	30	35	35	35	35
고객주문	40	27	25	8	0	0	0	0
예상현재고								
MPS								
ATP								

[표 10-7]은 계획생산하는 매트리스 모델 100의 기초재고, 수요예측, 예약된 고객주문을 나타내고 있다. *MS*의 산출물은 예상현재고(projected on-hand inventory), 주일정계획(*MPS*), 고객에의 약속가능(재고)량(available-to-promise: *ATP*)이다.

■ 예상현재고의 계산

기말 예상현재고는 다음의 공식을 이용하여 각 주별로 음수가 될 때까지 계산해 나간다.

$$예상현재고 = 전주로부터 이월한 기초재고 - 금주의 소요량$$

여기서 금주의 소요량(requirement)이란 수요예측과 고객주문 중에서 큰 것을 의미한다. 첫째 주의 예상현재고는 다음과 같이 계산한다.

$$예상현재고 = 30 - 40 = -10$$

첫째 주의 예상현재고는 −10인데 이는 재고를 보충하기 위하여 생산이 이루어져야 함을 의미한다. 여기서 로트크기(lot size)는 150이라고 가정한다.

■ *MPS*와 예상현재고의 계산

10이 부족한데 150을 생산하므로 그 차이인 $150 - 10 = 140$은 미래수요를 위해 재고로 보유한다. 이러한 계산을 전 기간 동안 하게 되는데 예상현재고가 음수가 될 때마다 150을 생산해야 한다. [표 10-8]은 이와 같이 계산하여 얻은 *MPS*와 예상현재고를 보여 주고 있다.

표 10-8 *MPS*와 예상현재고의 계산

주	기초재고	소요량	*MPS* 전의 순재고	*MPS*	예상현재고
1	30	40	−10	+150	140
2	140	30	110		110
3	110	30	80		80
4	80	30	50		50
5	50	35	15		15
6	15	35	−20	+150	130
7	130	35	95		95
8	95	35	60		60

[표 10-8]에서 주 1의 *MPS*는 150인데 이를 계획하지 않으면 10의 재고부족이 발생하기 때문이다. 만일 매트리스 모델 100의 리드타임(lead time)이 1주일이라면 이미 1주일 전에 150개의 매트리스 생산이 시작되었음을 의미한다. 똑같이 150개의 매트리스 생산을 주 5에 시작해야만 주 6에 매트리스를 고객에게 배송할 수 있는 것이다.

■ 약속가능량의 결정

고객의 주문은 계속해서 들어오기 때문에 특정 주에 약속할 수 있는지를 결정하기 위해서는 약속가능량을 계산해야 한다. 이 약속가능량은 다음 *MPS* 전에 계산해야 언제든지 배송을 약속할 수 있는 수량이다.

약속가능량의 계산은 다음과 같이 한다.

- 계획의 첫 기간에는 전기로부터 이월된 현재고(기초재고)와 첫 기간의 *MPS*를 합치고 이로부터 첫 기간의 고객주문과 다음 *MPS* 전의 고객주문들의 합을 뺀다.
- 다음 기간부터는 *MPS*가 있는 주에만 *ATP*를 계산한다(*MPS*가 없는 기간의 *ATP*=0이다). 다음 *MPS* 전의 고객주문들의 합을 그 주의 *MPS*로부터 뺀다. 이때 예상현재고는 고려하지 않는다.

이러한 절차에 따라 각 주의 *ATP*를 계산한 결과는 [표 10-9]와 같다.

여기서 80은 주 1부터 주 5 사이에 한꺼번에 또는 분할하여 고객에게 추가로 공급을 약속할 수 있는 매트리스의 수를 의미한다.

표 10-9 약속가능량의 결정

기초재고＝30	1월				2월			
	1	2	3	4	5	6	7	8
수요예측	30	30	30	30	35	35	35	35
고객주문	40	27	25	8	0	0	0	0
예상현재고	140	110	80	50	15	130	95	60
MPS	150				150			
ATP	80				150			

주 1의 *ATP*＝(30＋150)－(40＋27＋25＋8＋0)＝80
주 6의 *ATP*＝150－(0＋0)＝150

1. 판매 및 운영계획을 설명하라.

2. 총괄계획을 수립하는 단계를 설명하라.

3. 총괄계획에서 추구하는 전략을 설명하라.

4. 주일정계획의 수립방법을 설명하라.

5. 총괄계획수립 시 공급사슬 파트너들과의 협조가 필요한 이유는 무엇인가?

6. 종로제조(주)는 6개월 간의 수요예측에 입각하여 자전거의 몇 가지 모델을 생산할 총괄계획을 수립하고자 한다.

월	수요예측
1	200
2	200
3	300
4	400
5	500
6	200
합계	1,800

정규입금	2천 원/개
잔업임금	3천 원/개
하청비용	6천 원/개
재고유지비용	1천 원/개/월
추후납품비용	5천 원/개/월
현재의 작업자수	15명

- 계획 1 : 월 평균생산소요량을 매월 균등생산하면서 변동하는 수요는 재고와 추후납품으로 흡수한다.
- 계획 2 : 작업자 1명이 퇴직하지만 이를 메우지 않고 매월 280개씩 정규적으로 생산하도록 한다. 부족한 생산량은 잔업으로 채우려고 한다. 그런데 잔업량은 월 80개를 초과하지 않는다. 만일 생산량이 부족하면 재고와 추후납품으로 만족시킨다.
- 계획 3 : 작업자 14명을 유지하면서 4월과 5월에는 4명의 임시고용인으로 하여금 생산에 참여하도록 한다. 임시고용인은 1명이 월 15개를 생산하는데 고용비용은 100천 원이라고 한다. 부족한 생산량은 재고와 추후납품으로 만족시킨다. 정규임금에 있어서는 기존작업자와 임시고용인 사이에 차이가 없다고 가정한다.

계획 1, 계획 2, 계획 3의 계산 결과를 각각 밝혀라.

7. 문경산업(주)에서는 다음과 같이 6개월의 수요예측에 의하여 총괄계획을 수립하려고 한다. 계획수립에 필요한 비용정보가 다음과 같을 때 총비용을 최소로 하는 전략은 어느 것인가?
- 전략 1 : 하루 8시간씩 정상적으로 작업하는 작업자 수의 증감을 통하여 월간 수요량을 생산한다.
- 전략 2 : 6개월간의 평균수요량을 만족시킬 작업자 수를 일정하게 유지하면서 재고수준의 변동을 통하여 수요를 만족시킨다. 재고부족이 발생하면 이는 바로 다음 달의 생산으로 납품한다.
- 전략 3 : 6개월간의 평균수요량을 만족시킬 작업자 수를 일정하게 유지하고 하루 8시간씩 정규적으로 작업하게 하면서 재고수준의 증가 및 하청을 통하여 수요를 만족시킨다.

	1월	2월	3월	4월	5월
수요예측	3,000	4,100	7,000	5,900	4,500
작업일 수	22	19	21	21	22
작업시간	176	152	168	168	176

재고유지비용 : \$2/단위/월

추후납품비용 : \$5/단위/월

하청비용　　 : \$20/단위

고용비용　　 : \$300/1인

해고비용　　 : \$400/1인

작업시간　　 : 5시간/단위　　　　　잔업임금　　　　　 : \$6/시간

정규임금　　 : \$4/시간　　　　　　1월 초 작업자 수 : 130

8. 평화제조(주)에서는 아래와 같은 4개월간의 수요를 만족시키면서 비용을 최소로 하는 전략을 사용하여 총괄계획을 수립하려고 한다. 어느 전략이 더욱 효과적인가?
- 전략 1 : 고용수준의 변동을 통하여 수요를 만족시킨다. 5월 초에 작업자 수는 35명이다.
- 전략 2 : 5월 초의 작업자 수 35명을 계속 유지하면서 수요의 변동은 재고의 증감을 통하여 만족시킨다. 재고부족은 바로 다음 달의 생산으로 만족시킨다.

월	수요	작업일 수
5	550	22
6	600	19
7	800	21
8	400	21

1인당 평균임금 : $1,000/월

단위당 작업시간 : 8시간

고용비용   : $300/1인

해고비용   : $400/1인

재고유지비용   : $5/단위/월

추후납품비용   : $100/단위/월

9. 성균산업(주)은 아래와 같은 정보와 전략에 따라 8개월의 총괄계획을 수립하고자 한다. 총비용(단위 : 원) 면에서 어느 전략이 가장 바람직한가?

비용자료 :

    정규임금/시간   : 12.50

    잔업임금/시간   : 18.75

    하청비용(노동)/시간   : 125.00

    추후납품비용/단위/월 : 25.00

    재고유지비용/단위/월 : 10.00

    채용비용/인   : 800.00

    해고비용/인   : 500.00

능력자료 :

    시초의 작업자 수   : 90

    기초재고   : 0

    작업시간/단위   : 8시간

    정규작업시간/월 : 160시간/인

    잔업시간/월   : 40시간/인

수요예측 :

1월	2월	3월	4월	5월	6월	7월	8월
1,920	2,160	1,440	1,200	2,040	2,400	1,740	1,500

• 전략 1 : 재고와 추후납품정책을 사용하는 균등생산전략(시초의 작업자 수 유지)에 의하여 총비용을 최소로 한다.

• 전략 2 : 추후납품은 허용하지 않고 다만 재고증가를 통한 균등생산전략(시초의 작업자 수 유지)에 의하여 매월의 수요를 만족시킨다.

• 전략 3 : 고용수준의 변동을 통하여 매월의 수요를 만족시키는 추적전략을 사용한다.

• 전략 4 : 시초의 고용수준을 유지하면서 재고증가와 필요하면 잔업을 통하여 매월

의 수요를 만족시키는 혼합전략을 사용한다.

10. 다음과 같은 수요예측, 비용 및 능력자료를 사용하여 6개월의 총괄계획을 수립하고
자 한다. 총비용 면에서 어느 전략이 가장 효과적인가?

채용비용　　　　: 2,000원/인
해고비용　　　　: 3,000원/인
재고유지비용　　: 20원/단위/월
추후납품비용　　: 30원/단위/월
정규임금　　　　: 12.5원/시간
잔업임금　　　　: 18.75원/시간
작업시간　　　　: 4시간/단위
작업일　　　　　: 22일/월
기초재고　　　　: 200단위
현재의 작업자 수 : 10인

	1	2	3	4	5	6
수요예측	500	600	650	800	900	700

• 계획 1 : 작업자 수의 증감을 통해 매월 생산소요량만큼 생산하는 순수 추적전략을
사용한다. 작업자들은 1주일에 5일간, 매일 8시간씩 정상적으로 작업한다.

• 계획 2 : 작업자 수를 현재의 10명으로 일정하게 유지하고 변동하는 수요는 재고증
가와 추후납품으로 충족시키는 순수 균등전략을 사용한다.

• 계획 3 : 작업자 수를 현재의 10명으로 일정하게 유지하고 변동하는 수요는 재고증
가와 잔업으로 충족시키는 혼합전략을 사용한다.

11. 다음과 같은 자료를 이용하여 각 기간별 MPS와 ATP를 계산하라.

기초재고=60	기간					
로트크기=200	1	2	3	4	5	6
수요예측	100	100	100	100	100	100
고객주문	90	120	130	70	20	10

12. 다음과 같은 자료를 이용하여 각 기간별 *MPS*와 *ATP*를 계산하라.

기초재고 = 20	기간					
로트크기 = 200	1	2	3	4	5	6
수요예측	50	100	50	100	50	100
고객주문	50	125	75	175	45	25

13. 종로제조(주)는 6개월 간의 수요예측에 입각하여 자전거의 몇 가지 모델을 생산할 총괄계획을 수립하고자 한다.

회사는 연초 보유재고를 유지하지 않으며 6월 말에도 재고는 보유하지 않으려고 한다. 수요예측과 비용자료는 다음과 같다. 재고유지비용은 기말재고를 기준으로 한다.

월	수요예측
1	200
2	200
3	300
4	400
5	500
6	200
합계	1,800(개)

정규임금	: 2천 원/개
잔업임금	: 3천 원/개
하청비용	: 6천 원/개
재고유지비용	: 1천 원/개/월
추후납품비용	: 5천 원/개/월
현재의 작업자 수	: 15명

- 계획 1 : 월 평균생산소요량을 매월 균등생산하면서 변동하는 수요는 재고와 추후납품으로 흡수한다.
- 계획 2 : 작업자 1명이 퇴직하지만 이를 메우지 않고 매월 280개씩 정규적으로 생산하도록 한다. 부족한 생산량은 잔업으로 채우려고 한다. 그런데 잔업량은 월 80개를 초과하지 않는다. 만일 생산량이 부족하면 재고와 추후납품으로 만족시킨다.
- 계획 3 : 작업자 14명을 유지하면서 4월과 5월에는 4명의 임시고용인으로 하여금 생산에 참여하도록 한다. 임시고용인은 1명이 월 15개를 생산하는데 고용비용은 100,000원이라고 한다. 부족한 생산량은 재고와 추후납품으로 만족시킨다. 정규임금에서는 기존작업자와 임시고용인 사이에 차이가 없다고 가정한다.

제11장

재고관리 : 독립수요 품목

재고관리는 기업이 직면한 가장 중요하고 복잡한 부문 중의 하나이다. 대부분의 기업에서 재고자산은 전체 자산의 10~25%를 차지한다. 따라서 효과적인 재고관리는 기업의 성공에 필수적인 요소이다. 원자재와 부품들이 완제품이 될 때까지 기업 내에서 흐른다. 이러한 흐름의 관리는 비용, 수익, 기업의 성공에 직접적 영향을 미친다.

재고(inventory)란 미래에 생산하거나 고객에 판매할 목적으로 유지하는 원자재, 재공품, 구성품, 완제품, 부품, 소모품 등 물품이나 자원을 말한다. 재고를 너무 많이 보유하거나 또는 너무 적게 보유하면 문제가 된다. 재고는 고객의 수요를 만족시키기 위해서 필요하지만, 한편으로는 이들을 유지하는 데 비용이 수반된다.

따라서 재고관리의 기본 목적은

• 적시 적량의 재고로 고객에 대한 서비스 수준을 최대로 하며,

• 이에 부수되는 제 비용을 최소

로 하는 것이라 할 수 있다. 이러한 목적은 서로 상충한다. 따라서 비용과 서비스수준 사이에 균형을 이루도록 해야 한다. 즉 재고의 과다보유와 품절을 피하는 적정수준의 재고를 보유하도록 해야 한다. 재고관리의 기본 목적은 다음과 같이 재고주문의 시기와 수량에 대한 가장 좋은 결정을 내림으로써 보유해야 할 적정수준의 재고를 관리하려는 것이다.

• 재고를 보충할 때 1회 주문량은 얼마로 해야 하는가?

• 보충을 위해서 주문은 언제 해야 하는가?

전자는 경제적 1회 주문량(economic order quantity: EOQ)에 관한 결정이고 후자는 주문시기, 즉 재주문점(reorder point: ROP)에 관한 결정이다.

본장에서는 최소의 비용으로 최대의 고객 서비스 수준을 충족시키기 위하여 독립수요 품목을 언제, 얼마만큼 주문 또는 생산할 것인가의 재고관리를 위한 기본적인 개념과 모델들을 공부한다.

재고가 수행하는 기능은 이를 보유하는 업체의 성격이 무엇이냐에 따라 다르다. 예컨대 백화점은 고객의 수요를 충족시키기 위하여 많은 완제품을 보유하고, 조립라인 같은 대량생산 프로세스에서는 원활한 생산흐름을 유지하기 위하여 많은 부품을 쌓아 둔다. 이와 같이 재고는 여러 가지 기능을 수행하기 위하여 보유하는데 이를 좀 더 자세히 설명하면 다음과 같다.

• 예상되는 고객의 계절적 수요를 충족시키기 위하여 또는 예상되는 원자재 가격상승에 대비하여 재고를 비축한다. 예컨대 에어컨의 수요는 여름에만 매우 높기 때문에 예상되는 미래의 높은 수요를 충족시키기 위하여 비수기에 미리 생산하여 재고를 쌓아 둔다. 이러한 재고는 기대수요를 만족시키기 위하여 보유하기 때문에 비축재고(anticipation inventory)라고 한다.

• 재고는 연속적인 프로세스는 물론 공급업자와의 관계를 분리시키는(de-coupling) 역할을 한다. 두 프로세스를 분리시켜 독립시킴으로써 후 프로세스가 전 프로세스의 영향을 받지 않도록 한다. 연속적인 제조 프로세스에서 충분한 재공품의 재고가 없게 되면 어느 프로세스에 사고가 발생할 때(예컨대 기계고장 또는 부품부족) 제조 프로세스 전체가 자동적으로 중지할 수밖에 없다.

기업은 공급업자로부터의 늦은 공급 또는 품절로 인한 생산 프로세스의 지연을 방지하고 공급업자로부터의 영향을 덜 받을 수 있기를 원한다. 이러한 목적으로 보유하는 재고를 분리재고(decoupling inventory)라고 한다.

• 재고는 수요, 리드타임 혹은 공급량의 불확실성에 대비하여 보유한다. 기후, 품절, 품질문제 등에 따른 납품의 지연과 예상치 못한 수요의 증가는 품절의 위험을 증가시킨다. 이러한 품절의 위험은 기대되는 평균수요 이상으로 완충재고(buffer stock) 또는 안전재고(safety stock)를 보유함으로써 줄일 수 있다.

제9장 공급사슬관리에서 공부한 채찍효과로 공급사슬의 하류에서 상

류로 올라갈수록 수요에 대한 불확실성이 증폭되어 물류업자, 제조업자, 공급업자 등은 더욱 많은 안전재고를 쌓아 두려고 한다.

- 낮은 단위당 가격 또는 수량할인 등의 이점을 살리기 위하여 현재 필요한 수량 이상으로 경제적 주문량을 구입하는 경우 남는 부분은 일정기간 재고로 유지된다. 또한 필요한 수량 이상의 경제적 생산량을 생산할 때 초과생산량은 추후 사용될 때까지 유지되어야 한다. 이러한 재고를 순환재고(cycle inventory)라고 한다. 이는 재고관리의 중요한 대상이다.
- 물류시스템(material flow system)에서 재고는 한 지점에서 다른 지점으로 이동한다. 예컨대 공급업자로부터 공장으로, 공장 내의 한 프로세스에서 다음 프로세스로, 공장에서 유통센터 또는 소매점으로, 소매점에서 소비자 등으로 이동 중인 자재를 파이프라인 재고(pipeline inventory) 또는 이동재고(transit inventory)라고 한다. 파이프라인 재고는 출하, 수송, 하역 등 수송 및 자재처리에 소요되는 시간을 단축함으로써 줄일 수 있다.
- 수량할인을 받기 위하여 필요한 양 이상으로 대량구매하는 경우 재고는 증가하게 된다. 이와 같이 대량구매에 따른 가격할인의 이점도 있지만 재고비용, 부패, 도난, 보험료 등 고려할 점도 많다.

재고는 원활한 생산을 위하여 비축하기도 하고 소비자의 수요를 제대로 만족시키기 위하여 비축한다. 만일 재고가 부족하게 되면 생산이 중단될 수도 있고 품절로 인해 고객요구를 충족시키지 못하는 사태가 발생할 수 있다. 따라서 기업은 이러한 손실을 방지하기 위하여 많은 양의 재고를 보유하려고 한다. 그런데 재고의 유지는 비용이 수반된다. 사실 재고투자에는 많은 자본을 요하고 고객에 대한 제품의 납품에 영향을 미치기 때문에 마케팅과 재무 등 기업의 모든 부문에서 재고수준에 대해 관심을 갖는다. 따라서 부문간 상충하는 견해의 균형을 취하고 기업 전체의 관점에서 이익이 되도록 적시 적량의 재고수준을 유지하려는 합리적인 관리가 필요하게 된다.

1. 재고와 공급사슬의 관계

　모든 운영은 자재, 고객, 정보의 흐름을 갖기 때문에 어떤 단계에서는 자재와 정보의 재고가 불가피하고 고객들은 일처리가 끝날 때까지 행렬을 이루어 기다리게 된다. 이러한 현상은 공장, 병원, 호텔, 공항 등에서 자주 볼 수 있는 것이다.

　재고는 이러한 흐름이 고르지 않을 때 발생한다. 재고비축은 생산 프로세스의 여러 지점에서 발생한다. 이러한 비축지점 간을 연결하는 역할을 자재의 흐름이 담당한다. 재고비축이 보충되는 율을 공급이라 하고 재고비축이 고갈되어 가는 율을 수요라 한다. 프로세스 또는 네트워크의 어느 지점에서 공급률과 수요율이 같으면 재고는 쌓이지 않는다. 즉 재고는 공급률과 재고율 사이에서 완충역할을 수행한다.

　[그림 11-1]의 윗부분에서 물 탱크는 재고의 흐름과 비축을 잘 설명하고

그림 11-1　**재고수준의 조정**

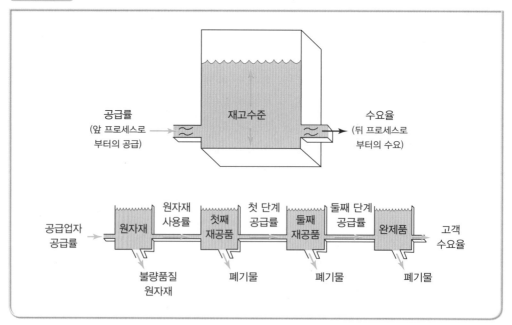

있다. 그림에서 탱크 속에 있는 물의 수준은 재고수준을 나타낸다. 탱크 속으로의 흐름률은 공급률과 같고 탱크 밖으로의 흐름률은 수요율과 같다. 여기서 공급이란 앞 프로세스로부터의 공급으로서 자재의 유입(in-flow)을 의미한다. 한편 수요란 뒤 프로세스로부터의 수요로서 자재의 유출(out-flow)을 의미한다. 시간이 흐르면서 공급률과 수요율이 같지 않을 경우가 발생할 수 있다. 만일 공급률이 수요율보다 많아지면 공급률과 수요율이 균형을 이룰 때까지 탱크 속의 물은 증가한다(재고는 쌓인다). 반대로 수요율이 공급률보다 많아지면 물의 수준은 낮아져 바닥이 보이게 된다. 따라서 프로세스에서 공급률과 수요율이 균형을 이루면 재고수준을 낮추는 데 성공하였다고 할 수 있다. 그러나 공급사슬 내의 어느 지점에서는 공급률과 수요율의 불일치가 일반적이다.

지금까지 하나의 물 탱크를 사용하여 한 기업의 재고수준을 설명하였다. 이러한 물 탱크를 여러 개 연결하면 그 기업의 공급사슬 내의 재고수준을 설명할 수 있다. [그림 11-1] 밑에서 원자재를 나타내는 탱크 하나, 재공품을 나타내는 탱크 두 개, 완제품을 나타내는 탱크 하나의 관계를 보여 주고 있다. 여기서 탱크들은 생산시스템 내 흐름률의 변동을 흡수하는 완충역할을 수행한다.

공급사슬상의 재고도 공장 내의 재고와 같은 목적을 수행한다. 즉 공급과 수요 사이의 흐름의 차이를 완충하려는 것이다. 그러나 공급사슬에서 한 기업이 전체의 재고를 통제할 수는 없다. 오히려 공급사슬 파트너 간의 재고는 조정되어야 한다.

2. 공급사슬의 재고관리

기업에서 공급사슬을 효율적으로 관리하려는 목적의 하나는 입고하는 원자재, 부품, 구성품, 서비스 등의 상류흐름을 생산과 하류의 유통과 일치시킴으로써 과잉재고로 인한 비용발생 없이 고객수요의 불확실성과 변동에 대응하려는 것이다. 다시 말하면 공급사슬의 공급부문과 수요부문을 효율적, 효과적으로 맞춤으로써 공급사슬 내 재고투자는 낮추면서 고객 서비스 수준은 높이려는 것이다.

사실 기업이 재고를 보유하는 목적은 기업 내부에서의 수요와 외부의 고객수요를 충족시키기 위함이다. 이러한 고객 서비스 수준(level of customer service)을 높이기 위해서는 재고비용이 증가하지만 반대로 고객상실이나 판매상실과 같은 품질관련 고객 서비스 비용은 감소한다. 따라서 전통적인 재고관리 방법은 재고비용과 고객 서비스 사이의 절충관계를 반영하는 재고수준을 유지하려는 것이다. 즉 언제, 얼마를 주문해야 할 것인가를 결정하는 것이다.

그러나 오늘날 글로벌 환경에서는 경쟁자들도 많고 새로운 제품이 꾸준히 도입되는 다양한 시장의 출현으로 재고비용은 급속한 제품 진부화로 인하여 계속 증가하고 있다. 동시에 기업들은 저가의 품질 좋은 제품을 공급하기 위하여 비용절감의 길을 계속하여 추구하고 있다.

재고는 비용절감의 확실한 후보감이다. 미국 상무부의 추산에 의하면 미국 기업들은 1.1조 달러의 재고를 보유하는데 그 중에서 30%는 평균 재고유지 비용이라고 한다.

이제 세계의 일류기업들은 재고비용 절감을 위해 효율적인 공급사슬관리와 품질관리에 관심을 쏟고 있다. 공급사슬을 따라 모든 단계에서 불확실성을 감소시키면 재고는 상당히 줄일 수 있다고 믿는다. 공급사슬에서 수요의 불확실성이나 변동을 유발하는 요인으로서는 부정확한 수요예측, 주문의 길고 변동하는 리드타임, 늦은 배송, 제품변경, 배취(묶음)주문, 가격변동과 할인, 부풀린 주문량 등을 들 수 있다. 이런 불확실성과 변동의 부정적 영향은 늦은 배송으로 나타난다. 이로 인해 공급사슬 내 제품과 서비스의 흐름을 지연시켜 대고객 서비스에 타격을 주는 것이다. 따라서 기업에서는 이러한 불확실성과 늦은 배송에 대처하기 위해서도 재고를 보유하려 한다.

공급사슬을 효율적으로 관리하면 고객과 공급업체 사이에 꾸준한 커뮤니케이션에 힘입어 제품이나 서비스가 한 단계에서 다음 단계로 원활하게 흐르게 된다. 이렇게 되면 지연된 배송, 비효율적인 서비스, 불량품질, 불확실한 수요를 보상하기 위하여 각 단계에서 과도한 안전재고를 보유할 필요가 없게 된다. 특히 수요정보, 즉 POS[1] 정보를 공급사슬의 모든 파트너에게 전달함으로써 수요 불확실성을 줄일 수 있다.

이와 같이 효율적 공급사슬관리는 불확실성을 감소시키고 나아가서 재고를 상당한 수준까지 낮출 수 있는 것이다. 또한 공급사슬의 파트너 사이에 재고 보충정책을 조정함으로써 제9장에서 공부한 채찍효과를 근절할 수 있게 된다.

---

[1] POS란 Point-of-Sale의 약자로서 판매시점에서 판매활동을 컴퓨터로 관리하는 시스템을 말한다.

재고에 대한 수요는 독립수요(independent demand)와 종속수요(dependent demand)로 구분할 수 있다. 어느 재고품목에 대한 수요율이 기업 외부의 시장조건에 의하여 결정되면, 이는 사전에 분명히 알 수 없으므로 예측해야 한다. 이와 같이 어느 품목에 대한 수요가 독자적으로 발생하여 다른 품목에 대한 수요와 아무런 관계가 없으면 그 품목에 대한 수요를 독립수요라 한다. 완제품, 수리용 부품 등은 독립수요 품목의 예이다.

　종속수요는 최종제품의 생산에 필요한 원자재, 부품, 구성품(component)의 수요이다. 그러므로 어느 품목에 대한 종속수요는 예측에 의하여 결정하는 것이 아니고, 그 품목을 이용하여 만드는 모품목(parent item), 즉 상위품목에 대한 수요로부터 계산할 수 있는 것이다. 대부분의 종속수요 품목은 독립수요 품목을 생산하기 위하여 사용된다. 따라서 기업이 언제, 얼마의 독립수요 품목을 생산할 것인가의 생산계획을 수립하면 이로부터 종속수요 품목이 언제, 얼마나 필요한가를 계산해 낼 수 있다.

　독립수요와 종속수요를 구분하기 위하여 테이블의 예를 들기로 하자. 테이블이라는 완제품에 대한 수요는 시장에서 독자적으로 결정되고 다른 제품의 구성품이 아니므로 독립수요라 할 수 있으며, 따라서 예측과 고객주문에 의하여 결정한다. 그러나 테이블을 만드는 데 필요한 다리에 대한 수요는 테이블에 대한 고객의 수요로부터 유발되므로 종속수요라 할 수 있으며, 이들에 대한 수요(소요량)는 테이블의 생산계획으로부터 계산할 수 있다.

　독립수요와 종속수요는 [그림 11-2]에서 보는 바와 같이 서로 상이한 수요패턴을 보이고 있다. 독립수요 품목은 그에 대한 수요가 언제나 비교적 안정하게 발생하기 때문에 재고로써 꾸준히 유지해야 한다. 독립수요 품목에 대해서는 재고의 보충(replenishment)이 아주 중요하다. 재고가 일정 수준 이하로 떨어지면 주문을 하고 주문량이 들어오면 재고가 보충된다. 독립수요 품목에 대해서는 품절의 가능성을 줄이기 위하여 안전재고(safety stock)가 필요하다.

　그러나 종속수요 품목은 독립수요 품목을 생산할 때에만 필요하기 때문에 항상 재고로 유지할 필요가 없으며, 안전재고는 전혀 필요가 없는 것이다. 많은 기업에서는 완제품에 대한 수요가 계속적이고 안정적이더라도 이들을 생산

그림 11-2 독립수요와 종속수요의 비교

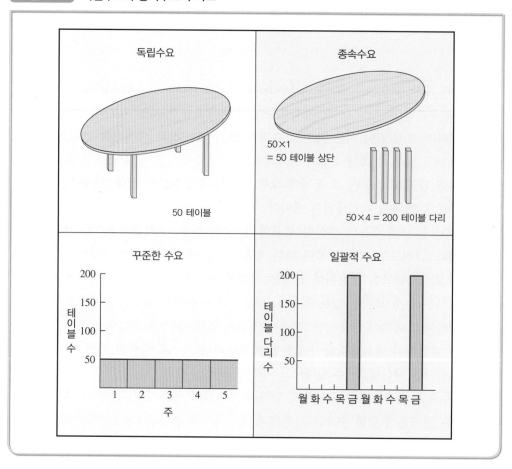

할 때 로트생산(lot or batch production)방식을 취하기 때문에 원자재나 부품, 중
간조립품 등에 대한 종속수요는 [그림 11-2]에서처럼 상위품목(독립수요품목)
의 생산 시에만 산발적이고 일괄적(lumpy)으로 발생한다. 이와 같이 일정한 양
의 종속수요 품목에 대한 소요(requirement)는 그 로트의 생산이 이루어질 때만
발생하는 것이다. 즉 생산이 없는 경우에는 수요가 발생하지 않는다.

[그림 11-2]는 테이블에 대한 독립수요의 패턴과 다리에 대한 종속수요의
패턴을 보여 주고 있다. 테이블에 대한 수요는 매주 50개씩 꾸준히 이루어지지
만 다리에 대한 수요는 금요일에만 조립하기 때문에 50×4=200개가 매주 금
요일에 일괄적으로 이루어진다.

이와 같이 두 가지 유형의 수요는 서로 다른 재고시스템에 의하여 관리된
다. 즉 독립수요 품목은 본장에서 취급할 정량주문시스템 또는 정기주문시스

템에 의하여 통제되지만, 종속수요 품목은 제12장에서 취급할 자재소요계획에 의하여 통제된다.

11.4 재고관리 모델의 성격

　재고관리 모델은 앞에서 설명한 '얼마?'와 '언제?'를 결정하기 위한 기준변수로서의 총비용(total inventory cost: TIC)과 결정변수로서의 주문량, 주문횟수 혹은 안전재고 수준과의 관계를 나타내는 모델이다. 주어진 상황에 따라 모델은 비용의 최소화 또는 이익의 최대화를 목적으로 한다. [그림 11-3]에서처럼 재고모델은 확정적 모델과 확률적 모델로 구분한다.

　재고모델은 수요량과 리드타임의 성격에 따라 확정적 모델과 확률적 모델로 나뉜다. 재고는 미래 수요를 만족시키기 위하여 유지되므로 수요의 성격을 예측하여야 한다. 만일 어떤 제품에 대한 연간 수요량이 일정하다면, 이는 확정적 수요라 할 수 있다. 그러나 수요량이 일정하지 않고 각 수요량이 발생할 확률이 따르게 되면, 이는 확률적 수요라 한다.

　리드타임(lead time: LT)이란 어떤 품목의 공급업자에게 주문하는 때부터 그것을 실제로 받는 때까지의 기간을 말한다. 제조업의 경우 리드타임이란 어떤 품목의 생산지시부터 완료까지의 모든 기간을 말한다. 리드타임이 분명하면 확정

그림 11-3 재고모델의 분류

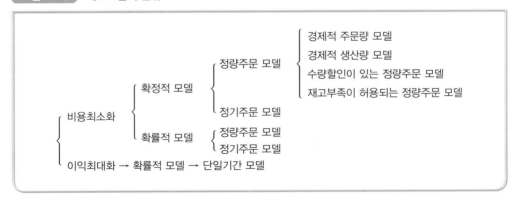

적 리드타임이라 하고, 확률분포로써 나타내면 확률적 리드타임이라 한다.

따라서 수요량과 리드타임이 시간의 경과에도 일정하며 사전에 분명히 알고 있으면, 이때의 재고모델은 확정적 모델이라 하고 이 가운데 하나 또는 모두가 확률분포로 나타나면 확률적 모델이라 한다.

수요량과 리드타임의 성격이 뚜렷하면 리드타임 동안의 수요량의 성격을 예측할 수 있다. 리드타임 동안의 수요량은 리드타임의 성격이나 이 기간 동안의 수요량의 성격에 따라 확정적일 수도 있고 확률적일 수도 있다. 만일 리드타임이 10일이고 이 기간 동안 매일 다섯 단위씩 수요가 된다면, 리드타임 동안의 예상수요량은 50단위로서 확정적 모델이기 때문에 재고부족현상이 발생하지 않는다.

그러나 리드타임 또는 수요량이 확률분포를 나타내면 당연히 리드타임 동안의 수요량 또한 확률분포를 나타낸다. 따라서 이러한 경우에는 품절현상이 발생할 가능성이 존재한다. 이러한 품절현상을 미연에 방지하기 위하여 안전재고를 유지할 필요가 있는 것이다.

재고시스템은 주문시기(언제)와 주문량(얼마)을 어떻게 결정하느냐에 따라 정량주문 모델과 정기주문 모델로 나눌 수 있다. 정량주문 모델에서는 재고수준이 미리 정해진 재주문점에 도달하면 일정한 주문량을 주문한다. 한편 정기주문 모델에서는 미리 정해진 시점에 매번 다른 필요한 양을 주문하는데 보통 미리 정한 목표 재고수준과 주문시점의 재고수준과의 차이만큼 주문한다. 정량주문 모델과 정기주문 모델에 관해서는 뒤에서 공부할 것이다.

11.5 재고비용

한 번에 얼마를 주문할 것인가에 대한 답은 너무 많이 주문했을 때의 비용과 너무 적게 주문했을 때의 비용의 함수이다. 너무 많이 주문하면 재고유지비용이 발생하고, 너무 적게 주문하면 주문비용과 재고부족비용이 발생한다.

1. 주문비용

필요한 자재나 부품은 외부의 공급업자로부터 구입하든지, 또는 회사 자체 내에서 생산하든지 한다. 외부에서 구입할 때 소요되는 제 비용, 예를 들면 주문발송비, 통신료, 물품수송비, 검사비, 입고비, 관계자의 봉급 등을 주문비용(ordering cost)이라 한다. 주문비용은 주문량의 크기와는 관계없이 일정액으로 표시된다. 제품을 외부로부터 구매하지 않고 회사 자체 내에서 생산하는 경우에는 주문비용은 발생하지 않고 그 대신 생산준비비용(setup cost) 또는 생산변경비용(production change cost)이 발생한다.

준비비용은 어떤 제품의 제조에 필요한 공구의 교체, 공원의 교체, 원료의 준비 등에 소요되는 비용을 말하는데, 생산량의 크기와 상관없이 언제나 일정하게 발생한다. 이는 동일한 기계설비에서 여러 종류의 제품을 생산하는 경우, 즉 한 제품에서 다른 제품으로 생산을 변경할 때 발생한다.

2. 재고유지비용

재고유지비용(inventory holding cost or carrying cost)은 재고를 실제로 유지·보관하는 데 소요되는 제 비용을 말한다. 재고유지비용은 재고의 수준에 따라 직접적으로 변동하는 비용인데, 여기에는 저장비, 보험료, 세금, 감가상각비, 진부화에 의한 손실, 재고투자에 묶인 자금에 관련한 기회비용 등이 포함된다. 재고유지비용은 그 품목의 구매가격에 대한 퍼센트로 표시하거나, 한 단위를 일정 기간 유지하는 데 드는 비용으로 표시한다.

3. 재고부족비용

재고부족비용(shortage cost)은 재고가 소진되어 그 품목에 대한 수요는 취소되거나 추후에 보충되는 대로 충족시키는 데에 따른 비용으로서 판매손실과 고객상실로 인한 기회비용, 조업의 중단, 신용의 상실 등을 주관적으로 평가하는 비용을 일컫는다.

재고가 소진되는 경우 고객은 공급이 가능할 때까지 기다리든가 아니면 다른 곳으로 주문을 돌릴 수도 있다. 따라서 재고부족비용은 주문한 사람의 양해하에 추후납품에 의해 주문이 충족될 때 발생하는 추후납품비용(backorder cost: 예컨대 벌과금, 생산독촉비용, 신용상실)과 재고가 없어 고객으로부터 주문이 취소될 때 판매손실과 고객상실이 발생하는 품절비용(stockout cost)으로 구분된다.

일반적으로 재고부족비용은 객관적으로 측정하기가 곤란하므로 주관적으로 평가하게 된다.

11.6 확정적 모델

수요량과 리드타임이 일정한 모델을 확정적 모델이라 한다. 여기에는 정량주문 모델의 대표적인 경제적 주문량 모델과 경제적 생산량 모델이 포함된다.

1. 경제적 주문량 모델

가장 널리 알려져 있는 기본적인 재고모델이 경제적 주문량(economic order quantity: EOQ) 모델인데, 경제적 주문량이란 단위 기간당 주문비용과 재고유지비용 등 한 기업에서의 총비용을 최소로 하는 1회 주문량을 말한다.[2] 경제적 주문량 모델은 다음과 같은 가정에 입각하고 있다.

- 연간 수요량(사용량)은 알려져 있다.
- 단위 기간당 수요는 일정하며 균일하다.
- 리드타임은 일정하다.
- 주문량은 리드타임이 지남과 동시에 일시에 전량이 배달된다.
- 구입단가는 주문량 Q의 크기에 관계없이 일정하다.
- 수량할인이 인정되지 않는다.
- 재고부족현상이 발생하지 않는다.
- 하나의 품목에 대해서만 고려한다.

---

2 EOQ 모델은 한 기업의 비용에 미치는 영향만을 고려한다는 한계를 갖는다. 한 기업의 주문량 결정은 공급사슬의 다른 파트너에 영향을 미칠 수 있다. 즉 EOQ가 특정 기업의 비용은 최소화 하더라도 다른 파트너에게는 문제를 일으켜 공급사슬 전체의 비용을 증가시킬 수도 있다.

그림 11-4 시간의 경과에 따른 재고수준의 변동

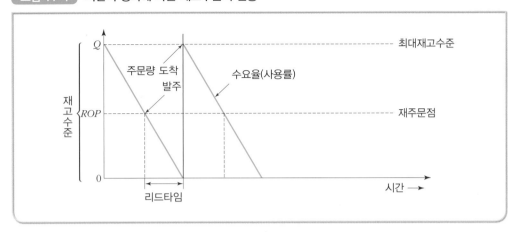

위의 가정에 입각하여 시간의 경과에 따른 재고수준의 변동을 [그림 11-4]가 보여 주고 있다.

주기는 주문량 Q를 배달받은 때부터 시작한다. 단위 기간당 사용률이 일정하므로 재고수준은 시간의 경과에 따라 일정하게 감소한다. 재고수준이 리드타임 동안에 예측되는 수요량, 즉 재주문점(ROP)까지 하락하면 일정한 주문량 Q를 주문한다. 일정한 리드타임이 끝나 재고수준이 0으로 됨과 동시에 주문했던 Q가 일시에 도착하여 새로운 주기가 시작한다.

수요량과 리드타임이 확정적이므로 안전재고가 필요 없으며, 재고부족을 인정하지 않으므로 재고부족비용은 이 모델에서 제외된다. 또한 품목의 연간 구매비용(가격)은 일정하고 주문량에 무관하므로 이 모델에서 제외된다. 따라서 총비용은 주문비용과 유지비용으로 구성된다.

연간 총비용＝연간 주문비용＋연간 재고유지비용

연간 수요량은 일정하므로 1회 주문량이 커지면 주문횟수가 적어져 연간 주문비용이 적어지는 반면, 연간 재고유지비용은 증가한다. 반대로 1회 주문량이 작아지면 연간 주문비용은 증가하는 반면, 연간 재고유지비용은 감소한다. 따라서 한 번에 얼마를 주문해야 하느냐 하는 것은 이들 비용의 합계인 총비용을 최소로 하는 Q, 즉 경제적 주문량을 찾는 것과 같은 것이다. 여기서 사용되는 단위 기간은 주, 월, 연이 될 수 있으나 보통 연간 단위당 재고유지비용을 사용하므로, 본절에서도 1년을 단위 기간으로 사용하고자 한다.

■ 연간 재고유지비용

재고수준은 최대 Q로부터 최소 0까지 일정한 율로 감소하므로 평균재고는 $\frac{Q+0}{2} = \frac{Q}{2}$이다. 만일 연간 단위당 재고유지비용이 C_h라면 연간 재고유지비용은 다음과 같이 계산한다.

$$\text{연간 재고유지비용} = (\text{평균재고}) \cdot (\text{연간 단위당 재고유지비용})$$
$$= \frac{Q}{2} \cdot C_h \qquad (11 \cdot 1)$$

■ 연간 주문비용

연간 수요량과 1회 주문량이 알려져 있으므로 연간 주문횟수는 연간 수요량을 1회 주문량으로 나누어 구한다. 연간 수요량을 D라 하고 1회 주문비용을 C_0라 하면

$$\text{연간 주문비용} = \left(\frac{\text{연간 수요량}}{\text{1회 주문량}} \right) \cdot (\text{1회 주문비용})$$
$$= \frac{D}{Q} \cdot C_0 \qquad (11 \cdot 2)$$

가 된다.

■ 연간 총비용

식 (11 · 1)과 (11 · 2)를 이용하면

$$\text{연간 총비용} = \text{연간 재고유지비용} + \text{연간 주문비용}$$
$$TC = \frac{Q}{2} \cdot C_h + \frac{D}{Q} \cdot C_0$$

가 된다. 여기서 구입원가는 포함할 필요가 없는데, 이는 앞의 가정에 따른 것이다. 예컨대 $D = 156,000$, $C_h = 0.75$, $C_0 = 10$이라고 할 때 Q의 여러 가지 값에

표 11-1 주문량에 따른 총비용의 결과

주문량	연간 재고유지비용	연간 주문비용	연간 총비용
5,000	1,875	312	2,187
4,000	1,500	390	1,890
3,000	1,125	520	1,645
2,000	750	780	1,530
1,000	375	1,560	1,935

그림 11-5 주문량과 제 비용과의 관계

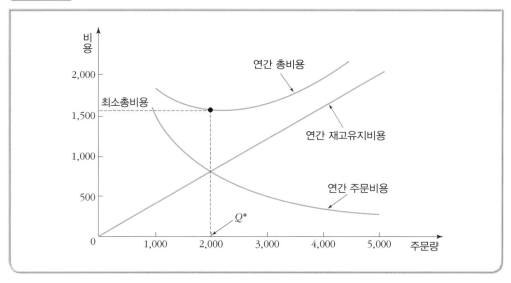

대한 연간 재고유지비용과 연간 주문비용을 계산하면 [표 11-1]과 같고 이를
그림으로 표시하면 [그림 11-5]와 같다.

▪ EOQ 공식의 유도

[그림 11-5]에서 보는 바와 같이 총비용은 재고유지비용과 주문비용이 동
일한 주문량에서 최소가 된다. 따라서 총비용이 최소가 되는 최적 주문량 Q^*
는 다음과 같이 구한다.

연간 재고유지비용＝연간 주문비용

$$\frac{Q}{2} \cdot C_h = \frac{D}{Q} \cdot C_0$$

$$Q^2 = \frac{2C_0 D}{C_h}$$

$$\therefore \ Q^* = \sqrt{\frac{2C_0 D}{C_h}}$$

한편 EOQ 공식은 미분방법을 사용하여 유도할 수 있다. 총비용곡선의 최
소점을 나타내는 Q^*는 TC를 Q에 관하여 1차 미분한 후 이를 0으로 놓고 풀면
나온다.

$$TC = \frac{Q}{2} \cdot C_h + \frac{D}{Q} \cdot C_0$$

$$\frac{dTC}{dQ} = \frac{C_h}{2} - \frac{D \cdot C_0}{Q^2} = 0$$

$$\text{따라서 } Q^* = \sqrt{\frac{2C_0 D}{C_h}}$$

또한 총비용(TC), 연간 최적 주문횟수(N^*), 최적 주문주기(주문간격: order cycle time)(T^*)는 다음과 같이 구한다.

$$TC = \frac{Q^*}{2} \cdot C_h + \frac{D}{Q^*} \cdot C_0$$

$$N^* = \frac{D}{Q^*}$$

$$T^* = 365\left(\frac{Q^*}{D}\right) \text{ (1년 작업일 수가 365일이라고 가정할 때)}$$

2. 재주문점

연간 수요량과 리드타임이 사전에 알려져 있는 확정적 모델의 경우에는 재주문점을 계산하기 쉽다. 여기서 재주문점이란 새로운 주문이 떨어질 때의 재고수준, 즉 재고수준이 어느 정도로 낮아질 때 재주문해야 하는가의 주문시점을 결정하는 것이다.

일반적으로 재주문점은 다음과 같은 공식을 이용한다.

$ROP =$ 리드타임 동안의 수요량

　　　 = 매일의 수요량 × 리드타임(일)

　　　 = $d \cdot LT$

[그림 11-6]은 재주문점을 그래프로 표시한 것이다. 직선의 기울기는 매일의 재고사용률 d이다. 만일 재고수준이 ROP에 이를 때 주문을 발령하면 재고수준이 0이 될 때 새로운 재고는 도착하여 최대재고수준은 최적 주문량 Q^*가 된다.

그림 11-6 재주문점 결정

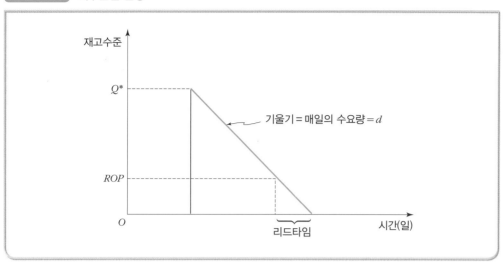

대학로 약국에서는 고급 머리염색약을 판매하는데 그의 제조회사로부터 경제적 1회 주문량을 결정하고자 한다. 그에 필요한 자료는 다음과 같다.

D＝10,000병/연　　　C_h＝150원/병/연

C_0＝3,000원/주문　　LT＝3일　　　영업일＝250일/연

① 경제적 1회 주문량을 계산하라.
② 재주문점을 계산하라.
③ 연간 총비용을 계산하라.
④ 최적 주문횟수를 계산하라.
⑤ 최적 주문주기를 계산하라.
⑥ 재고정책을 간단히 제시하라.

해답

① $EOQ = \sqrt{\dfrac{2C_0 D}{C_h}} = \sqrt{\dfrac{2(3,000)(10,000)}{150}} = 632.5(병)$

② $ROP = d \cdot LT = \dfrac{10,000}{250}(3) = 120(병)$

③ $TC = \dfrac{Q^*}{2}(C_h) + \dfrac{D}{Q^*}(C_0) = \dfrac{633}{2}(150) + \dfrac{10,000}{633}(3,000) = 94,868(원)$

④ $N^* = \dfrac{D}{Q^*} = \dfrac{10,000}{633} = 15.8(회)$

⑤ $T^* = 250 \left(\dfrac{D}{Q^*} \right) = 250 \left(\dfrac{633}{10,000} \right) = 15.8(일)$

⑥ 재고수준이 120병으로 떨어지면 즉시 633병을 주문한다. 그러면 3일 후에 주문했던 633병이 일시에 도착한다.

3. 경제적 생산량 모델

기본적 EOQ 모델에서는 일정한 리드타임이 지나면 주문량이 일시에 전량 도착하는 것을 전제로 하였다. 그러나 이러한 가정은 현실적으로 맞지 않는 경우가 있다. 공급업자에 품목을 주문했을 때 한 번에 모두 이를 공급받지 않고 조금씩 계속하여 공급받는 경우가 허다하다.

이러한 환경에서는 공급되는 기간에도 계속 사용하기 때문에 재고수준은 일시적이 아니라 완만하게 증가한다. 재고는 공급이 끝날 때 최고수준에 도달하였다가 매일의 수요량(사용량)만큼씩 계속 감소하기 시작한다.

이러한 재고의 증감패턴은 기업이 품목의 생산자이면서 동시에 사용자인 경우에도 적용된다. 기업이 매일 꾸준하게 그 품목을 생산하여 사용한다면, 즉 생산율과 사용률이 같으면 재고는 쌓이지 않는다. 그러나 기업은 일반적으로 로트생산(lot or batch production)방식을 취한다. 생산기간 동안에도 그 품목을 사용하기 때문에 재고는 한 번에 쌓이는 것이 아니라 일정한 생산기간 동안 점진적으로 쌓이게 된다.

생산의 경우 생산율이 사용률보다 크기 때문에 생산기간 동안에는 (생산율－사용률)의 율로 증가한다. 예컨대 하루의 생산율이 30개이고 사용률이 10개이면 하루에 30－10＝20(개)의 율로 재고는 증가한다. 만일 이 품목을 10일 동안 생산한다면 최대재고수준은 20×10＝200(개)가 된다. 이제 다른 품목을 생산하기 위하여 이 품목의 생산이 중단되는데, 그러나 비생산기간에도 사용률은 그대로 발생하므로 재고는 매일 사용률만큼씩 감소하기 시작한다. 결국 이 품목의 재고는 소진이 되고 다시 경제적 생산량(economic production quantity: EPQ)의 생산에 착수해야 한다. 만일

d＝사용률(usage rate) 또는 수요율(demand rate)/일

p＝생산율(production rate)/일

t＝생산일수

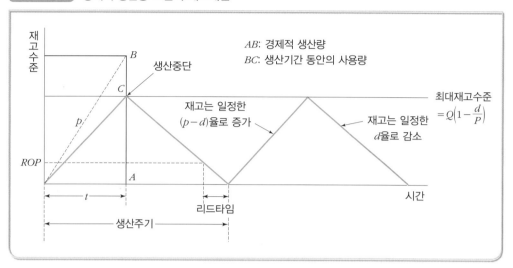

그림 11-7 경제적 생산량 모델의 재고패턴

라고 정의하면 이러한 재고패턴이 [그림 11-7]에 표시되어 있다.

▪ 연간 준비비용

품목을 외부에 주문하는 것이 아니라 자체공장에서 생산하므로 주문비용 대신에 생산준비비용(setup cost)이 발생한다. 그런데 준비비용은 기본적 EOQ 모델의 주문비용과 성격상 아주 유사하다. 준비비용은 생산량의 크기에 관계 없이 매 로트마다 일정하며 생산량규모가 크면 클수록 생산횟수는 적어지고 따라서 연간 준비비용도 감소한다. 만일

> D : 연간 수요량(d: 매일 수요율)
>
> P : 연간 생산량(p: 매일 생산율)
>
> C_s : 1회 준비비용

이라고 정의하면 연간 준비비용은 다음과 같다.

> 연간 준비비용 = (연간 생산횟수) · (1회 준비비용)
>
> $$= \left(\frac{D}{Q}\right)C_s$$

▪ 연간 재고유지비용

앞에서 공부한 바와 같이 본절에서는 생산율 p가 수요율 d보다 큰 것을 전

제로 하므로, 매일의 초과생산량 $(p-d)$단위가 재고로 t일 동안 쌓이게 되어 최대재고수준은 다음과 같다.

$$최대재고수준 = (p-d)t$$

생산기간 동안 매일 p단위씩 생산량 Q단위를 생산하므로 $Q = p \cdot t$, 즉 $t = \dfrac{Q}{P}$이다.

따라서

$$최대재고수준 = (p-d)\frac{Q}{P} = \left(1 - \frac{d}{p}\right)Q$$

이다. 평균재고수준은 최대재고수준의 $\dfrac{1}{2}$이므로

$$평균재고수준 = \frac{1}{2}\left(1 - \frac{d}{p}\right)Q$$

이다. 그러므로 연간 재고유지비용은 다음과 같이 표현할 수 있다.

$$연간\ 재고유지비용 = (평균재고수준) \cdot (단위당\ 연간\ 재고유지비용)$$

$$= \frac{1}{2}\left(1 - \frac{d}{p}\right)QC_h$$

■ 연간 총비용

연간 총비용은 연간 재고유지비용과 연간 준비비용의 합이므로

$$TC = \frac{1}{2}\left(1 - \frac{d}{p}\right)QC_h + \frac{D}{Q}C_s \tag{11 · 3}$$

이다. 만일 공장이 1년에 250일 가동하면서 P단위(연간 생산량) 생산한다면

$$d = \frac{D}{250} \qquad p = \frac{P}{250}$$

이다. 따라서 다음 식이 성립한다.

$$\frac{d}{p} = \frac{D/250}{P/250} = \frac{D}{P}$$

그러므로 식 $(11 \cdot 3)$은

$$TC = \frac{1}{2}\left(1 - \frac{D}{P}\right)QC_h + \frac{D}{Q}C_s \tag{11 · 4}$$

로 표현할 수 있다.

■ 경제적 생산량 결정

식 (11·4)를 Q에 관해서 1차 미분하고 이를 0으로 놓으면 다음과 같은 결과를 얻을 수 있다.

$$\frac{dTC}{dQ} = \frac{1}{2}\left(1 - \frac{D}{P}\right)C_h - \frac{D}{Q^2}C_s = 0$$

$$\frac{1}{2}\left(1 - \frac{D}{P}\right)C_h = \frac{D}{Q^2}C_s$$

$$Q^2 = \frac{2C_sD}{\left(1 - \frac{D}{P}\right)C_h}$$

$$Q^* = \sqrt{\frac{2C_sD}{\left(1 - \frac{D}{P}\right)C_h}}$$

즉 경제적 생산량이란 연간 재고유지비용과 연간 생산준비비용의 합을 최소로 하는 1회 생산량을 말한다.

생산주기(cycle time)와 생산기간(run time)은 다음과 같이 구한다.

$$\text{생산주기(일)} = \frac{Q^*}{d} \qquad \text{혹은 생산주기(연)} = \frac{Q^*}{D}$$

$$\text{생산기간(일)} = \frac{Q^*}{p} \qquad \text{혹은 생산기간(연)} = \frac{Q^*}{P}$$

위 공식에서 최적생산량은 생산준비비용 C_s를 줄이면 감소한다.

예 11-2

[예 11-1]에서 대학로 약국이 머리염색약을 직접 제조하는 시설을 보유한다고 가정하자. 생산준비비용은 주문비용과 같은 3,000원이라고 하고 작업일은 250일이라고 하자. 생산시설에서 하루에 150병을 생산할 수 있다고 한다면 경제적 생산량, 총비용, 최대재고수준, 연간 생산횟수, 생산주기, 1회 생산기간을 계산하라.

해답

$C_s = 3,000$원 $\qquad C_h = 150$원/병·연 $\qquad D = 10,000$병/연

$d = \dfrac{10,000}{250} = 40$(병/일) $\qquad p = 150$병/일

$$EPQ = \sqrt{\frac{2C_sD}{\left(1-\dfrac{d}{P}\right)C_h}} = \sqrt{\frac{2(3,000)(10,000)}{\left(1-\dfrac{40}{150}\right)(150)}} = 738.5(병)$$

$$TC = \frac{1}{2}\left(1-\frac{d}{P}\right)QC_h + \frac{D}{Q}C_s = \frac{1}{2}\left(1-\frac{40}{150}\right)(738.5)(150) + \frac{10,000}{738.5}(3,000)$$

$$= 81,240.4원$$

$$최대재고수준 = Q\left(1-\frac{d}{p}\right) = 738.5\left(1-\frac{40}{150}\right) = 541.6(병)$$

$$생산횟수 = \frac{D}{Q} = \frac{10,000}{738.5} = 13.5(회/연)$$

$$생산주기 = \frac{Q^*}{d} = \frac{738.5}{40} = 18.5(일)$$

$$생산기간 = \frac{Q^*}{p} = \frac{738.5}{150} = 4.9(일)$$

11.7 확률적 모델

1. 정량주문 결정

사용률이 일정하지 않으므로 그 변동이 확률분포를 이루고 있으나 리드타임은 일정하여 미리 알고 있다는 전제가 받아들여지는 경우에는 고전적 EOQ 공식을 이용하여 주문량을 결정할 수 있다. 수요가 일정하지 않은 모델을 그림으로 표시하면 [그림 11-8]과 같다. 그림에서 볼 때 수요는 주문주기 T기간 동안 변동하지만 결정적인 것은 리드타임 동안의 수요량의 변동으로서 주문량이 도착할 당시 재고부족, 재고잔여 또는 재고소진 등의 현상이 발생할 수 있다. 이러한 모델의 주문량 Q^*는 다음 공식에 의하여 구한다.

$$Q^* = \sqrt{\frac{2C_0\overline{D}}{C_h}}$$

$\overline{D}$ = 연간 평균수요 또는 이의 근사치

예를 들어 전구를 도매하는 청계 전구도매상은 1회 주문비용은 15원, 하나의 전구값은 10원, 단위당 연간 재고유지비용은 전구값의 20%라는 것은 알고 있

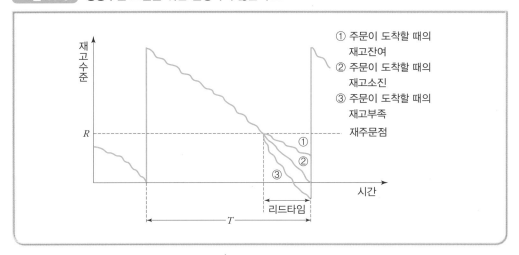

그림 11-8 정량주문 모델을 위한 일정하지 않은 수요

① 주문이 도착할 때의
   재고잔여
② 주문이 도착할 때의
   재고소진
③ 주문이 도착할 때의
   재고부족

재주문점

지만, 고객으로부터의 수요는 매일 또는 매주 크게 변동하므로 확실히는 모르고 있다고 하자. 그러나 다만 연간 평균수요(average demand, expected demand)의 근사치로서 9,000개의 전구가 팔린다는 것은 과거 자료를 통하여 알고 있다고 하자. 이럴 경우 EOQ 모델을 이용하여 주문량을 구하면 다음과 같다.

$$Q^* = \sqrt{\frac{2C_0\overline{D}}{C_h}} = \sqrt{\frac{2(15)(9,000)}{(0.2)(10)}} = 367(개)$$

2. 재주문점 결정

사용률이나 리드타임이 일정하지 않고 변동하는 경우에는 실제수요가 기대수요를 초과할 가능성이 있어 품절이 발생할 수 있다. 이러한 경우에는 리드타임 동안의 수요를 만족시키기 위하여 여분의 재고를 보유해야 한다. 이와 같이 리드타임 동안 기대되는 수요보다 더 많이 보유하는 재고를 안전재고(safety stock) 또는 완충재고(buffer stock)라 한다.

[그림 11-9]는 수요량은 불확실하지만 리드타임은 일정한 경우 리드타임 동안의 품절의 위험성을 감소시키기 위해서 안전재고가 유지되어야 함을 보여주고 있다.

일반적으로 수요 또는 리드타임에 변동이 있는 경우의 재주문점(reorder point: ROP)은 다음과 같이 결정된다.

$$ROP = 리드타임 \ 동안의 \ 평균수요 + 안전재고$$

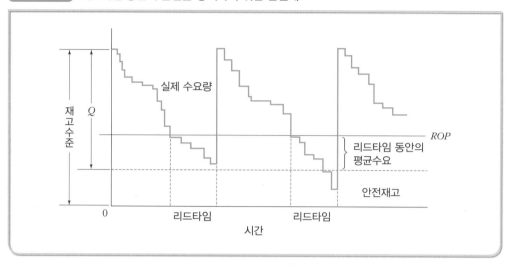

그림 11-9 리드타임 동안의 품절을 방지하기 위한 안전재고

비교적 일반적인 모델은 수요율은 변동하나 리드타임이 일정한 경우이므로, 본장에서는 이에 대해서만 공부하고자 한다. 안전재고 및 재주문점의 적정수준은 재고부족비용을 알고 있는 경우에도 결정할 수 있으나, 대부분의 경우 재고부족비용을 결정한다는 것은 상당히 어려운 일이므로 산업계에서는 안전재고나 재주문점을 산정하기 위하여 서비스 수준(service level)이라는 개념을 사용한다.

서비스 수준이란 리드타임 동안 보유재고의 수준이 충분하여 기대수요를 충족시킬 확률, 즉 리드타임 동안에 품절이 발생하지 않을 확률을 말한다. 예를 들어 1년 동안 300명의 고객이 제품을 주문해 왔으나 실제로는 285명의 주문은 바로 만족이 되고, 15명의 주문은 재고부족으로 만족이 되지 않았다고 하면 서비스 수준은 $\frac{285}{300} = 95(\%)$이다. 이때 품절확률은 5%이다. 따라서 서비스 수준과 품절확률(probability of stockout)과의 관계는 다음과 같다.

서비스 수준 = 1 − 품절확률

안전재고의 수준을 결정하기 위해서는 리드타임 동안의 수요량의 변동에 대한 패턴을 알 필요가 있다. 리드타임 동안의 수요량 M은 [그림 11-10]과 같이 정규분포를 따른다. 정규분포로 나타낼 때에는 첫째, 리드타임 동안의 평균수요($\overline{M}$)를 알아야 하고 둘째, 리드타임 동안 수요량의 분포에 대한 표준편차(standard deviation)를 알아야 한다.

그림 11-10 리드타임 동안 수요량의 확률분포

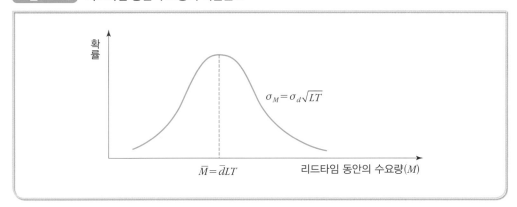

리드타임은 일정하지만 리드타임 동안 매일의 수요는 변동하여 정규분포로 나타낼 수 있고, 매일의 수요는 상호독립적이라고 가정하자. 매일의 평균수요(average daily demand)를 $\bar{d}$, 매일 수요량의 분포의 분산을 σ_d^2으로 표시하면 리드타임 동안의 평균수요 $\bar{M}$는 매일의 평균수요에 리드타임을 곱하여 구한다.

$$\bar{M} = \bar{d} \cdot LT$$

한편 리드타임 동안의 수요량 분포의 분산은 매일 수요량의 분포의 분산 σ_d^2에 리드타임을 곱하여 구한다. 따라서 리드타임 동안 수요량 M의 분포에 대한 표준편차는 $\sigma_M = \sqrt{LT \cdot \sigma_d^2} = \sqrt{LT} \cdot \sigma_d$이다. 이를 그림으로 표시하면 [그림 11-10]과 같다.

[그림 11-11]에서 안전재고를 유지하여 서비스 수준이 95%라면 ROP 왼쪽 곡선 밑의 면적이 95%이고, ROP 오른쪽 면적(재고부족 발생 확률)이 5%임을 뜻한다. 서비스 수준이란 결국 리드타임 동안의 수요량이 ROP를 초과하지 않을 확률을 말한다.

여기서 안전재고의 크기는 평균수요로 충족시킬 수 있는 서비스 수준(50%)을 초과해서 보유하는 재고수준(45%)에 해당하는 부분을 말한다.

ROP의 값을 찾기 위해서는 다음의 공식을 이용한다.

$$Z = \frac{ROP - \bar{M}}{\sigma_M}$$

$$\begin{aligned} ROP &= \bar{M} + Z\sigma_M \\ &= \bar{d}\,LT + Z\sigma_d\sqrt{LT} \end{aligned}$$

여기서 Z는 ROP와 $\bar{M}$ 사이의 거리를 표준편차의 수로 나눈 것인데 서비

그림 11-11 서비스 수준 95%일 때의 ROP

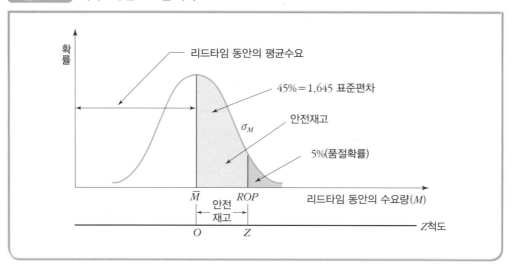

스 수준이 결정되면 Z값은 부표(정규분포표)로부터 찾을 수 있다.

 예 11-3

[예 11-1]에서 대학로 약국의 머리염색약에 대한 하루의 수요량은 평균 30병이고 표준편차는 5병인 정규분포를 따른다고 한다. 새로운 주문의 리드타임은 3일이라고 한다. 대학로 약국이 서비스 수준 95%를 원한다고 할 때 재주문점과 안전재고수준을 계산하라.

해답

$\bar{d}=30$병/일 $LT=3$일 $\sigma_d=5$병/일

안전재고 $= Z\sigma_d\sqrt{LT} = 1.645(5)\sqrt{3} = 14.2$(병)

$ROP = \bar{d}\,LT + Z\sigma_d\sqrt{LT} = 30(3) + 14.2 = 104.2$(병)

11.8 재고통제시스템

재고관리시스템은 재고품목의 재주문점과 주문량을 어떻게 결정하느냐에

따라 정량주문 모델(fixed-order-quantity model)과 정기주문 모델(fixed-order-interval model)로 나눌 수 있다. 그런데 수요율과 리드타임이 일정하면 이들 모델은 동일하게 기능한다. ROP 모델처럼 이들 모델도 수요율과 리드타임의 변동을 전제로 할 수 있지만 여기서는 리드타임은 일정하고 수요량만 변동하는 경우에 국한하여 두 모델의 차이점을 설명하고자 한다.

1. 정량주문 모델

정량주문시스템에서의 주문은 재고수준이 재주문점이라는 미리 정해진 수준까지 떨어지면 일정한 주문량(EOQ)이 발주된다. 이와 같이 주문량은 언제나 일정하지만, 주문주기(주문간격, order interval: OI)는 바로 전의 주문주기 동안의 수요율에 따라 변동한다. 따라서 정상적인 수요보다 더 많이 수요가 있게 되면 주문 사이의 기간은 짧아지고 주문의 빈도수는 많아진다.

재고수준이 재주문점에 언제 도달하는가를 알기 위하여 재고수준은 계속 검토할 필요가 있다. 따라서 이를 계속실사시스템(continuous review system) 또는 Q시스템이라고도 한다. 이 시스템에서 각 품목의 주문은 자주 발생하기 때문에 주문비용은 정기주문시스템보다 많게 된다.

Q시스템은 두 개의 매개변수인 Q와 ROP에 의하여 결정된다. Q는 평균수요 $\bar{D}$를 이용하여 EOQ 공식으로부터 얻고 ROP는 $\bar{M}$와 $Z\sigma_M$의 합으로 얻는다.

이와 같이 주문은 재고수준이 ROP에 도달할 때 이루어지므로 리드타임 동안에 품절이 발생하지 않도록 안전재고를 유지하면 된다.

정량주문시스템은 단위당 가격이 비싸거나 아주 중요한 품목에 적용되나 동일한 공급업자로부터 수많은 품목을 구입하는 경우에는 정기주문시스템을 적용하는 것이 유리하다. 오늘날 정보기술(information technology), 예컨대 제품의 바코딩(bar coding), 바코드 스캐너 등의 사용으로 정량주문시스템이 더욱 선호된다.

리드타임은 일정하지만 사용률이 변동하는 경우의 정량주문시스템은 [그림 11-12]와 같이 표시할 수 있다.

리드타임 동안의 수요량은 평균수요량으로부터 변동하나 주문량은 언제나 동일하므로, 주문 사이의 기간이 매번 다를뿐더러 최대재고수준도 리드타임 동안의 수요량에 따라 변동한다.

그림 11-12　정량주문 모델

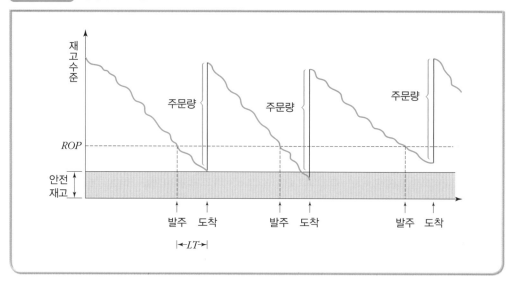

2. 정기주문 모델

정량주문시스템에 대립되는 개념이 정기주문 모델(fixed-order-interval model)
이다. 정기주문시스템에서는 주문주기(주문간격, order interval)가 일정하여 예
컨대 매월 1일에 주문하게 되는데, 주문량은 매번 변동하게 된다. 따라서 정상
적인 수요보다 더 많이 수요가 있게 되면 주문량이 더욱 많아진다.

재고수준의 계속적인 관찰이 필요한 정량주문시스템과 달리 정기주문시스
템에서는 미리 정해진 주문시점마다 얼마를 주문할 것인가를 결정하기 위하여
재고수준의 정기적 실사가 필요하다. 따라서 이를 정기실사시스템(periodic
review system) 또는 P시스템이라고도 한다.

P시스템은 Q시스템과 달리 재주문점이 없고 대신에 요구되는(사전에 결정
된) 목표재고수준(target inventory level)이 있으며, 주문시점의 재고수준과 목표
재고수준 차이만큼 주문한다. 주문량이 수요량에 따라 변동하므로 EOQ를 갖
지 않으며 주문량은 매번 달라진다.

P시스템은 두 개의 매개변수인 주문주기 OI와 목표재고수준에 의하여 결
정된다. 주문주기는 연간 평균수요를 $\bar{D}$라 하면 $OI = \dfrac{Q^*}{\bar{D}}$로 결정한다.[3]

3　주문주기(order cycle time)는 한 주문과 바로 뒤 주문 사이의 기간으로서 주문간격이라고도 한
　　다. 정량주문 모델에서의 주문주기(T)는 변동하지만 정기주문 모델에서의 주문주기(OI)는 일정

그림 11-13 정기주문시스템

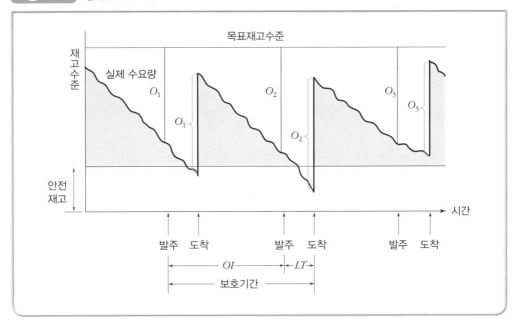

정기주문시스템은 식료품점에서 통조림제품처럼 주문이 특정 기간마다 이루어지는 경우, 볼트나 너트와 같은 값싼 품목의 경우, 하나의 공급업자로부터 상이한 수많은 품목을 구매할 때 주문비용을 절약하고 가격할인 등 혜택을 받는 경우에 이용되는 시스템이다.

리드타임과 사용률이 모두 일정한 경우에는 계속실사시스템과 정기실사시스템은 똑같다. 그러나 일정한 리드타임과 변동하는 사용률을 전제하는 경우의 정기주문시스템은 [그림 11-13]과 같이 표시할 수 있다.

정량주문시스템에서는 다만 리드타임 동안의 재고부족을 방지할 필요가 있는 반면, 정기주문시스템에서는 리드타임 동안뿐만 아니라 다음 주문주기(OI) 동안의 재고부족을 방지하기 위하여 더욱 많은 안전재고를 유지해야 한다. 따라서 높은 재고유지비용을 수반하는 것이 이 시스템의 결점이다. 여기서 목표재고수준은 주문주기와 리드타임 동안의 평균수요와 안전재고의 합이 된다.

정기주문시스템에 있어서 주문량은 다음의 공식에 의하여 결정되는데, 주문시점의 현재고에 따라 주문량은 매번 다르게 된다.

───────────

하므로 이를 구분하기 위하여 다른 부호를 사용한다.

표 11-2 Q시스템과 P시스템의 차이점

시스템	주문량	주문시기	재고수준의 검토
Q시스템	매번 일정함	재고수준이 ROP에 도달할 때 (주문시점은 매번 다름)	계속 실사
P시스템	매번 다름	미리 정해진 주문주기의 말 (주문시점은 매번 일정함)	주문시점에 실사 (주문주기의 말)

$$\begin{aligned}
\text{주문량} &= \text{목표재고수준} - \text{주문 시의 현재고} \\
&= \text{보호기간(주문주기와 리드타임) 동안의 평균수요} + \text{안전재고} \\
&\quad - \text{주문 시의 현재고} \\
&= \bar{d}(OI+LT) + Z\sigma_d\sqrt{OI+LT} - \text{주문 시의 현재고}
\end{aligned}$$

여기서 $\sigma_d\sqrt{OI+LT}$ 는 보호기간 동안의 수요량의 표준편차를 의미한다.

정량주문 모델과 정기주문 모델의 기본적인 차이점은 [표 11-2]에 요약되어 있다.

예 11-4

희망약국 약사 김 여사는 매주 금요일에 정기실사시스템을 사용하여 주문량을 결정한다. 일본에서 수입하는 감기약 XX의 수요는 정규분포를 하는데 평균은 1주일에 300봉지이고 표준편차는 20봉지라고 한다. 리드타임(LT)은 3주일이고 원하는 서비스 수준은 95%라고 한다. 이 감기약의 현재고는 50봉지라고 할 때 김 여사는 몇 봉지를 주문해야 하는가?

해답

$\bar{d}$: 300봉지/주 σ_d : 20봉지/주

OI : 1주일 LT : 3주

서비스 수준 : 95%   주문 시 현재고 : 50봉지

$$\begin{aligned}
\text{주문량} &= \bar{d}(OI+LT) + Z\sigma_d\sqrt{OI+LT} - \text{현재고} \\
&= 300(1+3) + 1.645(20)\sqrt{1+3} - 50 \\
&= 1,200 + 65.8 - 50 \\
&= 1,215.8(\text{봉지})
\end{aligned}$$

1. 재고의 기능을 설명하라.

2. 독립수요와 종속수요를 비교하라.

3. 재고와 공급사슬의 관계를 설명하라.

4. 경제적 주문량 모델의 가정을 설명하고 그의 공식을 유도하라.

5. 경제적 생산량을 구하는 공식을 유도하라.

6. 정량주문 모델과 정기주문 모델을 비교하라.

7. 구로전자회사에서는 전압계 제조에 필요한 전자부품을 구입한다. 연간 사용량은 72,000단위이다. 회사의 자본비용은 부품가격의 16.875%이고, 주문비용은 1회 주문에 30원이다. 부품의 가격이 개당 10원일 때
   ① 최적 주문량을 결정하라.
   ② 만일 리드타임이 2일이라면 재주문점은 얼마인가?(1년은 360일)
   ③ 1년에 주문은 몇 번 하게 되는가?

8. 수도자동차회사에서는 생산자로부터 직접 자동차발전기 제조에 필요한 부품을 구입한다. 연간 부품사용량은 12,000개이다. 주문비용은 1회 주문하는 데 250원이 소요되며 부품의 개당 가격은 250원이다. 연간 재고유지비용은 구매가격의 20%라고 한다.
   ① 부품의 EOQ를 계산하라.
   ② 주문주기의 길이는 얼마인가?
   ③ 연간 총비용을 계산하라.

9. 대동기계회사는 매 시간당 제품 M을 20개씩 생산하는 구멍뚫는 기계를 가동시키고 있다. 이 기계는 하루 5시간 가동하며, 제품 M을 생산하기 위하여 준비하는 데 2시간 동안 기계가 가동중지된다. 준비비용은 시간당 150원이다. 제품 M에 대한 수요는 하루 40개씩 1년에 10,000개이다. 재고유지비용은 연간 개당 10원이다.
   ① 경제적 생산량을 계산하라.

② 생산기간을 계산하라.

③ 최대재고수준을 계산하라.

④ 연간 총비용을 계산하라.

10. 연간 수요량이 약 1,000개인 어느 상점의 C_0는 255원이고, C_h는 80원이다. 수요량은 변동하여 리드타임 동안의 수요량은 정규분포를 하고, 이때 $\overline{M}$는 25개이며, σ_M은 5개이다.

① 최적 주문량을 결정하라.

② 매 주문주기마다 서비스 수준이 98%인 경우의 재주문점 및 안전재고를 결정하라.

11. K-마트에서는 42인치 디지털 TV를 판매하는데, 하루 판매량은 평균 6대, 표준편차 2대로 정규분포를 따른다고 한다. 이 TV의 리드타임은 4일로 일정하다고 할 때 95% 서비스 수준을 유지하고자 하면 ROP는 얼마나 될 것인가?

12. 명륜대학교 컴퓨터실에서는 하루 평균 1,000장의 펀치 카드(punch card)를 사용한다. 이 사용률은 정규분포를 이루는데, 표준편차는 매일 100장이다. 아래의 각 조건에서 99% 서비스 수준을 달성하는 데 필요한 안전재고를 결정하라.

① 리드타임은 5일이고 ROP 모델이 사용된다.

② 리드타임은 5일이고 주문 사이의 기간은 21일로 고정되어 있다.

13. 종로에 소재하는 한 010 휴대폰 대리점에서 모델 A의 하루 수요는 정규분포를 하며 관련 자료는 다음과 같다. 정량주문시스템을 취할 때의 최적 재고정책을 구하라.

하루 평균수요(d) :	100개
하루 수요의 표준편차(σ_d) :	30개
리드타임(LT) :	3일
연간 재고유지비용(C_h) :	10원/개
주문비용(C_0) :	35원/주문
서비스 수준 :	95%
영업일수 :	1주일 5일, 연간 52주

14. 적십자 약국에서는 고급 머리염색약을 판매하는데, 하루 판매량은 평균 6병, 표준편차는 1.2병으로 정규분포를 따른다고 한다. 약국은 매 30일마다 재고수준을 실사하는데, 10병이 재고로 남은 사실을 발견하였다. 염색약의 리드타임은 3일로 일정하다고 한다. 서비스 수준 95%를 유지하고자 할 때 주문량은 얼마나 될 것인가?

15. 1년에 250일 근무하는 종로제조(주)에서 부품 X-50을 1년에 20,000개 사용한다. 생산율은 하루에 100개이고 리드타임은 4일이다. 단위당 유지비용은 10원/연이다. 1회 생산준비비용은 20원이라고 한다.
    ① 경제적 생산량을 결정하라.
    ② 1년에 몇 회 생산하는가?
    ③ 재주문점을 계산하라.
    ④ 연간 총비용은 얼마인가?

16. 종로제조(주)에서는 부품 KS-100을 1년에 4,000개를 사용한다. 회사는 이 부품을 자체 생산하는데, 생산준비비용은 100원, 부품 1개의 비용은 266.67원, 1년 1개의 재고 유지비용은 부품비용의 30%라고 한다. 생산시설은 1년 50주 동안 매주 5일씩 가동한다고 한다.
    이 부품에 대한 리드타임은 9일이고 하루 수요의 표준편차는 2개이다. 회사는 이 부품에 대한 서비스 수준을 95%로 유지하고자 한다. 정량주문시스템을 사용할 때
    ① 최적 주문량 Q^*를 계산하라.
    ② 재주문점은 얼마인가?
    ③ 계산한 결과를 이용하여 재고정책을 말하라(정기주문시스템을 사용할 때).
    ④ 최적 주문주기를 구하라.
    ⑤ 목표재고수준은 얼마인가?
    ⑥ 계산한 결과를 이용하여 재고정책을 말하라.

17. 청계천 공구점은 여러 가지 상이한 아이템을 취급한다. 그런데 이런 작은 공구들에 계속 실사시스템을 적용하는 것은 적절치 않아 비용과 수요량에 있어 아주 유사한 공구들을 묶어서 정기적으로 실사하고 한 공급업자에게 일괄주문하려고 한다. 이들 공구들의 연간 수요율은 10,000개, 주문비용은 주문당 25원, 연간 단위당 유지비용은 0.02원이다.
    ① EOQ를 계산하라.
    ② 주문간격을 계산하라.
    ③ 문제 ①과 ②에서 공구들의 묶음 중에서 공구 A의 연간 수요는 1,000개, 리드타임은 0.1년이다. 보호기간(주문간격과 리드타임) 동안의 수요는 정규분포를 따르고 표준편차는 100개라고 한다. 서비스 수준 95%일 때 공구 A의 목표재고수준을 계산하라.

18. 신촌제조(주)는 고급의자를 생산한다. 연간 수요는 18,000개로 예상된다. 최종조립 프로세스 전에 의자의 프레임이 묶음으로 제조된다. 회사의 최종조립부에서는 매월 1,500개의 프레임을 필요로 한다. 회사의 프레임부에서는 매월 2,500개의 프레임을 생산할 수 있다. 생산준비비용은 800달러, 연간 재고유지비용은 단위당 18달러이다. 회사에서는 매월 20일씩 작업하며 리드타임은 5일이다.

① 경제적 생산량을 계산하라.

② 최대재고수준을 구하라.

③ 연간 총비용을 구하라.

④ 재주문점을 구하라.

⑤ 재고정책을 설명하라.

제12장

재고관리 : 종속수요 품목

제11장에서 공부한 재고시스템은 독립수요 품목에 관한 것이었다. 독립수요 품목은 시장조건에 의하여 결정되므로 항상 변동한다. 따라서 이들 품목에 대한 수요는 예측에 의하여 결정할 수밖에 없다.

종속수요 품목은 시장조건에 의하여 결정되지 않는다. 원자재 및 제조 프로세스에서 사용되는 원자재, 중간조립품, 조립품, 부품 등 각종 구성품 등의 종속수요 품목에 대한 수요는 이들을 이용하여 제조하는 상위품목(higher-level item), 즉 모품목(parent item)에 대한 수요가 있기 때문에 발생하는 것이다.

종속수요 품목이 언제, 그리고 얼마만큼 필요하느냐 하는 것은 이들을 이용하여 생산하는 상위품목 또는 최종품목(end item, finished product)의 생산계획과 제조과정으로부터 바로 계산할 수 있다. 따라서 종속수요 품목의 수량과 필요 시기를 결정하고, 이들을 통제하기 위해서는 컴퓨터 계획·통제 시스템인 자재소요계획(material requirements planning: MRP)과 제13장에서 취급할 린 생산시스템 개념이 사용되어야 한다.

본장에서는 MRP시스템을 이용하여 최종품목의 주일정계획에 따라 각종 종속수요 품목이 언제, 얼마만큼 주문 또는 생산되어야 하는가 하는 예와 MRP시스템의 결과를 이용하는 능력소요계획(capacity requirements planning: CRP) 및 제조자원계획(manufacturing resources planning: MRP II)에 관하여 공부하고자 한다.

앞장에서 공부한 바와 같이 독립수요 품목(최종제품)에 대한 수요는 예측에 의해서 결정하기 때문에 EOQ/ROP 기법을 사용해야 한다. 그러나 최종제품 생산에 필요한 원자재, 부품, 조립품 등의 수요가 모품목에 따라 결정되는 종속수요 품목에 대한 소요량의 크기와 생산 또는 주문시기는 그 최종제품의 생산계획, 제조과정 및 각 품목의 리드타임이 주어지면 쉽게 계산할 수 있다. 이때 사용되는 컴퓨터화된 재고통제 및 생산계획시스템이 MRP시스템이다.

MRP시스템은 조립공정을 사용하는 종속수요 품목을 위해서 사용되지만 복잡한 제품이라든가 잡샵생산, 배취생산, 주문생산, 비반복적인 대량생산 등을 위해서도 사용된다. MRP시스템은 다음 장에서 공부할 풀 시스템(pull system)을 사용하는 린 생산시스템과 달리 미래 수요를 만족시키기 위하여 생산 속으로 자재를 밀어 넣는 푸쉬 시스템(push system)을 사용한다.

MRP는 총괄계획으로 생성되는 최종품목 또는 완제품의 MPS를 기반으로 하여 그 제품생산에 필요한 각종 원자재, 부품, 중간조립품의 소요량을 정확히 계산하고 적정재고수준을 유지하도록 그들의 주문량 또는 생산량과 그 발주시기를 결정한다. 즉 MRP는 최종품목 또는 완제품의 주일정계획(MPS)에 나타난 생산량과 생산시기로부터 이를 생산하는 데 필요한 원자재, 부품, 중간조립품 등이 얼마나, 언제 필요한가를 결정하고, 이에 맞추어 언제 이들을 외부에 주문하거나 또는 자체 생산해야 할 것인가를 취급하기 위하여 설계된 컴퓨터 정보시스템이다.

이렇게 함으로써 최종품목의 소요량은 기간(주)별로 저단계 구성품의 소요량을 생성하고 재고수준은 낮게 유지하면서 최종품목을 적기에 생산 완료할 수 있도록 주문, 생산, 조립 스케줄을 수립할 수 있는 것이다.

오늘날 MRP시스템은 단순히 재고관리의 범위를 벗어나 생산능력을 계획하고 통제하는 데 사용될 뿐만 아니라 현금, 인사, 설비, 자본재 등 기업의 제조자원계획(manufacturing resource planning)과 기업자원계획(enterprise resource planning: ERP)을 수립하고 통제하는 데 사용된다.

MRP시스템을 이용하여 주일정계획을 전개(explosion)하면 원자재, 부품, 구성품에 대해 적기에 적량의 구매주문(purchase order) 및 현장주문(shop order),

그림 12-1 MRP시스템의 운영

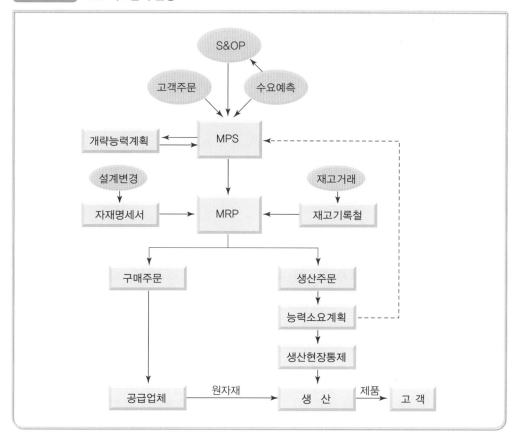

자료 : R. Schroeder 등 전게서, p. 398.

즉 제조주문(manufacturing order)을 생성하는데, 현장주문은 능력소요계획 (capacity requirements planning: CRP)을 수립하는 데 이용된다. 외부로 발령하는 구매주문은 적량의 구성품들이 필요로 하는 시기에 도착할 수 있도록 구매계획수립에 사용된다. 실제로는 제조주문이 공장에 발령되기 전에 이 주문을 생산하는 데 능력이 충분한지 검토하여 불충분하면 능력이나 또는 주일정계획에 수정을 가해야 한다. 이렇게 하여 제조주문이 현장통제시스템으로 들어가면 적시에 생산완료되도록 해야 한다. 이와 같이 MRP시스템은 재고를 통제하고 나아가 생산에 필요한 자원의 능력을 통제하는 정보시스템이라고 할 수 있다. 이는 [그림 12-1]에서 보는 바와 같다.

12.2 MRP시스템의 목표

오늘날 대기업은 물론 중·소기업에서도 MRP시스템을 폭넓게 사용하고 있는데 이는 다음과 같은 목표를 달성하기 위함이다.

- 자재소요의 수량과 시기를 결정하고 적량의 재고를 유지하고자 한다.
- 우선순위를 유지한다.
- 고객 서비스를 증진한다.
- 재고투자를 낮춘다.
- 공장운영의 효율성을 높인다.

제조기업의 경우 원자재, 부품, 구성품 등의 소요량은 MPS에 의해 결정되므로 필요할 때마다 이들을 외부에 주문하거나 직접 제조함으로써 완제품 생산에 차질이 없도록 자재계획을 수립할 수 있어 적량의 재고를 유지할 수 있게 된다.

MRP시스템은 다음과 같은 질문에 답을 제공한다.

- 무엇을 주문할 것인가? : 최종제품 또는 완제품의 주일정계획과 자재명세서를 참조한다.
- 얼마 주문할 것인가? : 특정 품목의 로트크기 규칙을 참조한다.
- 언제 주문할 것인가? : 자재의 (필요일 – 리드타임)하여 결정하는 후진적 스케줄링을 사용한다.
- 언제 배달토록 할 것인가? : 필요일에 도착하도록 한다.

MRP시스템은 자재의 필요일(needed date)에 주문의 납기(완성)예정일(due date)을 일치시켜 줌으로써 우선순위(priority)를 유지시켜 준다. 고객이 주문량과 시기를 변경하거나, 공급업자가 납기를 지연시키거나, 장비가 고장이 나서 생산이 지연되는 등 예기치 않은 사태로 말미암아 자재의 필요일이 바뀌게 되면 납기예정일을 앞당기거나 늦추도록 조치를 취함으로써 구매주문 또는 현장주문의 우선순위를 유지시켜 준다.

종속수요 품목을 관리하기 위하여 EOQ/ROP 시스템을 사용하게 되면 재고가 ROP에 도달하면 EOQ를 보충하게 되는데, 부품의 수요는 꾸준히 발생하는 것이 아니라 그의 생산시기에만 집중적으로 발생하므로 평소에 그 부품의 평균재고수준은 매우 높게 유지되는 문제를 초래하게 된다.

그러나 MRP시스템을 사용하게 되면 부품의 필요한 수량과 시기에 맞추어 구매주문이 도착하거나 현장주문이 완료되기 때문에 재고수준은 극히 낮게 유지된다.

12.3 MRP시스템의 기본 요소

MRP시스템이 제대로 기능을 발휘하기 위해서는 다음과 같은 전제 또는 요구가 충족되어야 한다.

- 주일정계획
- 자재명세서
- 재고기록철

1. 주일정계획

주일정계획(master production schedule: MPS)은 정확하게 언제(소요시기), 얼마(소요량)를 생산할 것인가를 나타내는 최종품목(end item) 또는 완제품(finished product)의 생산계획이다. MRP시스템은 최종품목의 주일정계획을 사용하여 각 구성품의 기간별 소요량을 계산하고 제조주문과 구매주문을 생성하기 때문에 MPS는 MRP시스템을 운전하는 원동력이다. [표 12-1]은 최종품목 A의 주일정계획인데 이는 8주 초에 200개를 생산완료하여 고객에 인도해야 함을 나타내고 있다. 주일정계획은 계획대상기간(planning horizon)을 수많은 시

표 12-1 최종품목 A의 주일정계획(예)

품목: A	주							
	1	2	3	4	5	6	7	8
수량(개)								200

간대(time bucket)로 나누어 표시하는데 보통 기간은 주를 단위로 한다.

주일정계획은 제품그룹이나 제품라인으로 작성되는 총괄계획으로부터 특정 품목별·기간별 제품이나 최종품목으로 다시 분해한 결과라는 것은 제10장에서 설명한 바와 같다. 여기에 고객주문, 미래수요의 예측, 계절적 재고를 쌓아 두기 위한 창고로부터의 주문 등을 감안하여 작성한다. 원자재, 부품, 중간조립품의 수급계획은 MPS를 토대로 작성된다. MRP시스템은 최종품목의 주일정계획을 받아들여 각 구성품의 기간별 소요량을 계산하고 구매주문 및 현장주문의 계획을 수립하도록 한다. 이는 [그림 12-1]에서 보는 바와 같다. 제조업자의 주일정계획, 구매주문, 현장주문을 받아들여 공급업자들은 원자재, 부품, 구성품 등의 배송계획을 수립하게 된다.

주일정계획에서 나타내는 수치의 성격은 다음과 같다.

- 수치는 수요량이 아닌 생산량을 나타낸다.
- 수치는 고객주문과 수요예측의 결합으로 구성된다. 주일정계획에서 가까운 미래의 수치는 동결되지만 먼 미래의 수치는 예측치이기 때문에 수정될 수 있다.
- 수치는 생산될 수 있는 것이 아니라 생산될 필요가 있는 것을 나타낸다.
- 수치는 최종품목 또는 완제품을 나타낸다. 계획생산의 경우에는 완제품을 나타내고 조립생산의 경우에는 중간조립품 또는 모듈을 나타낸다. 그리고 주문생산의 경우에는 중요한 구성품으로 구성된다.

  그러나 단순화하기 위하여 최종품목을 완제품으로 취급하는 것이 일반적이다.

주일정계획의 계획대상기간은 품목마다 다르지만, 총괄계획의 그것보다는 짧으나 그 품목을 만드는 데 필요한 원료, 부품, 중간조립품, 그리고 최종조립 등 구입 및 제조에 필요한 누적 리드타임(cumulative lead time)보다 좀 길어야 한다. 이러한 최소계획기간에는 고객의 주문이 취소되는 것과 같은 극단적인 상황을 제외하고는 주일정계획에 대한 변화가 허용되지 않는다. 주일정계획의 최대계획기간은 수요의 예측능력에 따라 결정된다. 계획기간과 리드타임과의 관계는 [그림 12-2]에서 보는 바와 같다.

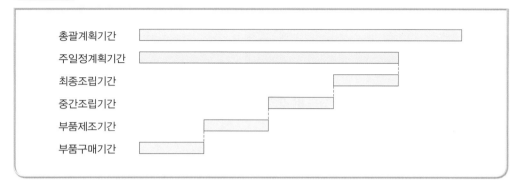

그림 12-2 계획기간과 리드타임과의 관계

총괄계획기간
주일정계획기간
최종조립기간
중간조립기간
부품제조기간
부품구매기간

2. 자재명세서

일단 주일정계획이 작성되면 MRP는 주일정계획에 표시된 최종품목의 한 단위를 생산하는 데 필요한 각종 원자재 및 부품들을 결정하기 위하여 최종품목의 자재명세서(bill of materials: BOM)를 사용한다.

자재명세서는 최종품목의 생산에 필요한 모든 부품을 단순히 나열한 것이 아니고, 그 최종품목 한 단위를 생산하는 데 필요한 원자재, 부품, 중간조립품, 조립품 등의 조립순서와 함께 필요한 수량을 보여 준다.

[그림 12-3]은 최종제품인 의자의 조립도(assembly diagram)와 제품구조나무(product structure tree)이고 [그림 12-4]는 최종품목 X의 제품구조나무이다.

자재명세서는 제품이 어떻게 만들어지는가를 보여 주기 때문에 제품구조나무라고도 부른다. 자재명세서는 최종품목으로부터 시작하여 각 상위품목 한 단위를 생산하는 데 필요한 품목과 그의 수량을 나타낸다.

자재명세서는 가장 높은 단계 0에 최종품목을 표시하고 그 최종품목을 만드는 데 직접 필요한 중간조립품이나 부품 등은 단계 1에 표시한다. [그림 12-4]에서 최종품목 X는 단계 0에 표시하고 이를 생산하는 데 필요한 품목 B와 C는 단계 1에 표시한다. 이때 품목 X는 상위품목(모품목), 품목 B와 C는 하위품목(자품목)이라고 한다. 품목 B의 옆에 있는 괄호 속의 숫자 2는 품목 X의 한 단위를 만드는 데 품목 B는 두 단위가 필요함을 의미한다. 품목 B의 한 단위를 만드는 데 품목 D 세 단위와 품목 E 한 단위가 필요하다. 이와 같이 자재명세서는 최종품목으로부터 시작해서 원자재에 이르기까지 각 단계별로 체계적으로 부품과 수량을 나열한다.

그림 12-3 의자의 조립도와 제품구조나무

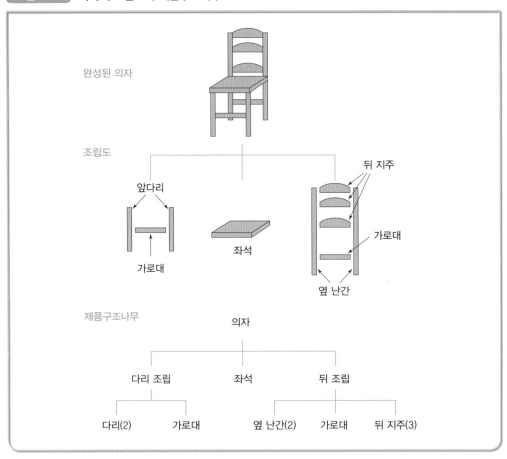

그림 12-4 최종품목 X의 제품구조나무(예)

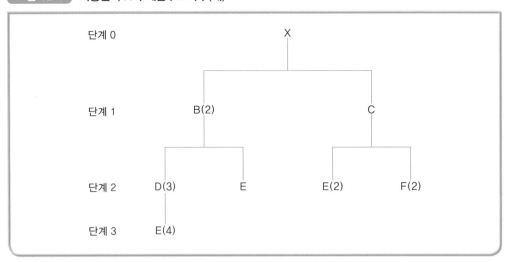

그림 12-5　저단계 코딩방식

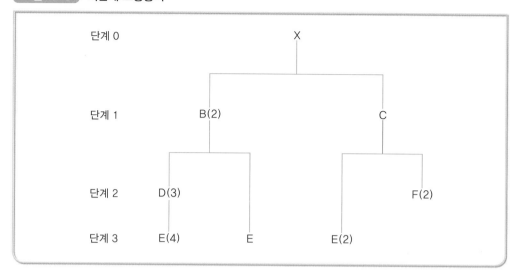

단계 0　　　　　　　　　　　　　　　　X

단계 1　　　　　　B(2)　　　　　　　　　　　　C

단계 2　　　D(3)　　　　　　　　　　　　　　　　　　F(2)

단계 3　　　E(4)　　　　　E　　　　　　E(2)

주일정계획에 최종품목의 생산시기와 수량이 명시되면 MRP는 그 최종품목의 자재명세서를 전개하여 최종품목을 생산하는 데 필요한 각종 구성품의 수량, 시기, 발주일 등을 결정한다. 자재명세서를 전개(explosion)한다는 것은 자재명세서의 모든 단계를 차례로 내려가면서 각 구성품의 필요한 소요량과 발주계획을 결정하는 것을 의미한다.

　　MRP시스템에서 각 구성품의 소요량을 계산하기 위해서는 컴퓨터가 단계 0에서 시작하여 각 단계별로 제품구조나무를 따라 내려간다. 만일 어느 구성품이 상이한 단계에 또 나타나면 그의 총소요량을 계산하기 위해서는 저단계 코딩(low-level coding: LLC)방법을 사용하는데, 이는 가장 낮은 단계에 있는 품목과 일치시키도록 동일한 품목의 단계를 낮추는 것이다. [그림 12-4]에서 품목 E는 단계 2와 3에 나타나는데 이를 단계 3으로 낮추는 것을 저단계 코딩방식이라 한다. 이는 [그림 12-5]가 보여 주고 있다. 이와 같이 저단계 코딩방법을 사용하는 이유는 동일한 프로세스를 맨 먼저 처리할 때 한꺼번에 처리함으로써 처리과정을 줄여 효율성을 높이고자 함이다.

3. 재고기록철

　　재고기록철(inventory record file)은 각 품목의 주문량을 결정하기 위해 재고상태에 관한 모든 정보를 제공한다. 모든 재고품목은 각각 고유번호를 가져야 한다. 이러한 기록은 원자재, 부품 혹은 중간조립품의 수취, 생산을 위한 인출, 부품 주문량의 수정, 반품과 폐기물의 발생, 입고일의 변경, 재고 관련 자료의 수정, 주문취소 등 모든 재고거래를 적시에 갱신하여 기록의 정확성을 유지해야 한다.

재고기록은 또한 리드타임, 현재고, 주문 중에 있어 곧 도착할 것으로 기대되는 예정수취량, 로트크기 또는 품목의 특성 등에 관한 정보를 포함한다.

12.4 MRP 계산과정

MRP과정은 주일정계획에 명시된 최종품목의 총소요량을 받아들이고 재고기록철에 따라 현재고와 앞으로 입고될 예정수취량을 차감하여 순소요량을 결정한 후 자재명세서에 따라 리드타임을 고려하여 최종품목의 순소요량의 발주시기를 결정한다. 이때 조립품, 부품, 원자재 등의 기간별 소요량으로 전개한다. 이러한 과정은 제품구조나무의 마지막 단계에 있는 품목의 스케줄링이 수립될 때까지 계속한다.

MRP시스템에서 부품전개를 위해 사용하는 양식은 [표 12-2]와 같다. 이 양식에서 사용되는 용어를 설명하면 다음과 같다. 본서에서는 주문이 기간(주) 초에 발생하고 배달되며 수요 또한 기간 초에 충족되는 것으로 가정하고 필요한 계산을 할 것이다.

표 12-2 MRP 양식

품 목 명: 품목번호: 리드타임: 로트크기	주							
	1	2	3	4	5	6	7	8
총소요량 예정수취량 예상현재고 순소요량 계획수취량 발주계획								

1. 총소요량

총소요량(gross requirements)이란 자재명세서를 전개함으로써 결과하는 최종품목과 각 구성품의 기간별 총요구량을 말한다. 최종품목(end item)의 총소요량과 시기는 주일정계획에 나타나 있는 바와 같다. 그러나 각 구성품의 총소요량과 시기는 그의 바로 위 상위품목(들)의 발주계획에 의하여 결정된다. 어떤 품목은 여러 개의 상위품목을 갖는 경우가 있다. 따라서 각 구성품의 총소요량은 그의 모든 바로 위 상위품목들의 발주계획에 의거하여 제품구조나무에 나타난 그 구성품과 상위품목과의 제조비율을 곱해서 결정한다. 그리고 그 구성품의 총소요량의 시기는 각 상위품목(들)의 발주계획 시기와 동일하다.

2. 예정수취량

예정수취량(scheduled receipts)이란 이미 발령된 주문(on-order, open order)이라고도 하는데, 구매주문(purchase order)의 경우에는 외부에 그리고 작업주문(work order)인 경우에는 생산현장에 이미 발주가 되어 일정한 리드타임이 경과하는 기간 초에 도착 또는 생산완료되도록 예정된 주문량을 말한다. 예정수취량은 총소요량의 변화에 따라 수취 스케줄을 변경할 수는 있지만 이를 취소할 수는 없다.

3. 예상현재고

예상현재고(projected on-hand inventory)란 각 기간 초에 실제로 보유하리라고 기대하는 재고로서 그 기간의 총소요량을 만족시키기 위하여 사용된다. 어떤 기간 초의 예상현재고는 전기말 재고에 이미 주문하여 도착하게 된 예정수취량을 합하여 다음과 같이 계산한다.

$$\text{예상현재고}_t = \text{전기말 재고}_{t-1} + \text{예정수취량}_t$$

4. 순소요량

순소요량(net requirements)이란 기간별 총소요량에서 그 기간의 예상현재고를 뺀 차이로서 각 기간에 MPS에 의해 생성되는 수요를 충족시키기 위해 실제로 필요한 양이다. 기간별 순소요량은 다음과 같이 계산한다.

$$순소요량_t = 최대(0; 총소요량_t - 예상현재고_t + 안전재고)$$
$$= 최대(0; 총소요량_t - 예정수취량_t - 전기말 재고_{t-1})$$

그러나 문제를 단순화하기 위하여 안전재고는 고려치 않기로 한다. 계산된 필요한 순소요량은 새로운 계획수취량에 의하여 충당되어야 한다.

5. 계획수취량

계획수취량(planned order receipts)이란 순소요량을 충당하기 위하여 예정된 시기의 초에 입고하리라고 기대할 수 있는 계획된 주문량이다. 이때 계획수취량은 기업의 주문정책(ordering policy)에 따라 다르다. MRP시스템에서도 생산준비비용과 재고유지비용을 감축하기 위하여 로트크기(lot size)는 여러 가지 공식을 사용하여 구한다. 본서에서는 EOQ 공식을 이용하여 구한 로트크기 주문방식(lot-size ordering)과 함께 lot-for-lot(L4L)방식을 이용할 것이다. 로트크기 방식을 사용하면 계획수취량이 순소요량을 초과할 수 있기 때문에 초과분은 편의상 다음 기간의 가용재고에 가산한다고 가정한다. 그러나 L4L방식을 사용하면 순소요량(필요량)＝주문량이기 때문에 계획수취량이 언제나 순소요량과 동일하게 된다.

6. 발주계획

발주계획(planned order release)이란 계획수취량을 예정된 시기의 초에 입고할 수 있도록 앞으로 각 기간에 구매주문이나 제조주문을 실제로 발령해야 하는 계획된 수량으로서([그림 12-6] 참조), 이는 계획수취량과 동일하지만 그의 발령시기는 계획수취량의 기간(납기예정일)에서 리드타임을 차감하여(offsetting) 결정한다. 이를 시간차감법(time phasing)이라고 한다.

상위품목의 발주계획은 다음 단계의 하위품목들의 총소요량을 결정하는 데 이용된다. 즉 하위품목의 총소요량과 그의 시기는 상위품목의 발주계획으로부터 결정된다. 시간이 흘러 발주계획이 실행되면, 이는 MRP양식의 계획수취량행(row)과 발주계획행으로부터 사라지고 다음 기간에 예정수취량행에 기록된다.

그림 12-6 MRP시스템의 결과

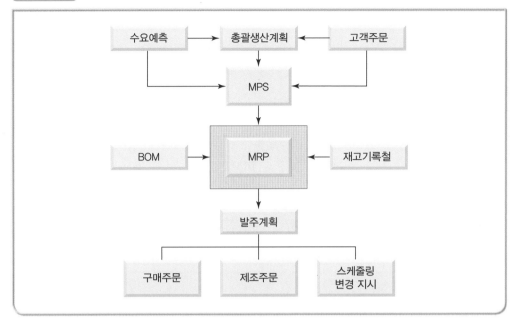

12.5 MRP 적용례

   MRP 컴퓨터 프로그램을 이용하여 부품전개과정을 설명하기 위하여 본장에서 사용한 예를 들어 보기로 하자. [표 12-1]은 최종품목 A의 주일정계획이다. 즉 8주 초에 200개가 생산되어 고객에 납품하여야 한다. [그림 12-7]은 이 최종품목의 제품구조나무이며 그들의 리드타임, 제조비율, 예상현재고, 예정수취량 등을 나타내고 있다.

1. Lot-for-Lot 주문방식

   일단 주일정계획, 자재명세서, 그리고 예상현재고 등에 관한 정보가 주어지면 자재소요계획을 작성할 수 있다. [표 12-3]은 lot-for-lot 주문방식을 사용하여 계산한 최종제품 및 그의 모든 구성품의 자재소요계획이다.

그림 12-7 · 최종품목 A의 제품구조나무와 구성품의 리드타임 및 현재고

그림 12-7 **최종품목 A의 제품구조나무와 구성품의 리드타임 및 현재고**

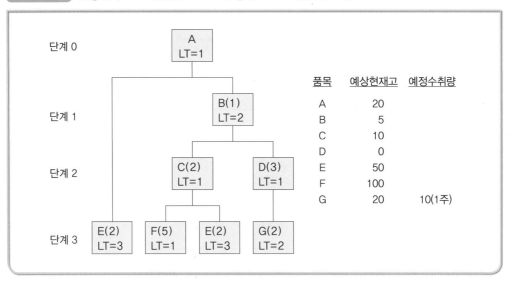

품목	예상현재고	예정수취량
A	20	
B	5	
C	10	
D	0	
E	50	
F	100	
G	20	10(1주)

표 12-3 **자재소요계획(lot-for-lot 주문방식)**

품목			주									
			1	2	3	4	5	6	7	8	9	10
A (LT=1)	총소요량									200		
	예정수취량											
	예상현재고	20	20	20	20	20	20	20	20	20	0	0
	순소요량									180		
	계획수취량									180		
	발주계획								180			
B (LT=2)	총소요량							×1	180			
	예정수취량											
	예상현재고	5	5	5	5	5	5	5	5	0	0	0
	순소요량								175			
	계획수취량								175			
	발주계획						175					
C (LT=1)	총소요량					×2	350					
	예정수취량											
	예상현재고	10	10	10	10	10	10	0	0	0	0	0
	순소요량						340					
	계획수취량						340					
	발주계획					340		×3				
D (LT=1)	총소요량						525					
	예정수취량											
	예상현재고	0	0	0	0	0	0	0	0	0	0	0
	순소요량						525					
	계획수취량						525					
	발주계획					525	×2			×2		

품목	구분											
E (LT=3)	총소요량					680			360			
	예정수취량											
	예상현재고	50	50	50	50	50	0	0	0	0	0	0
	순소요량					630			360			
	계획수취량					630			360			
	발주계획		630		×5	360						
F (LT=1)	총소요량					1,700						
	예정수취량											
	예상현재고	100	100	100	100	100	0	0	0	0	0	0
	순소요량					1,600						
	계획수취량					1,600						
	발주계획				1,600		×2					
G (LT=2)	총소요량					1,050						
	예정수취량		10									
	예상현재고	20	30	30	30	30	0	0	0	0	0	0
	순소요량					1,020						
	계획수취량					1,020						
	발주계획			1,020								

최종품목 A의 총소요량은 주일정계획에 나타난 바와 같이 8주 초에 200개를 고객에 인도하여야 한다. 예상현재고가 8주 초에 20개이므로 순소요량은 8주 초에 200−20=180(개)가 된다. 이때 9주 초의 예상현재고는 0이 된다.

순소요량만큼 주문하는 lot-for-lot 주문방식을 취하기 때문에 계획수취량은 순소요량과 똑같은 8주 초에 180개이다. 즉 8주 초에 180개가 생산완료되어 있어야 한다. 그런데 품목 A의 리드타임은 1주일이므로 생산지시가 떨어져야 할 발주계획은 1주일을 차감한 7주 초가 된다.

이와 같이 7주 초에 품목 A를 180개 생산하기 시작해야만 8주 초에 완성하게 되어 이 180개와 현재고 20개를 합하여 200개를 8주 초에 계획대로 고객에게 배송할 수 있는 것이다.

품목 B는 품목 A의 하위품목이므로 그의 총소요량과 시기는 상위품목인 품목 A의 발주계획의 수량과 시기에 의하여 결정된다. 이와 같이 단계 0의 제품의 발주계획은 단계 1의 구성품의 총소요량을 창출한다.

제품구조나무에 의하여 품목 A의 한 단위를 생산하는 데 품목 B의 한 단위가 필요하므로 품목 B의 총소요량은 7주 초에 180(=180×1)개이다. 이와 같이 7주 초에 품목 B 180개가 준비되어 있어야만 이를 이용하여 품목 A를 계획대로 생산하기 시작할 수 있는 것이다.

품목 B의 총소요량 결정을 표로 나타내면 다음과 같다

품목: A 발주계획	1	2	3	4	5	6	7	8(주)
							180	

↓

품목: B 총소요량							×1 ↓ ⑱⑳	

품목 B의 예상현재고는 7주 초에 다섯 개이므로 순소요량은 7주 초에 175개이고, 이는 계획수취량에 의하여 충당되어야 한다. 리드타임은 2주일이므로 2주 전, 즉 5주 초에 175개를 생산하기 시작해야 한다.

품목 C는 품목 B의 구성품이므로 그의 총소요량은 품목 B의 발주계획의 시기와 크기에 의하여 결정된다. 품목 B의 한 단위를 생산하기 위해서는 품목 C의 두 단위가 필요하므로 품목 C의 총소요량은 5주 초에 350(=175×2)개이다. 예상현재고가 10개이고 리드타임이 1주일이므로 340개를 4주 초에 생산하기 시작해야 한다.

품목 D도 품목 B의 구성품이고 품목 B의 한 단위 생산에 품목 D의 세 단위가 필요하므로 품목 D의 총소요량은 5주 초에 525(=175×3)개이다. 품목 D는 예상현재고가 없고 리드타임이 1주일이므로 4주 초에 525개를 생산하기 시작해야 한다.

품목 E는 품목 A와 품목 C의 자품목이므로, 이의 총소요량은 품목 A와 품목 C의 발주계획으로부터 계산한다. 품목 A의 한 단위 생산에 품목 E는 두 단위 필요하므로 품목 E의 총소요량을 구하기 위해서는 품목 A의 발주계획에 2를 곱하여 7주 초에 180×2=360(개)를 얻는다. 동시에 품목 C의 한 단위 생산에 품목 E는 두 단위 필요하므로 품목 C의 발주계획에 2를 곱하여 품목 E의 총소요량을 구한다. 따라서 품목 E의 총소요량은 4주 초에 680개, 7주 초에 360개가 된다. 품목 E의 총소요량을 결정하는 과정을 표로 나타내면 다음과 같다. 예상현재고가 4주 초에 50개로서 630개의 순소요량(계획수취량)을 충당해야 하므로 리드타임 3주를 차감하여 1주 초에 630개를 외부의 공급업자에게 주문해야 한다. 그리고 7주 초에 예상현재고는 0이므로 360개를 4주 초에 주문해야 한다.

품목: A 발주계획	1	2	3	4	5	6	7	8(주)
							180	
품목: C 발주계획				340				
				↓ ×2			↓ ×2	
품목: E 총소요량				↓ 680			↓ 360	

표 12-4 품목별 주문량 및 시기(발주계획)

품목	주문량	발주일(주초)
A	180	7
B	175	5
C	340	4
D	525	4
E	630	1
	360	4
F	1,600	3
G	1,020	2

품목 F와 품목 G의 소요량, 주문량 및 그의 시기를 계산하는 요령은 위에서 설명한 바와 같다. 다만 품목 G의 예정수취량은 1주 초에 10개이므로 이에 예상현재고 20을 합치면 1주 초의 예상현재고는 30개가 된다. 총소요량은 4주 초에 1,050개이고 이때의 예상현재고는 30개이므로 순소요량 및 계획수취량은 1,020개가 된다. 이는 리드타임 2주를 차감하여 2주 초에 주문해야 한다.

[표 12-3]으로부터 각 품목별 제조주문 또는 구매주문량과 그의 발주시기를 종합하면 [표 12-4]와 같다.

2. 로트크기 주문방식

지금까지는 순소요량＝계획수취량인 lot-for-lot 주문방식을 사용했을 때의 자재소요계획이었다. 만일 사전에 결정된 로트크기 주문방식을 사용하면 부품전개과정은 lot-for-lot 방식과 같으나, 다만 계획수취량이 순소요량보다 많을 경우가 있다. 이때 그 차이는 편의상 다음 기간의 예상현재고에 포함된다.

표 12-5 자재소요계획(로트크기 주문방식)

품목	구분		주 1	2	3	4	5	6	7	8	9	10
A (LT=1) 로트크기 =280	총소요량									200		
	예정수취량											
	예상현재고	20	20	20	20	20	20	20	20	20	100	100
	순소요량									180		
	계획수취량									280		
	발주계획								280			
B (LT=2) 로트크기 =순소요량	총소요량								280			
	예정수취량											
	예상현재고	5	5	5	5	5	5	5	5	0	0	0
	순소요량								275			
	계획수취량								275			
	발주계획						275					
C (LT=1) 로트크기 =550	총소요량						550					
	예정수취량											
	예상현재고	10	10	10	10	10	10	10	10	10	10	10
	순소요량						540					
	계획수취량						550					
	발주계획					550						
D (LT=1) 로트크기 =450	총소요량						825					
	예정수취량											
	예상현재고	0	0	0	0	0	0	75	75	75	75	75
	순소요량						825					
	계획수취량						900					
	발주계획					900						
E (LT=3) 로트크기 =100	총소요량					1,100			560			
	예정수취량											
	예상현재고	50	50	50	50	50	50	50	50	90	90	90
	순소요량					1,050			510			
	계획수취량					1,100			600			
	발주계획		1,100			600						
F (LT=1) 로트크기 =1,000	총소요량					2,750						
	예정수취량											
	예상현재고	100	100	100	100	100	350	350	350	350	350	350
	순소요량					2,650						
	계획수취량					3,000						
	발주계획				3,000							
G (LT=2) 로트크기 =순소요량	총소요량					1,800						
	예정수취량			10								
	예상현재고	20		30	30	30	0	0	0	0	0	0
	순소요량					1,770						
	계획수취량					1,770						
	발주계획			1,770								

예컨대 순소요량은 125개인데 로트크기가 100개라면 200개(100개씩 두 묶음)를 주문해야 하고 나머지 200－125＝75개는 다음 기간의 예상현재고에 포함된다.

로트크기 방식을 사용하였을 때의 자재소요계획은 [표 12-5]와 같다. [표 12-5]에서 로트크기＝순소요량이라 함은 특별한 로트크기가 사전에 결정된 것이 아니므로 순소요량만큼 주문하라는 L4L을 뜻한다.

품목 A의 총소요량은 200개(8주 초)이지만 예상현재고가 8주 초에 20개이므로 순소요량은 180개가 된다. 그러나 로트크기가 280개이므로 그 차이인 100개가 9주 초의 예상현재고가 된다.

품목 E의 순소요량은 1,050(4주 초)이지만 로트크기가 100개 묶음이므로 1,100개를 주문해야 하며 나머지 50개는 4주 초의 예상현재고로 놓이게 된다. 또한 품목 E의 순소요량은 510개(7주 초)가 되지만 600개를 주문해야 하므로 나머지 90개는 8주 초의 예상현재고로 놓이게 된다.

[표 12-5]에 따라 각 품목별 발주계획을 정리하면 다음과 같다.

품목	주문량	발주시기(주초)
A	280	7
B	275	5
C	550	4
D	900	4
E	1,100	1
	600	4
F	3,000	3
G	1,770	2

12.6 MRP시스템의 출력보고서

MRP시스템의 중요한 출력보고서로서는 다음의 네 가지를 들 수 있다.

■ 발주계획보고서(planned order release report)

발주계획보고서는 주문이 미래에 발령될 기간별 계획이다. [표 12-4]는 발주계획보고서이다. 발주계획은 얼마의 제조주문 또는 구매주문이 언제 발령되어야 하는가를 보여 준다. 따라서 구매부서와 생산부서에서는 이에 따라 외부에 주문을 발주하거나 현장에 생산지시를 발령하게 된다. 이러한 주문이 시간이 경과하여 실제로 발령되면, 이제 계획주문이 아니라 발령된 주문, 즉 예정수취량으로 신분이 바뀐다.

■ 주문실행보고서(order action report)

주문실행보고서는 이번 기간에 어느 주문이 발령되어야 하며, 또는 이미 발령된 주문 가운데 어느 것이 취소가 되어야 하는지를 보여 준다.

■ 발령된 주문보고서(open orders report)

발령된 주문보고서는 어느 주문이 독촉되어야(expedite) 하고, 어느 주문이 지연되어야(deexpedite) 하는지를 보여 준다. 따라서 MRP시스템은 납기예정일과 필요일을 서로 일치시키기 위하여 이미 발령된 주문을 늦추거나, 재촉하거나 또는 취소하도록 고지해 준다.

■ 재일정보고서(reschedule report)

이미 발령된 주문의 납기예정일을 변경해야 하는 경우에 변경되는 일자를 알려 준다. MRP시스템은 주문의 납기예정일을 재계획함으로써 우선순위를 갱신한다.

12.7 MRP시스템의 관련 사항

지금까지는 MRP의 기본적 개념을 설명하고, 완제품생산을 위한 주일정계획으로부터 그의 구성품의 순소요량과 발주계획을 도출하는 과정을 공부하였다. 그러나 주일정계획은 완제품보다 낮은 단계인 최종품목에 대해서도 수립되는 경우가 있다. 본절에서는 모듈러 자재명세서 외에 안전재고에 대하여 공부하고자 한다.

1. 모듈 자재명세서

모듈 자재명세서(modular bills of materials)는 많은 옵션(option)을 갖는 복잡한 제품을 생산할 때 사용된다. 예컨대 자동차 제조업에서는 엔진, 변속기, 차체, 차내 장식, 에어컨 등의 모델선택이 가능하기 때문에 이들을 조합한 수많은 옵션이 가능하게 된다. 모듈화는 고객의 다양한 욕구를 만족시키면서 구성품재고를 낮출 수 있다.

제품라인이 많은 옵션을 갖게 되면 그의 조합은 무수하여 이들의 각각에 대하여 수요를 예측하고 주일정계획을 수립하는 것은 거의 불가능하다. 또한 각 조합에 대하여 BOM을 작성하게 되면 기록철을 유지하는 데 많은 비용이 소요된다. 이러한 문제를 해결하기 위하여 사용되는 것이 모듈 BOM이다.

예로써 자동차 제조업자가 고객에게 20가지 엔진, 30가지 색상, 네 가지 차체 및 두 가지 뼈대(frame)를 제공할 수 있다면, 결국 그는 $(20)(30)(4)(2) =$ 4,800(가지)의 서로 다른 모델을 제조할 수 있다. 이 경우에 4,800개의 완제품에 대한 BOM과 주일정계획을 작성하게 되면 비합리적이다. 따라서 $(20+30+4+2)$ $=56$개의 모듈에 대하여 BOM을 작성해야 한다. 자동차에 대한 수요는 각 모델에 대하여 실시하지 않고 전체 자동차에 대하여 실시한다.

2. 안전재고

이론적으로 말하면 종속수요 품목인 구성품에 대해서는 안전재고를 유지할 필요가 없다. 사실 이 점이 MRP방법의 이점이다. 그러나 실제적으로 말하면 여기에 예외가 있을 수 있다. 예를 들면 높은 폐기율을 갖는 애로 프로세스는 후 프로세스에서의 구성품부족을 유발할 수 있다. 더욱 구성품 및 원자재의 부족은 이들의 주문이 늦게 도착하게 되면 발생할 수 있다. 또한 종업원의 결근, 재작업, 기계고장 등은 생산기간을 변동시킨다.

이러한 불확실성 때문에 구성품에 대한 안전재고를 유지할 필요성이 발생한다. 이럴 경우에는 변동의 원인이 리드타임이면 안전재고 대신에 안전기간(safety lead time)의 개념을 사용하여 주문이 실제로 필요한 시간 훨씬 전에 도착 또는 완료되도록 해야 한다. 만일 변동의 원인이 수량이면 안전재고(safety stock)를 유지해야 한다.

12.8 능력소요계획

　기업의 생산능력(공장, 설비 및 작업자)을 계획하고 통제하는 것은 경영층의 중요한 책임이다. 생산관리자는 가용능력을 현명하게 계획하고 통제하여 기업의 목적을 달성하기 위한 능력의 이용도를 높이도록 해야 한다. 만일 초과능력이 존재하면 과다한 자본이 여기에 묶이게 되고 운영자금이 필요하게 된다. 반면 능력이 부족하게 되면 고객의 수요를 제대로 만족시키지 못하여 이익을 상실하게 된다.

　능력소요계획(capacity requirement planning: CRP)은 주일정계획으로 표현된 생산계획과 생산능력을 일치시키고자 하는 노력이다. 따라서 능력소요계획이 정확하고 효과적이기 위해서는 자재소요계획과 함께 조정되어야 한다. 만일 자재는 존재하나 능력이 불충분하면 생산계획은 달성될 수 없고 자재의 유지비용이 발생한다. 반대로 능력은 존재하는데 자재가 부족하면 생산계획이 달성될 수 없으며 유휴능력에 비용이 발생한다. 그러므로 MRP와 CRP 프로그램을 동시에 이용하여 주일정계획으로부터 구성품 및 능력의 소요량을 결정해야 한다.

　MRP의 주요 특성 중의 하나는 생산능력계획을 수립하는 데 필요한 기초자료를 제공한다는 것이다. 이미 앞에서 공부한 바와 같이 주일정계획은 현실적이어야 하며, MRP는 이 주일정계획을 수행하는 데 충분한 능력이 존재함을 전제로 한다. 그러나 이러한 주일정계획이 표면적으로는 실현가능한 것 같지만, 사실은 구성품의 제조에 필요한 자원(능력)소요량의 관점에서 보면 아주 실현불가능한 경우가 있다.

　[그림 12-8]은 생산능력계획의 과정을 보여 주고 있다. 그 과정은 일시적 주일정계획으로부터 시작하는데 이는 동결하기 전에 실현가능성을 체크하게 된다. 즉 주일정계획은 MRP를 사용하여 자재소요량을 산출하는 데 이용된다. MRP로부터의 산출은 발주계획과 발령된 주문인데, 이들은 바로 능력계획수립의 입력이 된다. 제조주문인 경우 발령된 주문과 앞으로 발령될 계획된 주문은 프로세스 절차표(route sheet)에 따라 각 작업장(work center)을 흐르게 된다. 프로세스 절차표는 각 작업의 경로, 실시순서 및 표준시간 등을 명시한다.

그림 12-8   능력소요계획 수립과정

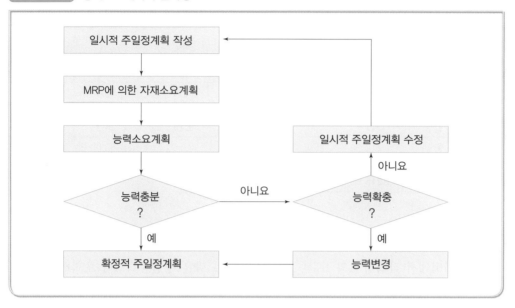

[그림 12-9]는 능력소요계획의 입력자료와 산출물을 나타내고 있다.

[표 12-6]은 MRP시스템의 산출물인 작업장 A에 할당된 작업(발령된 주문), 그리고 앞으로 할당될 작업(계획된 주문)과 그들의 작업시간 등의 예를 나타내고 있다. [그림 12-10]은 [표 12-6]의 결과를 나타낸 것이다.

이와 같이 MRP의 결과인 계획된 주문과 발령된 주문에 입각하여 기간별, 작업장별 능력소요량을 계산한다. 프로세스 절차표에 따라 능력소요계획은 주일정계획을 만족시킬 기간별, 작업장별 생산표준시간을 계산하는 것이다. 그

그림 12-9   능력소요계획 과정

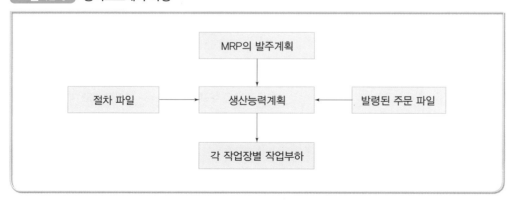

표 12-6 작업장 A의 작업부하

주	할당 여부	작업#	단위 수	준비시간	단위당 가동시간	총작업시간	주별 총시간
1	할당	200	100	2.5	0.15	17.5	
	할당	205	80	3.0	0.30	27.0	
	할당	203	200	4.5	0.20	44.0	89.0
2	할당	232	90	5.0	0.35	36.5	
	할당	225	100	4.0	0.25	29.0	
	할당	241	200	3.5	0.10	23.5	89.0
3	할당	217	300	5.0	0.15	50.0	
	할당	219	150	4.0	0.15	26.5	
	미할당	215	30	4.5	0.10	7.5	84.0

의 목적은 이를 만족시킬 충분한 시설능력이 있는지 밝히는 것이다. [그림 12-10]에서 작업장 A의 1주와 2주의 능력소요량은 생산능력보다 초과하고 3주에는 미달한다. 초과하는 경우에는 주일정계획을 수정하든지 또는 생산능력을 확장해야 한다. 생산능력을 확장하기 위해서는 잔업시간을 연장하든지 또는 하청을 주어야 한다. 만일 이러한 방안을 취할 수 없는 경우에는 초과작업량을 수행할 다른 작업장을 구한다든지 또는 1주, 2주의 초과작업량을 3주로 뒤로 미룰 수도 있다. 능력소요계획은 가급적 부하를 기간별로 평준화시킴으로써 현존생산능력으로 주일정계획을 만족시키도록 도와 주는 것이다.

이상과 같이 생산능력계획은 MRP 전과 후에 실시되는데 MRP 전에는 개

그림 12-10 작업장 A의 작업부하

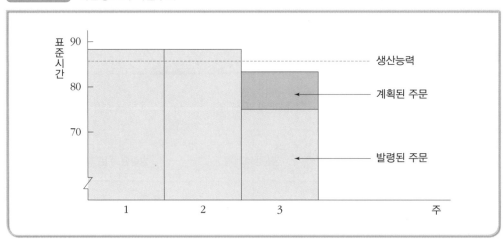

략생산능력계획으로서 넓은 총괄개념으로 실시된다. MRP 후의 생산능력계획은 생산능력소요계획의 형태로 실시되는데 계획된 주문과 발령된 주문에 입각하여 각 작업장별, 기간별 작업부하를 측정하는 것이다. 따라서 생산능력계획은 현존능력과 능력소요량을 비교하는 반복적 과정이라 할 수 있다.

생산능력통제(capacity control)는 현존능력이 능력소요계획대로 이용되는 것을 보증하기 위한 노력이다. 이는 노동 및 시설의 사용률을 측정하고, 이러한 정보를 시스템의 데이터베이스(data base)에 피드백시키고 CRP에 의해 설정된 표준시간과 비교하고, 실제 산출량(actual output)이 계획산출량(planned output)과 상당히 차이가 나면 수정조치를 취하는 것이다. 수정조치란 잔업 또는 유휴시간을 사용한다든지 작업자를 다른 작업장에 보낸다든지, 외부에 하청을 주는 것 등을 의미한다. 생산능력통제를 위해서는 투입 – 산출통제(input-output control)가 사용되는데, 이에 대해서는 제14장의 스케줄링에서 설명한다.

12.9 제조자원계획

MRP는 자재소요를 관리하는 방법으로부터 재고관리와 생산계획을 위해 우선순위계획과 생산능력계획을 포함하는 방법으로 발전하여 왔다. MRP시스템이 생산능력계획을 포함하기 위해서는 정보의 피드백이 가능한 폐쇄경로시스템(closed loop system)의 형태를 취해야 한다.

그러나 1980년대 초 MRP는 제조기업의 모든 자원을 계획하고 스케줄링을 수립하는 고도의 통합된 시스템으로 발전하게 되었다. 이러한 MRP의 연장을 MRP Ⅱ 또는 제조자원계획(manufacturing resource planning)이라고 부른다. 제조자원계획은 계획수립과정에 모든 기능분야, 예컨대 생산, 재무, 마케팅, 인사, 엔지니어링, 구매 등을 포함하는 총괄의사결정시스템이다.

MRP는 [그림 12-11]에서 보는 바와 같이 계획과정의 중심이다. 과정은 고객의 확정주문, 예측, 안전재고 요구 등으로부터 결정되는 수요를 총괄하는 것으로부터 시작한다. 생산, 재무, 마케팅을 담당하는 사람들이 모여 함께 MPS를 작성한다. 계획을 지원하는 데는 제조자원이 필요하지만 재무자원도 필요

그림 12-11 제조자원계획

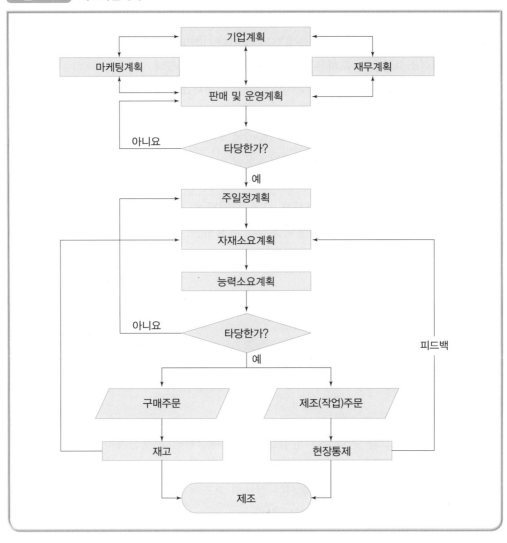

하고 이의 계획도 수립해야 한다. 이와 마찬가지로 마케팅자원도 또한 필요하다. 이러한 모든 자원이 필요한 만큼 존재하면 MPS는 확정되지만 그렇지 못하면 이를 수정해야 한다.

여기서 MRP는 중요한 역할을 하는데 동결된 MPS를 기초로 하여 자재소요와 현장주문을 발생시킨다. 능력소요계획의 결과 MPS를 달성할 수 없으면 능력을 증대하든지 또는 MPS를 수정한다.

사실 MPS는 기업목적을 달성하는 데 필요하면 수정하고 갱신하기 때문에 이러한 과정은 계속해서 진행한다.

폐쇄순환 MRP시스템으로부터 얻는 정보는 자재와 능력 이외의 자원을 계획하고 조정하는 데 이용할 수 있다. 어떤 자재와 구성품이 언제 필요한가를 결정하게 되면, 구매예산을 편성할 수 있고 구매계약을 체결할 수 있다. 능력계획으로부터 각 작업장별 노동시간이 결정되면 인력소요 및 노동예산을 편성할 수 있다. 자재의 재고수준을 결정하면 재고예산을 편성할 수 있다.

12.10 기업자원계획

MRP Ⅱ는 제조기업의 여러 기능부서 사이에 정보를 공유하도록 MRP시스템을 연장하는 것이다. 이와 같이 MRP Ⅱ에서는 생산정보를 중앙에 저장하고 이를 필요로 하는 부서에 접근을 허용하는 것이다.

MRP Ⅱ 시스템이 나오기 전에는 각 기능부서가 컴퓨터 시스템을 보유하여 같은 정보가 여러 개의 다른 데이터베이스(data base)에 저장되었다. 따라서 이러한 시스템하에서는 정보를 갱신하기가 어렵고 같은 정보라도 다른 데이터베이스에 따라 다른 가치를 갖게 되었다.

기업의 모든 활동과 과정을 통합하여 기업의 제 기능들과 운영을 연결시키고 또한 고객과 공급업자까지도 연결시키는 방향으로 정보시스템을 운영할 필요가 생겼다. 이러한 새로운 정보시스템을 기업자원계획(enterprise resource planning: ERP)시스템이라고 한다.

ERP시스템이란 기업, 공급업자, 고객 등이 공용으로 사용할 수 있는 데이터베이스를 중앙에 구축하여 여러 기능부서 사이에 정보를 공유함으로써 생산계획 및 통제, 재고관리, 구매, 유통, 회계(원가관리, 받을어음, 지불어음), 인적자원관리 등 기업의 기능은 물론 고객과 공급업자들을 관리하기 위해 설계된 소프트웨어이다.

예컨대 완제품의 판매량은 공급사슬에 걸쳐 모든 파트너들이 공유할 유용한 정보이다. 고객에게 실제로 판매한 자료를 알면 생산부에서는 이를 보충할 수량과 시기를 정확하게 결정할 수 있다. 공급업자들은 MPS에 접속하여 전산들이 제공하는 자재를 사용하여 생산하는 제품에 관한 정보를 얻을 수 있다.

따라서 공급업자들은 자신들의 제품생산에 필요한 자재와 구성품을 결정할 수 있다. 이와 같이 공급사슬의 모든 파트너들이 무엇을 해야 할지 정확하게 계획을 수립할 수 있게 된다.

이러한 ERP시스템의 목적은 기업의 내·외 모든 부서와 기능을 하나의 컴퓨터 시스템에 통합하여 기업의 필요에 따른 정확한 정보를 실시간(real time)으로 제공하는 것이다. [그림 12-12]는 전형적인 ERP시스템을 보여 주고 있다.

ERP시스템은 기업의 내부적인 운영활동을 담당하는 기능들과 외부와의 관계인 고객 및 공급업자들을 관리하기 위하여 다양한 모듈(module)로 구성되어 있다([그림 12-13] 참조). 예를 들면 기업은 정보시스템에 들어가 공급업자에 관한 정보를 조회할 수 있고 고객은 이 정보시스템을 통해 주문한 제품에 대한 재고와 배달과정의 정보를 추적할 수 있다.

ERP시스템은 중앙집중식 데이터베이스와 서버(central database and server)를 활용함으로써 전통적 MRP시스템에서 있었던 현상, 예컨대 다양한 데이터베이스의 사용에 따른 직접적인 자료교환의 어려움과 동일한 데이터를 서로 다른 데이터베이스에 계속해서 입력할 필요성을 제거해 준다. 이와 같이 ERP시스템에서는 발생하는 데이터가 중앙집중식 데이터베이스를 활용함으로써 한 번만 입력되고 모든 사용자들은 이 자료를 공유하게 된다.

ERP시스템은 중앙집중식 데이터베이스를 활용함으로써 기업 내부의 부서와 기능들은 물론 공급사슬에 있는 모든 파트너들의 통합을 가능하게 하였다. 따라서 필요한 정보를 공유하여 재고수준을 낮추면서 수요를 만족시키고, 생산변경 등을 효율적으로 수행함으로써 리드타임을 단축시킬 수 있다. 한편 ERP시스템은 인력감축, IT 및 구매비용 감소, 현금흐름 향상, 고객 서비스 향상, 유연성 향상 등 여러 가지 혜택을 제공한다. ERP시스템은 오늘날 효과적인 공급사슬관리에 필요한 구조를 제공한다.

그림 12-12 ERP시스템

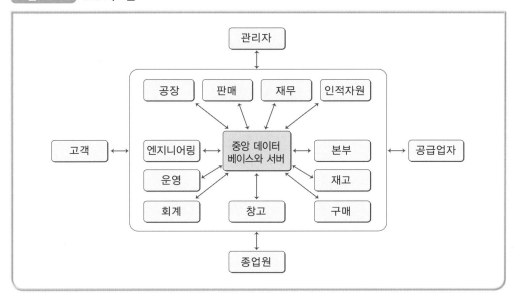

그림 12-13 ERP시스템의 모듈

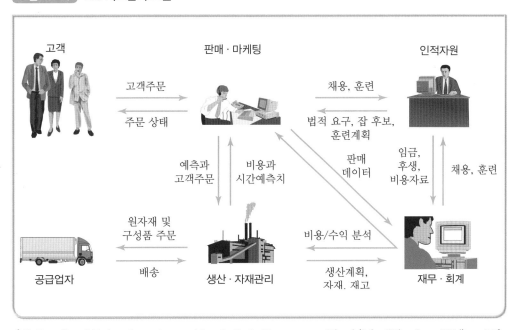

자료: Russell and Taylor, *Operations and Supply Chain Management*, 8th ed.(John Wiley Sons, 2014), p. 516.

1. MRP시스템의 성격을 설명하라.

2. MRP시스템의 목표는 무엇인가?

3. MRP시스템의 입력자료와 출력보고서를 설명하라.

4. 주일정계획을 설명하라.

5. 자재명세서를 설명하라.

6. MRP시스템의 유형을 설명하라.

7. 제조자원계획을 설명하라.

8. 기업자원계획을 설명하고 공급사슬관리를 위해 필요한 이유를 설명하라.

9. 최종품목 Y의 50단위를 생산하고자 할 때, 그의 부품 A, B 및 C의 순소요량을 계산하라.

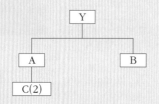

품목	현재고
A	15
B	20
C	50

10. 다음과 같이 제품구조나무가 주어졌을 때, 저단계 코딩방식을 사용하여 적절한 BOM을 설계하라.

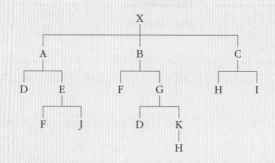

11. 다음 자재소요계획에서 빈 칸을 메워라.

LT=1, 로트크기=L4L	1	2	3	4	5	6	7
총소요량		50		100	120		200
예정수취량	60						
예상현재고 120							
순소요량							
계획수취량							
발주계획							

12. 최종품목 X는 A와 B의 중간조립품으로 구성된다. A의 한 단위를 생산하기 위해서 구성품 한 단위의 C, 한 단위의 D와 두 단위의 E가 필요하다. B의 한 단위를 생산하기 위해서 구성품 한 단위의 F와 세 단위의 G가 필요하다. 또한 구성품 F는 두 단위의 부품 H를 필요로 한다.

① X의 제품구조나무를 그려라.

② 1,000단위의 X를 생산하고자 할 때 각 구성품의 소요량을 계산하라.

③ X의 MPS와 각 구성품의 예상현재고 및 LT가 아래와 같이 주어졌을 때 로트크기 =L4L을 이용한 자재소요계획을 작성하라.

품목: X	1	2	3	4	5	6	7	8
생산량						500		300

품목	예상현재고	LT
X	200	1
A	100	2
B	50	1
C	0	2
D	30	1
E	20	1
F	50	1
G	30	3
H	0	1

13. 다음과 같은 제품구조나무를 갖는 최종품목 X를 생산하는 회사가 9주에 200단위를 공급하기로 계약을 맺었다. 최종품목 및 구성품의 현재고는 없을 때 이들 발주계획의 시기와 수량을 결정하라. 만일 구성품 B의 리드타임이 1주가 아니고 2주라면 어떤 현상이 발생하는가? 최종품목 X를 계획대로 공급할 수 있는가?

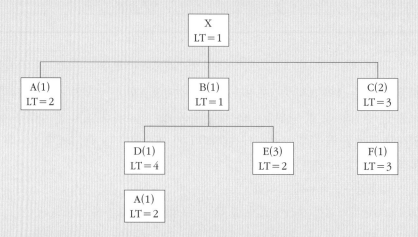

14. 아래와 같은 제품구조나무를 갖는 최종품목 Y를 주 5에 500단위, 그리고 주 6에 400단위를 생산하려고 한다. 각 구성품별 예상현재고 및 리드타임(주)이 주어졌을 때 아래 물음에 답하라.

① 모든 품목에 대한 자재소요계획을 작성하라.

② 어떤 조치가 지금 취해져야 하는가?

③ 품목 D와 E는 같은 기계로 만든다고 한다. 품목 D는 개당 0.1시간이 소요되고 품목 E는 개당 0.2시간이 소요된다. 몇 시간의 기계시간이 각 주에 필요한가?

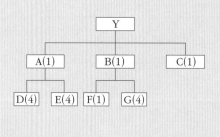

품목	예상현재고	리드타임	예정수취량
Y	100	1	
A	50	2	
B	25	1	
C	40	3	
D	100	1	
E	150	1	
F	30	2	45(1주)
G	80	2	100(1주)

15. 종로제조(주)에서는 A와 B라는 두 가지 제품을 생산하는데 그들의 제품구조나무가 아래와 같다. MPS, 재고, 로트크기, LT 등 관련 자료가 다음과 같을 때 각 품목의 자재소요계획을 계산하라.

품목	현재고	예정수취량	로트크기	MPS
A	10	0	L4L	100(기간 8)
B	5	0	L4L	200(기간 6)
C	140	0	150	
D	200	250(기간 2)	250	

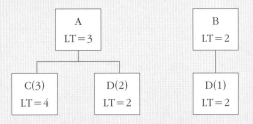

16. 다음과 같이 완제품 A의 MPS, 제품구조나무, 재고기록이 주어졌을 때 각 품목의 발주계획보고서를 작성하라.

기간(주)	1	2	3	4	5	6
총소요량: A		50		30		100

품목	LT	로트크기	예정수취량	예상현재고
A	1	L4L		60
B	2	L4L		25
C	2	L4L		40
D	2	30	20(1주)	5
E	2	40	10(2주)	1,100
F	1	50		0
G	1	40	15(1주)	100

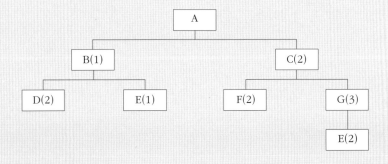

17. 종로(주)는 X, Y라는 두 제품을 생산한다. 또한 두 제품은 A, B, C라는 세 가지 구성품을 사용하여 제조한다. 제품 X는 A(2), B(3), C(4)의 수량으로 제조하고 제품 Y는 A(3), B(2), C(1)의 수량으로 제조한다.

각 품목에 관한 정보는 다음과 같다.

품목	현재고	예정수취량	로트크기	MPS	LT
X	0	0	L4L	150(8주)	1
Y	0	0	L4L	100(6주)	2
A	250	200(4주)	200		4
B	25	0	300		2
C	0	0	L4L		3

① 제품구조나무를 그려라.
② 각 품목의 발주계획보고서를 작성하라.
③ 지금 취해야 하는 조치는 무엇인가?
④ 만일 제품 Y의 MPS가 100(5주)으로 변경된다면 어떤 일이 발생하는가?

18. 가위 생산의 제품구조나무와 그의 생산에 필요한 정보는 다음과 같다.

품목	현재고	LT	예정수취량	MPS
가위	200	1		200(주4) 500(주5)
왼쪽	60	2	100(주2)	
스크루	350	1	200(주1)	
오른쪽	75	2	200(주2)	

품목별 발주계획을 작성하라.

린 생산시스템(lean production system)은 적은 재고, 적은 작업자, 적은 공간을 사용하여 더욱 많은 것을 만들어 낸다는 의미로서 지금 세계에서 가장 효율적이라고 인정하는 도요타 생산시스템(Toyota production system)보다 넓은 의미로 붙여진 이름이다. 이와 같이 린 생산시스템은 기업이 수행하는 다양한 활동에서 시간을 포함하는 모든 자원의 최소사용을 강조하는 철학이다.

도요타 생산시스템은 Taiichi Ohno 등이 개발한 적시(just-in-time: JIT) 생산시스템으로 알려져 있는데, 재고감소와 자재의 원활한 흐름을 통하여 자재가 필요한 때 적시에 도착할 것을 강조한다.

즉 모든 품목을 필요한 때에 적시에, 적량으로 공급하는 것으로서 만일의 경우에 대비하여 (just-in-case: JIC) 안전재고를 쌓아 두는 전통적인 방법과 다르다. 또한 린 생산시스템은 작은 로트 크기로, 즉 소량생산을 반복함으로써, 대량생산을 통한 비용절감을 추구하려는 전통적인 방법과 다르다.

린 생산시스템은 낭비의 제거와 작업자 능력의 최대한 이용이라는 철학에 바탕을 두고 있다. 생산활동에서 가치를 부가하지 않는 모든 낭비의 원천을 근본적으로 제거하여 모든 자원을 효율적으로 사용함으로써 생산비용을 절감시키고, 프로세스 개선을 통하여 제품품질의 향상을 기하며, 재고감소를 통한 비용 및 생산 리드타임(manufacturing lead time)의 단축으로 고객의 수요변화에 빨리 대응토록 해 준다. 이러한 결과로 이익과 투자수익률이 증대하여 경쟁력이 강화된다. 작업자들은 자신이 만드는 부품의 품질에 대해 전적인 책임을 지고 생산 프로세스의 개선에 적극 개입해야 하는 다기능 소유자이다. 이 외에도 린 생산시스템의 혜택으로는 공간요구의 감소, 생산성 증가, 유연성 증대, 공급업자와의 돈독한 관계, 인적자원의 효율적 이용, 제품 다양성, 스케줄링과 통제활동의 단순화 등을 들 수 있다.

본장에서는 성과향상을 위한 린 생산시스템의 개념, 원리, 요소, 기법들을 설명하고 MRP시스템과의 관계 등에 대해서 공부한다.

린 생산시스템은 하나의 접근방법, 이념 또는 전략이라고 볼 수 있다. 일본에서 처음 시작할 때의 JIT는 재고관리 또는 품질관리의 한 방법으로 여겨졌으나 오늘날 린 생산시스템은 넓은 개념으로 생산 스케줄링 등 다른 분야에도 응용되고 있다.

린 생산시스템의 근본적 원리는 다음과 같이 요약할 수 있다.

- 낭비와 비효율의 제거
- 유연한 자원
- 꾸준한 향상

JIT시스템의 뿌리는 일본의 특수한 환경에서 연유한다. 일본의 경영자들은 공간과 자원의 부족으로 낭비(waste)와 비능률(inefficiency)을 배격하게 되었다. 제품에 가치를 부가하지 않는 어떤 활동도 낭비로 여겨진다. 예를 들면 장비, 자재, 부품, 공간, 시간의 최소 한도를 넘는 것은 모두 낭비에 속한다. 따라서 부가가치 활동을 꾸준히 향상시키려 한다. 낭비적 요소들을 배격하므로 좋은 제품을 더욱 빨리 생산할 수 있으므로 생산성은 경쟁업체보다 높게 된다.

낭비의 예를 들면 [그림 13-1]에서 보는 바와 같다.

- 초과생산(overproduction) : 소비자들이 원하는 품질 좋은 제품을 꼭 필요한 때에 필요한 수요량만큼만 생산한다. 필요 이상의 생산과 미리 생산하는 것은 초과재고를 유발하고 공간을 차지한다. 반대로 생산부족으

그림 13-1 린 생산시스템의 공격목표

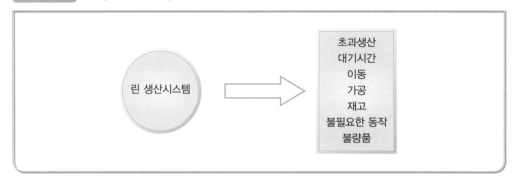

로 인하여 고객의 불만을 유발하지도 않는다.

- 대기(waiting) : 고객 주문, 재고, 완제품, 고객이 다음 프로세스를 위해 대기하는 것은 가치를 부가하지 않고 비용만 유발하기 때문에 프로세스 사이의 자재흐름을 조정하고 유연한 작업자와 장비를 사용하여 부하의 불균형을 완화한다.
- 이동(transportation) : 자재취급을 최소화하도록 시설배치와 프로세스 설계를 실시한다.
- 불필요한 생산(unneeded production) : 불필요한 생산행위를 근절한다.
- 프로세스 : 가치를 부가하지 않거나 비용을 유발하는 프로세스상의 불필요한 절차를 제거한다. 따라서 원가면에서 비교우위를 갖는다.
- 재공품(work-in-process: WIP) 재고 : 생산준비시간의 감소, 생산율의 증가, 작업장 간에 생산율의 조정을 통한 재고감소를 추구한다.
- 동작과 노력(motion and effort) : 불필요한 동작을 제거하여 생산성을 향상시킨다.
- 불량품(defective product)과 폐기물(scrap) : 불량품은 재고, 노동, 능력을 낭비하기 때문에 비용을 유발하므로 완전한 제품을 생산함으로써 불량품, 재작업, 폐기물의 발생을 방지한다.

린 생산시스템을 사용하는 제조업에 있어서는 필요 이상의 부품, 원자재, 재공품 및 완제품 등은 공간을 차지하고 돈을 낭비하는 놀고 있는 자원이기 때문에 그 자체가 악일 뿐만 아니라 이들은 품질문제를 덮어 두기 때문에 더욱 나쁜 것이다. 재고수준은 강에서 물의 수준과 같다. 물의 수준이 높으면 물 속의 모든 것을 감추듯이 재고수준이 높으면 불량품질, 비효율적 배치, 신뢰할 수 없는 공급업자, 기계고장, 나쁜 설계, 긴 생산준비 등 품질문제를 감추고 지나가게 된다. 이는 [그림 13-2]에서 보는 바와 같다.

린 생산시스템은 낭비의 제거를 위해서 프로세스의 생산성을 증진하고 재고를 줄이며 품질을 향상시키고 작업자 참여를 유도한다. 이러한 낭비의 제거는 비용감소를 통하여 수익성을 증진시키고 고객에게 가치를 부가한다.

이와 같이 린 생산시스템은 생산 프로세스에서 발생하는 비능률과 비생산적 요소를 제거하고 꼭 필요한 경우에만 제품을 생산하며, 작업자 능력의 최대한 이용을 통한 생산성 향상과 품질개선을 추구하는 이념이요, 철학이라고 할 수 있다.

린 생산시스템은 낭비를 제거하는 것 외에 작업자들을 의사결정 과정에

그림 13-2 재고의 문제점

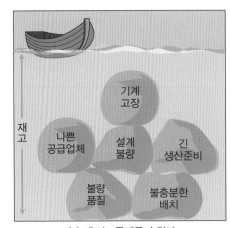

(a) 재고는 문제를 숨긴다.

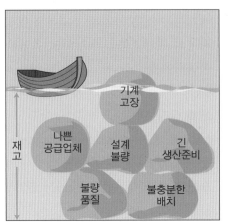

(b) 재고감소는 문제를 노출시킨다.

적극 참여시키려고 한다. 작업자들은 매일 프로세스에서 작업하기 때문에 누구보다도 프로세스를 잘 알고 있다. 이와 같은 프로세스에 관한 지식과 재능으로 낭비를 제거할 수 있는 것이다.

다기능 작업자(multifunctional worker)와 공급업자(supplier)는 린 생산시스템에서 다음 생산 프로세스를 지원하기 위하여 적시에 품질 좋은 부품을 생산할 책임을 갖는다. 만일 이러한 책임을 준수할 수 없으면 생산 프로세스를 중단하고 이를 고친다든지 협조를 구해야 한다.

작업자들은 다기능 보유자로서 U자형 시설배치에서 3~4대의 기계를 운전하고 범용기계를 사용할 수 있도록 교육과 훈련을 받는다.

린 생산시스템에서 작업자와 공급업자의 능력이 최대한 발휘되도록 그들은 많은 책임과 권한을 갖는다. 린 생산시스템에서 작업자들은 전통적인 시스템에서보다 더욱 큰 품질책임을 갖는다. 한편 작업자들은 꾸준한 향상 또는 개선(kaizen)을 위해서 통계적 프로세스 관리, 품질향상, 문제해결을 위한 강도 높은 훈련과 교육을 받는다.

꾸준한 향상(continuous improvement)이란 품질향상뿐만 아니라 재고의 감소, 생산준비비용과 시간의 감소, 생산율의 증가, 낭비와 비효율의 제거, 더욱 생산적인 능력과 시설 등을 의미한다.

꾸준한 향상은 어떤 부서나 개인이 해야 하는 일이 아니다. 모든 부서, 모든 계층에 있는 작업자들이 참여해야 한다. 린 생산시스템이 성공하기 위해서는 작업자들이 품질문제를 찾아내고, 필요하면 생산(라인)을 중단하고, 개선을 위한 아이디어를 생각해 내고, 프로세스를 분석하고, 다른 기능을 수행하고자 하는 향상의 의지가 있어야 한다.

작업자는 품질분임조, 제안제도, 기타 참여형태를 통하여 생산 프로세스의 개선을 제안한다. 개선을 위한 노력으로 작업자들은 똑같은 문제가 다시 발생하지 않도록 문제의 근본 원인을 밝혀 이를 근절하는 것이다. 문제의 근본 원인을 밝히는 강력한 기법은 5 whys이다. 계속하여 다섯 번 "왜?"를 반복 질문함으로써 해결책을 찾아낼 수 있는 것이다.

13.2 린 생산시스템의 기본 요소

1950년대 일본 자동차산업에서 1년에 만든 자동차는 미국 자동차 업계의 반나절 생산량보다 적은 30,000대에 불과하였다. 이와 같이 수요가 적은 환경에서 미국처럼 대량생산체제를 적용할 수 없었고, 자본과 공간도 부족한 상태였다.

여기서 일본 사람들은 재고를 줄임으로써 성과를 증진시키기 위한 노력을 집중하게 되었다. 그러나 원래는 재고수준의 감소가 주목적이었지만 오늘날에는 운영의 모든 부문을 꾸준히 향상시키고자 하는 린 생산시스템으로 발전하였다.

린 생산시스템의 기본 요소는 다음과 같이 세 부문으로 그룹화할 수 있고 각 부문은 더욱 구체적인 요소들을 포함한다.

■ **적시제조**

- 공장부하의 균일화
- 유연한 자원
- 풀 시스템
- 칸반 생산
- 빠른 생산준비와 작은 로트크기
- 시설배치

■ 종합적 품질경영

- 원천적 품질관리
- 예방보전

■ 인간존중

- 생산근로자의 역할
- 종신고용
- 경영층의 역할
- 공급업자와의 관계

13.3 적시제조

JIT는 낭비의 제거와 부가가치 제조에 기반을 둔 이념이다. JIT는 고객의 요구를 충족시키면서 저비용, 고품질의 대량생산을 달성할 수 있다.

JIT에서 제조 프로세스는 주일정계획(master production schedule: MPS)으로부터 시작한다. MPS는 모든 작업장과 공급업자들로 하여금 자기들의 계획을 수립할 시간을 주기 위하여 몇 달 동안은 동결시킨다. 즉 각 품목의 동일한 수량이 똑같은 순서로 1개월 동안 매일 생산되어 작업장과 공급업자들에게 일정한 수요를 창출한다.

이는 하루 한 번에 한 품목을 대량으로 생산하여 재고로 쌓아 두는 전통적 방법과 다르다.

JIT에서는 선행작업장으로부터 필요한 부품을 칸반(kanban, 看板)이라는 카드를 사용하여 청구하기 때문에 JIT는 풀 시스템(pull system)이라고도 한다. 칸반에는 품목과 수량이 적혀 있기 때문에 초과생산은 할 수 없다. 이에 반하여 전통적 방법은 후속작업장에서 필요하지 않더라도 품목을 생산하여 밀어내는 푸쉬 시스템(push system)이라고 할 수 있다.

전통적 방법에서 각 품목을 한 번에 대량으로 생산하는 이유는 높은 생산준비비용 때문이다. 필요하지 않은 수량은 재고로 쌓아 두어야 하기 때문에 높은 재고유지비용을 유발한다.

생산준비시간을 거의 0으로 만들려는 노력이 JIT의 핵심이다. 생산준비시간이 짧기 때문에 필요한 만큼 소량생산이 가능하고 생산리드타임(lead time)이 짧게 된다.

1. 균일한 공장부하

안정된 스케줄링과 생산의 평준화를 통해 매일매일 최종 조립라인을 지원하는 각 작업장에 대한 부하가 비교적 균일하면 JIT는 성공적이다. 균일한 부하(uniform load)는 각 모델의 일정한 생산량을 매일 반복함으로써 가능하다. 이와 같이 균일한 생산율을 일정한 계획기간 동안 유지하려는 것은

- 기업의 공급업자로부터 각 생산 프로세스를 거쳐 고객에 이르기까지 균일한 부하를 통하여 자재의 원활한 흐름을 달성하려는 것이다.
- 최종 조립라인을 지원하는 모든 작업장에 균일한 작업부하를 부과하려는 것이다.

생산의 평준화는

- 생산계획 및 스케줄링에 의하여 달성되고
- 제조 프로세스를 재설계하여 로트크기와 생산준비시간을 단축함으로써 달성된다.

이들에 대해서는 다음 절에서 설명할 것이다.

생산계획을 수립하는 과정은 장기생산계획으로부터 시작하여 연간, 월간, 그리고 일간계획으로 세분된다. 월간 생산계획이 확정되면 매일의 생산율은 다음의 공식을 이용하여 결정하며 한 달 동안 일정하게 유지된다.

$$\text{일간 필요생산량} = \frac{\text{월간 필요생산량}}{\text{월간 작업일 수}}$$

일간 생산계획이 수립되면 생산을 평준화하는 다음 단계는 각 모델의 필요한 주기시간(cycle time)을 계산하는 것이다. 주기시간이란 두 개의 동일한 모델이 생산라인으로부터 차례로 빠져나가는 데 소요되는 시간간격을 말한다. 주기시간은 다음과 같은 공식을 이용하여 계산한다.[1]

---

1 'cycle time'은 'takt time'과 비슷한 용어이다. 'Takt'는 독일어로서 오케스트라 지휘자가 각 단

표 13-1 조립순서의 비교

제품별 1주일 생산량					
A:	12대/주				
B:	24대/주				
C:	6대/주				
D:	6대/주				
E:	12대/주				

월	화	수	목	금	전통적 생산계획
A A A A A A	B B B B B B	B B B B B B	D D D D D D	E E E E E	
A A A A A A	B B B B B B	B B B B B B	C C C C C C	E E E E E	

월	화	수	목	금	JIT 생산계획
A A B B B	A A B B B	A A B B B	A A B B B	A A B B B	
A C D E E A	B C D E E B	B C D E E B	C D E E C E	C D E E D E	

요일					

$$주기시간 = \frac{일간\ 작업시간}{일간\ 필요생산량}$$

이와 같이 주기시간 개념을 이용하여 매우 짧은 기간 동안 시장의 수요율에 생산율을 일치시키는 것이다. 주기시간의 아이디어는 시장의 평균수요율과 똑같은 소량을 지속적으로 생산함으로써 생산과 수요를 일치시키고 소량을 빈번히 배송함으로써 원자재, 재공품, 완제품의 재고수준을 최소화하고 리드타임도 줄이고 품질도 개선하려고 한다.

다음에는 여러 가지 모델을 조립하는 순서를 결정하는 것이다. 전통적인 큰 로트의 생산(대량생산)에서는 생산준비시간(비용) 때문에 1주일에 생산해야 할 예컨대 A 10대, B 20대, C 5대, D 5대, E 10대를 [표 13-1]에서 보는 바와 같이 한꺼번에 차례로 생산하게 된다. 그러나 일본의 제조업에서는 하나의 모델을 모두 생산하고 다른 모델을 생산하는 것이 아니다. 하루에 생산해야 할 모든 모델을 혼합하여 작은 로트(소량생산)를 생산하게 된다.

이와 같이 똑같은 제품배합이 매일 소량으로 생산되는 균등 생산스케줄(level production schedule)은 수요를 만족시키면서 재고수준을 낮추려는 목적을 갖는다. 모델의 순서를 결정할 때 주의할 점은 특정 모델의 조립 사이의 시간을 그 모델의 주기시간과 일치시키는 것이다. 이러한 순서는 매일 반복된

원이 연주할 시점을 알려 줄 때 사용하는 지휘봉을 의미한다.

다.[2] 이와 같이 결정되는 생산스케줄의 평준화와 안정화로 공급업체들도 안정된 납품스케줄을 수립할 수 있다.

린 생산시스템은 매일 계획된 생산량 이상으로 초과생산하는 것을 허용하지 않는다. 예컨대 주어진 생산량을 7시간 만에 끝내게 되면 바로 생산을 중단하고 작업자들은 나머지 1시간 동안 정비를 한다든지, 또는 품질분임조 모임에 참석하게 된다. 반대로 주어진 생산량을 8시간 내에 끝내지 못하면 당일 잔업을 해서라도 모두 완료해야 한다.

✳ 예 13-1

엑셀 자동차(주)는 하루 8시간씩 20일 동안에 다음과 같이 세 모델을 생산하려고 한다.

모델	월 생산량	일 생산량
A	1,920	96
B	1,200	60
C	960	48

① 각 모델의 주기시간을 구하라.
② 모델의 배합을 달성하기 위한 모델의 생산순서를 결정하라.

│ 해답

① 모델 A의 주기시간 $= \dfrac{8 \times 60}{96} = 5(분)$

모델 B의 주기시간 $= \dfrac{8 \times 60}{60} = 8(분)$

모델 C의 주기시간 $= \dfrac{8 \times 60}{48} = 10(분)$

② 5, 8, 10의 최소공배수는 40이므로

매 40분마다 A는 8대

매 40분마다 B는 5대

매 40분마다 C는 4대를 생산해야 한다.

모델을 혼합하여 생산할 때 모델의 순서는 여러 가지가 있을 수 있는데 한 예는 다음과 같다.

BACABACABACABACAB… 반복

이러한 순서는 매 40분마다 하루에 12회(=480분÷40분) 반복한다.

---

2 이러한 순서는 한 모델과 다른 모델 생산 사이에 발생하는 생산변경에 따른 생산준비비용(change-over cost)이 0이거나 이에 가까운 것을 전제한다. 실제로는 생산준비비용과 재고유지비용을 감안한 아주 작은 크기의 경제적 생산량을 구한다.

2. 유연한 자원

다수기능 작업자(multifunctional worker)와 범용기계로 특징지울 수 있는 유연한 자원(flexible resource)은 린 시스템의 기본적 요소이다. 한 작업자는 [그림 13-3]에서 보는 바와 같이 U형으로 정렬된 3~4대의 기계를 동시에 운전할 수 있다. 이러한 기계들은 잡샵에서처럼 같은 형태가 아니고 셀루라 배치형태 같은 서로 다른 기계들이다.

한 작업자가 여러 기계를 다루기 때문에 기계 자체도 조정능력을 갖추게 되었다. 기계에 억제 스위치가 설치되어 한 작업이 끝나면 자동적으로 기계가 멈추게 된다. 도구와 비품은 추가로 구입하여 작업장 부근에 비치함으로써 작업자가 이들을 필요로 할 때 작업장을 떠나 구하러 가는 일이 없도록 한다.

다른 제조업자들은 한 가지 기능만 수행하는 더욱 전문화된 자동화 장비를 구매하려고 하지만 Toyota는 여러 가지 기능을 수행하는 조그만 범용기계를 선호한다. 범용기계는 운영의 유연성을 제공할 뿐만 아니라 공간의 낭비, 한 기계에서 다른 기계로의 이동 등을 감소시켜 준다.

그림 13-3　**작업자의 작업장**

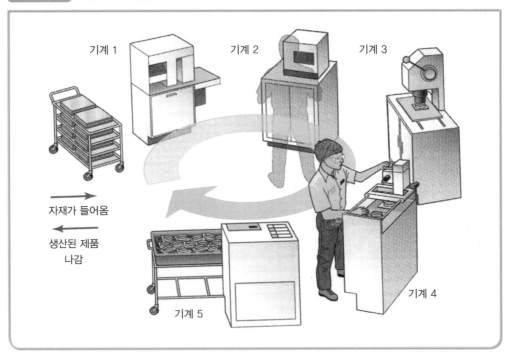

3. 풀 시스템

자재의 흐름(flow of materials)을 다스리는 기본적인 원칙으로 푸쉬 방법 (push method)과 풀 방법(pull method)이 있다. 이러한 방법상의 차이는 선행(공급)작업장에서 후속(사용)작업장으로 자재가 흐를 경우 선행작업장에서 자재를 후속작업장으로 밀어내느냐, 그렇지 않으면 후속작업장에서 필요한 때에 선행작업장으로부터 끌어가느냐의 차이이다.

푸쉬 방법에서는 자재소요계획처럼 선행작업장은 생산한 자재를 후속작업장에서 즉시 필요로 하든지, 또는 필요로 하지 않든지 간에 후속작업장으로 밀어낸다. 완제품의 경우에도 시장으로부터 수요가 있을 때 제품을 바로 공급하기 위하여 미리 생산하여 쌓아 둔다. 전통적인 대량생산시스템에서는 푸쉬 방법을 사용하는데, 이는 비용을 줄이기 위하여 기계와 프로세스를 최대능력으로 활용해야 하기 때문이다. 기계와 작업자가 항상 바쁘게 작업해야 하므로 주문을 공장으로 밀어내야 한다. 따라서 재고가 쌓이게 되는데, 이 방법에서 재고는 값진 자산으로 취급된다. 따라서 후속작업장에서 그 자재를 즉시 필요로 하지 않는 경우에는 당분간 쌓이게 된다.

풀 방법은 재주문점시스템이나 적시생산시스템에서 사용하는 방법인데, 후속작업장에서 필요한 때에 필요한 수량을 선행작업장에 요구하면 그때부터 원하는 만큼만 생산한다. 따라서 후속작업장에서는 [그림 13-4]에서 보는 바와 같이 필요한 자재를 필요한 때에 필요한 양만큼만 선행작업장으로부터 끌

그림 13-4 풀 시스템

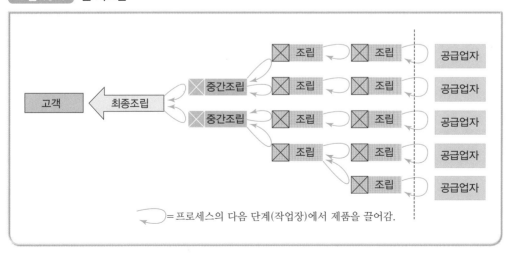

어간다. 후속작업장에서 자재를 끌어가면서 새로운 자재의 생산을 요구할 때에만 선행작업장에서는 생산을 시작하기 때문에 불필요한 자재는 두 프로세스 사이에 쌓이게 되지 않는다. 즉 후속작업장에서 자재가 필요할 것이라는 예상 하에서 미리 생산해 두지는 않는다.

많은 작업장으로 구성된 생산시스템에서는 푸쉬 방법의 경우 맨 처음 작업장으로부터 생산을 시작하여 다음 작업장으로 이를 밀어냄으로써 결국 최종 라인으로 자재가 흐르면서 진행되는 반면에, 풀 방법에서는 최종 조립라인에 서부터 생산이 진행되어 선행작업장으로부터 필요한 자재를 끌어가기 때문에 맨 처음 작업장은 마지막에 작업을 시작하게 된다.

이와 같이 린 생산시스템에서의 커뮤니케이션은 생산라인의 마지막 작업 장으로부터 시작하여 후진하면서 진행한다. 각 작업장은 꼭 필요한 수량만 선 행작업장에 요구하면 이때부터 선행작업장은 작업을 시작한다. 이와 같이 모 든 프로세스가 최종조립 생산스케줄에 따라 유기적으로 연결된다. 이러한 풀 방법은 원자재와 부품의 공급업체에도 적용되어 필요할 때 필요한 양만큼만 공급받을 수 있도록 계획한다.

린 생산시스템을 사용하는 반복적 제조업에서는 풀 방법이 이용된다. 그 러나 비반복적으로 소량생산에 의존하는 주문생산의 경우에는 자재소요계획 (MRP) 같은 푸쉬 방법이 효과적이다.

4. 칸반 시스템

칸반은 린 생산시스템에서 생산허가와 자재운반의 방법을 통한 적시생산 시스템의 핵심이다. 일본어로 칸반은 카드를 의미하는데 보통 직사각형의 비 닐봉투에 들어 있다. 칸반은 인접 작업장을 통과하는 작업의 순서와 생산량을 원활하게 통제하는 수단으로 린 생산시스템을 지원하는 정보시스템의 일부분 이다.

칸반 시스템(kanban system)의 주요 목적은 후속작업장으로부터 부품이 필 요하다는 것을 선행작업장에 신호하고 선행작업장에서는 그러한 부품을 적 시에 생산하였음을 확실히 하는 것이다. 이는 최종 조립라인으로부터 부품을 끌어감으로써 시작한다. 매일매일 동일한 생산스케줄은 최종 조립라인만 받 는다.

모든 작업장과 공급업자는 후속작업장으로부터 칸반을 이용하여 생산주

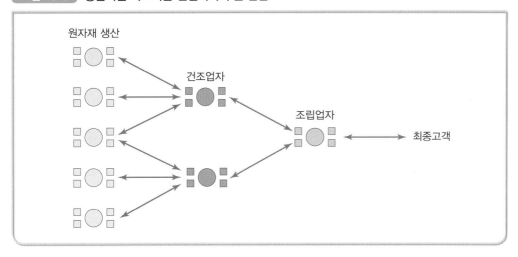

그림 13-5 공급사슬 파트너를 연결시켜 주는 칸반

문을 받는다. 이와 같이 생산 또는 공급허가가 후속작업장으로부터 나오기 때문에 칸반 시스템은 풀 방법이라고 볼 수 있다. 만일 사용하는 후속작업장에서 생산이 중단되면 공급하는 선행작업장에서도 더 이상 생산주문이 없기 때문에 곧 생산을 중단해야 한다. 이와 같이 칸반 시스템은 카드와 컨테이너를 사용하여 작업장 간을 그리고 작업장과 공급업자 간을 통제하는 매우 간단하고 효과적인 커뮤니케이션 방법이다.

이와 같이 칸반은 공장에서 작업장 간은 물론 작업장과 공급사슬 파트너 간을 연결시켜 주는 수단이다. [그림 13-5]는 칸반이 공급사슬의 여러 파트너 간에 제품의 생산과 이동을 가능토록 어떻게 사용되는지를 보여 주고 있다.

칸반 시스템이 원활하게 작동하고 빈 컨테이너와 가득 담은 컨테이너의 이동을 통제하기 위하여 칸반에는 기본적으로 두 가지 유형이 있다. 하나는 생산칸반(production kanban)이고 다른 하나는 인출칸반(withdrawal kanban)이다. 생산칸반은 칸반에 명시된 하나의 표준 컨테이너에 담을 자재의 생산을 선행작업장에 허용하기 위해서 사용되고, 인출칸반은 칸반에 명시된 대로 선행작업장에서 후속작업장으로 특정 부품을 담은 컨테이너의 이동을 허가하는 데 사용된다. 자재는 생산칸반이 없으면 선행작업장에서 생산할 수 없고 인출칸반 없이는 후속작업장에서 이동해 갈 수 없다. 컨테이너에 담을 특정 부품의 수는 언제나 일정하다. 일반적으로 칸반은 [그림 13-6]과 같이 제품이름, 부품번호, 생산요구량 같은 정보를 포함한다. 칸반은 컨테이너 옆에 부착된다.

칸반 시스템이 여하히 작용하는가를 살펴보기 위하여 [그림 13-7]과 같이

그림 13-6 칸반 카드

부품번호 W 262 부품이름 wheel			선행작업장 Stamping A 12 후속작업장 Rubber Tire B 6
상자크기	상자유형	발행번호	
20	B	4 of 8	

부품번호 Y 16032 부품이름 wheel RIM 저장소 1878-2 컨테이너 크기 20	프로세스 Stamping A12

이동칸반   생산칸반

생산 프로세스상에 있는 두 개의 연속적인 작업장의 경우를 예로 들기로 하자.

두 작업은 작업장 A와 작업장 B에서 수행된다고 가정한다. 작업장 A는 작업장 B의 선행작업장이다. 두 작업장은 거리상으로 분리되어 있으며 작업장 A의 재공품을 작업장 B로 옮긴다(그림에서 작업장 C는 작업장 B의 후속작업장이라고 가정한다).

두 작업장 사이에 지연이 없도록 적당한 양의 재공품재고가 작업장 A의 투입물지역에, 그리고 작업장 B의 투입물지역에 저장되어 있다. 그림에서는

그림 13-7 칸반 시스템

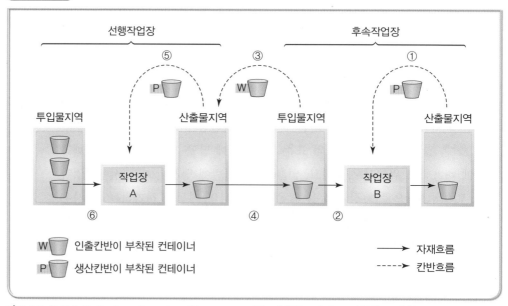

자료 : R. Reid & N. Sanders, *Operations Management*, 5th ed.(Wiley & Sons, 2013), p. 240.

부품을 가득 채운 세 개의 컨테이너가 작업장 A의 투입물지역에, 그리고 산출물지역에는 한 개의 컨테이너가 놓여 있고, 작업장 B의 투입물지역과 산출물지역에는 각각 한 개의 컨테이너가 놓여 있다.

각 작업장에서 작업이 수행되는 과정은 다음과 같다.

① 작업장 C로부터 작업장 B의 작업자는 생산칸반이 부착된 빈 컨테이너를 받는다. 그는 생산칸반의 요구대로 빈 컨테이너를 채울 허가를 받았기 때문에 생산할 준비를 갖춘다.

② 작업장 B의 작업자는 생산칸반의 요구대로 생산을 시작하기 위하여 그의 투입물지역에 놓인 자재를 담은 컨테이너 한 개를 작업장 B로 이동한다.

③ 작업장 B의 작업자는 그의 투입물지역에서 방금 이동해 간 컨테이너 한 개를 보충하기 위하여 칸반걸이에 걸려 있는 인출칸반을 떼어 빈 컨테이너 한 개에 부착하여 작업장 A의 산출물지역으로 보내 작업장 A에 자재를 더 생산할 것을 요구한다.

④ 작업장 B의 작업자는 작업장 A의 산출물지역에 있는 부품을 담은 컨테이너 한 개에 인출카드를 부착하여 작업장 B의 투입물지역으로 끌어간다.

⑤ 작업장 B의 작업자는 가득 찬 컨테이너에 원래 부착된 생산칸반을 떼어 빈 컨테이너에 부착함으로써 작업장 A의 작업자는 생산칸반의 요구대로 생산허가를 받는다.

⑥ 작업장 A의 작업자는 생산하기 위하여 투입물지역으로부터 컨테이너 한 개를 이동해 온다. 컨테이너를 채우면 인출칸반을 부착하고 산출물지역으로 이동시킨다. 이러한 순서를 모든 작업장 사이에서 반복한다.

이와 같이 작업장 A와 B 사이에 허용된 재공품의 재고수준은 칸반의 수에 의하여 통제된다. [그림 13-7]에서 칸반의 수는 여섯 개이므로 각 컨테이너가 30개의 부품을 담을 수 있다면 작업장 A와 B 사이에 흐르는 부품의 최대재고는 180개이다.

두 작업장 사이를 왕래하는 컨테이너의 수는 재공품과 안전재고에 바로 영향을 미친다. 컨테이너는 생산준비 중에, 생산 중에, 운반 중에 또는 운반대기 중에 시간을 보낸다. 컨테이너가 얼마나 필요할 것인가는 한 컨테이너의 부품을 생산하여 이 컨테이너가 후속작업장을 거쳐 선행작업장으로 되돌아오는 데 소요되는 순환시간(circulating time), 즉 리드타임(lead time: LT)에 크게 의존한다. 여기서 리드타임은 작업시간, 프로세스 내 및 프로세스간 대기시간, 운반시간 등으로 구성된다.

후속작업장을 지원하는 데 필요한 컨테이너의 수는 다음과 같은 공식을 이용하여 구한다.

$$n = \frac{\text{순환시간 동안의 평균수요} + \text{안전재고}}{\text{컨테이너의 용량}}$$

$$= \frac{d \cdot LT + S}{m}$$

n = 컨테이너 수(컨테이너당 카드 1개)
d = 후속작업장의 수요율
LT = 순환시간(리드타임)
S = 안전재고, 리드타임 동안 평균수요의 %
m = 표준 컨테이너에 담는 부품의 수(보통 하루 사용량의 10% 이하)

d, LT는 분, 시간, 일 등 같은 시간단위를 사용해야 한다. 한편 두 작업장 사이에 흐르는 최대재고수준 M은 다음과 같다.

$$M = m \cdot n$$

 예 13-2

후속작업장에서의 부품 수요율은 시간당 평균 150개이다. 부품의 한 컨테이너가 후속작업장을 갔다 오는 데 소요되는 순환시간은 30분이다. 한 컨테이너에 부품 25개를 담을 수 있으며 안전재고는 리드타임 동안 수요의 10%라고 한다.
① 칸반의 수는 얼마인가?
② 최대재고수준은 얼마인가?

해답

① $n = \dfrac{(150 \times 0.5) + 0.1(150 \times 0.5)}{25} = 3.3 \fallingdotseq 4(\text{개})$

② $n(m) = 4 \times 25 = 100(\text{개})$

각 작업장 사이의 재고는 컨테이너의 크기 또는 컨테이너의 수를 줄임으로써 감소한다. 이는 결국 컨테이너의 순환시간을 단축시킴으로써 가능하게 된다.

그림 13-8 완전한 칸반 시스템

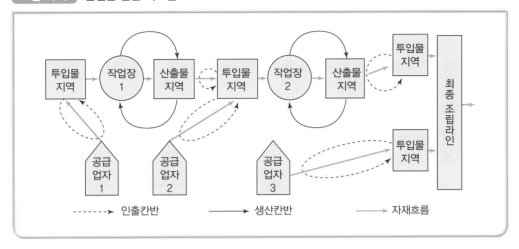

기업에서 프로세스는 수많은 작업으로 이루어지므로 위에서 설명한 인접 작업장 사이에서의 관계가 모든 작업장에 그리고 공급업자에까지 적용될 수 있다. 칸반의 사용은 최종 조립생산라인에서 시작하여 선행작업장으로 차례로 진행되는데 최종 조립생산 스케줄에 맞추어 모든 작업장이 유기적으로 연결된다.

칸반은 [그림 13-8]에서처럼 생산공장에 있는 모든 작업장들을 연결시킬 뿐 아니라, 이들과 공급사슬의 공급업자를 서로 연결시키는 역할도 수행한다.

5. 빠른 생산준비시간

한 제품에서 다른 제품의 생산으로 교체하는 데 필요한 생산준비시간(production setup time)의 단축은 가용생산능력을 증가시키고, 수요의 변화에 따른 스케줄링의 변경에 대해서는 유연성을 증진하며, 칸반의 수를 줄임으로써 재고를 감소시키는 역할을 하므로 린 생산시스템에서는 매우 중요하다.

칸반 시스템에서는 소규모 로트가 생산되므로 이것이 가능하기 위해서는 생산준비시간의 단축이 절대적으로 필요하다. 소규모 로트생산은 필연적으로 생산준비의 빈도를 증가시키는데 만일 생산준비시간이 길면 노동자와 장비 등 자원의 비능률을 초래하게 된다. 생산준비시간의 단축은 가용생산능력을 증가시키고 일반계획 변화에 대처할 유연성을 증가시키는 한편, 재고를 줄이기 때문에 중요하다.

전통적인 대량 반복생산에서는 단위당 생산시간(run time)의 단축에 관심을 두고 생산준비시간에는 별로 관심을 두지 않았다. 생산준비는 비용을 수반하고 생산을 중단케 하므로 이의 횟수를 최소로 줄이고 대량생산을 꾀하게 된다. 이러한 환경에서는 재공품재고가 쌓이게 되고 생산준비가 자주 발생하는 것도 아니므로 생산준비는 전문기능인에 의하여 수행된다.

그러나 칸반 시스템에서는 사정이 다르다. 대량생산이 아닌 소량생산을 하면서 수시로 모델을 교체하므로 생산준비가 빈번하게 발생하기 때문에 이는 그 기계의 작업자들에 의하여 수행된다.

칸반 시스템을 적용하기 위해서는 작업자들이 다수의 기능을 보유해야 한다. 다수의 기능이란 몇 개의 상이한 기계를 운전할 능력뿐만 아니라 이들 기계의 정비능력 및 작업준비를 위한 공구와 금형(die)의 교체능력 등을 포함한다. 작업자가 다수의 작업을 수행할 수 있도록 훈련을 받았기 때문에 생산준비시간의 단축이 가능하게 된다.

한편 린 생산시스템에서는 생산준비시간을 단축하기 위해 기계부근에 공구와 금형을 저장할 장치를 세운다든가, 공구와 금형을 쉽게 이동하고 설치할 지침을 설정하는 등 여러 가지 작업단순화 방법을 적용하고 있다. 한편 그룹 테크놀로지(group technology: GT) 같은 방법을 사용하여 비슷한 품목군을 차례로 가공하도록 한다.

Toyota는 생산준비시간을 현재 10분 이내의 한 자리 숫자로 줄이는 'single setup'의 목표를 세우고 있다. 이 목표가 달성되는 부문에 대해서는 1분 이내로 단축하는 'one-touch setup'의 목표를 실천하고 있다.

경제적 생산량(economic production quantity), 즉 로트크기를 결정하는 공식은 제11장에서 공부한 바와 같이 다음과 같다.

$$Q^* = \sqrt{\frac{2C_s D}{\left(1 - \dfrac{D}{p}\right)C_h}}$$

D = 월간 수요량
C_s = 1회 생산준비비용
P = 월간 생산량
C_h = 단위당 월간 재고유지비용

전통적인 생산시스템에서처럼 칸반 시스템에서도 경제적 생산량을 결정하기 위하여 똑같은 공식을 사용한다. 전통적인 생산시스템에서는 생산준비시간(준비비용)을 고정비로 보고 상당한 크기의 경제적 생산량을 구하는 반면, 칸반 시스템에서는 경제적 생산량을 낮추기 위하여 생산준비시간을 하나의 변수로 보고 이를 단축시키려고 한다. 재고유지비용과 생산준비비용을 균형화함으로써 경제적 생산량을 구하는데 생산준비비용이 낮아질수록 경제적 생산량도 줄어든다. 극단적으로 준비시간이 0에 접근할 때 이상적인 한 단위 로트크기가 가능하게 된다.

예 13-3

$D = 5,000$, $C_s = 2,700$원, $P = 15,000$, $C_h = 100$원이라면
① 경제적 생산량 Q^*는 얼마인가?
② 꾸준한 노력의 결과 생산준비시간이 단축되어 생산준비비용이 2,700원으로부터 300원으로 감소되었다면 새로운 경제적 생산량 Q^*는 얼마인가?

해답

① $Q^* = \sqrt{\dfrac{2(2,700)(5,000)}{\left(1 - \dfrac{5,000}{15,000}\right)(100)}} = 636$

② $Q^* = \sqrt{\dfrac{2(300)(5,000)}{\left(1 - \dfrac{5,000}{15,000}\right)(100)}} = 212$

위에서 본 바와 같이 경제적 생산 로트크기를 636단위에서 212단위로, 즉 1/3로 감소시키기 위해서는 생산준비비용은 1/9로 감소해야 한다. 이와 같이 칸반 시스템에서는 로트크기를 줄이기 위해서 생산준비비용의 격감이 필요하다. 일반적으로 표시하면 경제적 생산량을 $1/n$로 줄이기 위해서는 생산준비비용을 $1/n^2$로 줄여야 한다.

6. 작은 로트크기

생산준비시간(setup time)이란 어떤 품목의 생산 런(production run)에 필요한 장비의 준비에 필요한 시간으로 장비를 소제하고 바르게 정리하고, 날개깃(blade)이나 다른 도구의 교체, 기타 다른 일거리 등을 하는 시간을 포함한다.

생산준비시간의 단축을 통한 로트크기 및 제조기간(lead time)의 축소는 린 생산시스템을 가능케 하는 원동력이다. 이상적인 로트크기는 한 단위이다. 그

러나 이는 몇 가지 품목을 동시에 가공하는 기계들, 몇 가지 품목을 동시에 가공하는 열처리 장비, 매우 긴 준비시간을 요하는 기계들 때문에 실현하기는 어렵다. 그럼에도 불구하고 목표는 로트크기를 가능한 한 축소하려는 것이다. 생산 프로세스에서 또는 공급업자로부터의 배송에 있어서 작은 로트크기는 몇 가지의 혜택을 가져온다.

- 작은 로트크기는 주문들 사이에 유지하는 안전재고 이상의 재고인 주기재고(cycle inventory)를 감축하는 역할을 한다. 평균주기재고는 로트크기의 1/2과 같다. 즉 로트크기가 작을수록 주기재고도 줄어든다. 주기재고를 줄인다는 것은 제조시간과 재고유지공간을 줄인다는 것을 의미한다. 재고가 감소하면 유지비용, 저장할 공간, 작업장에서의 어질러짐, 검사비용, 재작업비용 등을 줄인다.

- 작은 로트크기는 제조기간(lead time)을 단축시켜 고객이 원하는 특정 제품을 신속하게 공급하는 역할을 한다. 제조기간의 단축은 재공품재고, 즉 파이프라인 재고(pipeline inventory)를 줄이는데 이는 각 작업장에서의 총가공시간은 작은 로트인 경우보다 큰 로트인 경우에 크기 때문이다. 큰 로트는 다음 작업장이 다른 큰 로트를 완료할 때까지 가공을 좀 더 기다려야 하는 경우도 있다. 또한 만일 불량품이 발견되는 경우에는 큰 로트는 재작업할 품목이 있는지 전체 로트를 검사해야 하므로 오랫동안 지체해야 한다.

- 작은 로트크기는 작업장의 균일한 부하를 가능케 하여 과잉생산을 미연에 방지하고 시설을 더욱 효율적으로 사용하게 한다. 또한 각 생산 프로세스를 대기하는 시간을 축소함으로써 여러 가지 모델의 반복생산이 가능하게 된다.

- 로트크기가 소량이면 품질상의 문제를 빨리 노출시킨다. 작은 로트크기란 적은 재고를 의미하고 이는 빨리 시스템을 통과하므로 발생하는 문제를 숨길 수 없는 것이다. 품질문제를 재고로 오랫동안 덮어 두게 되면 결국 재작업, 폐기물 등 비용이 발생하게 되고 노동시간을 낭비하게 된다. 따라서 노출된 문제는 그 원인을 바로 제거할 필요가 있다.

- 소량으로 여러 가지 품목을 자주 교체하면서 생산하는 유연성(flexibility)으로 말미암아 변화하는 고객의 요구(수요)에 더욱 신속하게 대응할 수 있다.

작은 로트크기를 달성하는 방법 중 하나는 작업장 간을 흐르는 재고를 꼭 필요한 때에 한정하는 풀 시스템을 사용하는 것이다.

7. 집중화 공장 및 설비배치

린 생산시스템이 가능하게 하기 위해서 일본 기업은 모든 것을 수행할 수 있는 거대한 단일 제조공장을 건설하지 않고 전문화할 수 있는 소규모의 집중화 공장을 건설한다. 이러한 소규모 공장을 선호하는 이유는 첫째, 대규모 공장은 관리하기가 어렵고 둘째, 대규모 공장보다 더욱 경제적으로 운영할 수 있기 때문이다.

집중화 공장(focused factory)이란 제한된 수의 생산 프로세스로 제한된 수의 몇몇 제품을 전문적으로 생산하는 공장을 말한다. 유연성(flexiblility)이 중요시되는 린 생산시스템에서 집중화 공장이 정당화되기 위해서는 한 가지 제품 또는 똑같은 생산요구를 갖는 제품그룹에 대한 충분하고도 꾸준한 수요가 있어야 한다.

집중화 공장에서는 제품흐름과 재공품의 흐름시간을 최소로 하고자 한다. 이를 위해서 시설의 배치와 제품의 생산방식에 단순화가 이룩되어야 하고 시스템의 복잡성이 배제되어야 한다. 평균적으로 볼 때 린 생산시스템을 사용하는 일본의 제조공장은 미국의 공장보다 규모는 작지만 공급하는 제품 수에서 다양성과 유연성을 보이면서 더 많은 수량을 생산하고 있다.

일본에는 수많은 소규모의 집중화된 단위공장들이 있는데 이들 상호 간은 최종조립 프로세스에 이를 때까지 생산의 연속적 단계로서 상호 간에 부품 및 중간조립품을 하루에 보통 두 번 내지 열 번씩 배달한다.

린 시스템에서 설비배치는 생산준비의 빈도를 줄여 낭비를 제거하기 위하여 라인흐름이 설계된다. 특정 제품의 생산량이 충분하면 기계와 작업자의 그룹이 라인흐름 배치로 조직된다. 그러나 생산량이 충분하지 않으면 한 제품을 생산하도록 여러 작업자들을 한 라인에 배치하지 않는다. 이런 경우 단순한 자재취급, 낮은 생산준비 횟수, 노무비의 감축 같은 라인흐름 배치의 장점을 이용하기 위하여 린 시스템에서는 다음과 같은 두 가지 기법을 사용한다.

• 한 작업자, 여러 기계 셀
• 그룹 테크놀리지 셀

생산량이 충분하지 않을 경우에는 한 셀(작업장) 내에서 한 작업자(one

그림 13-9 전통적 배치와 셀 제조

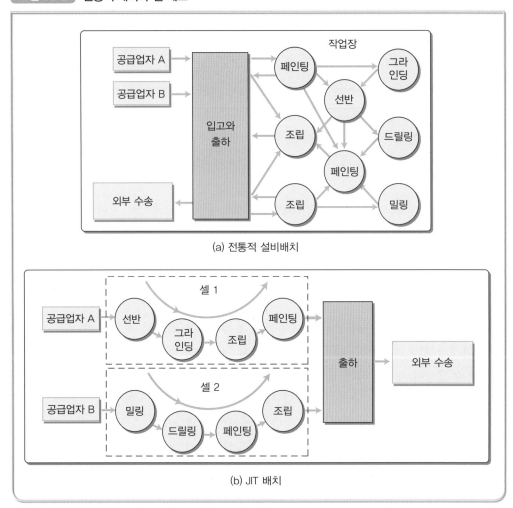

(a) 전통적 설비배치

(b) JIT 배치

자료 : D. Reid and N. Sanders, 전게서, p. 246.

worker)가 동시에 여러 다른 기계(multiple machines)를 운전할 수 있도록 U형 설비를 배치한다. 이러한 배치형태는 재고를 감소시키고 작업자 수를 줄이는 효과를 가져오기 때문에 이는 [그림 13-3]에서 이미 설명한 바와 같다. 제조업자들이 선호하는 방식이다.

소량생산을 위해 라인흐름 배치를 사용하는 그룹 테크놀로지(group technology: GT)는 유사한 크기, 형태, 가공형태(예: 드릴)를 갖는 부품군(parts family)을 가공하기 위하여 각 작업장에 상이한 기계들을 그룹으로 배치하는 기법이다([그림 13-9] 참조). 이와 같이 GT 배치는 프로세스별 배치 환경에 제품별 배치의 효율성을 가져오려는 혼합형 배치형태이다.

공장 내에서 자재가 능률적으로 흐르고 로트크기가 감소하며 자동화가 가능하도록 문제가 계속 해결되어야 하므로 모든 설비는 GT에 맞게 배치되어야 한다. 일본의 생산설비들은 적시납품 개념을 지원하기 위하여 GT를 기초로 조직되어 있다. 이를 위해 제품생산에 필요한 상이한 모든 기능을 수행하는 일련의 개별적인 기계들을 그룹화하여 그들이 하나의 조립라인처럼 배치되도록 하는 것이다. 일본의 공장은 제품중심적으로 되어 있어 한 그룹의 작업자들이 각 셀에서 제품생산에 필요한 모든 작업을 수행한다.

린 생산시스템은 생산준비시간을 줄이고 생산의 효율을 가져오는 기본적인 도구이다. 이는 또한 자동화의 첫 단계이며 적시생산에 절대적으로 필요하다.

[그림 13-9]에서처럼 GT기법을 도입한 린 생산시스템의 라인흐름 설비배치는 각 셀 내에서 부품이 한 작업장에서 다음 작업장으로 원활하게 흐를 수 있도록 작업장을 배치한 형태이다. 즉 부품이 이동하는 방식으로 작업장이 배치되어 부품은 프로세스를 빨리 이동하게 된다. 부품이 흐를 때 각 기계 옆에 있던 안전재고는 완전히 제거된다. 이렇게 함으로써 로트크기가 한 단위에 접근할 때 자동화는 가능하게 된다. 한 작업자가 몇 개의 기계를 운전할 능력을 갖추므로 작업자의 효율이 증가하고, 작업장 사이를 흐르는 부품의 이동시간 및 기다리는 시간이 단축된다. 이리하여 생산성은 향상되고 재공품재고는 최소로 유지된다.

13.4 종합적 품질경영

린 생산시스템의 중요한 요소는 조직의 모든 기능과 계층을 통합하는 종합적 품질경영(total quality management: TQM)이다. 린 생산시스템의 토대는 고객이 원하는 제품을 생산하는 것이다. 따라서 품질의 개념도 규격의 준수를 강조하는 생산자적 관점이 아니고 고객의 기대를 충족시켜야 한다는 소비자적 관점에서 설정해야 한다. 왜냐하면 고객의 요구와 표준이 생산시스템을 이끌어 가기 때문이다.

린 생산시스템에서는 제품의 무결점(zero defect)을 전제로 한다. 이는 전통적 방법과 사뭇 다르다. 전통적 방법에서는 어느 정도의 불량품을 인정하기 위하여 합격품질수준(acceptable quality level: AQL)이라는 개념을 사용한다.

린 생산시스템에서는 불량품질을 낭비로 여긴다는 사실은 여러 차례 강조한 바와 같다. 폐기물이나 재작업은 비용을 수반하기 때문에 철저히 배격하려는 것이다.

제품의 품질에 대한 책임과 소유권은 이를 만드는 작업자의 몫이다. 따라서 작업자에게는 많은 권한과 책임이 부여된다. 작업자는 불량부품을 절대로 다음 작업자에게 넘겨서는 안 된다. 불량품질을 원천적으로 봉쇄한다. 품질문제의 근본 원인을 규명하고 원천적으로 해결함으로써 품질완벽주의를 추구한다. 이는 전통적인 방법에서 불량품을 솎아 내기 위해 샘플링검사(sampling inspection)를 하는 것과는 판이하게 차이가 있는 것이다.

지속적인 개선노력은 TQM의 핵심이다. 린 생산시스템에서 꾸준한 향상노력은 불량품의 수를 낮추려는 것으로부터 생산준비비용과 로트크기를 축소시키려는 것까지 모든 것을 지배한다.

지속적인 개선노력은 여기서 끝나는 것이 아니다. 이는 작업자 기능의 향상, 공급업자의 품질 및 그와의 관계 증진, 심지어 경영층의 성과향상까지도 포함한다.

1. 원천적 품질관리

린 생산시스템이 제대로 작동하려면 품질은 극도로 우수해야 한다. 불량품을 대비한 재고는 하나도 없기 때문이다. 불량품을 생산하고 재작업하는 일은 낭비이기 때문에 절대로 허용되지 않는다. 린 생산시스템이 원활하게 작용하기 위해서는 작업자가 동시에 품질관리도 담당해야 한다.

Toyota의 품질목표는 무결점이다. 이를 추구하기 위하여 프로세스에 품질을 주입하려고 하지만 품질문제가 발생하면 그의 원천을 규명하여 이를 즉시 현장에서 해결하고 절대로 불량품을 다음 프로세스로 보내지 않는다. 이때 사용하는 기법이 간단하지만 강력한 '5왜'(why) 기법이다. 이는 문제해결 기법으로서 불량제품이나 늦은 배송 같이 드러난 문제에 대한 원인-결과 관계를 체계적으로 이용한다. 왜 이런 문제가 발생하였는지 다섯 번 정도 질문해 나감으로써 문제의 근본 원인을 찾고 재발하지 않도록 조치를 강구한다. 이에 따라 작업자 자신이 제품품질에 대한 책임을 지고 품질의 소유권을 갖게 된다. 이러한 책임을 지도록 하기 위하여 작업자에게 품질문제가 발생하였을 때 생산라인을 중단시킬 권한인 지도카(Jidoka, 自動化)를 부여한다.

소량의 부품이 사용 직전에 생산되므로, 그리고 작은 로트를 만들 때 처음 부품과 마지막 부품을 검사함으로써 사실상 100% 검사활동을 수행하는 것이다. 이와 같이 불량품 생산을 원천적으로 방지함으로써 모든 프로세스에서의 검사활동을 거쳐 생산된 완제품에 대한 최종검사는 불필요하게 된다.

작업자들은 작업상태에 따라 세 가지 불을 켤 수 있는데 기계의 오작동, 부품의 부족, 규격을 지키지 않은 부품의 발견 등 품질문제의 발생을 신호하기 위하여 사용하는 불을 안돈(andon, 行燈)이라고 한다. 푸른 불은 작업이 순조롭게 진행하고 있음을 의미하고, 노란 불은 도움을 요청하는 불이며, 빨간 불은 라인 중단을 의미한다. 빨간 불이 켜지면 작업자들은 그곳으로 모여들어 문제가 무엇인지 찾아내려고 한다.

원천적 품질관리 기법으로서는 지도카와 안돈 외에도 포카요키가 있다. 포카요키(poka-yoke)는 사람의 실수를 최소화하거나 방지함으로써 제품이나 서비스의 결점을 제거하려는 실수방지(mistake proofing) 장치이다. 다시 말하면 포카요키란 생산하는 도중에, 배송하는 도중에, 제품을 소비하는 도중에 사람의 실수가 발생하지 않도록 미연에 방지하는 장치이다. 예를 들면 자동 커피 머신에서 종이컵을 꺼내면 커피의 흐름을 막는 밸브와 같은 장치이다.

린 생산시스템에서는 원천적 품질관리(quality at the source)를 실시하기 때문에 이러한 과정에서 있을 수 있는 프로세스 중단으로 인한 생산량에의 영향보다 그 제품의 품질을 더욱 우선하여 품질제일주의를 실천한다. 이는 전통적 제조방식과 다르다. 전통적으로는 대량생산이 이루어지므로 문제가 발견되기에는 긴 시간이 지나야 한다. 즉 불량품이 언제 발생하였으며, 그의 원인이 무엇인지 결정하기가 꽤 어렵다.

또한 전통적으로는 품질상의 문제가 발생하면 품질관리기사가 이를 개선토록 하며 후속 프로세스 작업자들은 계속 작업을 수행한다. 또한 완제품에 대한 최종검사도 품질관리기사에 의해 수행된다.

2. 예방보전과 작업장 정비

린 생산시스템에서는 재공품 재고가 거의 없기 때문에 장비에 고장이 나면 큰 일이 발생한다. 이러한 고장을 최소화하기 위하여 기업은 예방보전(preventive maintenance) 프로그램을 실시한다. 고장이 발생하면 생산량이 감소하고, 납기를 맞출 수 없고, 작업일정에 차질이 오고, 고객의 불만을 유발하게 된다. 이러한 일들은 린 생산시스템에서 낭비로 취급된다.

예기치 못한 기계멈춤을 방지하기 위하여 작업자들은 자기가 사용하는 장비를 깨끗이 닦고, 기름을 칠하고, 눈금 같은 것을 바르게 하고, 자주 고장나는 부품을 갈아 끼우고, 조정도 하는 예방보전활동을 일상적으로 수행한다.

예방보전비용이 꽤 많지만 기계고장에 따른 비용보다 훨씬 낮기 때문에 린 시스템에서는 장비를 돌보는 데 신경을 많이 쓰고, 작업자들이 기계를 잘 보전하여 언제나 작동할 수 있도록 하기 위하여 훈련과 교육에 많은 투자를 한다.

작업자들은 그들의 사기, 환경안전, 프로세스 효율성을 증진하기 위하여 생산현장, 사무실 공간, 공구실 같은 작업장 정비(workplace organization)에도 신경을 써야 한다. 이는 5S 기법으로서 Seiri, Seiton, Seison, Seiketsu, Shitsuke 라는 일본어의 영문표기에서 나온 것이다.

- Seiri(정리) : 불필요한 재공품, 유휴설비, 자재, 쓰레기 등을 치워 정리된 작업환경을 유지한다.
- Seiton(정돈) : 작업장 안의 모든 공구와 자재를 놓아 둘 위치를 결정하고 항상 정돈상태를 유지한다.
- Seison(청소) : 작업장, 기계설비, 공구의 청소와 보전에 만전을 기하여 기계고장을 사전에 예방한다.
- Seiketsu(청결) : 작업환경을 언제나 청결하게 유지한다.
- Shitsuke(규율) : 모든 작업자들이 이러한 규칙을 이해하고 준수하며 이 운동에 적극적으로 참여한다.

13.5 인간존중

인간존중(respect for people)도 린 생산시스템의 중요한 요소이다. 작업자들의 관여도 린 생산시스템의 핵심이다. 기업에 종사하는 모든 사람들이 동등하게 중요하고 평등하게 참여한다. 린 시스템에서는 모든 기능이 공동으로 일하여 고객의 욕구를 충족시켜야 한다. 경영층도 행정적인 일만 하면서 고립되어 있는 것은 아니고 생산현장에서 시간을 보내야 한다.

린 생산시스템은 사람을 회사의 가장 귀중한 자원이라고 생각한다. 작업자들을 존경으로 대하고, 직장안정을 보장하고, 우수한 업무성과에 대해서는 상당한 보상을 서슴지 않는다. 린 생산시스템의 핵심은 사람의 지혜를 모아 항상 개선을 추구하는 것이며 그 밑바탕에는 작업자들에 대한 존중이 깔려 있다.

이러한 인간존중 태도는 종업원의 범위를 넘어서 공급업자에게까지 확대된다. 공급업자는 파트너 관계로서 장기적 관계를 유지하려고 한다.

작업자들은 품질분임조 같은 의사결정 과정에 자발적으로 참여하여 작업수행과 관련된 문제를 해결하고 제안하는 데 아주 협조적이다. 작업자들은 자율적 작업팀(self-managed team)에 속하여 감독관, 검사자, 시계, 노조임원 없이 생산성, 품질, 비용, 생산 및 사람 등 자기들이 하는 모든 일에 대해 책임을 진다.

1. 작업자의 역할

전통적인 방법에서 작업자들은 자동적인 방식으로 자기들의 직무를 수행함으로써 생산과정에서의 품질과 프로세스 개선 등에 있어 권한부여와 참여의 기회가 주어지지 않았다. 그러나 린 생산시스템에서는 작업자들이 기업의 목표를 추구하는 데 적극적으로 관여한다. 즉 작업자들은 여러 상이한 기계를 운전하면서 작업을 수행할 능력을 갖는 다기능 작업자이다. 작업자들의 교육수준이 향상되고, 특히 기술분야에서는 작업자가 관리자보다 더 높은 기능을 갖게 되었다.

작업자들은 생산 프로세스를 개선하고 품질기사의 일을 하고 품질문제를 해결하는 데에 적극 참여한다. 지속적인 개선은 직무에 대한 작업자들의 지식과 재능에 크게 의존하는 것이다. 품질수준은 제품을 생산하는 작업자의 태도에 크게 의존한다는 사실에 입각하여 작업자에게 많은 권한과 책임을 부여하고 작업자에게 품질개선을 위한 동기를 부여해야 하며, 조직 내의 모든 계층에서 이루어지는 의사결정 과정에 참여하도록 유도해야 한다는 주장이 실천되고 있는 것이다.

작업자들은 생산 프로세스의 품질을 항상 체크하고 감시해야 한다. 자신이 만드는 부품을 검사하고, 선행 프로세스에서 넘겨 받은 부품 또한 검사함으로써 불량부품이 후속 프로세스로 넘어가지 못하도록 철저한 검사노력을 경주한다. 원천적 품질관리를 실천함으로써 품질문제의 근본원인을 찾아 이를 해결하는 책임을 갖는다.

린 생산시스템에서 작업자들의 역할은 많은 책임과 자율권을 갖는다는 점에서 전통적인 시스템에서의 역할과 상당히 다르다. 린 생산시스템에서 작업자들의 역할의 중요한 요소를 요약하면 다음과 같다.

- 작업자는 다기능 보유자이다.
- 작업자는 생산 및 품질문제를 해결하는 데 적극적으로 참여한다.
- 작업자는 생산 및 품질결정에 동기부여되어 있다.
- 품질은 조직구성원 모두의 책임이다.
- 작업자는 성과자료를 기록하고 시각적으로 나타낼 책임이 있다.
- 작업자는 팀의 구성원으로서 문제해결에 참여한다.
- 의사결정은 조직구성원 모두가 참여한 가운데 이루어진다.
- 작업자는 예방보전에 책임이 있다.

2. 경영층의 역할

린 생산시스템에서 작업자의 역할이 변화한 것처럼 경영층의 역할도 많이 변화하였다. 작업자들은 얼마 전까지만 해도 교육과 훈련의 기회도 없이 미숙련공으로서 단순하고 육체적으로 수행하는 과업에 전념하였다.

군대식으로 조직된 계층적 구조에서 관리자들은 작업자들에게 과업을 할당하고, 이들이 과업을 제대로 수행하고 있는지 감독할 뿐이었다. 즉 관리자들에게는 검사, 명령, 감독, 통제, 의사결정의 능력이 절대적으로 필요하였다.

그러나 작업자들의 교육수준이 향상되고 작업환경이 많이 개선되어 관리자의 권위나 지시만으로는 젊고 능력 있고 의욕적인 작업자들을 관리할 수 없게 되었다.

이와 같이 관리자의 역할은 전통적인 명령과 통제의 방식으로부터 벗어나 촉진자 내지 코치로서 작업자들이 자발적으로 목표를 설정하고 수행할 과업을 결정하고 결과를 측정할 환경을 조성하는 방식으로 바뀌었다.

제품과 서비스의 품질은 조직구성원에 의하여 고객을 위해 창조된다. 고객의 품질요구와 규격을 충족시키는 것 이상으로 생산성과 품질향상을 기하기 위해서는 기업의 전 구성원으로 하여금 이렇게 하고자 하는 동기를 유발할 최고경영층의 리더십이 필요하다.

제품과 서비스의 품질은 작업자의 능력뿐만 아니라 능력을 발휘코자 하는 자발적인 의욕에 크게 의존한다. 우수한 품질의 제품을 생산하기 위해서는

- 기술을 개발함으로써 고객욕구를 충족시킬 제품과 프로세스를 개선하도록 해야 하고,
- 기업 전체에서 품질을 최우선 목적으로 삼는 품질문화(quality culture)를 조성해야 한다.

품질을 생각하는 생산적인 작업자를 만드는 길은 그들을 조직의 일부분으로 인정하여 의사결정 과정에 적극적으로 참여할 기회를 부여하고, 직무수행에 있어 더 많은 책임과 권한을 부여해야 한다.

전원참여(total involvement)는 린 생산시스템의 핵심적 개념이다. 모든 조직구성원의 적극적인 참여는 관리자, 작업자, 공급사슬의 노력을 통합하고 서로 협력하도록 해 준다. 작업자 참여는 조직에 있어 큰 자산이다. 최고경영층의 리더십은 전 구성원의 참여에 절대적 영향을 미친다. 상호신뢰와 긴밀한 협조관계의 분위기를 조성할 조직문화의 창조는 경영층의 몫이다.

3. 공급업자와의 관계

린 생산시스템에서 작업자가 변해야 하는 것처럼 기업의 공급업자(supplier)도 변해야 한다. 린 생산시스템에서는 공급업자도 하나의 작업장으로 취급된다. 공급업자도 칸반 카드와 특정 컨테이너를 이용하여 다음 생산단계에 스케줄에 맞춰 적시에, 그리고 소량으로 자주 품질이 우수한 부품을 현장에 공급하여 바로 생산에 사용하도록 해야 한다. 적시구매도 적시생산처럼 소량의 자재를 원활하고 균일하게 흐르도록 하여 생산의 어떤 단계에서도 재고가 쌓이지 않도록 한다. 이와 같이 린 생산시스템에서 공급업자와의 협조는 아주 밀접해야 한다. 따라서 공급업자와의 관계는 계약을 체결할 때 적대관계가 아니고 파트너 관계이다. 공급사슬에 걸쳐 재고를 감소시키고 효율성을 찾는 방법을 강구하는 것이 린 생산시스템의 철학이다. 필요한 구성품에 관한 잦은 커뮤니케이션을 통해 공급업자는 효율적인 재고계획과 배송 스케줄을 수립할 수 있는 것이다.

공급업자는 고객의 공장부근에 위치하도록 권장된다. 하루에 여러 번 배

달하려면 수송비가 발생하기 때문에 이를 감축하기 위해서이다. 만일 공급업자가 멀리 위치하면 공장부근에 창고를 보유하여 고객의 요구를 만족시켜야 한다. 경우에 따라서는 하루에 여러 번 배달하면 큰 비용이 발생하므로 수송비를 줄이기 위하여 몇 개의 공급업자가 합동하여 번갈아 가면서 다른 공급업자의 부품을 수집하여 배달하기도 한다.

공급업자는 부품을 배달해야 할 시간을 지정받는다. 공급업자는 배달할 때마다 빈 컨테이너와 칸반 카드를 회수하여 다음 배달할 때 컨테이너에 규정된 수량의 부품을 담아야 한다. 부품은 수량검사나 품질검사 없이 곧바로 생산라인에 공급되어야 한다. 이와 같이 린 생산시스템은 공급업자의 부품에 대한 완전한 신뢰에 바탕을 두고 있다. 이렇게 함으로써 번거로운 서류작성도 피하고 리드타임 및 재고를 단축할 수 있다.

공급업자의 대부분은 규모가 작고 자본이 부족하므로 고객으로서의 기업은 자금을 융통해 주기도 한다. 기업은 엔지니어 또는 품질관리기사를 공급업자에 보내 엄격한 품질수준과 공급기준을 충족하도록 협조해 주기도 하고, 이익을 가져오도록 생산 프로세스에서 비용을 절감할 수 있는 기술지도와 경영지도를 지원해 주기도 한다. 그러나 불경기에는 이들 하청업체를 이용하여 자사의 경영의 통제를 통해 종신고용제(lifetime employment)에 따른 자사의 작업자들을 보호 유지한다.

13.6 린 공급사슬

린 시스템의 혜택을 최대화하기 위해서는 생산현장의 범위를 넘어 기업 전체로 린 시스템의 적용을 확대해야 한다. 성공적인 기업의 경우 모든 기능이 린 시스템의 원리를 적용하고 있다. 커뮤니케이션을 강화하고 주문처리 리드타임을 축소하기 위해서는 마케팅, 운영, 판매 사이에 긴밀한 조정이 필요하다.

기업은 공급사슬에 린 시스템의 개념을 확대 적용하도록 해야 한다. 그러나 이러한 확대 적용이 언제나 혜택만을 가져오는 것은 아니다. 경우에 따라서는 문제와 위험부담이 뒤따른다.

환경이 안정적인 경우 린 시스템의 적용은 공급사슬 전체의 성과를 증진 시킬 수 있다. 고객수요에 빨리 반응하여 리드타임을 줄이고, 품질수준과 대고 객 서비스는 증진하면서 비용은 낮출 수 있게 된다. 예를 들면 Toyota, Nissan, HP, Dell, Apple, Nike 같은 글로벌 기업들은 공급업자들과 함께 린 시스템을 공동으로 적용하고 있다.

린 공급사슬(lean supply chain)이란 공급사슬의 모든 파트너들이 JIT의 원 리를 채택하는 것을 말한다. 파트너들이 JIT의 원리를 적용하면 모든 낭비와 폐기물을 제거하여 효율과 비용절감을 가져오고 고객에 가치를 제공한다. 파 트너들의 협조 없이는 한 기업의 풀 시스템은 제대로 작동할 수가 없다. 칸반 시스템은 공장 내에 있는 작업장 간은 물론 공급사슬 내 파트너들을 서로 연결 시키는 역할을 한다. 다시 말하면 칸반은 여러 파트너간 제품의 생산과 이동을 동시발생토록 하는 역할을 한다. 칸반 시스템이 제대로 작동하기 위해서는 공 급사슬을 흐르는 원활하고 꾸준한 풀이 전제되어야 한다.

한편 린 공급사슬은 파트너 간에 긴밀히 협조하고 조정함으로써 재고, 능 력, 리드타임을 여유 있게 유지하려는 필요성을 제거시켜 준다. 공급사슬의 파 트너들은 함께 일을 하여 서로의 운영을 들여다 볼 수 있도록 해야 한다. 또한 공급사슬의 파트너들은 프로세스의 긴밀한 조정 외에 수송시스템의 통합을 통 하여 자재와 정보가 원활히 흐르도록 해야 한다.

린 공급사슬은 위험부담도 가져온다. 린 공급사슬은 파트너간 긴밀한 연 결로 인해 역으로 공급사슬의 어떤 부분에서 문제가 발생하면 이는 전체 공급 사슬에 나쁜 영향을 미친다. 칸반 시스템이 원활히 작동하기 위해서는 공급사 슬의 파트너 간에 자재의 흐름이 꾸준하고 원활하게 흘러야 한다. 한 공급사슬 의 공장에서 파업이 발생하면 부품생산이 중단되어 나머지 공급사슬에의 부품 공급이 중단되기도 한다. 이와 같이 공급사슬 내에서 수요율(demand rate)이 급 격히 변화한다든지 또는 자재의 흐름(생산)이 중단된다든지 돌발사태가 발생하 면 후속작업장으로부터 자재의 풀이 중단되어 결국 최종 조립라인이 스톱해야 하고 전체 공급사슬은 붕괴되고 만다. 1997년 Toyota가 이러한 경험을 겪은 바가 있다. 예컨대 미국에서 발생한 허리케인은 도로와 철로를 파괴하여 수송 을 막기도 하였고, 폭풍우는 통신시설을 파괴하여 발주를 못하게 하는 경우도 있었다. 이와 같은 일로 공급사슬 내에 어떤 고장이 발생하면 전체 공급사슬은 기능을 중단하게 되는 위험을 감수해야 한다.

13.7 MRP시스템과 린 생산시스템의 비교

일본의 린 생산시스템과 미국의 전통적 제조업에서 사용하는 MRP시스템 사이에는 [표 13-2]에서 보는 바와 같이 많은 차이가 있다. MRP는 계획이념을 사용하고 있어 타당한 자재계획의 작성과 이에 따른 시행을 강조한다. 린 생산시스템은 낭비의 제거를 강조한다. 이는 재고를 줄이고 문제를 노출시키며 자재를 끌어가는 방식을 채택함으로써 가능하다.

MRP는 컴퓨터와 정교한 정보처리를 이용하여 고단계부품이나 조립품의

표 13-2 린 생산시스템과 MRP시스템의 비교

	린 생산시스템	MRP시스템
재고	부채(만악의 근원). 재고를 줄이기 위한 부단한 노력을 경주함.	자산. 재고는 예측오차를 보호함. 안전재고는 미래의 불확실성 때문에 필요함.
로트크기	꼭 필요한 양만큼 부품제조 및 구매. 최소량의 로트크기 추구함.	생산준비비용(혹은 주문비용)과 재고유지비용을 균형하는 로트크기 결정. 너무 많지도 않고 적지도 않음.
생산준비	빠른 생산준비로 생산에 미치는 영향을 최소화함. 빠른 교체는 작은 로트크기를 가능케 하고 다종의 부품을 자주 생산토록 함.	관심이 적음. 최대생산량이 목표임. 빠른 교체를 위한 노력이 부족함.
대기행렬	대기시간을 최소로 함. 문제발생 시 바로 원인을 규명하여 개선함. 대기시간이 짧을 때 문제개선이 쉬움.	필요한 투자임. 대기물은 전속작업에 문제가 있을 때 후속작업을 계속하게 해 줌.
공급업자	우호관계. 시스템의 일부로 생각함. 소량의 부품을 수시로 배달함.	적대관계. 동일한 부품의 공급업자가 다수임.
품질	무결점. 품질이 100% 아니면 생산에 지장이 있음. 품질상의 문제는 근원지에서 개선함. 100% 검사함.	약간의 폐기물 인정. 불량품이 발생한 이후에 품질관리기사에 의하여 표본검사함.
장비정비	자주 효과적으로 함. 기계고장은 최소화함.	필요한 때에 함. 대기물이 있기 때문에 결정적임은 아님.
리드타임	짧게 유지함. 이는 독촉의 필요성을 줄이므로 마케팅, 구매 및 제조를 단순하게 함.	길면 길수록 좋음. 감독관과 구매부서도 긴 리드타임을 바람.
작업자	합의에 의한 경영. 합의 후 변화가 가능함. 다수기능을 보유함.	명령에 의한 경영. 새로운 시스템이 작업자에 관계없이 설치됨. 전문화가 요구됨.

자료 : Walter E. Goddard, "Kanban versus MRP Ⅱ—Which is Best for You?" *Modern Materials Handling* (November 1982).

스케줄링에 입각하여 구성품의 주문을 발령할 적기를 계산하는 반면, 린 생산시스템은 단순한 시각적 통제시스템을 이용한다. MRP는 공장을 통제하기 위하여 제조주문, 구매주문, 예외보고서 및 많은 서류처리가 발생한다. 린 생산시스템은 제조주문이나 구매주문의 역할을 하는 칸반 카드를 사용하기 때문에 서류처리도 적고 계산도 요하지 않는다. 그러나 필요한 품목을 필요한 시기에 필요한 양만큼만 생산한다는 기본 목적에서는 MRP와 린 생산시스템은 같다고 볼 수 있다.

린 생산시스템은 매일 일정한 안정된 주일정계획을 필요로 한다. 이에 반하여 MRP는 자주 변경하는 주일정계획에 의존한다. MRP의 잦은 변경은 재고감소의 장애요인이다. 재생시스템의 경우 구성품 주문의 시기가 1주일 만에 수정되기 때문이다. 반면에 칸반을 이용하면 1시간 미만의 시간간격으로 주문을 할 수 있다.

린 생산시스템은 생산준비시간과 로트크기를 최소한 줄이려고 노력한다. MRP에서는 생산준비시간을 주어진 것으로 받아들이고 로트크기는 생산준비비용과 재고유지비용을 고려하여 결정된다. 따라서 MRP에서는 큰 로트를 바라고 있다. MRP가 비록 적시의 주문발령을 통하여 안전재고를 줄일 수 있지만 린 시스템처럼 로트크기를 줄이는 데는 실패하였다.

린 생산시스템에서 공급업자는 시스템의 일부로 생각되어 장기계약에 의한 소량의 부품을 수시로 배달하도록 요구된다. 한편 MRP에서는 공급업자가 가끔 적대관계로 여겨지며 공급업자가 여러 명이다.

린 생산시스템에서 작업자들은 품질이 좋은 부품을 후속작업장에서 필요로 할 때에 생산할 의무가 있으며 문제해결 활동에 참가하고 품질 및 생산성을 향상시킬 책임이 있다. 한편 MRP시스템에서 작업자는 시스템의 한 부분으로서 하나의 작업에 전문화할 것이 요구된다. 작업자의 역할은 계획을 따르는 것이다.

이상과 같은 차이에도 불구하고 MRP시스템과 린 생산시스템은 모두 고유의 사용영역이 있다. 반복적 생산(repetitive production)의 경우에는 린 생산시스템이 지금까지 설명한 여러 가지 조건(예컨대 안정된 MPS, 협조적인 공급업자, 다기능의 작업자 등등)이 구비되면 좋은 결과를 가져오는 것이다. MRP시스템은 주문생산이나 다양한 소량의 로트생산 같은 비반복적 생산(nonrepetitive production)의 경우와 매일매일의 수요율, 생산율과 공급이 예상치 못하고 크게 변동하는 경우에 좋은 결과를 가져오는 것이다. 린 생산시스템은 기업의 제품, 프로세스, 고객 등과 적합해야 한다. 기업은 또한 그의 환경에 있어서 위험이

그림 13-10 MRP와 린의 사용

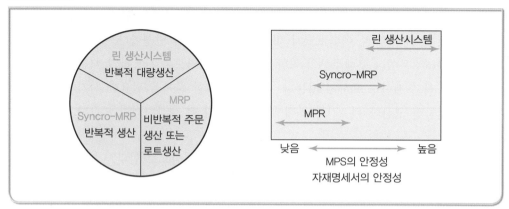

자료 : J. Nakane, "Japanese Production System," in S. M. Lee and Schwendiman(eds.), *Management by Japanese Systems*(New York, N.Y.: Praeger Publishers, 1982), pp. 121~129.

나 불확실성을 잘 평가해서 도입해야 한다.

위의 두 가지 생산형태의 중간형태인 반반복적 생산(semirepetitive production)의 경우에는 린 생산시스템과 MRP시스템의 혼합된 시스템이 더욱 효과적이다. 이러한 경우에 MRP시스템은 자재계획을 수립하는 데 사용되고, 린 생산시스템은 현장을 통제하는 데 사용된다. 이러한 MRP시스템과 린 생산시스템의 혼합형태를 'Syncro-MRP'라 하며 일본의 Yamaha자동차회사에 의하여 개발되었다. [그림 13-10]은 MRP와 린 생산시스템의 사용영역을 보이고 있다.

13.8 린 6시그마 품질

1. 린 6시그마 방법론

오늘날 많은 기업에서는 린 시스템과 6시그마 프로그램을 결합한 린 6시그마(lean 6 sigma)라는 방법론을 사용하여 큰 성공을 거두고 있다. 비록 대부분의 기업에서 처음에는 린과 6시그마 프로그램을 별개의 개념으로 시작하는 것이 일반적이지만 오늘날에는 두 프로그램이 경쟁관계가 아닌 상호 보완관계임을 인식하고 동시에 시작하고 있다.

사실 린 시스템과 6시그마 사이에는 차이점도 있다.

첫째, 그들은 다른 형태의 문제를 공격한다. 린 시스템은 재고, 자재흐름, 안전 등과 같은 가시적인 문제를 대상으로 하면서 낭비를 줄이고 프로세스 흐름을 향상시키는 등 효율성(efficiency)에 관심을 둔다. 반면에 6시그마는 성과에 있어서 변동과 같은 덜 가시적인 문제를 대상으로 하면서 실수와 결함을 줄이는 등 효과성(effectiveness)에 관심을 둔다.

둘째, 그들은 서로 다른 도구를 사용한다. 린 시스템에서 사용하는 도구는 더욱 직관적이라서 작업장에서 그 누구나 쉽게 사용할 수 있다. 반면에 6시그마 도구는 고도의 통계적 훈련과 재능이 필요하여 블랙벨트 이상의 전문가를 필요로 한다.

이러한 두 시스템의 성격상 차이로 인하여 기본적인 린 시스템으로 시작하여 정교한 6시그마 방법론으로 발전하는 것이 바람직스럽지만 기업의 성과 향상이라는 공통 목적을 가진 이들을 통합하는 것이 중요하다고 하겠다.

린 6시그마 프로그램은 린 생산시스템의 장점과 6시그마 프로그램의 장점을 결합하여 시너지 효과를 기하려는 목적을 갖는다. 린 생산시스템의 목표는 각종 낭비를 제거하고 불필요한 일체의 재공품 재고를 축소하며 프로세스 및 제조의 리드타임을 단축하고 프로세스에서 가치를 부가하지 않는 일체의 활동을 제외시킴으로써 궁극적으로는 전체 공급사슬 내에서 자재와 제품의 흐름속도를 높여 고객들에게 적시에 공급하고 고객가치를 높이자는 것이다. [그림 13-11]은 어떤 프로세스에서 가치가 흐르는 지도를 나타낸 것이다. 이 그림은 정보흐름, 프로세스 단계, 단계 사이에 소요되는 평균시간을 나타낸다.

6시그마에서 사용하는 방법이나 도구는 시간에는 별로 관심이 없고 오로지 프로세스 변동을 줄이고 불량(defects)을 제거하는 데에만 초점을 맞추려 한다. 1996년 GE의 Jack Welch는 6시그마에 의존해서는 고객들이 원하는 배송날짜를 맞출 수 없음을 알고 프로세스에서의 리드타임과 고객에의 배송날짜를 단축하는 것 또한 품질에 있어 변동을 단축하는 것 이상으로 중요하다는 사실을 인정하게 되었다. 그래서 2000년경 GE는 리드타임의 단축을 새로운 목표로 삼게 되었다. 즉 신속하고 신뢰할 수 있도록 프로세스 리드타임을 단축하고 경상비용과 재고비용을 단축하기 위해서는 린 시스템이라고 하는 새로운 원칙과 도구를 사용하는 길이 있음을 실천하기 시작하였다.

이와 같이 린 6시그마는 프로세스에서 품질변동을 축소하고 불량을 제거

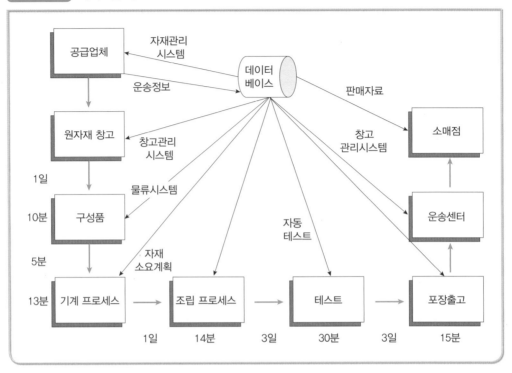

그림 13-11 가치흐름 지도

하려는 목적을 갖는 6시그마 프로그램과 각종 낭비와 불필요한 비용을 제거하고 리드타임의 축소를 통한 스피드의 강화를 목적으로 하는 린 생산시스템을 결합하여 시너지 효과를 극대화하려는 방법론이라고 요약할 수 있다.

기업에서 높은 품질, 빠른 속도(speed), 낮은 비용이라는 목적을 달성하려면 린 6시그마 프로그램을 실천해야 한다. 린 6시그마는 고객만족, 비용, 품질, 프로세스 스피드, 자본투자, 효율적 운영 등에 있어서 빠른 향상을 가져와 결국 투자자들의 가치를 극대화하는 방법론이라고 말할 수 있다. 린 6시그마는 작업자라든가 기계를 속도화하는 것이 아니라 가치를 부가하는 프로세스 사이에서의 불필요한 대기시간을 단축함으로써 목적을 달성하려 한다. 이와 같이 린 6시그마의 결합이 필요한 이유는 린 시스템에 의해서는 프로세스를 통계적 관리하에 놓을 수 없고 6시그마 프로그램에 의해서는 프로세스 스피드의 향상과 투자자본의 감축을 획기적으로 실현할 수 없기 때문이다.

2. 6시그마 설계

6시그마 설계는 1997년 GE에서 처음 6시그마의 연장으로 도입하였는데, 신제품과 프로세스를 개발하고 설계할 때 설계과정에 6시그마의 변동감소와 프로세스 향상의 철학을 주입하려는 방법이다. 넓은 의미로 6시그마 설계는 신제품, 서비스, 프로세스를 만들어 내는 기술의 효율적인 상업화를 위한 체계적인 방법론이다.

6시그마 설계는 고객의 욕구를 규명하는 것으로부터 최종 제품이나 서비스의 출하 때까지 전 개발과정을 커버한다. 고객이 무엇을 원하는지, 그의 우선순위는 무엇인지, 이익을 남길 경쟁가격으로 그를 달성할 수 있는지는 고객의 목소리를 통해 결정한다. 이와 같이 고객의 목소리를 들으려는 목적은 제품이나 서비스의 핵심품질요구(critical-to-quality requirements)를 개발하려는 것이다.

전통적으로 6시그마는 현행 프로세스의 문제를 찾아 개선함으로써 운영의 우수함을 추구하려 하였지만 6시그마 설계는 새로운 제품과 서비스의 판매수입을 증가시켜 기업의 가치를 향상시키고 기존 제품에 대한 새로운 적용이나 기회를 찾으려는 것이다. 6시그마 설계는 새로운 기술을 상업화할 때까지의 주기시간(cycle time)을 감축시키고 이를 이용한 새로운 제품을 시장에 출하하는 데 소요되는 전체 개발 리드타임의 단축을 초래한다. 이렇게 함으로써 6시그마 설계(design for six sigma: DFSS)는 기업에 가치를 증가시키는 데 초점을 두고 있다.

6시그마 경영에 사용된 많은 도구가 그대로 6시그마 설계에도 사용되지만 어떤 기업에서는 DMAIC 과정과 약간 다른 DMADV(Define, Measure, Analyze, Design, Verify)를 선호한다. DMADV는 로버스트(robust)하고, 자원 효율적이고, 높은 수율을 달성할 수 있고 핵심품질특성에 전념함으로써 고객욕구를 만족시킬 수 있는 새로운 제품/서비스 설계를 추구하려고 한다.

비용, 제조가능성, 제품의 성능은 설계단계에서 결정된다. 특히 고객의 욕구와 생산시스템의 능력이 설계의 각 단계에서 꼭 일치가 되도록 조치를 강구한다.

6시그마/DMAIC, DFSS, 린 시스템은 기업에서 동시에 조화롭게 사용함으로써 프로세스 성과와 기업향상에 있어 괄목한 결과를 가져온다. 이러한 이유로 이러한 기법들을 기업에서 TQM보다 더욱 성공적으로 사용하는 것이다.

6시그마/DMAIC, 린 생산시스템, DFSS의 관계

6시그마/DMAIC	린 시스템	DFSS
• 불량품제거 • 변동감소	• 낭비제거 • 주기시간 향상	• 품질을 제품 속으로 설계
능력 있는	리드타임	로버스트

변동감소	린	6시그마 설계
• 예측가능성 • 타당성 • 효율성 • 능 력 • 정확성	• 흐름측량 • 낭비제거 • 주기시간 • 재공품 감축 • 운영과 설계	• 요구의 할당 • 능력평가 • 로버스트 설계 • 예측가능한 제품품질

자료 : Montgomery, Jenmings & Pfund, *Managing, Controlling, and Improving Quality*(Johh Wiley & Sons, Inc., 2011), p. 54.

[그림 13-12]는 6시그마/DMAIC, DFSS, 린 생산시스템의 많은 보완적 측면을 보여 주고 있다.

어떤 기업에서는 제품이나 서비스의 설계에 직접적으로 반영할 고객의 목소리를 듣기 위하여 품질기능전개(QFD)라는 기법을 사용한다. 이는 1970년대 초에 일본에서 처음 개발되었는데, 신제품이나 서비스의 설계에 널리 이용되고 있음은 이미 제5장에서 설명한 바와 같다.

설계과정에서 제품의 원가, 제조가능성, 성과 등이 결정된다. 제품이 일단 설계되어 제조부로 넘어오면 더 이상 설계를 개선할 수 없다. DFSS는 프로세스 능력(capability)과 함께 고객(설계)요구를 반영하도록 해야 한다. 설계과정의 각 단계에서 이들이 조화를 이루어야 하지만 만일 불일치하게 되면 설계변경이 이루어지든지 아니면 생산능력을 바꾸든지 해야 한다.

DFSS의 전 과정을 통해 다음과 같은 사항을 염두에 두어야 한다.[3]

• 제품 콘셉트가 제대로 규명되었는가?
• 진짜 고객인가?

---

3 Douglas C. Montgomery, Cheryl L. Jenmings & Michele E. Pfund, *Managing, Controlling, and Improving Quality*(John Wiley & Sons, 2011), p. 50.

- 고객들이 이 제품을 구매할 것인가?
- 이 제품을 경쟁가격으로 만들 수 있는가?
- 재무결과는 괜찮을 것인가?
- 이 제품은 회사의 전반적인 전략과 어울리는가?
- 위험평가는 괜찮을 것인가?
- 이 제품은 경쟁제품보다 우수한가?
- 제품 신뢰성과 유지가능성 목표는 달성될 것인가?

그런데 오늘날에는 린 6시그마 방법이 보편화되면서 신제품이나 서비스의 설계를 위해서는 린 6시그마 설계(design for lean six sigma: DLSS)라는 기법이 사용되고 있다. DLSS의 목적도 DFSS의 목적과 차이가 있는 것은 아니고 더욱 설계과정의 스피드와 제품원가의 절하를 추구하고 있다. 설계과정의 스피드는 결국 시장에의 출하기간을 단축시켜 경쟁자보다 빨리 시장을 점유하여 높은 가격과 수입의 증가를 꾀할 수 있게 한다. 오늘날 DLSS를 적용하는 기업에서는 제품개발 과정을 단축시킴으로써 시장 출하기간을 단축시키고 고객 니즈를 잘 이해하고 혁신을 증진시키고 원가의 절감 등을 통하여 제품품질을 전반적으로 향상시키는 데 도움을 받고 있다.

많은 기법이 DLSS에 사용되지만 그 중에서 가장 중요한 세 가지 기법은, 무엇을 해결해야 할 것인지 알려주는 품질기능전개, 어떻게 해결해야 할 것인지를 알려주는 창의적 문제해결 이론(theory of inventive problem solving), 설계를 최적화하는 로버스트 설계 및 Taguchi 방법 등이다.

제품품질의 변동(variation)을 유발하고 비용을 발생시키는 요인은 온도, 습도, 먼지 등 통제불능요인(uncontrollable factor)인데 이는 제거하기가 거의 불가능하므로 Taguchi 방법에 있어서는 그들의 영향을 최소화하려는 노력을 경주한다.

이를 위해서 로버스트 설계(robust design)라는 개념을 사용하는데, 이에 입각하여 중요한 통제가능요인(controllable factor)에 대한 최적수준을 결정하려 한다. 즉 모든 통제불능요인에 둔감한, 즉 이에 영향을 받지 않도록 중요한 통제가능요인에 대한 최적수준을 설정하여 효과적이고 비용절약적인 제품과 프로세스의 로버스트 설계를 실시하는 것이다.

1. 린 생산시스템을 설명하라.

2. 린 생산시스템의 원리를 간단히 설명하라.

3. 린 생산시스템과 전통적 생산시스템의 차이점을 설명하라.

4. 린 생산시스템에서 작은 로트크기는 왜 중요하며 이를 달성하기 위한 수단은 무엇인가?

5. 린 생산시스템에서 작업장의 균일한 부하를 달성하기 위해 어떻게 스케줄링을 수립하는가?

6. 린 생산시스템에서 다기능 숙련공이 필요한 이유는 무엇인가?

7. 칸반 시스템을 설명하라. 풀 시스템과 푸쉬 시스템의 차이는 무엇인가?

8. 린 공급사슬의 개념을 설명하라.

9. 린 생산시스템과 MRP시스템을 비교 설명하라.

10. 린 6시그마 품질의 목적은 무엇인가?

11. DFSS와 DLSS의 차이점은 무엇인가?

12. 어떤 모델의 월간 생산량이 다음과 같이 주어졌을 때 일간 생산량과 모델의 순서를 결정하라. 생산일 수는 월 25일이다.
    ① A : 5,000, B : 2,500, C : 3,000
    ② A : 2,000, B : 3,000, C : 6,000

13. 린 생산시스템 작업장에서 컨테이너 크기 25단위와 후속작업장의 수요율이 시간당 100단위인 상태로 작업한다고 가정하자. 만일 한 컨테이너가 후속작업장까지 갔다가 순환하는 데 120분이 소요된다고 할 때 아래 물음에 답하라. 안전재고 = 0이라고 가정한다.

① 이 시스템을 운영하는 데 컨테이너는 몇 개 필요한가?

② 최대재고수준은 얼마나 되는가?

③ 칸반 카드는 몇 개 필요한가?

14. 한 작업장에서 부품 50개를 만드는 데 준비시간과 생산시간으로 30분을 소비한다. 50개 부품의 표준컨테이너를 후속작업장으로 이동하는 데 10분을 소비하고, 후속작업장의 수요율은 하루 종일 분당 부품 한 개씩이라고 할 때 컨테이너의 수를 계산하라(안전재고＝0).

15. 어느 작업을 수행하는 데 생산준비시간은 10분이고 비용은 $10이다. 생산시간은 부품 400개의 표준로트를 생산하는 데 50분이다. 재고유지비용은 $2/단위/월이다. 생산율은 월 20,000부품이고, 한 컨테이너가 다음 작업장까지 갔다가 되돌아오는 데 3시간이 소요된다고 할 때 다음 물음에 답하라. 단, 25일간 하루 8시간씩 작업한다(안전재고＝0).

① 이 부품에 대한 EOQ를 계산하라.

② 표준컨테이너는 몇 개 필요한가?

③ 생산준비시간을 1분으로 단축할 수 있을 때 로트크기와 필요한 컨테이너의 수를 계산하라.

16. 한 프로세스에서 시간당 80개 부품을 수요하고 있다. 각 컨테이너는 부품 45개를 담는 데 다른 작업장을 갔다가 돌아오는 순환시간으로 평균 75분을 소요한다고 할 때, 인출칸반의 수는 얼마일까?(단, 안전재고는 리드타임 동안 수요의 35%라고 함)

17. 종로모터사이클(주)은 변속장치 조립라인을 지원하기 위하여 칸반시스템을 사용하려고 한다. 다음 자료를 이용하여 변속장치 조립을 위한 칸반의 크기와 수를 결정하라.

준비비용＝20

연간 재고유지비용＝250/단위

일 생산량＝300개

연간 사용량＝20,000(＝50주×5일/주×일 사용량 80개)개

리드타임＝3일

안전재고＝일 생산량의 $\frac{1}{2}$

컨테이너 크기＝66개

18. 김씨는 아스피린 생산공장에서 시간당 250병을 채우는 일을 하고 있다. 공장에서는 칸반 생산시스템을 사용하고 있는데 각 컨테이너는 23병을 담는다. 김씨가 필요한

병들을 선행작업장으로부터 받는 데는 30분이 소요된다. 안전재고는 리드타임 동안 수요의 10%라고 한다. 아스피린을 담는 프로세스에 필요한 칸반의 수는 얼마인가?

19. 작업장 A에서 생산하는 부품을 작업장 B에서 사용한다. 칸반 컨테이너는 50개의 부품을 담는다. 후속작업장 B의 분당 수요율은 6개이다. 각 작업장에서 소요하는 부품당 시간(분)은 다음과 같다.

	작업일 수	
	A	B
생산준비	4	3
생산시간/단위	0.2	0.4
이동	3	6
대기	10	15

① 두 작업장 사이에 필요한 컨테이너의 수는 얼마인가?
② 두 작업장이 추가비용 없이 두 컨테이너를 사용한다면 이들 두 작업장 사이를 흐를 것으로 예상할 수 있는 부품은 분당 최대로 몇 개인가?

20. 정 사장은 여러 가지 종류의 베어링을 생산하는데 재고수준을 최소화하기 위하여 고객의 수요에 생산율을 일치시키려는 정책을 사용하고 있다. 정 사장은 월요일 아침에 고객으로부터 100,000개의 주문을 받았는데 주말에 배송해야 한다. 생산라인에서 작업자들은 일주일에 40시간 작업한다. 이 주문의 주기시간(초)은 얼마인가?

21. 강 양은 서울에 소재하는 볼펜 제조회사에서 근무한다. 강 양이 하는 일은 다섯 개의 볼펜으로 한 패키지를 채우면서 시간당 200패키지를 처리해야 한다. 공장에서는 칸반 시스템을 사용한다. 각 컨테이너에는 10패키지를 담고 한 패키지가 선행작업장에 갔다 오는 데는 15분이 소요된다. 공장에서는 10%의 안전재고정책을 고수한다. 채우는 프로세스에 필요한 칸반의 수는 얼마인가?

스케줄링(scheduling)이란 제품을 생산하거나 서비스를 공급하기 위하여 가용능력 또는 자원(장비, 시설, 노동력, 공간 등)을 작업, 활동, 주문 또는 고객에게 시간에 따라 효율적·효과적으로 배분하는 단기의 생산능력계획을 말한다. 즉 스케줄링은 언제, 어디에서, 누구에 의해서, 어느 장비를 사용하여 어떤 작업과 서비스가 수행되어야 하는가를 결정하는 시간표를 의미한다. 이와 같이 스케줄링은 단기적 생산능력, 예컨대 가용능력이나 설비, 작업자, 시간 등의 자원들을 작업이나 생산활동 또는 고객에게 시간에 따라 배분한다.

의사결정의 계층으로 볼 때 스케줄링 결정은 실제로 산출물이 생산되기 전의 마지막 단계이다. 모든 계획의 출발점은 생산능력계획이다. 생산능력계획에서는 시설의 규모와 장비의 구입에 관한 전략적인 결정이 이루어진다. 이는 장기계획에 해당한다. 중기계획 또는 총괄계획에서는 생산능력계획의 제약하에서 시설, 작업자 및 하청 등에 관한 결정이 이루어지고 특정 작업의 할당(assignment)과 작업순서(job sequence)에 관한 결정은 단기결정으로서 스케줄링의 내용이 된다.

스케줄링의 목적은 조직의 생산목표를 효율적으로 그리고 효과적으로 달성하도록 설비, 장비, 작업자 등 가용능력을 사용하면서 한편 고객의 대기시간, 재고, 프로세스 시간은 최소화하려는 것이고, 총괄계획의 목적은 스케줄링을 위해서 확보해야 할 자원을 결정하는 것이다. 이와 같이 스케줄링은 높은 효율성, 낮은 재고, 좋은 고객 서비스라는 상충하는 목표 사이의 절충관계를 풀어가는 단기적 활동이다.

고객주문의 생산일과 완료일에 관한 정보는 공급사슬 파트너들과 공유하여 주문의 진행상황을 추적할 수 있게 해야 한다. 실제 생산성과를 눈으로 볼 수 있으면 파트너들 사이에 커뮤니케이션이 증진되고 진행상 문제가 발생하면 파트너들은 긴장하게 된다.

스케줄링의 내용과 기법은 생산시스템의 형태에 따라서 달라진다. 본장에서는 단속 프로세스 및 라인 프로세스의 스케줄링을 공부하고 프로젝트의 스케줄링에 관해서는 다음 장에서 공부한다.

생산시스템의 형태에 따라서 스케줄링의 문제도 다르다. 생산시스템은 제품중심(product-focused)시스템과 프로세스 중심(process-focused)시스템으로 나눌 수 있다. 제품중심생산은 다시 배취(batch)생산과 연속(continuous)생산으로 나눈다. 프로세스 중심시스템은 단속생산시스템이라고도 한다. 연속생산시스템은 언제나 조립라인 균형(line balancing)이 문제가 되고 단속생산시스템에서는 여러 가지 생산주문을 처리해야 하므로 주문의 부하와 작업순서에 관심을 둔다.

연속생산을 위한 통제시스템을 흐름통제(flow control)라 하고, 단속생산을 위한 통제시스템을 주문통제(order control)라 한다. 연속생산은 조립라인을 통해 이루어지는데, 예컨대 장치산업(process industry)도 연속생산을 한다.

단속생산은 생산통제에 관한 한 더욱 복잡한데, 이는 다수제품이 소량으로 생산되기 때문이다. 이와 같이 주문통제는 흐름통제보다 복잡하다. 한편 흐름통제와 본질적으로 같으나 몇 가지 제품 또는 모델이 동일한 생산라인을 이용하기 때문에 생산라인이 다른 제품을 생산하기 위하여 변경(changeover)되기 전에 한 제품의 생산기간(length of production run)을 결정하여 이 기간 동안에 생산할 경제적 1회 생산량을 통제하는 배취통제(batch control)도 있다. 이 외에 프로젝트통제(project control)와 서비스통제(service control)가 있는데, 이들에 대해서 간단히 설명한다.

1. 흐름통제

흐름통제의 근본적인 목적은 제품이 시설을 통하여 흐르는 생산율을 통제하는 것이다. 제품, 장비, 그리고 작업할당 등이 표준화되어 있으며, 이들이 대량으로 연속생산시스템을 통하여 생산된다. 이는 표준화 제품이 대량으로 생산되므로 계획생산(production to stock)이라 할 수 있으며, 작업의 순서가 고정되어 있으므로 스케줄링은 시설의 배치설계 단계에서 고려된다. 전문화, 노동의 분업화, 효율 등이 조립라인의 설계에 고려된다. 따라서 각 작업장에서는 동일한 작업을 반복적으로 수행하므로 낮은 수준의 기능이더라도 무난하다.

또한 프로세스가 고정되어 있고 반복적이므로 자재와 부품의 준비가 꼭 필요하다. 극소수의 제품을 계속적으로 생산하므로 생산준비(또는 변경)가 자주 발생하지 않는다. 예를 들면 정유, 자동차, PC, TV, 라디오, 화학제품, 표준화된 서비스(예컨대 생명보험) 등은 여기에 속한다.

2. 배취통제

표준화된 제품이 중량으로 생산되는 시스템이라는 점에서 배취(batch)통제시스템도 본질적으로 흐름통제시스템과 같다고 할 수 있으나, 배취통제시스템에서는 흐름통제시스템에서처럼 동일한 품목이 조립 프로세스를 통하여 계속적으로 생산되는 것이 아니고 동일한 제품라인에 속하는 몇 가지 품목이 배취(묶음)로 같은 라인을 이용하여 단속생산되는 것이다. 따라서 한 품목의 배취생산이 끝나면 다른 품목의 배취량을 생산해야 하기 때문에 이들 생산 배취(묶음) 사이에는 라인변경(line changeover)이 발생한다. 따라서 이러한 시스템하에서는 각 배취의 생산기간(생산전환의 시기) 및 이 기간의 경제적 생산량(배취량)의 결정이 중요시된다.

배취통제시스템의 예로써 냉장고, 에어컨, 세탁기, 전자레인지 등 가전제품, 타이어, 의복제조, 가구제조, 식품가공, 페인트제조, 화장품 등이 있고, 서비스의 예로는 비행운송이나 교회에서의 예배 등을 들 수 있다.

3. 주문통제

단속생산형태는 잡샵(job shop)에서 보는 바와 같이 수많은 독립된 주문을 취급하므로 주문생산형태라고도 한다. 각 주문은 소량이며 작업장 사이를 흐르는 경로가 주문마다 서로 상이하다. 이와 같이 수많은 주문과 서로 상이한 경로 때문에 단속생산업체에서의 스케줄링은 매우 복잡하다.

주문통제에서는 어느 제품의 특정 주문을 그의 필요한 경로에 따라 각 작업장에서 작업지시에 따라 작업하게 된다. 경로표(route sheet)와 작업표(operation sheet)는 각 품목의 생산지침이다. 경로표는 각 품목의 흐름경로를 의미하고, 작업표는 각 작업장에서 필요한 작업의 범위(scope of work)를 나타낸다.

주문통제의 스케줄링 방법으로는 후진적 방법(backward scheduling)과 전진적 방법(forward scheduling)이 있다. 후진적 방법은 제품의 납기예정일(due

그림 14-1 스케줄링 방법

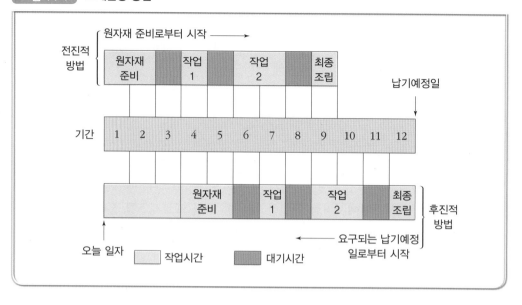

date)을 기준으로 마지막 작업으로부터 시작하여 후진하면서 전속작업의 스케줄링을 수립하면서 맨 처음의 작업에 도달할 때까지 계속한다. 이 방법은 MRP처럼 리드타임 차감법을 사용한다. 따라서 구성품은 꼭 필요한 때에 배달된다.

이와 반대로 전진적 방법은 생산요소가 준비되는 대로 맨 처음의 작업으로부터 시작하여 전진하면서 후속작업의 스케줄링을 수립하면서 맨 마지막 작업에 도달할 때까지 계속한다. 이런 경우에는 작업이 제품의 납기일 훨씬 전에 완료될 수도 있다. [그림 14-1]은 두 가지 스케줄링 방법을 나타내고 있다.

주문생산형태를 취하는 예는 제조업의 경우 수없이 많지만, 서비스부문에도 학교, 병원, 식당, 경찰서 등 그 예는 많다.

4. 프로젝트 통제

특수 프로젝트란 비반복적이고 작업을 완료하는 데 긴 시간이 필요한 일련의 특수활동을 의미한다. 예를 들면 댐, 비행장, 공장, 고속도로 등 대규모 건설공사나 연구, 개발사업 등이 이에 해당한다. 프로젝트 통제를 위한 기법으로는 PERT/CPM이 있는데 이에 대해서는 제15장에서 설명한다.

5. 서비스 통제

제조업과 서비스업에 있어 생산통제상의 큰 차이는 제조업에서는 각종 자재 및 완제품의 재고가 존재하지만 서비스업에서는 여하한 재고도 존재하지 않는다는 것이다. 예컨대 비행기나 극장의 좌석이 오늘 비었다고 해서 이 좌석을 내일 사용하기 위하여 예약할 수 없는 것이다. 그러므로 서비스 통제는 서비스능력에 직접 관련이 있으므로 시설의 설계단계에서 고려된다.

14.2 흐름시스템의 스케줄링

스케줄링은 특정 작업장에 작업부하(load)를 할당하고 각 작업장에서 수행하는 작업의 순서(sequence)를 결정하는 것을 내용으로 한다. 대량생산시스템에서는 한 생산라인에서 표준화된 장비와 활동을 통하여 품질이나 크기가 동일한 제품만을 생산한다.

각 작업이 하나의 작업장으로부터 다음 작업장으로 정해진 경로에 따라 흐르는 극히 반복적인 성격을 가져 작업의 부하나 순서의 결정은 시스템의 설계단계에서 고려된다. 전문화된 공구 및 장비의 사용, 장비의 배치, 전문화된 자재운반장비의 사용, 노동의 분업 등이 시스템을 통하는 작업의 흐름을 원활히 하기 위하여 설계된다.

흐름시스템(flow system)의 설계에서 고려할 점은 조립라인 균형이다. 각 작업장에 할당된 과업(task)을 수행하는 시간이 작업장 간에 일정하게 균형이 되면 작업흐름이 원활하여 장비와 작업자의 이용도가 최대가 되고 또한 산출률도 최대가 될 수 있다. 이때 단기의 스케줄링이란 작업일을 단축 또는 연장하여 조립라인을 운영하는 것이 된다.

배취생산시스템에서는 흐름시스템(대량생산시스템)에서처럼 표준화된 제품을 계획생산하지만, 한 제품의 생산량을 계속생산하기에는 불충분한 중량이다. 따라서 이런 제품을 단속적으로 생산하는 것이 경제적이다. 이와 같이 동일한 생산라인에서 몇 가지 상이한 모델의 제품을 생산하게 되면, 각 제품은 배취(묶음)로 생산하게 되고 라인변경(line changeover)이 다음 제품생산을 위해 계속해서 필요하게 된다.

　　몇 가지 제품을 생산하는 배취시스템의 스케줄링 문제는 제품의 로트크기(묶음크기)와 제품의 생산순서를 결정하는 것이다. 그런데 로트크기는 경제적 생산량(economic production quantity: EPQ) 공식을 이용하고 생산순서는 재고 소진기간을 계산하여 결정한다.

　　생산준비비용과 재고유지비용의 총비용을 최소로 하는 경제적 생산량은 제11장에서 공부한 바와 같이 다음의 공식을 이용하여 구한다.

$$Q^* = \sqrt{\dfrac{2C_s D}{\left(1 - \dfrac{d}{p}\right)C_h}}$$

D = 연간 총수요량
C_s = 1회 준비비용
p = 생산율/일
d = 사용률/일
C_h = 재고유지비용/단위/연

　　제품의 생산순서 결정은 재고 소진기간(runout time: ROT)을 계산하는 방법이 이용된다. 만일 어떤 특정 제품의 재고가 미래수요에 비하여 상대적으로 낮으면, 곧 소진이 되기 때문에 그 제품은 상대적으로 높은 제품보다 우선적으로 생산해야 한다는 이론이다.

　　제품 i의 소진기간은 다음 공식을 이용하여 계산한다.

$$ROT_i = \frac{제품\ i의\ 현재고}{제품\ i의\ 단위\ 기간당\ 수요율}$$

　　각 제품에 대하여 소진기간을 계산하여 가장 낮은 ROT_i를 갖는 제품의 로

표 14-1 소진기간의 계산

제품	수요자료			공급자료		
	재고 (개)	주당수요율 (개)	소진기간 (주)	로트크기 (개)	주당생산율 (개)	생산기간 (주)
A	550	100	5.5	450	900	0.5
B	1,475	150	9.8	1,000	500	2.0
C	2,850	300	9.5	500	1,000	0.5
D	1,500	200	7.5	800	800	1.0
E	1,600	200	8.0	1,200	800	1.5
합계	7,975	950				

트(배취량, 경제적 생산량)를 맨 먼저 생산하도록 해야 한다. 다시 말하면 어떤 제품의 재고가 미래수요에 비해 상대적으로 낮으면 그 제품은 상대적으로 높은 제품보다 먼저 생산해야 한다는 것이다. 다음에는 첫 로트의 생산이 완료되었다고 가정하고 각 제품에 대하여 소진기간을 재평가하고 소진기간이 가장 짧은 제품의 로트크기를 생산한다. 이러한 시뮬레이션 과정은 모든 제품의 스케줄링이 수립될 때까지 계속한다.

[표 14-1]은 소진기간의 계산을 위한 예이다. 조립라인에서는 다섯 가지의 상이한 제품을 계획생산한다. 제품 A, B, C, D, E의 작업순서는 어떠한가? 각 제품에 대한 로트크기, 생산율, 재고수준, 예상수요량이 주어져 있다. 각 제품에 대하여 소진기간을 계산하면 제품 A가 5.5주로 가장 낮다. 제품 A의 경우 재고는 550인데 주당 수요량은 100이기 때문에 제품 A를 생산하지 않는다면 5.5주 후에는 재고가 소진된다. 따라서 제품 A의 스케줄링이 맨 먼저 수립되어야 한다.

다음에는 제품 A의 로트(450개)가 0.5주 동안 생산되었다고 가정하고 나머지 제품에 대한 소진기간을 재평가해야 한다. [표 14-2]는 각 제품에 대하여 소진기간을 다시 계산한 결과이다. 제품 A의 로트크기는 450이고 주당 생산량은 900이므로 0.5주면 제품 A의 한 로트를 생산할 수 있다. 따라서 제품 A의 0.5주 말 재고는 기초재고＋로트생산량－0.5주 동안의 수요량＝550＋450－0.5(100)＝950이다. 제품 A를 0.5주 생산하는 동안에는 다른 제품을 생산하지 않는다.

그러나 이들 제품에 대한 수요는 0.5주 동안 발생하기 때문에 이들 제품에 대한 0.5주 말의 재고는 기초재고에서 0.5주 동안에 발생한 수요량을 차감하여 구한다. 예를 들면 제품 B의 0.5주 말 재고는 1,475－0.5(150)＝1,400이다.

표 14-2 소진기간의 재계획

제품	0.5주 말		1.5주 말		3.0주 말		3.5주 말	
	재고	소진기간	재고	소진기간	재고	소진기간	재고	소진기간
A	950	9.5	850	8.5	700	7.0	650	6.5
B	1,400	9.3	1,250	8.3	1,025	6.8	950	6.3
C	2,700	9.0	2,400	8.0	1,950	6.5	2,300	7.7
D	1,400	7.0	2,000	10.0	1,700	8.5	1,600	8.0
E	1,500	7.5	1,300	6.5	2,200	11.0	2,100	10.5
합계	7,950		7,800		7,575		7,600	

0.5주 말의 각 제품의 소진기간을 계산하면 제품 D가 7.0주로 가장 낮다. 따라서 제품 D의 한 로트(800개)가 생산되어야 한다. 제품 D의 한 로트를 생산하는 데는 1주가 소요되므로 0.5주＋1주＝1.5주 말의 각 제품의 소진기간을 다시 계산해야 한다. 제품 E의 소진기간이 6.5주로 가장 낮으므로 제품 E가 생산되어야 한다. 똑같은 요령으로 계속하면 [표 14-2]에서 보는 바와 같이 생산의 순서는 A → D → E → C → B이며, 제품 A 0.5주 450개, 제품 D 1주 800개, 제품 E 1.5주 1,200개, 제품 C 0.5주 500개, 제품 B 2주 1,000개의 순서로 작업을 진행하여야 한다.

14.4 주문시스템의 스케줄링

단속생산시스템의 스케줄링은 연속생산시스템이나 배취생산시스템의 스케줄링보다 다음의 이유로 훨씬 복잡하다.

- 주문공장은 작업장들을 흐르는 상이한 흐름패턴을 갖는 무수한 제품을 주문에 의하여 생산한다. 따라서 모든 제품은 생산요구, 사용자재, 생산기간 등에 있어서 상이하다.
- 주문공장에서 사용되는 장비는 여러 가지 주문을 생산할 수 있는 범용기계이다.
- 상이한 주문들이 상이한 우선순위에 의하여 지배된다.

• 실제로 작업주문을 받기 전에 스케줄링을 수립하는 것은 불가능하다.

단속생산시스템의 스케줄링 내용은 다음과 같다.

• 특정 작업장에 작업을 할당하는 부하
• 각 작업장에 할당된 모든 작업의 우선순위를 결정하는 작업순서
• 변경이 발생한 경우 우선순위의 수정과 작업의 진도관리를 위한 생산활
  동통제

주문시스템의 스케줄링은 주문들을 각 작업장 또는 작업장에 있는 기계들
에 어떻게 분배할 것인가라는 공장부하(shop loading)와 각 작업장에서는 쌓이
는 주문들을 어떤 순서로 처리해야 할 것인가라는 작업순서(sequence)를 결정
하는 두 가지 문제에 관한 것이다.

사실 어떤 주문이 특정 작업장에서만 처리할 수 있다면 부하는 별로 문제
가 될 수 없다. 그러나 둘 이상의 주문을 많은 작업장에서 처리할 수 있는 경우
에는 주문의 작업장에의 할당문제는 처리 및 준비비용의 최소화, 작업장의 유
휴시간의 최소화, 주문 완료기간의 최소화라는 관점에서 신중하게 고려되어야
한다.

1. 공장부하 방법

MRP시스템을 사용하건 또는 사용하지 않건 간에 주문이 계획에 따라 자
체공장에 발령이 되면 각 작업은 작업장에 부하 할당된다.

생산능력에 맞도록 조정된 실행가능한 MRP가 확정되면 외부에 구매주문
이, 그리고 생산현장에 제조주문이 계속해서 발령된다. 협력업체에 구매주문
을 내고 진행상황을 지속적으로 파악해야 한다. 생산현장에서는 이미 발령된
주문과 앞으로 발령될 주문에 대해 각 작업장별, 기간별 작업부하가 결정된다.
그러면 각 작업장에서는 할당된 작업들을 구체적으로 실행하기 위한 1일 작업
일정이 마련되어야 한다.

부하방법으로는 유한부하와 무한부하로 구분할 수 있다. 무한부하(finite
loading)는 작업장의 생산능력을 고려치 않고 작업장에 작업을 할당한다. 반대
로 유한부하(infinite loading)는 생산능력을 절대로 초과하지 않도록 작업장에
작업을 할당한다. [그림 14-2]는 부하방법의 차이를 보여 준다.

무한부하의 경우에는 초과부하(overload)와 미달부하(underload)가 발생할

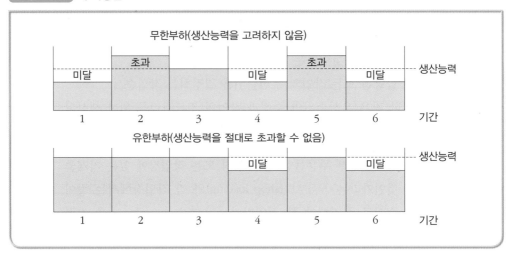

그림 14-2 부하방법

무한부하(생산능력을 고려하지 않음)

| 미달 | 초과 | | 미달 | 초과 | 미달 | 생산능력 |

1　　2　　3　　4　　5　　6　　기간

유한부하(생산능력을 절대로 초과할 수 없음)

| | | | 미달 | | 미달 | 생산능력 |

1　　2　　3　　4　　5　　6　　기간

수 있다. 무한부하 방법은 이러한 초과부하가 언제 발생하는지 규명하고, 어떠한 능력이 실제로 필요한지를 나타내 준다. 무한부하를 갱신하고 수정하는 것은 아주 간단하다. 왜냐하면 완성된 작업은 제외하고 새로운 작업은 추가하기 때문이다. 무한부하는 MRP시스템을 이용하여 결과하는 발령된 주문(open order)과 발주계획(planned order release)에 입각하면 이는 능력소요계획(capacity requirements planning: CRP)이라고 할 수 있다.

　반면 유한부하 방법은 절대로 초과부하를 허용하지 않기 때문에 넘치는 작업은 다른 기간으로 예정한다. 유한부하의 경우에는 완성된 작업은 제외하고 새로 추가하는 작업과 기존의 작업에 대하여 우선순위를 결정하여 새로이 부하를 해야 한다.

　유한부하는 타당한 부하방법이 아니다. 만일 종속수요 품목의 초과부하가 발생하면 생산능력을 초과하는 작업에 대해서는 다른 기간으로 예정하는 것보다 주일정계획을 수정하는 것이 더욱 현실적이다. 작업을 작업장에서 기간 내에 완성할 수 없으면 주일정계획을 수정하든지, 그렇지 않으면 잔업 또는 하청 같은 방법을 사용해야 한다.

　스케줄링 방법으로는 전진 스케줄링법과 후진 스케줄링법으로 구분할 수 있다. 전진 스케줄링법(forward scheduling)은 납기예정일을 고려치 않고 현재일로부터 시작하여 앞으로 작업을 처리해 나가는 방법이다. 각 작업은 가능한 한 빨리 그의 완료일을 결정하게 된다. 이 경우 필요하다면 납기예정일을 초과할 수도 있으나 일반적으로는 그 전에 완료된다. 작업이 납기예정일 전에 완료되어 주문이 고객에 전달되지 않는다면 재고가 쌓일 가능성이 발생한다.

한편 후진 스케줄링법(backward scheduling)은 주문의 납기예정일에 최종 작업이 마무리되도록 시간상 거꾸로 각 작업의 처리시간을 각 작업장에 할당해 나간다. 이 경우 필요하다면 생산능력을 초과할 수도 있다.

2. 공장부하 기법

작업처리를 위한 작업장의 선정은 생산 및 준비비용, 작업자의 기능, 경쟁하는 다른 작업 등에 의존한다. 주문생산시스템에서 사용하는 부하기법으로는 차트법과 선형계획법을 이용한 할당법이 있는데 전자에 대해서만 설명한다.

부하를 위한 차트의 형태도 여러 가지이다. 즉 그래프, 표 혹은 판(board)의 형태를 취한다. 이들은 수동화 또는 컴퓨터화되어 있다. 차트의 가장 간단한 형태는 간트 차트(Gantt chart)인데 이는 부하 차트(load chart)와 진도 차트(progress chart)로 구분할 수 있다. 간트는 횡축에 시간을, 그리고 종축에 작업장을 나타내는 차트를 개발하였는데 이는 작업의 흐름을 시각적으로 파악하는데 도움을 준다. [그림 14-3]은 부하 차트의 한 예이다.

그림에서 작업장은 네 개의 기계군을 가지고 있는데 각 기계군은 하나 이상의 기계를 가질 수 있다. 각 기계군에 할당된 누적적 시간이 차트에 그려져 있는데 이는 상대적 작업부하를 나타낸다. 어느 기계군이 초과부하되어 있으면 다른 기계군으로 작업을 재할당하여 문제를 시정한다.

진도 차트는 계획성과와 실제성과의 관계를 보임으로써 작업의 진행상황을 감시한다. 진도 차트는 작업의 진척상황을 한눈에 볼 수 있으므로 계획보다

그림 14-3 간트 부하 차트

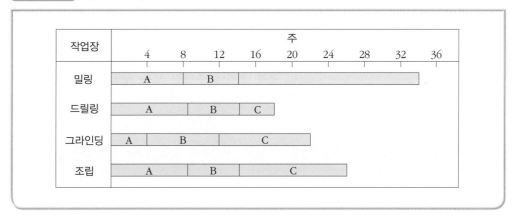

지체된 작업이 있는지 또는 추가적으로 작업해야 할 긴급한 품목이 있을 때 이를 제시간에 처리할 수 있는지 등을 쉽게 알 수 있다.

3. 작업순서

부하는 특정 작업을 처리할 기계 또는 작업장을 결정할 뿐 그 작업장에서 기다리는 작업을 처리할 순서를 결정하지는 않는다. 일단 작업들이 각 작업장에 부하되면 다음에는 작업순서를 결정해야 한다.[1] 작업순서(job sequence)는 각 작업장에서 처리할 작업의 우선순위를 말한다. 이는 각 작업장의 효율성을 높이기 위한 중요한 의사결정이다.

작업순서를 결정하는 데는 작업의 수(n)와 거쳐야 할 작업장의 수(m)가 영향을 미친다. 작업의 수와 작업장의 수가 증가하면 순서의 결정은 더욱 복잡하게 된다. 작업순서를 결정하는 기법으로는 여러 가지가 있으나, 본서에서는 하나의 작업장에서 다수의 작업을 취급하는 데 사용되는 우선순위 규칙(priority rule), 다수의 작업이 두 개의 연속 작업장을 거치는 경우에 사용되는 최적화방법(optimization method)에 관해서 설명하고자 한다.

■ 우선순위 규칙 : $m=1$인 경우

작업순서를 위한 우선순위 규칙은 주문생산업체에서 흔히 사용한다. 우선순위 규칙의 목적은 기다리는 작업의 순위를 결정하여 작업장에서 다음에 수행할 작업을 미리 결정하여 놓는 것이다. 우선순위 규칙은 하나의 작업장($m=1$)에서 많은 작업(n개의 작업)의 순위를 결정하는 데 사용되는 간단한 지침을 제공하는 탐색적 기법으로서 배정규칙(dispatching rule)이라고도 한다.

우선순위 규칙과 그의 사용방법이 [표 14-3]에 기술되어 있다. 우선순위 규칙에 따라 작업순서를 결정하면 성과를 측정할 평가기준이 필요하게 된다. 일반적으로 사용되는 작업순서의 평가기준은 다음과 같다.

- 총처리시간(makespan) : 계획 초기에 주어진 모든 작업이 완료될 때까지 소요되는 기간으로서 이는 짧을수록 좋다.
- 평균흐름시간(average flow time) : 작업장에 투입되어 나갈 때까지의 총 흐름시간(처리시간과 대기시간의 합계)을 작업 수로 나눈 값으로서 이는

---

[1] 무한부하인 경우에 그렇다. 유한부하인 경우에는 부하와 순서가 동시에 수행된다.

표 14-3 우선순위 규칙

규칙	부호	사용방법
선착순	FCFS	작업장에 먼저 도착하는 작업의 순서로
최단처리시간	SPT	처리시간이 짧은 작업의 순서대로
최소납기일	DD	가장 빠른 납기를 갖는 작업의 순서로
잔여작업의 최소여유시간	S/O	$\dfrac{\text{납기일까지 남은 기간} - \text{남은 작업일 수}}{\text{잔여작업 수}}$ 의 값이 가장 작은 작업의 순서로
긴급률	CR	$\dfrac{\text{납기일까지 남은 기간}}{\text{남은 작업일 수(잔여처리시간)}}$ 의 값이 가장 작은 작업의 순서로

표 14-4 작업의 처리시간 및 납기일

작업	처리시간(일)	납기일(일)
A	5	11
B	11	13
C	7	8
D	13	21
E	9	15

짧을수록 좋다.

• 시스템 내 평균작업 수(average number of jobs) : 작업장 내에 머무는 평 균작업 수를 말하는데 총흐름시간을 총처리시간으로 나누어 구한다.

• 평균납기 초과시간(average tardiness) : 납기보다 늦어지는 지연시간의 합을 작업 수로 나눈 값으로서 작을수록 좋다.

• 유휴기간 : 작업장, 기계 또는 작업자가 작업을 하지 않고 기다리는 낭비 시간으로서 없을수록 좋다.

[표 14-4]는 하나의 작업장에서 처리해야 할 다섯 개의 작업의 도착순서, 처리시간 및 납기일을 나타내고 있다. 이 다섯 개 작업의 총처리시간은 45일로 어떤 규칙을 사용하더라도 동일하며, 또한 계속해서 다른 작업을 처리하므로 작업장의 유휴시간도 없게 된다. 따라서 많은 작업이 하나의 작업장을 거치는 경우에는 평균흐름시간, 시스템 내 평균작업 수, 평균납기 초과시간만을 고려 하게 된다.

우선순위 규칙에 따라 작업순서 및 성과측정을 수행해 보도록 하자.

첫째, 선착순(first come, first served: FCFS) 규칙에 의하면 A－B－C－D－E

표 14-5 선착순 규칙에 의한 성과측정

작업순서	(1) 처리시간	(2) 흐름시간	(3) 납기일	(3−2) 납기초과일 수
A	5	5	11	0
B	11	16	13	3
C	7	23	8	15
D	13	36	21	15
E	9	45	15	30
합계	45	125		63

$$평균흐름시간 = \frac{총흐름시간}{총작업 수} = \frac{125}{5} = 25(일)$$

$$평균납기 초과시간 = \frac{납기초과일 수}{총작업 수} = \frac{63}{5} = 12.6(일)$$

$$시스템 내 평균작업 수 = \frac{총흐름시간}{총처리시간} = \frac{125}{45} = 2.78(개)$$

의 순서로 작업이 처리된다. 이 규칙에 의할 때의 성과측정은 [표 14-5]와 같다. [표 14-5]에서 작업 A는 대기시간 없이 바로 처리하는 데 5일이 소요되므로 흐름시간은 5일이 된다. 작업 B는 작업 A를 처리하는 5일 동안 대기하였다가 자신을 처리하는 데 11일이 소요되므로 흐름시간은 5＋11＝16(일)이 된다.

둘째, 최단작업시간(shortest processing time: SPT) 규칙에 의하면 A−C−E−B−D의 순서로 작업이 처리된다. 이 규칙에 의할 때의 성과측정은 [표 14-6]과 같다.

셋째, 최소납기일(earliest due date) 규칙에 의하면 C−A−B−E−D의 순서로 작업이 처리된다. 이 규칙에 의할 때의 성과측정은 [표 14-7]과 같다.

넷째, 긴급률(critical ratio: CR) 규칙에 의하면 C−B−D−E−A의 순서로 작업이 처리된다. 이 규칙에 의할 때의 성과측정은 [표 14-8]과 같다.

이상에서 고찰한 네 가지 규칙에 의한 성과측정의 결과를 종합한 것이 [표 14-9]이다. [표 14-4]의 예를 이용하였을 때 긴급률 규칙과 선착순 규칙은 모든 경우에 가장 나쁜 결과를 가져왔고, 평균흐름시간 및 시스템 내 평균작업 수에서는 최단작업시간 규칙이, 그리고 평균납기 초과시간에서는 최소납기일 규칙이 가장 좋은 결과를 가져왔다.

선착순 규칙은 비효율적임에도 불구하고 고객이 관련된 서비스 시스템에서는 공정성 때문에 지배적으로 사용된다. 최단작업시간 규칙은 흐름시간의 최소화로 인한 시스템 내 평균작업 수와 평균흐름시간의 최소화라는 관점에서

표 14-6 최단작업시간 규칙에 의한 성과측정

작업순서	(1) 처리시간	(2) 흐름시간	(3) 납기일	(3−2) 납기초과일 수
A	5	5	11	0
C	7	12	8	4
E	9	21	15	6
B	11	32	13	19
D	13	45	21	24
합계	45	115		53

평균흐름시간 $= \dfrac{115}{5} = 23$(일)

평균납기 초과시간 $= \dfrac{53}{5} = 10.6$(일)

시스템 내 평균작업 수 $= \dfrac{115}{45} = 2.56$(개)

* 본절에서 납기일이란 오늘부터 납기일(due date)까지 남은 기간을 말한다.
  이는 납기일 − 오늘의 날짜로 구한다.

표 14-7 최소납기일 규칙에 의한 성과측정

작업순서	(1) 처리시간	(2) 흐름시간	(3) 납기일	(3−2) 납기초과일 수
C	7	7	8	0
A	5	12	11	1
B	11	23	13	10
D	9	32	15	17
D	13	45	21	24
합계	45	119		52

평균흐름시간 $= \dfrac{119}{5} = 23.8$(일)

평균납기 초과시간 $= \dfrac{52}{5} = 10.4$(일)

시스템 내 평균작업 수 $= \dfrac{119}{45} = 2.64$(개)

볼 때 가장 우수한 규칙이다. 평균시간의 최소화로 인하여 재공품재고가 최소로 되고 평균작업 수의 최소화로 인하여 작업장이 덜 혼잡하게 된다. 그러나이 규칙은 납기일을 전혀 고려하지 않는 결점이 있다. 이러한 문제는 작업이기다릴 수 있는 시간에 한계를 정함으로써 해결할 수 있다.

어느 한 규칙이 모든 경우에 가장 좋은 결과를 가져오는 것은 아니다. 또한 작업의 처리시간과 납기일에 따라 그 결과는 달라진다. 따라서 필요에 가장

표 14-8 긴급률 규칙에 의한 성과측정

작업순서	(1) 처리시간	(2) 흐름시간	(3) 납기일	(3-2) 납기초과일 수	(3)÷(1) CR	작업순서
C	7	7	8	0	8/7 = 1.143	1
B	11	18	13	5	13/11 = 1.181	2
D	13	31	21	10	21/13 = 1.615	3
E	9	40	15	25	15/9 = 1.667	4
A	5	45	11	34	11/5 = 2.2	5
합계	45	141		74		

평균흐름시간 $= \dfrac{141}{5} = 28.2$(일)

평균납기 초과시간 $= \dfrac{74}{5} = 14.8$(일)

시스템 내 평균작업 수 $= \dfrac{141}{45} = 3.1$(개)

표 14-9 네 규칙의 비교

규칙	평균흐름시간	평균납기 초과시간	시스템 내 평균작업 수
선착순	25	12.6	2.78
최단작업시간	23	10.6	2.56
최소납기일	23.8	10.4	2.64
긴급률	28.2	14.8	3.1

부응하는 규칙을 선정해서 사용해야 한다.

■ 최적화방법 : $m = 2$인 경우

최적화방법은 선정된 가치기준에 입각할 때 가장 좋은 해를 도출한다. 그러나 이러한 방법은 조그만 문제에 적용될 뿐이고 작업장이 세 개 이상인 경우에는 문제가 복잡하여 최적해를 도출하기가 쉽지 않다.

n개의 작업이 일정한 순서로(예컨대 작업장 1에서 작업장 2로) 두 개의 연속 작업장($m = 2$)을 통과하면서 처리될 때에는 존슨의 규칙(Johnson's rule)이 사용되어 최소의 완료시간에 입각한 최적해를 도출한다. 이 기법은 모든 작업이 두 개의 작업장을 같은 순서로 통과할 때 각 작업장에서의 총유휴시간을 최소로 한다.

■ 단계 1 : 각 작업이 작업장에서 소요되는 시간을 나열한다.

■ 단계 2 : 가장 짧은 시간을 갖는 작업을 찾는다. 만일 그 시간이 작업장 1에 해당하면 그 작업을 가능한 한 먼저 놓고, 만일 작업장 2에 해당하면 그 작업을 가능한 한 뒤에 놓는다. 만일 그 시간이 두 개의 작업장에 동시에 해당하면 임의로 결정한다.

■ 단계 3 : 일단 작업의 일정이 결정되면 그 작업은 더 이상 고려치 않는다.

■ 단계 4 : 순서의 중앙을 향하여 모든 작업의 일정이 결정될 때까지 단계 2와 단계 3을 반복한다.

[표 14-10]은 다섯 개의 작업이 작업장 1과 작업장 2를 통과하면서 처리되는 시간이 주어졌을 때 존슨의 규칙을 이용하여 모든 작업의 총완료시간을 최소로 하는 작업순서를 결정하는 예이다.

작업장 2에서 작업 C의 처리시간이 2시간으로서 가장 짧기 때문에 가장 뒤에 놓는다. 다음에는 작업 C를 제외하고 나머지 작업에 대하여 고려하면 작업장 1에서 작업 B의 처리시간이 세 시간으로 가장 짧기 때문에 가장 앞에 놓는다. 이제 작업 C와 작업 B를 제외한 나머지 작업에 대하여 고려하면 작업장 2에서 작업 A의 처리시간이 가장 짧기 때문에 가능한 한 뒤에 놓는다. 이러한 절차를 거쳐 작업의 순서를 결정하면 B → D → E → A → C가 된다.

각 작업장에서 모든 작업을 완료하는 데 소요된 총시간 및 각 작업장에서의 유휴시간을 결정하기 위해서는 [그림 14-4]와 같은 차트를 그리면 된다. 그림에서 보는 바와 같이 5개의 작업을 모두 완료하는 데는 41시간이 소요된다. 작업장 2에서는 8시간의 유휴시간이, 그리고 작업장 1에서는 6시간의 유휴시간이 발생한다.

표 14-10 존슨의 규칙을 이용한 작업순서의 결정

작업	처리시간(시간)	
	작업장 1	작업장 2
A	6	4
B	3	7
C	5	2
D	8	9
E	13	11

B	D	E	A	C

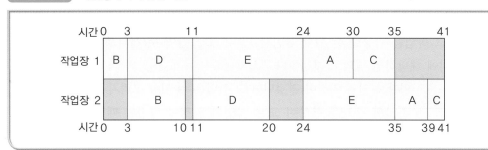

그림 14-4 작업장에서의 유휴시간

14.5 생산활동 통제

생산활동 통제(production activity control)란 각 작업장의 운영을 실행하고 통제하는 활동들을 말하는데 현장통제(shop-floor control)라고도 한다.

스케줄링이 수립되어 각 주문이나 작업이 작업장에서 예정대로 진척되고 있는지, 장애요인은 없는지, 작업장의 투입과 산출 간에 문제가 없는지 등 생산통제를 위한 모니터링(monitoring)은 계속되어야 한다.

사실 작업의 진도에 영향을 미치는 원인은 다양하다. 예컨대 작업자의 결근율이 높다든지, 기계의 고장과 불량률이 높다든지, 돌발작업이나 급한 주문이 발생한다든지, 다양한 작업의 현상파악이 제대로 안 된다든지 등으로 이러한 원인은 원활한 생산진행을 방해한다.

따라서 작업배정에서부터 완료에 이르기까지 각 작업의 진행상황을 조사하여 계획과의 차이가 있는지를 밝히고 이를 시정토록 해야 한다.

생산활동 통제를 위해서는 간트의 진도 차트, 투입-산출통제, 균형선법(line of balance: LOB) 등이 있는데 본서에서는 균형선법의 설명은 생략하고자 한다.

1. 간트 차트

간트의 진도 차트는 작업계획과 그의 진척상황을 눈으로 볼 수 있도록 작

그림 14-5 간트의 진도 차트

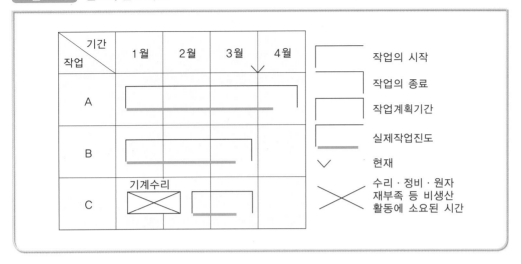

성되는 차트인데 각 작업이 예정대로 진행되고 있는지를 통제하는 데 이용된다. [그림 14-5]는 간트 차트의 한 예이다.

그림에서 작업 A는 계획보다 앞서 진행되고 있지만 작업 B는 계획보다 지연되고 있으며 작업 C는 기계수리 관계로 계획보다 상당히 지연되고 있음을 알 수 있다.

2. 투입-산출통제

출발작업장(starting work center)의 계획된 투입률은 주일정계획이 수립될 때 결정되므로 주일정계획이 실행가능하게 수립되어야 한다. 출발작업을 수행하는 작업장의 실제투입률은 작업이 발령되는 율에 의하여 어느 정도 변동할 수 있다. 계획된 투입량과 실제투입량이 여러 기간 계속하여 발생하면 주일정계획은 달성될 수 없다. 작업장의 산출률은 잔업 및 추가 교대조의 사용과 작업자 및 장비의 투입 같은 능력의 변화를 통하여 증가할 수 있다.

어떤 작업장의 산출률이 변하면 바로 다음 작업장의 투입률도 변한다. 그러나 어떤 작업장에서 실제 가공시간이 측정된 표준시간과 다를 수도 있고, 대기하고 있는 작업의 상대적 우선순위도 새로 도착하는 작업에 따라 변할 수도 있으므로, 바로 다음 작업장에 특정 작업이 언제 도착할지 결정하기 어렵다. 이와 같이 후속작업장의 투입률을 통제하기란 쉬운 것이 아니다. 따라서 후속

표 14-11 투입-산출통제 보고서

주말	11/7	11/14	11/21	11/28	12/5
투입계획(표준시간)	220	210	215	225	210
실제투입	225	220	210	230	220
누적편차	+5	+15	+10	+15	+25
산출계획(표준시간)	220	220	220	220	220
실제산출	210	225	210	200	220
누적편차	−10	−5	−15	−35	−35
적체	+15	+10	+10	+40	+40

작업장의 투입률은 출발작업장의 그것보다 더욱 변동적이다. 후속작업장의 투입률은 산출률과 같아야 한다. 이것이 투입-산출통제의 목적이다. 그렇지 않으면 작업의 적체(backlog)가 증가하거나 감소하거나 한다.

적체는 매주 실제투입률과 실제산출률의 차이만큼 증가한다. [표 14-11]은 투입-산출통제 보고서의 예이다. 11/7의 적체는 225(실제투입)−210(실제산출)＝+15이고 11/14의 적체는 +15+220−225＝+10이다. 여기서 5주 말에 40표준시간의 적체가 발생하였음을 알 수 있다. 작업은 계획보다 약간 많게 투입되고 또한 계획보다 적게 산출되므로 작업장의 능력이 증가되지 않는 한 적체는 증가하고 작업은 후속작업장에 계획대로 도착할 수 없게 된다.

투입-산출통제는 몇 가지 중요한 요소에 영향을 미친다. 투입-산출통제는 적체통제 또는 대기행렬크기 통제라고도 한다. 왜냐하면 이는 작업장에서 기다리는 작업의 대기행렬크기를 통제하기 때문이다. 투입률을 감소시키고 산출률을 증가시키면 작업의 대기행렬이 감소하고 따라서 제조기간이 단축된다. 반대로 투입률이 산출률보다 장기간 크게 되면 적체가 증가하고 프로세스상의 작업에 대한 투자가 증가한다.

적체의 발생은 여러 가지 부정적 영향을 미친다. 현재의 작업뿐만 아니라 후속 관련 작업도 지연이 되어 고객 서비스는 불만족스럽게 된다. 한 작업장에 작업이 쌓이게 되면 혼잡이 발생하고 작업처리가 비효율화된다. 한편 후속작업장으로의 작업흐름이 원활하지 않고 산발적으로 된다. 이러한 현상은 [그림 14-6]에서 보는 바와 같이 물의 흐름에 비유할 수 있다.

그림 14-6 투입–산출통제

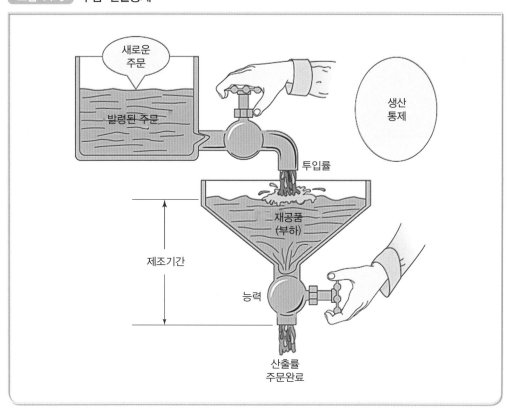

14.6 제약이론

1. 운영의 목적

스케줄링 수립의 한 접근방법으로 제약이론(theory of constraints: TOC)이 있다. 이 이론은 Goldratt이 1980년대 말에 그의 저서 *The Goal*에서 기업이 이익의 최대화와 자원의 효율적 사용이라는 목표를 향해 나아가는 데 걸림돌이 되는 제약들을 어떻게 관리할 것인가를 제시하고 있다. 제약이론은 방해하는 제약요소를 집중해서 관리함으로써 시스템의 성과를 증진하려고 한다.

그림 14-7   이익증진 방법

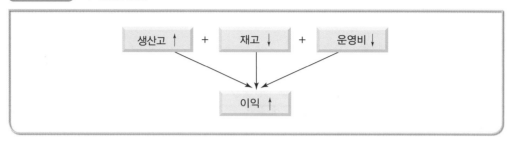

제약이론은 기업운영의 목적은 돈을 버는 것이라고 주장한다. 경영성과를 평가할 수 있는 재무적 지표는 순이익, 투자수익(return on investment), 현금흐름이고 전통적으로 중요시해 왔던 생산성 향상, 비용절감, 직접노동이용, 납기준수, 품질향상 등은 부차적이라는 것이다. 제품을 생산하는 것 자체는 충분하지 않고 이를 고객에 판매하여 돈을 벌 때 의미가 있는 것이다.

기업이 돈을 버는 목적을 달성함에 있어서 어떻게 잘 하는지 운영적으로 평가하기 위해서는 다음 세 요인에 초점을 두어야 한다.

- 생산고(throughput) : 제품의 판매를 통해 돈을 벌어들이는 비율. 생산 자체가 아니라 고객에 판매를 통해서만 들어온 돈, 즉 판매액에서 그를 생산하는 데 사용한 자재비를 차감한 결과
- 재고(inventory) : 판매할 제품생산을 위해 원자재를 구매하는 것에 투자한 돈. 재고자산은 판매할 때까지는 돈이 아니다.
- 운영비(operating expenses) : 재고를 생산율로 바꾸기 위하여 소비한 돈으로서 노무비와 간접비를 포함함

이러한 세 측정치를 사용할 때 순이익, 투자수익, 현금흐름을 증가시키는 길은 [그림 14-7]에서 보는 바와 같이 생산고는 증가시키고 재고와 운영비는 감소시키는 것이다. 예를 들면 재고를 줄일 때 이자, 자재관리, 불량품, 보관공간 등에 따르는 운영비를 절감할 수 있어 긍정적인 효과를 가져올 수 있다.

2. 제약의 영향

거대한 생산시스템 내에 다수의 프로세스가 인접하여 서로 함께 작업할 때 각 프로세스의 능력(capacity)과 그들이 시스템의 전체 능력에 어떤 영향을 미치는지 파악하는 것은 매우 중요하다. 제약 또는 병목(bottleneck)이 시스템

그림 14-8　병목현상

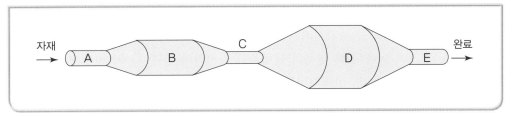

내에 존재하면 프로세스의 능력에 나쁜 영향을 미치고 그 프로세스에서 다음 프로세스로 제품이나 고객이 이동하는 경우에는 전체 시스템의 능력에 바로 영향을 미치게 된다.

제약이론에서 제약은 프로세스, 도구, 또는 사람이 시스템의 산출에 제약을 가할 때 발생한다. 달리 표현하면 제약이란 수요에 비해 능력이 부족한 자원을 말한다.

기업의 산출물은 다음과 같은 세 가지의 제약요소에 의해 결정된다.

- 내부자원제약(internal resource constraints) : 높은 성과를 제한하는 기업 내의 능력과 같은 자원
- 시장제약(market constraints) : 기업의 생산능력에 비해 제품에 대한 시장수요가 부족한 경우
- 정책제약(policy constraints) : 높은 성과를 제한하는 잔업 사용의 금지와 같은 기업의 정책

제약이론은 거의 모든 제품이나 서비스는 일련의 연결된 프로세스(linked processes)를 통하여 창출된다는 인식에 기반하고 있다. 이러한 프로세스 사슬은 한 기업 내에 뿐만 아니라 공급사슬처럼 여러 기업에 걸쳐 존재한다. 각 프로세스 단계는 특정 생산능력을 갖기 때문에 전체 사슬의 산출물을 제한하는 프로세스 단계가 있기 마련이다.

일련의 프로세스 단계를 통한 제품이나 고객의 이동은 파이프 라인을 통한 액체의 흐름과 같다. 각 프로세스 단계는 그의 능력을 갖는다. [그림 14-8]에서 프로세스 D는 가장 큰 능력을 갖는 반면 프로세스 C는 가장 작은 능력을 갖는다. 따라서 프로세스 단계 C는 제약이다. 프로세스 C는 가장 작은 생산능력을 가지기 때문에 전체 프로세스 사슬의 산출물을 제한하는 병목이다. 전체 프로세스 사슬의 생산율을 증가시키기 위해서는 프로세스 단계 C의 능력을 확대시켜야지 다른 프로세스 단계의 능력을 확대시켜서는 아무 소용이 없다.

기업이 초과능력을 가지면 고객요구를 만족시키기 위해 할 수 있는 한 판매액, 즉 생산율을 증가시키도록 해야 한다. 그러나 능력에 맞춰 운영하는 경우에는 생산고를 증가시키기 위해서 창의적인 스케줄링, 잔업, 훈련, 좋은 노동력 정책 등을 통해 병목의 능력을 증가시켜야 한다. Goldratt은 이를 제약이론이라고 하는데, 판매액이든 생산병목이든 가장 중요한 제약은 생산고를 증가시키기 위하여 제거되어야 함을 강조하기 때문이다.

3. 제약관리

전통적 경영에서는 프로세스 사슬의 매 단계에서 산출물을 최대로 하는 것을 강조하지만 제약이론에서는 전체 시스템을 통한 흐름을 최대화하려고 한다. 따라서 이 이론에서는 상이한 프로세스 사이의 흐름을 균형화시킬 것을 강조한다. 조립라인의 균형이 좋은 예이다.

기업에서 성과를 증진하기 위해서는 우선 제약요소를 찾아내고 이를 개선하려는 노력을 경주해야 한다. 기업이 제약관리(constraint management)를 위해 취하는 절차는 다음과 같다.

- 제약의 규명 : 프로세스 사슬의 상류 또는 하류 어디에도 제약은 있을 수 있다. 기업 내에서 발생하는 제약을 내부제약이라 하고 기업 외에서 발생하는 제약을 외부제약이라고 한다. 고객의 수요율이 기업의 생산율에 못 미치면 프로세스가 아니라 고객수요가 제약이 된다. 모든 조직에는 성과증진을 방해하는 제약요소가 꼭 있기 때문에 시스템의 제약요소를 식별하는 것이 우선이다.
- 제약의 이용 : 제약 단계에서 1시간의 생산량 감소는 전체 공급사슬에서의 1시간의 생산량 감소와 같다. 제품의 원활한 흐름을 위하여 제약관리를 수행한다. 제약을 최대한 이용하여 유휴가 없도록 한다.
- 단계 2에서의 결정에 나머지 모든 것을 종속시킴 : 모든 조직에는 높은 수준의 실적을 방해하는 제약요소가 있기 때문에 실적을 향상시키기 위해서는 우선 제약요소를 찾아내고 이를 잘 이용할 방법을 모색해야 한다. 이와 같이 제약의 효과적인 이용이 최우선이고 다른 비제약요소들에 대한 결정은 제약요소에 대해 결정한 결과에 수동적으로 따라가도록 한다.
- 제약의 향상 : 단계 1부터 3까지 아직도 병목이 제약으로 남아 있다면 병목의 능력을 증가시켜 제약을 극복하고 생산량을 증가시킨다. 여기서

병목의 능력을 증가시킨다는 것은 장비를 더 많이 구입하지 않고 창의적인 스케줄링, 생산준비시간의 단축, 작업자의 훈련, 일시적인 노동과 기계의 추가, 작업자의 잔업시간 사용, 좋은 노동력 정책의 사용 등을 통하는 것을 의미한다.
- 새로운 제약의 발견과 단계의 반복 : 새로운 제약을 식별하고 이용하는 노력을 반복한다.

4. 병목 프로세스의 스케줄링

제약이론은 제약요소를 최대한 이용하고 나아가 이를 극복하는 방안을 제시하고 있다.

병목이란 생산시스템을 통한 제품의 원활한 흐름을 제약하는 부, 작업장, 프로세스를 말한다. 병목은 [그림 14-8]에서 프로세스 C처럼 처리능력이 처리요구량 이하인 자원을 말한다. 불충분한 능력을 사용하다 보면 유휴시간이 없게 된다. 한편 비병목이란 [그림 14-8]에서 프로세스 A, B, D, E처럼 처리능력이 처리요구량보다 큰 자원을 말한다. 병목현상은 전체 시스템에서 어떤 프로세스가 다른 프로세스들보다 더 오랜 시간이 걸릴 때 발생한다.

제약이론이 병목 프로세스에 초점을 맞추는 이유는 병목 프로세스의 능력이 전체 프로세스 사슬의 산출률과 재고를 결정하기 때문이다. [그림 14-9]에서 보는 바와 같이 두 기계를 통한 최종 산출률은 시간당 20개이고 기계 B가 병목기계인 반면 기계 A는 비병목기계이다.

이러한 예로부터 다음과 같은 두 가지 원칙을 유도할 수 있다.

- 병목 프로세스에서 1시간 생산시간의 상실은 전체 생산시스템으로부터 1시간 산출물을 뺀 것과 같다.
- 비병목 프로세스에서 1시간의 절약은 유휴시간에 1시간을 더하는 것과 같다.

그림 14-9 병목현상의 예

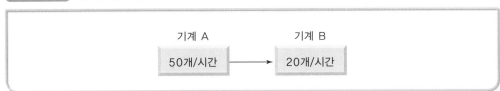

병목 프로세스는 귀중한 자원이기 때문에 유휴시간을 최소로 하여 최대 산출량을 달성하도록 스케줄링을 수립하는 것이 기본이다. 병목 프로세스가 효과적으로 이용되는 한 비병목 프로세스의 유휴시간은 전체 시스템의 생산성을 결정하는 요인은 아닌 것이다. 비병목 프로세스의 가동률은 생산시스템 내의 제약 프로세스에 의해 결정된다. 비병목 프로세스는 자원의 이용률을 높이기 위하여 재고를 생산할 필요는 없다. 차라리 유휴시간을 갖는 것이 낫다. 병목 프로세스에 추가되는 1시간의 능력은 전체 시스템에 1시간의 추가와 같은 결과이다. 병목 프로세스에 자재가 부족하지 않도록, 판매용 주문을 계속해서 처리하도록 비병목 프로세스의 스케줄링이 수립되어야 한다. 대기행렬이 병목 프로세스 앞에 형성되어야 한다. 비병목 프로세스는 병목 프로세스가 100% 가동될 수 있도록 지원하면 되기 때문에 능력을 완전가동할 필요는 없다. 따라서 어떤 비병목 프로세스에서는 스케줄링에서 유휴시간을 가질 수 있다. 비병목 프로세스에서는 자원의 이용률을 높이기 위하여 재고를 생산할 필요는 없다.

병목 프로세스에 능력을 증가시키기 위해서는 작업장에서 한 로트에서 다음 로트로 빨리 변경하도록 생산준비시간(setup time)의 단축을 꾀할 수 있다. 병목 프로세스에서 생산준비시간의 단축은 곧 생산시간의 증가를 뜻한다. 또한 병목 프로세스에서는 하루 24시간 쉬지 않고 생산시스템을 가동할 수 있고 가능하면 노동력과 기계를 추가로 투입할 수 있다.

14.7 공급사슬 협력

스케줄링은 제품이 생산라인으로부터 완료되기 전 최종 계획단계이다. 구체적인 스케줄은 특정 고객주문에 대한 작업 시작일자와 완료일자를 보여 준다. 이러한 값진 정보는 공급사슬 파트너들과 공유해야 한다. 이러한 과정에서 파트너는 자신의 주문의 진척상황을 추적할 수 있다. 실제로 생산 진행과정을 들여다 볼 수 있다는 것은 파트너들 사이에서 커뮤니케이션을 증진시킬 수 있고 언제 실행문제가 발생할지 일깨워 준다.

구체적인 스케줄링은 여러 상이한 작업들의 스케줄을 위해서는 납기일

(due-date) 정보를 사용하도록 요구한다. 이러한 납기일 정보는 공급사슬의 목표를 반영한다. 상이한 우선순위 규칙은 어떤 규칙이 공급사슬의 목표를 고려할 때 가장 좋은 스케줄 성과를 나타내는지 테스트할 수 있다.

고객주문 우선순위와 공급사슬 목표를 연결시키면 더욱 효과적인 결과를 초래하게 된다.

1. 스케줄링을 설명하라.

2. 생산통제시스템의 유형을 설명하라.

3. 흐름시스템의 스케줄링의 특징을 설명하라.

4. 배취시스템의 스케줄링의 특징을 설명하라.

5. 주문시스템의 스케줄링의 특징을 설명하라.

6. 제약이론의 내용을 설명하라.

7. 공급사슬 파트너 사이에 스케줄링을 위한 협력은 필요한가?

8. 한 조립라인을 통하여 네 가지의 상이한 제품을 계획생산한다. 그 자료가 다음과 같을 때 물음에 답하라.

제품	재고(개)	수요량(개/주)	생산율(개/주)	로트크기
A	3,000	750	3,000	3,000
B	6,000	2,000	4,000	4,000
C	1,000	500	2,000	1,000
D	1,600	500	1,500	1,500

① 소진기간에 의한 잠정적 작업순서를 결정하라.
② 5주 동안의 생산을 시뮬레이션하라. 재고와 소진기간을 이용하여 5주 동안의 생산일정을 결정하라.

9. 한 작업장에 처리를 기다리는 여섯 개의 작업에 관한 정보가 다음과 같다. ① FCFS, ② STP, ③ DD, ④ CR에 의한 작업순서를 결정하라. 각 방법에 대하여 평균흐름시간, 평균납기 지연시간, 작업장 내 평균작업 수를 계산하라.

작업	처리시간(일)	납기일(일)
A	2	4
B	5	18

C	3	8
D	4	4
E	6	20
F	4	24

10. 다음의 정보를 이용하여 ① FCFS, ② SPT, ③ DD에 의한 작업순서를 결정하라. 각 방법에 대하여 평균흐름시간, 평균납기 지연시간, 시스템 내 평균작업 수를 계산하라.

작업	처리시간(일)	납기일(일)
A	4.5	10
B	6.0	17
C	5.2	12
D	1.6	27
E	2.8	18
F	3.3	19

11. 긴급률에 의하여 작업순서를 결정하라. 오늘은 43일이라고 가정하라. 어느 작업이 예정보다 늦었는지 밝혀라.

작업	납기일	완료기간(일)
A	50	3
B	45	2
C	44	2
D	53	5
E	46	4

12. 2대의 기계를 사용하여 8개의 작업을 완성하는 데 소요되는 시간이 아래와 같다. 각 작업은 동일한 순서에 의하여 기계 1에서 기계 2로 이동한다. 기계들의 총유휴시간이 최소가 되도록 작업의 순서를 결정하고, 기계 2의 유휴시간은 얼마인지 밝혀라.

작업	시간	
	기계 1	기계 2
A	6	5
B	3	13
C	9	6
D	8	7
E	2	14
F	12	4
G	18	14
H	20	11

13. 2대의 기계를 사용하여 5개의 작업을 완성하는 데 소요되는 시간이 다음과 같다. 각 작업은 동일한 순서에 의하여 기계 1에서 기계 2로 이동하여 처리된다. 기계들의 총 유휴시간이 최소가 되도록 작업의 순서를 결정하라. 각 기계의 유휴시간은 얼마인가?

작업	기계 1	기계 2
A	5	2
B	3	6
C	8	4
D	10	7
E	7	12

14. 다음과 같은 투입-산출계획에서 기간 8 말의 적체는 얼마인가?

기간	4	5	6	7	8
투입계획	40	50	50	60	60
실제투입	25	35	35	40	40
편차					
산출계획	40	50	50	60	60
실제산출	45	45	45	55	60
편차					
적체	75				

15. 작업장에 마무리 작업을 위하여 다섯 개의 작업이 기다리고 있다. SPT, FCFS, CR 룰에 따른 처리순서를 결정하라.

작업	처리시간	납기일	도착순서
A	6	12	3
B	8	20	1
C	7	31	2
D	3	14	5
E	11	21	4

프로젝트의 스케줄링 및 통제, 수송시스템 및 통신시스템의 설계 등의 경영문제는 네트워크 모델(network model)을 이용하여 성공적으로 해결할 수 있다. PERT(program evaluation and review technique)와 CPM(critical path method)은 빌딩, 교량, 댐, 선박, 비행기, 공항, 고속도로 등과 같은 대규모 건설공사, 인공위성 같은 연구 · 개발사업, 영화제작, 신제품 개발, 광고 캠페인의 설계 등 프로젝트를 계획하고 스케줄링을 수립하고 통제하는 데 널리 이용되는 네트워크 분석기법이다.

프로젝트 관리는 작업의 비반복적 성격 때문에 일상적인 생산관리와는 다르다. PERT와 CPM 은 비반복적, 1회적 프로젝트(one-time project)를 대상으로 한다. 프로젝트의 제조 프로세스는 거의 고정되어 있기 때문에 자재와 고유한 인력이 프로젝트를 중심으로 이동하게 된다.

프로젝트 관리(project management)란 프로젝트의 시간, 비용, 기술적 제약조건을 충족시키도 록 인력, 장비, 자재 등 여러 가지 자원을 계획, 지휘 및 통제하는 모든 관리활동을 일컫는다.

프로젝트 관리는 다음과 같은 특성을 가지고 있다.

- 프로젝트를 끝내는 데는 수주일, 수개월, 심지어는 수년이 걸리기 때문에 이 기간 동안 예측할 수 없는 변화가 발생할 수 있으며 이러한 변화는 프로젝트비용, 기술 및 자원에 큰 영향을 미친다.
- 프로젝트는 여러 관련 활동으로 구성되어 성격상 복잡하다.
- 프로젝트 완료기간의 지연은 큰 비용 및 손해를 초래할 수 있다.
- 프로젝트는 작업순서를 지켜야 하므로 어떤 활동은 다른 활동이 끝난 뒤에야 시작할 수 있다.

본장에서는 PERT와 CPM이 프로젝트의 계획, 스케줄링, 통제를 위해 어떻게 사용되는지 공 부한다.

15.1 프로젝트 관리

모든 프로젝트를 수행하는 데 필요한 관리결정의 일반적 순서는 프로젝트 계획, 프로젝트 스케줄링(project scheduling), 프로젝트 통제이다.

프로젝트 계획(project planning)이란 프로젝트를 시작하기 전에 필요한 결정을 말하는데 프로젝트의 일반적 성격과 방향을 설정하게 된다. 여기서는 중요한 목표, 필요한 자원, 사용할 조직의 형태, 프로젝트를 관리할 책임자로서 프로젝트 관리자(project manager)와 프로젝트 팀(project team)에 관한 결정을 포함한다.

대규모 프로젝트는 수많은 활동을 수반하기 때문에 프로젝트 팀은 프로젝트를 완료하는 데 얼마나 시간이 소요될 것인지, 그리고 비용은 얼마나 필요한지를 예측하기 위하여 작업분해 구조도를 작성하게 된다.

작업분해 구조도(work breakdown structure: WBS)란 프로젝트를 구성하고 있는 수많은 활동들을 계층적으로 나열한 것, 즉 이들을 규명하는 논리적 틀을 말한다. [그림 15-1]은 작업분해 구조도의 한 예이다.

그림에서 단계 2는 프로젝트의 중요한 요소들을 나타낸다. 단계 3은 중요한 요소들을 지원하는 중요한 활동들을 나타낸다. 단계 4는 각 지원활동을 완료하는 데 필요한 활동들을 나타낸다.

그림 15-1 **작업분해 구조도**

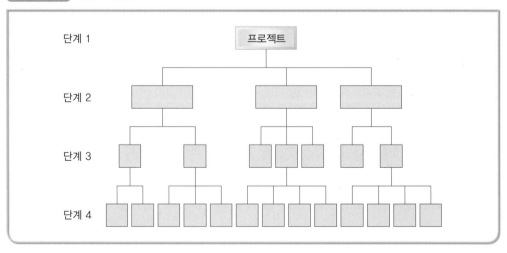

작업분해 구조도를 작성함으로써 활동 리스트는 프로젝트를 계획하고 수행하는 데 초점이 될 뿐만 아니라 프로젝트 완료시간과 비용을 추산하는 데 기초가 된다.

작업분해 구조도가 작성되면 프로젝트 스케줄링이 가능하다. 각 활동의 상세한 시간 스케줄이 설정되면 기간별 예산을 책정할 수 있고 각 활동에 팀원을 할당할 수 있다.

프로젝트 통제(project control)는 프로젝트가 진행되는 과정에서 각 활동을 감시하는 팀에 의해서 수행된다. 각 활동은 시간, 비용, 성과에서 원래의 계획과 일치하는지 검토해야 한다. 만일 실제결과와 계획 사이에 큰 차이가 있으면 시정조치를 강구해야 한다. 시정조치 속에는 계획의 수정, 자금의 재배분, 인원교체, 자원의 다른 변경 등이 포함된다.

프로젝트 관리의 대상은 비용, 스케줄, 성과 등이다. 프로젝트 비용은 인건비와 자재비는 물론 지원 서비스비용 등 프로젝트 진행에 요구되는 직·간접 비용을 모두 포함한다. 프로젝트 관리자는 책정된 예산의 범위 내에서 프로젝트를 예정된 스케줄대로 완료하기를 원한다. 그러나 프로젝트 활동의 스케줄을 단축하기 위해서는 초과비용이 수반되기 때문에 둘을 동시에 줄일 수는 없고 절충을 시도하는 경우가 발생한다. 성과란 프로젝트의 목표에 결과가 어느 정도 부합하느냐 하는 정도를 말하는데 성과를 올리기 위해서는 비용과 시간에 영향을 미치게 된다. 프로젝트의 성과가 목표치에 미달하게 되면 시간과 비용을 추가로 투입하게 된다.

15.2 스케줄링 방법

프로젝트의 스케줄링을 위해서는 간트 차트(Gantt chart)와 CPM/PERT와 같은 방법이 사용된다.

간트 차트는 제14장에서 공부한 바와 같이 막대 차트를 이용한다. 막대는 활동기간의 길이를 나타낸다. 간트 차트는 각 활동의 시작과 완료의 시간을 나타내기 때문에 프로젝트의 스케줄링을 수립하는 데 이용된다.

그러나 복잡한 프로젝트의 경우에는 각 활동들의 선행관계를 나타낼 수 없기 때문에 사용에 한계가 있게 된다. 특히 프로젝트의 스케줄링 수립이 어려운데다 변경이 발생하면 스케줄링을 수정하기란 더욱 곤란하다.

네트워크 방법은 간트 차트의 이러한 어려움을 극복할 수 있는 스케줄링 방법이다. 네트워크 방법의 장점은 활동의 선행관계를 네트워크에 분명히 나타낼 수 있다는 점이다. 한편 네트워크 방법은 스케줄링의 수정이 자동적으로 이루어진다.

이러한 장점에도 불구하고 네트워크는 복잡하고 많은 비용을 수반하기 때문에 복잡한 프로젝트에 사용하기 알맞다고 할 수 있다.

15.3 프로젝트 스케줄링의 목표

프로젝트 스케줄링은 프로젝트를 효율적으로 계획하고 통제하기 위하여 사용된다. 프로젝트 스케줄링의 목표는 다음과 같다.

- 활동들의 선행관계 명시
- 전체 프로젝트를 빨리 완성하기 위한 각 활동의 시작일과 완료일의 결정
- 프로젝트를 어떤 기간 내에 완성할 가능성(확률)의 계산
- 프로젝트를 최소의 비용으로 일정 기간 내에 완성할 스케줄링 수립
- 어떤 활동의 지연이 전체 프로젝트 완성기간에 미치는 영향 조사
- 어떤 활동의 애로상황을 규명함으로써 인력, 자료, 자재의 효과적 사용
- 프로젝트가 시간과 비용 면에서 순조롭게 진행되고 있는가의 결정
- 프로젝트 완성기간 동안 자원배분을 고르게 할 활동들의 스케줄링 수립

프로젝트 스케줄링의 근본 목표는

- 프로젝트의 최단 완료기간은 얼마인가?
- 프로젝트의 최단 완료기간을 준수하기 위해서는 어떤 활동들을 계획대로 완료해야 하는가?

프로젝트의 최단 완료기간이나 주공정 활동을 찾기 위해서는 PERT/CPM

기법을 이용하면 알 수 있는데, 우리는 앞으로 이들 기법에 대해서 공부할 것이다. 프로젝트의 최단 완료기간을 지키기 위해서는 주공정 활동들이 계획대로 진행되어야 한다. 만일 어떤 주공정 활동이 지연되면 그만큼 프로젝트 완료가 지연되기 때문에 프로젝트 관리자가 중점적으로 통제해야 할 대상은 바로 주공정 활동이다.

15.4 PERT와 CPM의 관계

PERT와 CPM은 사용목적, 기본 구조, 분석방법, 사용용어 등에서 비슷하지만 이들은 서로 비슷한 시기에 독립적으로 개발되었다. PERT는 1958년 미국 해군에서 폴라리스 미사일(polaris missile) 사업의 계획 및 통제를 위해 개발하였다. 이 사업의 모든 활동은 전에 시도된 바가 없기 때문에 이들 활동을 완료하는 데 소요되는 시간의 예측이 곤란하였다. 따라서 PERT는 활동의 완료시간에 대한 불확실성을 타개하기 위하여 개발되었다. PERT에서는 각 활동에 대해 세 가지의 시간이 주어지면 완료시간의 확률분포에 입각하여 각 활동의 평균 완료시간을 계산한다. 따라서 PERT는 확률적 도구라 할 수 있다.

한편 CPM은 1957년 미국 Dupont에 의하여 활동시간이 확정된 공장의 건설을 위하여 개발되었다. CPM에서는 활동의 완료시간이 하나의 추정치로 부여되므로 확정적 도구라 할 수 있다. CPM은 또한 활동의 완료에 필요한 비용의 추정치가 부여됨으로써 자원의 추가투입에 의한 비용의 증가에 의해 완료시간의 단축을 꾀할 수 있게 해 준다.

이와 같이 PERT는 시간의 계획과 통제를 위한 기법인 반면, CPM은 시간과 비용을 통제하기 위한 기법이라 할 수 있다. 그러나 오늘날 프로젝트의 계획 및 통제를 위한 절차는 PERT나 CPM의 특성을 결합하고 있으므로 이들 기법의 구별은 필요치 않다고 본다.

PERT 또는 CPM을 사용하여 프로젝트를 계획하고 통제하면 아래와 같은 질문에 답할 수 있는 정보를 얻을 수 있다.

• 프로젝트의 최단 완료기간은 얼마인가?

- 각 활동의 시작일과 완료일은 언제인가?
- 프로젝트를 특정 기간 내에 완료할 확률은 얼마인가?
- 프로젝트를 계획대로 진행하기 위해서 제 날짜에 꼭 완료시켜야 하는 주공정 활동은 어느 것인가?
- 프로젝트를 계획대로 완료하는 데 영향을 미치지 않는 범위 내에서 지연할 수 있는 비주공정 활동의 기간은 얼마인가?
- 어느 특정 일에 프로젝트는 일정대로, 늦게 또는 빨리 진행되고 있는가?
- 프로젝트를 계획대로 완료하는 데 필요한 자원은 확보되었는가?
- 프로젝트의 공기를 단축하기 위해서 최소의 비용으로 할 수 있는 일은 무엇인가?

15.5 PERT/CPM의 네트워크

PERT/CPM 프로젝트의 스케줄링 수립 시 거쳐야 할 단계는 다음과 같다.

■ 단계 1 : 프로젝트를 분석하여 이를 구성하는 모든 활동과 단계를 결정한다.

활동(activity)이란 프로젝트를 완료하는 데 자원과 일정한 시간을 소요하는 작업을 말한다. 그리고 단계(event)란 일정 시점에 있어서의 작업의 완료를 말한다. 단계는 다만 활동의 시작이나 완료를 나타내므로 시간이나 자원의 소요와는 관계가 없다. 단계에 도달하기 위해서는 이에 선행하는 모든 활동은 완료되어야 한다.

간단한 예로 신제품을 개발하는 프로젝트를 고려해 보자. 열 가지의 필요한 활동이 [표 15-1]에 나열되어 있다. 프로젝트를 구성하는 모든 활동을 정확하게 분석하는 것이 가장 중요하다.

■ 단계 2 : 활동들의 상호의존과 그들의 작업순서를 결정한다.

[표 15-1]에서 어떤 활동의 직전 선행활동이란 그 활동을 시작하기 전에 끝내야 하는 바로 앞의 활동을 말한다. [표 15-1]에서 활동 A와 B는 이들의 직

표 15-1 제품개발 프로젝트의 활동

활동	내용	직전 선행활동
A	제품설계	–
B	시장조사설계	–
C	제조 프로세스	A
D	제품원형 제조	A
E	팸플릿 제조	A
F	원가추정	C
G	제품 예비검사	D
H	시장조사	B, E
I	가격결정 및 수요예측	H
J	최종보고서	F, G, I

전 선행활동이 없기 때문에 언제든지 시작할 수 있으나 활동 C, D, E는 활동 A
가 완료된 뒤에야 시작할 수 있으며 활동 H는 활동 B와 E가 모두 완료될 때까
지는 시작할 수 없는 것이다.

단계 1과 단계 2는 프로젝트 팀이 작성하는 작업분해 구조도와 같은 내용
이다.

■ 단계 3 : 각 활동 간의 선행관계를 네트워크로 표시한다.

네트워크(network)란 프로젝트의 모든 활동과 단계의 상호관계를 그림으로
표시한 것이다. 네트워크는 몇 개의 화살표(→)로 연결된 숫자가 들어 있는 원
(○)으로 구성되어 있다. 일반적으로 이 원을 마디(node)라 하고 마디를 연결하
는 화살표(arrow)는 가지(branch 혹은 arc)라 부른다.

네트워크를 작성하는 데는 두 가지 방법이 사용된다.

• 화살표에 활동을 나타내는 방법(activity on arrow: AOA)
• 마디에 활동을 나타내는 방법(activity on node: AON)

[그림 15-2]는 AOA의 예이고 [그림 15-3]은 AON의 예이다.

AOA와 AON의 기본적인 차이는 AOA 그림에서 화살표는 활동을 표시하
고 마디는 한 활동의 완료시점과 동시에 후속활동의 출발시점을 의미하는 단
계를 표시하지만 AON 그림에서 마디(단계)는 시간과 자원을 소요하는 활동을
나타낸다. 예를 들면 [그림 15-2]에서 마디 3은 활동 B와 E의 완료단계(end
event)를 의미할 뿐만 아니라 활동 H의 시작단계(start event)를 의미한다. 따라

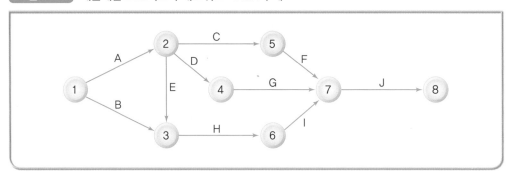

그림 15-2 제품개발 프로젝트의 네트워크 : AOA의 예

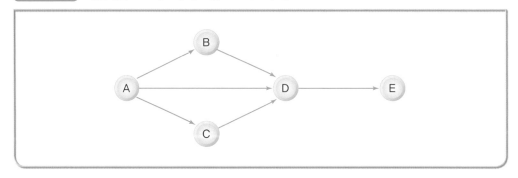

그림 15-3 제품개발 프로젝트의 네트워크 : AON의 예

서 AOA 그림에서 단계는 시간이나 자원을 소요하지는 않는다.

본서에서는 네트워크를 그리는 방법으로 AOA 방법을 선택하기로 한다.

AOA 방법을 사용하는 경우에는 두 개의 활동이 동일한 시작단계와 완료단계를 갖는 네트워크에 부딪힐 때가 있다. 예를 들어 다음과 같은 활동표를 고려해 보자. 활동 C와 D는 동시에 활동 A를 완료한 뒤에 시작할 수 있다. 이를 네트워크로 표시하면 [그림 15-4]와 같다. 이 네트워크는 활동 A와 B를 선행활동으로 하는 활동 D에게는 아무런 문제가 되는 것은 아니나 활동 A만을 선행활동으로 하는 활동 C에게는 문제가 된다.

어떤 두 개의 활동이 동일한 시작마디 및 완료마디를 갖지 못하도록 하고 활동과 단계가 정확한 순서를 갖도록 하기 위하여 가상활동(dummy activity)을 삽입한다. 가상활동은 자원과 시간이 소요되지 않는 활동으로서 다만 활동들의 선행관계를 연결해 주는 역할을 한다. 위의 예에서 가상활동을 삽입하여 활동 A와 B가 동일한 시작마디 및 완료마디를 갖지 못하도록 네트워크를 표시하면 [그림 15-5]와 같다. 여기서 점선은 가상활동을 의미한다.

활동	선행활동
A	−
B	−
C	A
D	A, B

그림 15-4 문제가 되는 네트워크

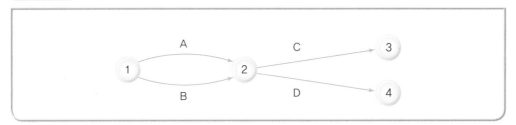

그림 15-5 가상활동을 이용한 네트워크

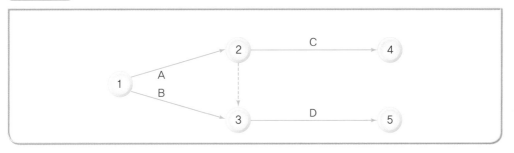

15.6 PERT에 있어서 활동시간의 추정

■ 단계 4 : 모든 활동을 수행하는 데 소요되는 시간을 추정해야 한다.

추정된 활동시간은 프로젝트의 완료시간을 추정하는 데 도움이 될 뿐만 아니라 특정 활동의 스케줄링을 수립하는 데 도움이 된다. 따라서 정확한 활동시간의 추정이 바람직스럽다. CPM에서는 각 활동에 대하여 점추정치를 부여하는 반면, PERT에서는 점추정이 아닌 구간추정에 의존한다. 따라서 불확실한 시간추정은 확률분포를 갖는 확률변수(random variable)로 취급된다.

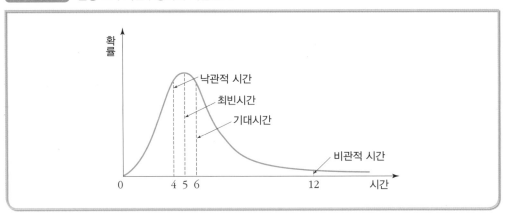

그림 15-6 활동 A의 시간추정치의 확률분포

PERT는 다음과 같은 세 가지 시간개념에 입각하여 활동시간분포를 추정하고 있다.

- 낙관적 시간(optimistic time: a로 표시함) : 모든 상황이 순조롭게 진행될 때 걸릴 최단시간
- 최빈시간(most likely time: m으로 표시함) : 정상조건에서 가장 많이 나타날 활동시간으로 분포의 최빈값(mode)에 해당하는 시간
- 비관적 시간(pessimistic time: b로 표시함) : 가장 불리한 상황이 전개될 때 걸릴 최장시간

더욱 활동시간 추정치는 [그림 15-6]과 같이 베타(β)분포를 하고 있다고 가정하여 베타분포의 평균과 분산공식을 이용함으로써 활동시간의 평균과 분산을 구하게 된다. 각 활동을 완료하는 데 소요되는 기대시간 t_e와 그 분포의 표준편차 σ는 다음 공식에 의하여 구한다.

$$t_e = \frac{a + 4m + b}{6}$$

$$\sigma = \frac{b-a}{6} \left\{ \sigma^2 = \left(\frac{b-a}{6} \right)^2 \right\}$$

새로운 제품개발 프로젝트의 낙관적 시간, 최빈시간, 비관적 시간이 [표 15-2]에 나와 있다.

예를 들면 활동 A의 기대시간(expected time)과 분산(variance)은 다음과 같이 계산한다.

표 15-2 제품개발 프로젝트 활동의 기대시간(주)과 분산

활동	a	m	b	기대시간(t_e)	분산(σ^2)
A	4	5	12	6	1.78
B	1	1.5	5	2	0.44
C	2	3	4	3	0.11
D	3	4	11	5	1.78
E	2	3	4	3	0.11
F	1.5	2	2.5	2	0.03
G	1.5	3	4.5	3	0.25
H	2.5	3.5	7.5	4	0.69
I	1.5	2	2.5	2	0.03
J	1	2	3	2	0.11
			합계	32	

$$t_e = \frac{a+4m+b}{6} = \frac{4+4\times5+12}{6} = 6(주)$$

$$\sigma^2 = \left(\frac{b-a}{6}\right)^2 = \left(\frac{12-4}{6}\right)^2 = 1.78(주)$$

기대시간을 계산하는 공식에서 낙관적 시간과 비관적 시간보다 최빈시간에 네 배의 가중치를 주고 있으며, 6으로 나눈 것은 가중치 6(=1+4+1)으로 가중평균을 계산하기 위한 것이다. t_e가 6이라는 것은 [그림 15-6]에서 실제로 활동 A를 완료하는 데 6주보다 덜 걸릴 확률도, 그리고 6주보다 더 걸릴 확률도 0.5임을 의미한다.

각 활동의 기대시간과 분산은 [표 15-2]에 계산되어 있다.

[그림 15-2]의 제품개발 프로젝트의 네트워크에 각 활동의 기대시간을 추가하면 [그림 15-7]과 같다.

그림 15-7 제품개발 프로젝트의 네트워크와 각 활동의 기대시간

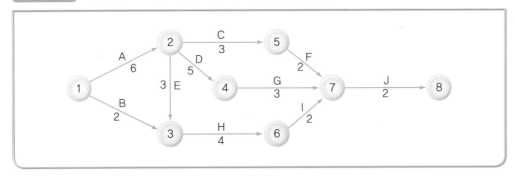

■ 단계 5 : 프로젝트의 주공정과 최단 완료시간을 구한다.

이 문제에서 하나의 가정이 필요한데 이는 [표 15-2]에서의 모든 활동의 기대시간은 CPM방법처럼 점추정치로서 확실성하에서의 고정된 기간(fixed length)으로 취급한다는 것이다.

프로젝트 완료기간(project completion period)을 결정하기 위해서는 주공정 (critical path)이라는 개념을 먼저 알아야 한다. 공정이란 출발단계에서 최종단계에 이르는 어떤 활동들을 순서대로 연결한 것으로 경로(path)라고도 한다. [그림 15-7]에서 단계 1－2－5－7－8로 연결된 공정은 활동 A, C, F 및 J로 구성된 것을 나타낸다.

여러 개의 공정 중에서 가장 중요한 공정은 그 공정상에 있는 모든 활동을 완료하는 데 소요되는 기간이 가장 긴 주공정이다. 주공정상에 있는 활동, 즉 주공정 활동(critical path activity)의 어느 하나가 지연이 되면 그만큼 프로젝트 완료가 지연된다. 따라서 다음과 같은 논리가 성립한다.

주공정 활동(최장경로)의 소요시간＝프로젝트의 최단 완료시간

그러므로 어떤 프로젝트의 완료기간을 단축시키려면 주공정상에 있는 활동의 완료기간을 단축시켜야 한다. 이와 같이 프로젝트 스케줄링의 통제대상은 주공정 활동들이다.

프로젝트의 주공정을 찾는 방법으로 완전한 열거법(complete enumeration approach)과 분석법(analytical method)을 설명하고자 한다.

1. 열거법

[그림 15-7]에서처럼 문제가 단순한 경우에는 출발단계에서 최종단계에 이르는 모든 가능한 공정을 열거함으로써 주공정을 찾을 수 있다. 모든 가능한 공정 중에서 가장 긴 시간을 갖는 공정이 주공정이 된다. [그림 15-6]의 각 공정과 그의 완료기간을 계산하면 [표 15-3]과 같다.

모든 공정을 비교할 때 완료기간이 가장 긴 17주가 소요되는 공정 A－E－

표 15-3 각 공정별 완료기간 및 주공정

공정	완료기간	비교
A−E−H−I−J(1−2−3−6−7−8)	6+3+4+2+2=17	주공정
A−D−G−J(1−2−4−7−8)	6+5+3+2=16	
A−C−F−J(1−2−5−7−8)	6+3+2+2=13	
B−H−I−J(1−3−6−7−8)	2+4+2+2=10	

H−I−J가 주공정임을 알 수 있다.

2. 분석법 : ES와 LS의 계산

네트워크가 크고 복잡한 경우에는 열거법을 사용하면 시간이 오래 걸리기 때문에 모든 선행활동이 완료되었을 때 어떤 특정 활동의 가장 빠른 시작시간 (earliest start time: ES)과 전체 프로젝트의 완료시간을 지체하지 않도록 가장 늦은 시작시간(latest start time: LS)을 계산하여 주공정을 찾는 분석법이 사용된다.

■ ES의 계산

어떤 단계의 가장 빠른 시작시간(ES)이란 이 단계에 이르는 모든 활동들을 완료해야 하기 때문에 아무리 빨리 서두른다 해도 경과해야 하는 시간을 말한다. [그림 15-8]을 이용하여 각 단계의 ES를 계산하여 보자.

단계 ①에서 시작하고 활동 A의 시작시간을 0이라고 정의한다. 즉 단계 ①의 ES는 0이다. 활동 A의 가장 빠른 시작시간은 0이고 활동 A의 작업시간은 6주이므로 활동 A의 가장 빠른 완료시간(earliest finish time: EF)은 0+6=6(주)이다. 이러한 계산결과를 나타내는 것이 [그림 15-8]이다.

그림 15-8 가장 빠른 완료시간의 계산

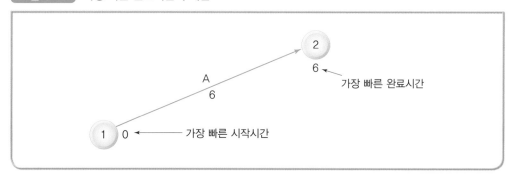

ES를 계산하기 위해서는 네트워크의 출발마디로부터 시작하여 전진법(forward pass)을 사용한다.

전진법을 사용할 때의 ES규칙과 EF규칙은 다음과 같다.

- ES규칙 : 어떤 활동을 시작하기 전에 그의 모든 직전 선행활동들은 완료되어야 한다.
  - 어떤 활동이 하나의 직전 선행활동만 가지면 그의 ES는 그 선행활동의 EF와 똑같다.
  - 어떤 활동이 여러 개의 직전 선행활동을 가지면 그의 ES는 그 선행활동의 EF 중 최대와 똑같다.

    $ES =$ 최대(모든 직전 선행활동들의 EF)

- ES규칙 : 가장 빠른 완료시간 = 가장 빠른 시작시간 + 활동의 기대시간
  $$\quad\quad\quad\quad (EF) \quad\quad\quad\quad\quad (ES) \quad\quad\quad\quad (t_e)$$

어떤 활동도 그의 모든 선행활동이 완료되기 전에는 시작할 수 없기 때문에 한 단계를 떠나는 특정 활동의 가장 빠른 시작시간은 이 단계에 들어오는 모든 선행활동의 가장 빠른 완료시간들을 비교하여 이 가운데 가장 큰 시간으로 정한다. 따라서 어떤 단계의 가장 빠른 가능한 시작시간 ES는 그 단계에 들어오는 활동이 한 개인 경우에는 그 활동의 가장 빠른 완료시간이 되지만 두개 이상인 경우에는 가장 큰 빠른 완료시간이 된다.

앞에서 설명한 바와 같이 활동 A의 가장 빠른 완료시간은 6주이다. 단계 ②에 들어오는 활동은 활동 A 하나뿐이므로 단계 ②를 떠나는 활동 C, D, E의

그림 15-9 각 단계의 ES

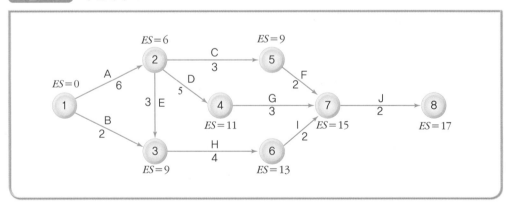

가장 빠른 시작시간은 아무리 서두른다 해도 6주가 지나야 한다. 따라서 단계
②의 ES는 6이다. 이와 같은 요령으로 단계 ④와 ⑤에 대한 ES를 계산하면 다
음과 같다.

> 단계 ④ $6+5=11$
> 단계 ⑤ $6+3=9$

단계 ③의 경우 단계 ③에 들어오는 활동이 B와 E, 두 개이기 때문에 단계
③의 ES는 최대$(6+3=9, 0+2=2)=9$로 정한다. 이는 활동 H를 시작하기 위해
서는 아무리 빨라도 9주가 지나야 한다는 것을 의미한다.

이와 같은 방식으로 각 단계의 ES를 계산하면 [그림 15-9]와 같다.

이 네트워크의 최종마디인 단계 ⑧의 ES는 17로서 이는 이 프로젝트를 완
료하는 데 소요되는 가장 빠른 완료시간은 17주임을 뜻한다.

■ LS의 계산

어떤 단계의 가장 늦은 시작시간 LS란 프로젝트를 완료하는 데 소요되는
시간, 즉 최종단계의 ES를 지연시키지 않기 위하여 이 단계에 이르는 모든 활
동들이 완료되어야 하는 시점을 말한다. 다시 말하면 이 단계로부터 출발하는
활동은 아무리 늦더라도 이 시점에서 시작해야만 프로젝트를 예정된 기간에
끝낼 수 있음을 뜻한다.

각 단계의 LS를 계산하기 위해서는 각 활동에 대해 가장 늦은 시작시간
(latest start time: LS)과 가장 늦은 완료시간(latest finish time: LF)을 네트워크의 최
종마디로부터 시작하는 후진법(backword pass)을 사용하여 계산해야 한다.

후진법을 사용할 때의 LF규칙과 LS규칙은 다음과 같다.

- LF규칙 : 어떤 활동을 시작하기 전에 그의 모든 선행활동들은 완료되어
  야 한다.
  - 어떤 활동이 하나의 직후활동을 가질 때 그의 LF는 그의 직후활동의
    LS와 똑같다.
  - 어떤 활동이 여러 개의 직후활동을 가질 때 그의 LF는 그 직후활동의
    LS 중 최소와 똑같다.

$$LF = 최소(모든 직후활동들의 LS)$$

- ES규칙 : 가장 늦은 시작시간 = 가장 늦은 완료시간 − 활동의 기대시간
  - $\quad\quad (LS) \quad\quad\quad\quad (LF) \quad\quad\quad\quad\quad (t_e)$

네트워크의 최종단계의 *LS*는 그의 *ES*와 같다. 따라서 단계 ⑧의 *LS*는 17주이다.

활동 J의 가장 늦은 완료시간은 17주이므로 이로부터 활동 J의 기대시간 2를 빼면 15주가 되는데, 이는 활동 J를 시작하기 위해서는 아무리 늦어도 15주 내에 선행활동인 F, G, I를 끝내야 함을 의미한다. 단계 ⑦에 들어오는 활동은 F, G, I이므로 이들 활동의 가장 늦은 완료시간은 15주이다. 따라서 단계 ⑦의 *LS*는 15주라고 할 수 있다. 이와 같은 방식으로 단계 ④, ⑤, ⑥, ③의 가장 늦은 시작시간을 계산하면 아래와 같다.

단계 ④   15−3=12
단계 ⑤   15−2=13
단계 ⑥   15−2=13
단계 ③   13−4=9

단계 ②의 경우 단계 ②로부터 출발하는 활동이 C, D, E 세 개이기 때문에 단계 ②에 들어오는 활동 A의 가장 늦은 완료시간은 그 단계를 출발하는 모든 활동의 가장 늦은 시작시간을 비교하여 이 가운데 가장 작은 시간으로 정한다.

따라서 단계 ②의 *LS*는 최소(13−3=10, 12−5=7, 9−3=6)=6으로 정한다. 이는 단계 ②에 들어오는 활동 A의 가장 늦은 완료시간은 6주로 활동 A를 프로젝트 시작 후 늦어도 6주까지 완료해야 함을 의미한다.

이를 일반식으로 나타내면 다음과 같다.

LF=최소(모든 직후 활동의 *LS*)

따라서 활동 C, D, E를 아무리 늦어도 7주 초에는 시작해야만 이 프로젝트를 계획대로 17주에 완료할 수 있는 것이다.

각 단계에 대하여 *LS*를 계산한 결과가 [그림 15-10]이다.

프로젝트의 모든 단계에 대하여 *ES*와 *LS*를 계산하면 각 단계에 대한 여유시간(slack: S)을 계산할 수 있다. 각 단계에 대하여 *ES*와 *LS*를 표시한 [그림 15-11]을 이용하자.

각 단계의 여유시간은 다음과 같이 계산한다.

여유시간=*LS*−*ES*=*LF*−*EF*

그림 15-10 **각 단계의** LS

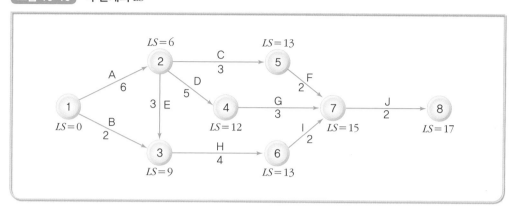

그림 15-11 **각 단계의** ES**와** LS

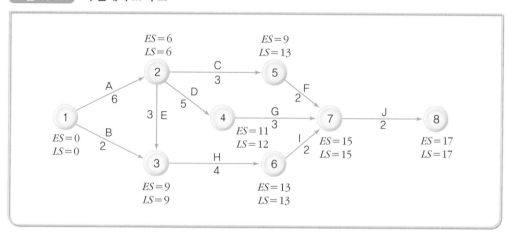

앞에서 본 바와 같이 ES란 어떤 단계로부터 출발하는 활동을 시작할 수 있는 가장 빠른 시작시간을 말하고 LS는 프로젝트를 지연시키지 않도록 이 단계로부터 출발하는 활동을 시작해야 하는 가장 늦은 시작시간을 말하므로 여유시간이란 전체 프로젝트를 지연시키지 않고 각 단계가 지체할 수 있는 시간을 말한다. [그림 15-12]에서 단계 ⑤의 여유시간은 4주(13−9=4)인데 이는 활동 C 또는 F를 4주 지연시키더라도 프로젝트를 완료하는 데는 계획대로 17주가 소요됨을 의미한다. 따라서 여유시간이 0이라 함은 이 단계까지 도달하는 데 정확히 ES시간 걸려야만 전체 프로젝트가 계획으로부터 지연될 수 없다는 것을 뜻한다. 각 단계에 대하여 여유시간을 표시한 것이 [그림 15-12]이다.

주공정은 여유시간이 0인 단계를 차례로 연결함으로써 구해진다. [그림

그림 15-12 각 단계의 *ES*와 *LS* 및 *S*

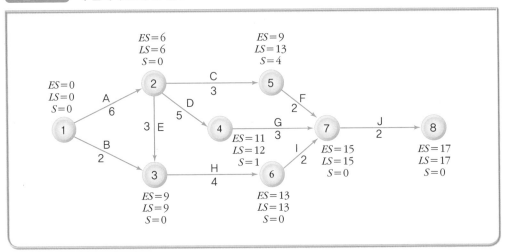

15-12]에서 ①-②-③-⑥-⑦-⑧은 주공정이다. 이는 열거법에 의한 결론과 일치한다. 주공정에 있는 활동을 주공정 활동(critical path activity)이라 하고 이들을 이용하여 주공정을 표시하면 A-E-H-I-J가 된다. 이 중에서 어떤 주공정 활동이 지연되면 전체 프로젝트에 영향을 미친다는 것은 앞에서 설명한 바와 같다.

프로젝트를 네트워크로 작성하여 분석하면 그 프로젝트의 각 활동에 대하여 시작과 완료의 스케줄링을 작성할 수 있다. 제품개발 프로젝트의 각 활동의 스케줄링을 주어진 공식에 따라 계산한 결과가 [표 15-4]이다.

표 15-4 각 활동의 스케줄링

활동	가장 빠른 시작시간(ES)	가장 빠른 완료시간(EF)	가장 늦은 시작시간(LS)	가장 늦은 완료시간(LF)	S ($LS-ES$)	주공정
A	0	6	0	6	0	예
B	0	2	7	9	7	
C	6	9	10	13	4	
D	6	11	7	12	1	
E	6	9	6	9	0	예
F	9	11	13	15	4	
G	11	14	12	15	1	
H	9	13	9	13	0	예
I	13	15	13	15	0	예
J	15	17	15	17	0	예

앞절에서 주공정을 계산할 때 활동시간은 기대시간으로 고정된 것으로 가정하였으나 본절에서는 활동시간의 불확실성을 전제하여 이 불확실성의 프로젝트 완료시간에 미치는 영향을 공부하고자 한다. 따라서 CPM에서의 활동시간의 점추정치는 사용되지 않는다. PERT 네트워크에 있어서 각 활동을 완료하는 데 소요되는 시간추정치는 베타분포를 이룬다고 가정하였다.

　　[그림 15-12]에서 주공정은 A−E−H−I−J인데 이는 각각 다른 확률분포를 나타내는 다섯 개의 활동으로 구성되어 있다. 각 활동의 활동시간을 확률분포를 이용하여 구하면 프로젝트의 완료시간도 하나의 확률변수(random variable)가 된다. 다섯 개의 확률분포를 이용하여 전체 프로젝트를 완료하는 데 소요되는 시간추정치를 나타내는 하나의 분포를 구해야 한다.

　　이를 위해서는

- 모든 활동의 완료시간이 독립적이고
- 프로젝트의 완료시간(주공정 활동의 완료시간)은 정규분포를 따른다

는 가정이 필요하다. 이러한 경우에는 프로젝트의 최단 완료시간이란 개념은 의미가 없고 다만 프로젝트가 어느 특정 기간 내에 완료될 확률을 구하는 데 초점이 맞추어진다.

　　이러한 가정에 입각하여 주공정 A−E−H−I−J 분포의 기대시간 TE는 주공정 활동 다섯 개의 기대시간 t_e를 합계한 것이며, 분산은 주공정 활동 다섯 개의 분산을 합계한 것이다. 즉 [표 15-2]에서 주공정 분포의

　　　　기대시간 $TE = 6+3+4+2+2 = 17^{(주)}$

이며

　　　　분산 $\sigma^2 = 1.78+0.11+0.69+0.03+0.11 = 2.72$

이다. 따라서

　　　　표준편차 $\sigma = \sqrt{2.72} = 1.65$

이다.

그림 15-13 프로젝트를 20주에 끝낼 확률

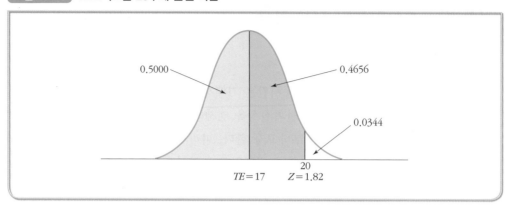

이는 이 프로젝트의 완료시간은 평균이 17주이며 표준편차가 1.65주인 정규분포임을 뜻한다. 여기서 예를 들면 이 프로젝트를 20주에 완료할 확률을 계산할 수 있다. 이를 위해서는 먼저 정규분포의 표준정규변수(standard normal variable) Z의 값을 다음 공식을 이용하여 구해야 한다.

$$Z = \frac{X - TE}{\sigma}$$

$X =$ 프로젝트의 특정 완료기간

즉

$$Z = \frac{20 - 17}{1.65} = 1.82$$

이다. 부표에 있는 정규분포표를 이용하여 20주 내에 프로젝트를 완료할 확률은 $0.4656 + 0.5000 = 0.9656$이다. 따라서 20주 이후에 완료할 확률은 0.0344이다. 이들을 그림으로 나타내면 [그림 15-13]과 같다.

15.9 시간-비용의 관계

지금까지 PERT를 설명함에 있어서 활동을 완료하는 데 소요되는 시간만을 고려하여 프로젝트를 계획하고 스케줄링을 수립하여 통제하는 데 주목적을 두었다. 그러나 프로젝트를 완료하는 데는 시간뿐 아니라 비용도 고려하여야 한다. 더 많은 자원, 예컨대 노동력, 장비 또는 자재 등을 투입하여 어떤 활동을 단축시키고 결과적으로 프로젝트의 완료기간을 단축시킬 수 있기 때문이다. 이와 같이 활동시간의 단축에는 활동비용의 추가가 수반되므로 시간과 비용 사이의 균형을 따져 최소비용으로 프로젝트 기간을 단축할 수 있는 방법을 모색하여야 한다.

네트워크의 비용분석은 원래 CPM과 관계가 있으나 오늘날에는 PERT에도 적용된다. 비용분석의 목적은 자원을 투입하여 어떤 활동을 단축시켜야 하며 그의 단축기간은 얼마인가를 결정하려는 것이다.

1. 시간-비용의 관계

비용분석에서는 활동의 시간과 비용에 대하여 ① 정상시간과 정상비용, ② 속성시간과 속성비용의 추정치가 필요하다.

정상시간(normal time)이란 정상적인 조건에서 활동을 수행하는 데 소요되는 시간으로서 PERT에서는 최빈시간(m) 또는 기대시간(t_e)에, 그리고 CPM에서는 활동시간의 점추정치에 해당된다.

정상비용(normal cost)은 활동을 정상시간에 완료하는 데 소요되는 비용을 말한다.

속성시간(crash time)이란 추가자원을 투입하여 달성하는 활동의 최단시간으로서 PERT에서는 낙관적 시간(t_e)에 해당되지만 CPM에서는 이의 새로운 추

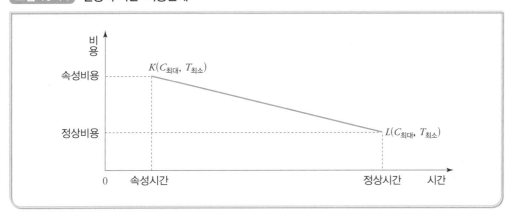

그림 15-14 활동의 시간-비용관계

정치가 필요하다.

속성비용(crash cost)이란 활동을 속성시간에 완료하는 데 소요되는 비용을 말한다.

시간과 비용의 관계는 편의상 선형이라고 가정한다. 이는 [그림 15-14]와 같이 표시되는데 K점은 활동의 속성시간(최소시간)과 속성비용(최대비용)을, 그리고 L점은 정상시간(최대시간)과 정상비용(최소비용)을 나타낸다.

비용-시간의 직선, 즉 KL의 기울기는 시간과 비용의 보상관계를 측정한다. 즉 활동을 완료하는 데 단위당 시간을 단축하기 위하여 얼마의 추가비용이 소요되는가를 측정한다. 단축되는 단위 시간당 추가비용 KL은 다음과 같은 공식을 이용하여 구한다.

$$KL = \frac{\text{속성비용} - \text{정상비용}}{\text{정상시간} - \text{속성시간}} = \frac{\text{추가비용}}{\text{단축시간}}$$

예를 들어 만약 어떤 활동의 정상시간은 7일이고 정상비용은 500원이며 속성시간은 4일이고 속성비용은 800원이라면 이 활동은 최대로 3일을 단축할 수 있는 반면에 추가비용은 300원이다. 따라서 1일을 단축하는 데는 평균 100원의 추가비용이 소요된다.

비용분석의 궁극적 목적은 정상비용 이상으로 비용을 최소로 추가하면서 프로젝트 완료시간은 최대로 단축시키는 방안을 모색하는 것이다. 프로젝트 완료기간의 단축은 주공정 활동을 단축시키면 가능하므로 주공정 활동이 아닌 활동을 단축시키기 위하여 비용을 추가할 필요는 없다.

2. 프로젝트 완료기간의 단축

프로젝트의 완료기간을 최대한 단축하기 위하여 얼마의 비용이 추가로 소요되는지를 알아보기 위하여 제품개발 프로젝트를 예로 들어 보자. [표 15-5]는 각 활동에 대하여 시간과 비용 그리고 1주일 추가(단축)비용을 보이고 있다.

[그림 15-15]는 네트워크에 시간과 비용을 추가한 것이다. 화살표 위의 숫자는 정상시간을, 괄호 속에 있는 숫자는 속성시간을, 그리고 화살표 밑에 있는 숫자는 1주일 단축의 추가비용을 나타낸다.

예를 들면 활동 A는 정상적으로 작업하면 6주가 소요되지만 속성으로 작업하면 4주가 소요되므로 2주일을 단축할 수 있으며 비용은 추가로 740-600

표 15-5 각 활동에 대한 시간, 비용 및 주당 추가비용

활동	시간(주)		비용(원)		주당 추가비용(원)
	정상	속성	정상	속성	
A	6	4	600	740	70
B	2	1	500	650	150
C	3	2	450	500	50
D	5	3	500	700	100
E	3	2	600	960	360
F	2	1.5	900	990	180
G	3	1.5	600	945	230
H	4	2.5	700	880	120
I	2	1.5	500	625	250
J	2	1	600	650	50
		합계	5,950	7,640	

그림 15-15 각 활동의 시간과 비용

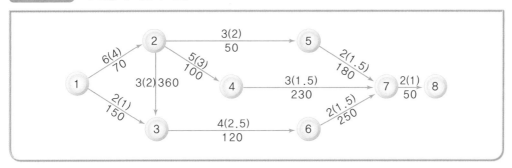

=140(원)이 소요되므로 1주일을 단축하는 데는 추가로 70원이 소요된다.

이 프로젝트는 정상비용 5,950원으로 정상기간 17주에 완료할 수 있으나 추가비용 얼마를 투입하여 몇 주일 만에 완료할 수 있는지 알아보기로 하자.

첫째 단계는 정상시간과 속성시간에 의한 주공정을 찾는 것이다. 이를 위해서는 열거법과 분석법이 사용된다는 것은 이미 배운 바와 같다. 정상시간과 속성시간에 의한 주공정은 ①－②－③－⑥－⑦－⑧이다.

정상조건에서의 프로젝트 비용은 5,950원([표 15-5] 참조)임에 비하여 모든 활동을 단축했을 때의 비용은 7,640원이다. 이 프로젝트는 아무리 많은 자원을 투입한다 해도 11주일 미만에는 완료할 수 없다.[1] 즉 정상기간보다 6주일 단축된 11주일에 완료할 수 있다. 이때 5,950원 이상으로 추가되는 비용은 얼마일까?

---

1 모든 주공정 활동의 속성시간을 합한 결과이다. 즉 4＋2＋2.5＋1.5＋1＝11.

그림 15-16 활동 ⑦ - ⑧이 단축된 후의 네트워크

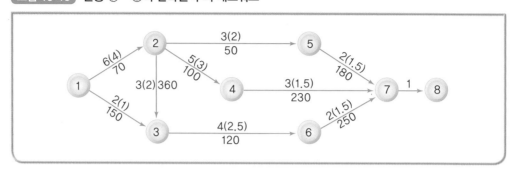

둘째 단계는 정상시간에 의한 주공정 활동 중에서 가장 적은 주당 추가비용을 갖는 활동을 차례로 단축시켜야 한다. 이와 같이 주공정 활동만을 단축하는 과정에서 지금까지 비주공정이었던 공정이 주공정으로 바뀌면 기존 주공정과 함께 두 주공정의 활동을 동일 기간씩 단축시켜야 한다. 일단 주공정이 되면 계속 주공정으로 유지되어야 하기 때문이다.

[그림 15-15]에서 주공정 활동 가운데서 활동 ⑦ - ⑧의 비용이 가장 적으므로 활동 ⑦ - ⑧을 단축시켜야 한다. 1주일을 단축시키면 이 프로젝트는 이제 16주일에 완료할 수 있으며 추가비용 50원을 포함한 프로젝트의 총비용은 5,950＋50＝6,000(원)이 된다.

다음에는 단축된 활동에 대한 시간을 수정하여 새로운 네트워크를 작성하고 정상시간에 의한 다른 주공정이 나타나는지를 검토한다. 그 결과가 [그림 15-16]에 표시되어 있다.

아직도 주공정은 ① - ② - ③ - ⑥ - ⑦ - ⑧ 하나뿐이다. 활동 ① - ②의 추가비용이 가장 적으므로 활동 ① - ②에 대해 2주일 단축한다. 이렇게 함으로써 프로젝트는 14주일에 완료할 수 있고 총비용은 6,000＋2(70)＝6,140원으로 증가한다.

활동 ① - ②를 2주일 단축한 후의 새로운 네트워크는 [그림 15-17]과 같으며 주공정은 아직도 ① - ② - ③ - ⑥ - ⑦ - ⑧뿐이다. 이제 활동 ③ - ⑥을 1주일만 단축시켜야 한다. 활동 ③ - ⑥을 단축시킬 수 있는 기간은 1.5주일이므로 만일 1.5주일을 단축시키면 주공정이던 ① - ② - ③ - ⑥ - ⑦ - ⑧은 비주공정이 되고 비주공정이던 ① - ② - ④ - ⑦ - ⑧이 주공정이 되기 때문이다. 활동을 단축하는 과정에서 비주공정은 주공정이 될 수는 있어도 주공정이 비주공정으로 바뀔 수는 절대로 없다. 활동 ③ - ⑥을 1주일 단축시키면 프로젝

그림 15-17 활동 ①−②가 단축된 후의 네트워크

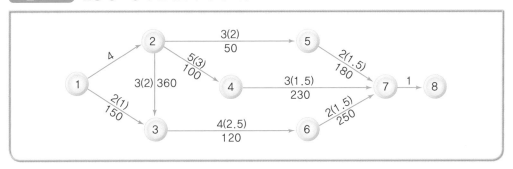

그림 15-18 활동 ③−⑥이 단축된 후의 네트워크

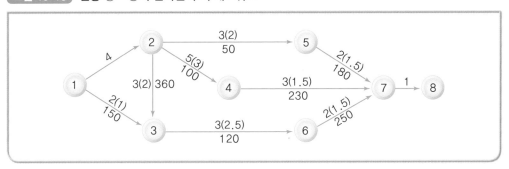

트 완료기간은 13주일로 단축되는 반면 비용은 6,140＋120＝6,260(원)으로 증가한다. [그림 15-18]은 활동 ③−⑥을 1주일 단축한 후의 새로운 네트워크이다.

이제 주공정은 두 개가 되었다. 따라서 ①−②−③−⑥−⑦−⑧과 ①−②−④−⑦−⑧은 동시에 같은 기간씩 단축해야 한다. 활동 ②−④를 1주일 단축하고 활동 ③−⑥과 활동 ⑥−⑦을 각각 0.5주일씩 단축할 수 있다. 프로젝트 완료기간은 12주일로 단축되고 비용은 6,260＋100＋60＋125＝6,545(원)으로 증가한다. 활동 ②−④, ③−⑥, ⑥−⑦을 단축한 결과는 [그림 15-19]이다.

[그림 15-19]에서 활동 ②−③과 ②−④를 동시에 1주일씩 단축할 수 있다. 프로젝트의 완료기간은 11주일로 단축되고 총비용은 6,545＋360＋100＝7,005(원)으로 증가한다. 이의 결과는 [그림 15-20]이다.

주공정은 그대로 ①−②−③−⑥−⑦−⑧과 ①−②−④−⑦−⑧의 두 개이다. 그러나 한 주공정에 있는 모든 활동이 단축되었으므로 다른 주공정상

그림 15-19 **활동 ②-④, ③-⑥, ⑥-⑦이 단축된 후의 네트워크**

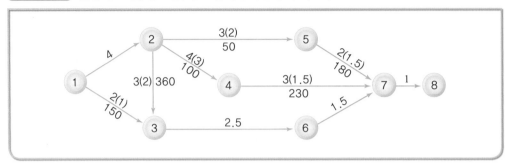

그림 15-20 **활동 ②-③, ②-④를 1주일씩 단축한 후의 네트워크**

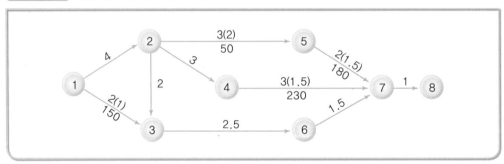

표 15-6 **가능한 모든 활동을 단축한 후의 총추가비용**

활동	단축기간(주)	추가비용
⑦-⑧	1	50
①-②	2	140
③-⑥	1	120
③-⑥		60
⑥-⑦	} 1	125
②-④		100
②-③	} 1	360
②-④		100
	6	1,055

에 있는 활동을 더 이상 단축시킬 필요가 없다. 즉 이 프로젝트는 11주 미만에
는 완료할 수 없으므로 예컨대 활동 ②-⑤를 단축하더라도 비용만 추가되지
프로젝트 완료시간을 더 이상 단축시킬 수는 없는 것이다. 이 프로젝트는 정상
비용 5,950원으로 정상기간 17주에 완료할 수 있으나 추가비용 1,055원을 투

입한 총비용 7,005원으로 6주일을 단축하여 11주일 만에 완료할 수 있음을 보여 준다. 지금까지의 결과는 [표 15-6]에 종합적으로 정리되어 있다.

15.10 공급사슬 협력

프로젝트 관리는 프로젝트의 진척상황을 추적할 구조를 제공한다. 전체 프로젝트를 원래의 계획대로 완료하기 위해서는 특히 주공정 활동의 지연을 방지해야 한다. 이와 같이 프로젝트를 계획대로 완료하기 위해서는 공급사슬 파트너 간의 커뮤니케이션이 아주 중요하다. 공급사슬의 파트너들이 정보를 공유하고 데이터베이스를 공용하면 프로젝트의 진도를 알아보기 위하여 실시간으로 접속할 수 있다.

프로젝트의 활동에 지연이 있게 되면 파트너 간에 커뮤니케이션이 있어야 하며 활동수행에 필요한 자원이 적량으로 적기에 공급되도록 협력해야 한다.

1. PERT/CPM을 설명하라.

2. PERT/CPM을 이용하여 얻을 수 있는 정보는 무엇인가?

3. 프로젝트 관리를 위해 공급사슬 파트너의 협력이 필요한 이유는 무엇인가?

4. 어느 프로젝트의 활동 및 그의 시간추정치가 다음과 같이 주어졌을 때, 아래의 물음에 답하라.

공정	직전 선행활동	시간추정치(일)		
		a	m	b
A	–	2	3	5
B	A	3	5	8
C	B	10	13	20
D	C	5	8	11
E	B	4	7	8
F	E	17	20	21
G	C	5	7	12
H	D	2	3	5
I	G, H	1	2	3
J	F, I	1	1	1

① 이들 활동의 PERT 네트워크를 작성하라.

② 모든 활동을 완료하는 데 필요한 기대시간을 계산하라.

③ 35일 내에 이 프로젝트를 완료할 확률을 계산하라.

5. 다음과 같이 활동과 그의 시간추정치가 주어졌을 때, 아래의 물음에 답하라.

활동	시간추정치(일)		
	a	m	b
1−2	4	7	10
1−3	2	7	9
1−4	8	10	12
2−3	1	2	3
2−4	2	4	9
3−5	4	5	6
3−6	7	8	15
4−6	6	8	13
5−6	2	5	8

① 네트워크를 작성하라.

② 프로젝트의 예상완료기간을 구하라.

③ 주공정을 찾아라.

④ 프로젝트를 22주 이내에 완료할 확률을 구하라.

6. 어느 프로젝트의 활동, 완료기간, 비용자료가 다음과 같다.

활동	직전 선행활동	시간(주)		비용(원)	
		정상	속성	정상	속성
A	–	16	8	1,600	2,400
B	–	14	10	1,200	2,000
C	A	20	16	1,800	2,200
D	A	8	6	1,000	1,400
E	B	6	4	600	1,000
F	D, E	10	8	600	800
G	C, F	14	10	1,000	1,400

① 이들 활동의 네트워크를 작성하라.

② 분석법을 사용하여 정상시간에 의한 주공정을 구하라.

③ 프로젝트를 완료하는 데 소요되는 정상시간은 얼마인가?

④ 추가비용으로 이 프로젝트를 단축하고자 할 때 소요되는 총비용은 얼마이고 완료기간은 얼마인가?

7. 다음과 같이 어떤 프로젝트의 활동, 시간, 비용자료가 주어졌다. 단, 정상시간은 확률적 시간이 아닌 확정적 시간이라고 가정한다.

활동	직전 선행활동	시간(일)			시간(일)		비용(원)	
		a	m	b	정상	속성	정상	속성
A	–	5	8	17	9	7	4,800	6,300
B	–	3	12	15	11	9	9,100	15,500
C	A	4	7	10	7	5	3,000	4,000
D	A	5	8	23	10	8	3,600	5,000
E	B	1	1	1	1	1	0	0
F	B	1	4	13	5	3	1,500	2,000
G	E	3	6	9	6	5	1,800	2,000
H	F	1	2.5	7	3	3	0	0
I	C	1	1	1	1	1	0	0
J	G, H	2	2	2	2	2	0	0
K	D	5	8	11	8	6	5,000	7,000

① 이들 활동의 네트워크를 작성하라.

② 분석법을 사용하여 정상시간에 의한 주공정을 구하라.

③ 프로젝트를 완료하는 데 소요되는 정상시간은 얼마인가?

④ 이 프로젝트를 26일 내에 완료할 확률을 구하라.

⑤ 프로젝트의 활동을 경제적으로 단축할 때 활동의 순서, 활동의 단축기간 및 추가 비용을 구하라.

8. 다음과 같이 어느 프로젝트의 활동, 시간, 단축할 수 있는 최대시간, 그리고 주당 비용 등이 주어졌을 때, 아래의 물음에 답하라.

활동	시간(주)	가능한 시간단축(주)	주당비용(원)
1-2	10	3	5,000
1-3	8	1	7,000
1-4	3	2	10,000
2-5	7	2	2,000
3-4	4	1	4,000
3-5	6	2	3,000
4-5	8	2	8,000

① 네트워크를 작성하라.

② 각 단계의 ES 및 LS를 구하고 주공정을 찾아라.

③ ES를 3주 단축하기 위한 가장 경제적인 전략을 찾아라.

④ ES를 4주 단축하기 위한 가장 경제적인 전략을 찾아라.

9. 어느 프로젝트의 활동과 시간추정치가 다음과 같다.

활동	직전 선행활동	시간추정치(일)		
		a	m	b
A	–	2	3	4
B	–	3	5	7
C	A	10	13	16
D	A	5	8	11
E	B	4	7	10
F	B	17	20	23
G	C	5	7	15
H	D, E	2	3	100
I	H	1	2	3
J	G, I	I	1	1
K	H	8	10	12
L	F, J, K	2	7	12

① 이들 활동의 PERT 네트워크를 작성하라.

② 각 활동을 완료하는 데 필요한 기대시간과 분산을 구하라.

③ 각 활동의 기대시간을 이용하여 주공정과 프로젝트 완료시간을 구하라.

④ 이 프로젝트를 36일 내에 완료할 확률, 95%의 확률로 이 프로젝트를 완료할 기간을 구하라.

위 프로젝트의 시간과 비용자료가 다음과 같다. 여기서 정상시간은 기대시간과 같지만 확정적 시간이라고 가정한다.

활동	속성시간	정상비용	속성비용
A	1	500	800
B	4	400	440
C	10	300	420
D	6	550	660
E	5	600	700
F	15	700	800
G	7	620	650
H	3	580	630
I	1	630	680
J	0.5	500	530
K	8	700	800
L	5	800	900

⑤ 이 프로젝트의 완료기간을 단축하고자 할 때 소요되는 추가비용은 얼마인가?

⑥ 이 프로젝트의 단축 가능한 기간은 얼마인가?

⑦ 이 프로젝트의 활동을 경제적으로 단축시키고자 할 때 단축하는 활동의 순서, 단축기간, 추가비용을 나타내는 표를 작성하라.

z	.00	.01	.02	.03	.04	.05	.06	.07	.08	.09
.0	.0000	.0040	.0080	.0120	.0160	.0199	.0239	.0279	.0319	.0359
.1	.0398	.0438	.0478	.0517	.0557	.0596	.0636	.0675	.0714	.0753
.2	.0793	.0832	.0871	.0910	.0948	.0987	.1026	.1064	.1103	.1141
.3	.1179	.1217	.1255	.1293	.1331	.1368	.1406	.1443	.1480	.1517
.4	.1554	.1591	.1628	.1664	.1700	.1736	.1772	.1808	.1844	.1879
.5	.1915	.1950	.1985	.2019	.2054	.2088	.2123	.2157	.2190	.2224
.6	.2257	.2291	.2324	.2357	.2389	.2422	.2454	.2486	.2517	.2549
.7	.2580	.2611	.2642	.2673	.2703	.2734	.2764	.2794	.2823	.2852
.8	.2881	.2910	.2939	.2967	.2995	.3023	.3051	.3078	.3106	.3133
.9	.3159	.3186	.3212	.3238	.3264	.3289	.3315	.3340	.3365	.3389
1.0	.3413	.3438	.3461	.3485	.3508	.3531	.3554	.3577	.3599	.3621
1.1	.3643	.3665	.3686	.3708	.3729	.3749	.3770	.3790	.3810	.3830
1.2	.3849	.3869	.3888	.3907	.3925	.3944	.3962	.3980	.3997	.4015
1.3	.4032	.4049	.4066	.4082	.4099	.4115	.4131	.4147	.4162	.4177
1.4	.4192	.4207	.4222	.4236	.4251	.4265	.4279	.4292	.4306	.4319
1.5	.4332	.4345	.4357	.4370	.4382	.4394	.4406	.4418	.4429	.4441
1.6	.4452	.4463	.4474	.4484	.4495	.4505	.4515	.4525	.4535	.4545
1.7	.4554	.4564	.4573	.4582	.4591	.4599	.4608	.4616	.4625	.4633
1.8	.4641	.4649	.4656	.4664	.4671	.4678	.4686	.4693	.4699	.4706
1.9	.4713	.4719	.4726	.4732	.4738	.4744	.4750	.4756	.4761	.4767
2.0	.4772	.4778	.4783	.4788	.4793	.4798	.4803	.4808	.4812	.4817
2.1	.4821	.4826	.4830	.4834	.4838	.4842	.4846	.4850	.4854	.4857
2.2	.4861	.4864	.4868	.4871	.4875	.4878	.4881	.4884	.4887	.4890
2.3	.4893	.4896	.4898	.4901	.4904	.4906	.4909	.4911	.4913	.4916
2.4	.4918	.4920	.4922	.4925	.4927	.4929	.4931	.4932	.4934	.4936
2.5	.4938	.4940	.4941	.4943	.4945	.4946	.4948	.4949	.4951	.4952
2.6	.4953	.4955	.4956	.4957	.4959	.4960	.4961	.4962	.4963	.4964
2.7	.4965	.4966	.4967	.4968	.4969	.4970	.4971	.4972	.4973	.4974
2.8	.4974	.4975	.4976	.4977	.4977	.4978	.4979	.4979	.4980	.4981
2.9	.4981	.4982	.4982	.4983	.4984	.4984	.4985	.4985	.4986	.4986
3.0	.4987	.4987	.4987	.4988	.4988	.4989	.4989	.4989	.4990	.4990

국|문|색|인

영|문|색|인

저자 약력

강 금 식

서울대학교 상과대학 경제학과 졸업
한국산업은행 조사부 근무
University of Nebraska대학원 졸업(경제학석사)
University of Nebraska대학원 졸업(경영학박사, Ph.D.)
아주대학교 경영대학 부교수
한국경영학회 이사
한국경영과학회 이사
성균관대학교 경영학부 교수 역임

[저 서]

EXCEL 경영학연습(형설출판사, 1999)
EXCEL 통계분석(박영사, 1999)
EXCEL 2002 활용 운영관리(박영사, 증보판 2003)
EXCEL 생산운영관리(박영사, 제3개정판 2013, 공저)
EXCEL 통계학(박영사, 제2개정판 2007, 공저)
EXCEL 경영과학(박영사, 2014)
글로벌시대의 경영학(도서출판 오래, 2014, 공저)
알기쉬운 통계학(도서출판 오래, 제2개정판 2012, 공저)
알기쉬운 생산·운영관리(도서출판 오래, 2011, 공저)
품질경영(박영사, 전정판 1997)
EXCEL 활용 현대통계학(박영사, 제4판 2011)
고객만족을 위한 의료서비스의 실천(도서출판 오래, 2014, 공저)

운영 · 공급사슬 관리

제2판인쇄   2021년   3월   10일
제2판발행   2021년   3월   20일
초판발행   2015년   1월   30일

저 자   강금식
발행인   황인욱
발행처   圖書出版 오래
         서울특별시 마포구 토정로 222, 406호
         전화 : 02-797-8786, 8787; 070-4109-9966
         Fax : 02-797-9911
         신고   제302-2010-000029호 (2010. 3. 17)

ISBN 979-11-5829-197-6 93320

http://www.orebook.com
email orebook@naver.com

정가 25,000원